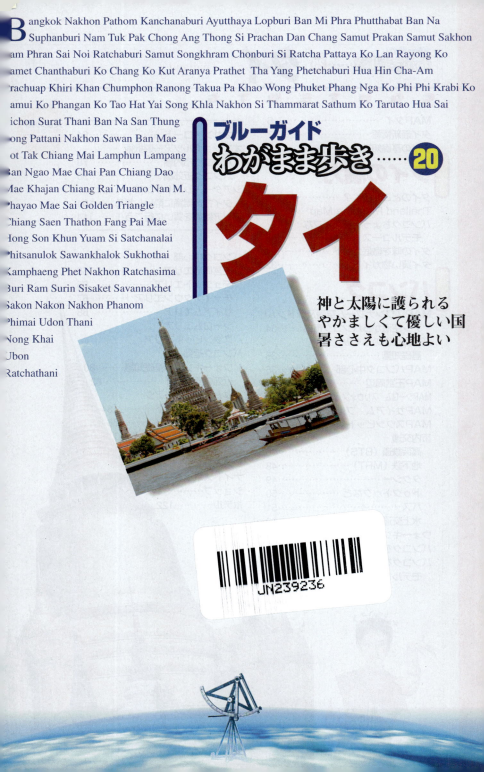

ブルーガイド わがまま歩き……⑳ タイ Thailand

CONTENTS

MAPタイ ･･････････････････････ 6
タイ最新情報 ･･････････････････ 7
タイの基礎知識 ･･････････････････ 8

タイの魅力

タイのどこへ行く？ ････････････12
Thailand Planning Map ･･･････16
バンコクちょっとディープな
　モデルコース ････････････････18
タイの味を徹底ガイド ･･･････････24
タイ買い物ガイド ･･････････････32

バンコク

MAPスワンナプーム空港及びドンム
　アン空港からバンコク市内 ･････34
バンコク街のしくみ
　基礎知識 ･･･････････････････35
MAPバンコク中心部 ･･････････36
MAP王宮周辺 ･･･････････････38
MAPシーロム／スリウォン／ニュー・ロード ･･･40
MAPサイアム／プルンチット ･･･42
MAPスクンビット ･･･････････44
市内交通
　高架鉄道（BTS） ････････････46
　地下鉄（MRT） ･････････････48
　タクシー ･････････････････49
　トゥクトゥクなど ･････････････50
　バス ･････････････････････51
　水上交通 ･････････････････52
ウォーキングの基礎知識 ･････････53
バンコクを楽しむポイント ････････54
バンコクを多角的に楽しむ
　モデルコース ････････････････56

カオサン・ロード ･･･････････････64
オプショナルツアー選択術
　バンコク市内編 ････････････ 78
　バンコク近郊編 ････････････ 96
シアター・レストランで
　タイ古典舞踊に酔いしれる ･･･ 104
アジア雑貨を買いに行こう！ ･･･ 114

【見る歩く】
バンコク中心部
　王宮周辺エリア ････････････ 58
　デュシットエリア ･････････ 65
　チャイナタウンエリア ･･････ 67
　サイアムエリア ････････････ 68
　シーロムエリア
　スクンビットエリア
バンコク近郊
　ウォーキングの基礎知識･･･････80
　近郊の見どころ･････････････82
　ダムヌン・サドアク
　　水上マーケット････････････84
　カンチャナブリー････････86
　アユタヤー･････････････90
　バン・パイン夏離宮･･･94
レストラン･･････････････98
ナイトスポット･･･109
ショップ････････111
ホテル･･･････122

天使の都の達人になる

天使の都を100倍楽しむ

チャトゥチャックへ行ってみよう…70
ニューハーフ・ショーを楽しむ …72
ムエタイ観戦記 ………………73
バンコクでアジアンビューティーを目指す…74
海鮮料理を食べ尽くす ……… 102
屋台フードセンター利用術 …… 103
義理みやげコレクション ……… 112
オーダーメイドに挑戦 ………… 115

タイ中央部

タイ中央部　旅のアドバイス … 136
MAPタイ中央部 ……………… 137
ロッブリー ……………………… 138
パタヤー ………………………… 140
ラヨーン ………………………… 150
フアヒン／チャアーム ………… 152

タイ南部

タイ南部　旅のアドバイス …… 160
MAPタイ南部 ………………… 161
プーケット島 …………………… 162
　プーケットを楽しむポイント　164
　MAPプーケット島 ………… 166
　エリアの交通アドバイス …… 167

MAPパトン・ビーチ／
　カロン＆カタ・ビーチ ……… 168
MAPプーケットタウン／
　パトン・ビーチ中心部 ……… 169
ビーチ ……………………………… 170
アクティビティ …………………… 172
見る歩く ………………………… 176
オプショナルツアー …………… 178
プーケットでボディ・ケア …… 182
レストラン ……………………… 186
ナイトスポット ………………… 192
ショップ ………………………… 194
ホテル …………………………… 196
クラビー ………………………… 204
カオラック ……………………… 205
サムイ島 ………………………… 206
ビーチ ……………………………… 208
アクティビティ＆オプショナルツアー… 210
見る歩く ………………………… 212
ソンテオを乗りこなそう！ … 214

レストラン ……………………… 215
ナイトライフ …………………… 217
ショップ ………………………… 218
ホテル …………………………… 219
　**スラーターニー、
　ナコーン・スィー・タマラート、
　ソンクラー、ハジャイ**
　　　　　　　　　　　……… 224

タイ北部

タイ北部　旅のアドバイス	…… 226
MAPタイ北部	……………… 227
チェンマイ	……………………… 228
チェンマイを楽しむポイント	… 230
チェンマイ・モデルコース	… 232
MAPチェンマイ	…………… 234
見る歩く	…………………… 236
北部タイの歴史	……………… 239
ランプーン／ランパーンを歩く	… 241
チェンマイ文化をより深く知る	
カントーク・ディナーを味わう	… 242
レストラン	…………………… 244
ショップ	…………………… 245
チェンマイでボディ・ケア	… 246
チェンマイ文化をより深く知る	
ボーサン＆サンカンペーンで	
みやげ物を探す	…………… 248
アジアの雑貨をチェック！	… 250
アジア雑貨発見の最適スケジュール	… 252
ホテル	……………………… 253
チェンラーイ	……………… 258
メーサイ	……………………… 260
ゴールデン・トライアングルを歩く	… 261
チェンセーン	……………… 263
メーホンソーン	…………… 264
ピサヌローク	……………… 266
スコータイ	………………… 268
スィー・サッチャナライ	…… 272
ガンペーン・ペット	………… 274

タイ東北部

タイ東北部　旅のアドバイス	… 276
MAPタイ東北部	……………… 277
ナコン・ラーチャシーマー	…… 278
ピマーイ遺跡探訪	…………… 282
ウボン・ラージャターニー	…… 283
ノンカーイ	………………… 284
ウドンタニー	……………… 285
日本でThaiを知る	……………… 286

トラベルインフォメーション 日本編

出発日検討カレンダー	………… 288
賢い旅の手配のために	
パッケージツアーVS個人手配旅行	… 290

ホテルを予約しよう	
タイのホテルの選び方	……… 292
日本からのホテルの予約方法	… 293
航空券選びの基礎知識	………… 294
旅の必需品を用意する	………… 296
お金の準備は重要項目	………… 298
何を持っていけばいいの？	…… 300
日本で賢く簡単に情報収集	…… 301
携帯電話	……………………… 302
東京国際（羽田）空港	………… 303
成田国際空港	…………………… 304
関西国際空港	…………………… 306
中部国際空港	…………………… 307
空港利用の裏ワザ	……………… 308

トラベルインフォメーション タイ編

タイの入国手続き	……………… 310
帰国の手順と注意事項	………… 311
スワンナプーム国際空港	……… 313
空港から市内へ	………………… 315
国内交通	
飛行機	……………………… 316
鉄道	………………………… 318
長距離バス	…………………… 320
実用情報	
通貨・両替	…………………… 322
チップの基礎知識	…………… 323
インターネット、郵便	……… 324
生活全般	…………………… 325
習慣とマナー	……326
安全に旅をする	
基礎知識	………327
健康に旅をする	
基礎知識	
………328
タイの近年の歩み	
……329
タイの祭りと行事	
……330

見どころインデックス ………… 332	リバークルーズがおすすめ！………… 95
実用インデックス ………… 334	クラビー／カオラック………… 204
ブルーガイド トラベルコンシェルジュ… 335	

本音でガイド 拡大版

アユタヤやバン・パイン夏離宮の周遊は

【グラフィックマップ＆ガイド】
Thailand Planning Map ……… 16
日本にもいるタイ仏教の神様 …… 60

この本の使い方

● **通貨記号**（2019年8月現在）
タイの通貨はバーツ（Baht）。本書ではBと表記。　1B＝約3.9円　1US＄＝約108円。

● **地図記号**
- H …ホテル
- R …レストラン
- S …ショップ
- N …ナイトスポット
- 〒 …郵便局
- ＋ …病院
- 文 …学校
- ✈ …空港
- ▲ …寺院
- ❶ …観光案内所
- ✕ …警察
- ♀ …バス停　バスターミナル
- ⚓ …船着き場
- ★ …チャオプラヤー・ツーリストボートの船着き場
- 🟩🟧🟨🟦 …チャオプラヤー・エクスプレス船着き場（p.52参照）

● この色の建物はホテル
● この色の建物はショッピングセンター
● この色の建物は主な見どころ

◎料金、営業時間、電話番号、交通機関の時刻などの各種データは、2019年6〜8月時のものです。取材後の変更も予想されますので、重要な事項は、そのつど、現地でホテルのインフォメーションデスクや観光案内所で聞くなどしてお確かめください。◎寺院観光の拝観料に関してはp.326を参照ください。なお、ホテルやレストランの場合、本書掲載の料金に別途、サービス税10%と付加価値税（VAT）7％が加算される場合があります。

● 記事中のデータ
🚉…最寄駅がある場合は最寄駅も表記、⌂…住所、該当施設が入っている建物、🗺…おおよその場所、🚶…アクセス、☎…電話番号、📠…ファックス、💴…料金、S…シングル、T…ツイン、🛏…部屋数、🇯🇵…日本での予約＆問い合わせ先→p.292、✉…E-MAILアドレス、🌐…ホームページアドレス（ウェブサイト）、🕐…営業時間、📅…開館時間、✕…定休日・休館日、🏢…支店

☆ホテルガイドの各種記号（掲載エリアによって異なる）
🇯🇵日本人スタッフが基本的に常駐　🍱和食レストラン　💪フィットネスセンター　♨スパ　💆マッサージ施設
📺NHKBS放送　💻ネット一部客室　🌐全室ネット完備　🏊プール　🛁バスタブ無しの部屋あり

★レストランガイド、ショップガイド、ナイトスポットガイドの各種記号
🇯🇵…日本人スタッフ常駐　🇯…日本語が通じる　📋…日本語メニューあり　🇬🇧…英語が通じる
📋英…英語メニューあり　📷…写真メニューあり　📞…要予約（デパートの場合は店舗により異なる）

微笑みの国に行く前にチェックしたい最新情報

●MRT、BTSに続々新路線が誕生

増え続ける都市人口と、それがもたらす世界最悪の交通渋滞に対して、バンコクでは公共交通システムの整備が急ピッチで加速。MRTは、2019年9月にブルーラインのファランポーン〜タープラ〜ラックソーンが開通、続いて2020年3月にはチャオプラヤー川西側のタープラ〜タオプーンが開業予定。これが完成すると、東京の大江戸線のような環状線ができる。

BTSでは、2019年12月にスクンビット線モーチット〜カセタート大学、2020年12月にはカセタート大学〜クーコット間が開業予定。シーロム線ではチョンノンシー駅とスラサック駅の間に新駅・スックサーウィッタヤー駅が2019年12月に開業予定となっている。(→p.46路線図参照)

今後も多くの路線が工事、計画中。2030年頃には東京並みの利便性になる見通し。

●喫煙者は要注意

タイでは2014年12月に電子タバコ禁止条例が商務省より発令され、電子タバコやアイコスなどの加熱式タバコの類が一切禁止になっている。もし所持しているのがわかれば、最高で10年の懲役、もしくは罰金50万バーツ(日本円に換算して約200万円)という厳しいもの。商売目的でなく、個人的に所持しても対象となるので気をつけたい。

また、タバコ自体の持ち込みに関しても、取り締まりが厳しくなった。通関する時に、同行の友人に頼んで、許容範囲(紙巻きタバコ200本＝1カートン)外を持ち込んでも、その後、入国ロビーで税関職員にレシートをチェックされるなどして発覚、没収の上多大な罰金を徴収される、という事例が多発している。

喫煙者はくれぐれも法律に留意したい。

●出入国カードが新しくなった

2017年10月からタイの出入国カードのフォーマットが変更され、新しくなった。従来の入国カードと出国カードを別々に提出していたのが、1枚になり、記入内容も簡素化された。詳しくはタイ国政府観光庁の日本語版ホームページで確認を。
→https://www.thailandtravel.or.jp/

ホームページには記入例(下記画像参照)もアップされているので、タイを初めて訪れる人は、出発前に必ず確認しておこう。

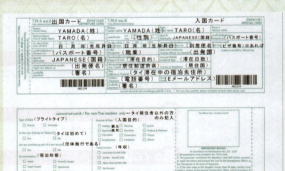

タイ王国 基礎知識

タイ国旗
青は国王、白は宗教、赤は民族を表す。

国名
●正式名称は「タイ王国」Kingdom of Thailand。1938年までシャムSiamとしていた。

首都
●バンコク。正式名称は長く、略して先頭部分の「クルンテープ・マハーナコーン」(天使の都、大いなる都市) を使っている。

地理
●インドシナ半島の中心を占め、赤道の北約1530kmに位置する。国土面積は51.3万km²。日本の約1.36倍。

人口
●約6841万人 (2018年)。都市部の人口約1500万のうち、約875万人が首都バンコクに集中。

政治
●立憲君主制。現君主はラーマ10世、ワチラロンコーン国王。

言語
●公用語はタイ語。日本語はもちろん、英語もあまり通じない。

宗教
●国民の約95％が仏教徒 (上座部仏教)。

住民
●国民の約85％がタイ族。中華系が10％、ほかにモーン・クメール系、マレー系など。

日本からのフライト時間
●日本 (羽田) からの直行便利用でバンコクまで約7時間～7時間15分。

時差
●バンコクは日本のマイナス2時間。

訪タイ&訪日
●日本からタイ：約154万人 (2017年)、タイから日本：約113万人 (2018年)

通貨、バーツBaht（略称B） p.323

●タイの通貨単位はバーツBaht（本書ではBと表記）。2019年8月現在1B＝約3.9円（現金の場合）。補助単位はサタンSatang。1Bは100サタン。

●1B＝約3.9円、1万円＝約2564B

1000B

新25サタン　旧25サタン

500B

新50サタン　旧50サタン

100B

新1B　旧1B

50B

5B　10B

20B

10B（まれに流通）

チップの目安

●もともとチップの習慣はなかったが、現在はサービス業ではチップが定着している。20B紙幣を渡すことが多いので、常に何枚か所持しておくよう心掛けよう。

ホテル	ベルボーイ	荷物を運んだ時20〜50B
	ベッドメイク	宿泊者1人につき20B
	ルームサービス	サービス料とは別に20〜50B
飲食	レストラン、カフェ（ホテルの場合）	サービス料とは別にお釣りの硬貨の数B〜数十B
	町のレストラン	お釣りの硬貨の数B〜100B
	セルフサービスの店ファストフード、屋台	不要
その他	タクシー	お釣りの硬貨の数B
	マッサージ	50〜100B（庶民的な店）

祝祭日 p.330

1月1日	元日
2月8日	万仏祭（マカブーチャ）＊
4月6日	チャックリー記念日
4月13〜15日	ソンクラーン（タイ正月）
5月1日	レイバーデー★1
5月4日	国王戴冠記念日
未定	農耕祭（プートモンコン）＊★2
5月6日	仏誕節（ヴィサカブーチャ）＊
6月3日	スティダー王妃生誕日
7月5日	三宝節（アサラハブーチャ）＊
7月6日	入安居（カオパンサー）★2＊
7月28日	ワチラロンコーン国王生誕日
8月12日	シリキット王太后生誕日
10月13日	ラーマ9世記念日
10月23日	チュラロンコーン大王記念日
12月5日	ラーマ9世生誕日
12月10日	憲法記念日
12月31日	大晦日

＊は年によって変わる。表は2020年の例 ★1は一般企業のみ休み ★2は官公庁のみ休み。振替休日は除く

町歩き基本単語

●タノンThanon
表通り、または大通りを指す。現地の道路標示ではTh.と表記。

●ソイSoi
タノンから横へのびる路地。最後はほとんどが行き止まり。

●トゥクトゥクTuk Tuk
庶民の足。1960年代、日本の3輪軽自動車ダイハツ・ミゼットを改造して使われたのが始まり。運賃は交渉制。→p.50

ビジネスアワー

●銀行は10:00〜16:00、土・日曜、祝日は休業。郵便局は月〜金曜8:30〜16:30、土曜9:00〜12:00、日曜・祝日は休業。デパートは10:00〜21:00ごろまでが一般的。繁華街の露店商は夕方〜24時くらい。経済的レストランや屋台は、朝から晩まで営業している。

イントロダクション

9

タイ王国基礎知識

度量衡

●長さはセンチ、メートル。重さはグラム、キロで、日本と同じ。

飲料水と氷　p.325

●バンコクの水道水質は、以前に比べると格段に良くなったといわれるものの、やはり旅行者は飲用しない方がベター。水分を取る際には、市販の飲料用水を購入する。タイ国産の飲料用水は、水質が良く値段も格安。ホテルの客室に用意されている無料のボトルや、レストランで無料提供される水なども、通常は市販のものなので、心配は無用だ。思いのほか見落としがちなのが、ジュースなどに入っている氷。中心部分が空洞状のアイスキューブは市販の氷なので安全だが、水道水で作られたものの場合は避けた方がよい。

トイレ　p.325

●タイの一般的なトイレは、トイレットペーパーがなく、手桶ですくった水や手動シャワーを使って洗い流すスタイル。ホテル以外の場所では、ほとんどがタイ式なので、なるべくホテルで済ませ、さらにポケットティッシュを携帯するといい。また、紙を使用した際は、水に流さず、備え付けのゴミ箱に捨てること。

電圧とプラグ　p.325

●電圧は交流220V、周波数は50Hz。日本で使用している電気製品をバンコクで使いたい場合は、日本から変圧器を携帯すること。コンセントの形状は1990年代以降に新築、改装されたホテルの客室なら日本式のプラグが利用できる。旧式のコンセントの場合は変換プラグが必要。プラグの形状は、BF、またはCタイプ。

携帯電話　p.302

●日本で利用している携帯電話が、国際ローミングサービス対応の機種なら、出発前に手続きやWi-Fiの準備をしておこう。日本の各国際空港やスワンナプーム国際空港で、携帯電話をレンタルすることもできる。

気候　p.288

●熱帯モンスーン気候。一番暑い時期は平均最高気温30℃以上。季節は、雨季（6月〜10月）、乾季（11月〜3月）、暑季（4月〜5月）の3つに大別。雨が少なく比較的気温も下がる乾季は過ごしやすく、旅行者に人気のシーズン。

電話のかけ方

■**タイから日本へダイヤル直通電話**
上記の左欄の順でかける。ホテルからの場合は、先頭にホテルからの外線番号を加える。
■**タイから日本へ日本語ガイダンスで利用**
日本語の音声ガイダンスに従って通話する方法で、クレジットカードや電話会社専用のプリペイドカードで料金を支払う。クレジットカード利用は、以前は各電話会社で利用できたが近年、KDDI以外はサービスを停止している。

電話をかけるときは時差に注意

●日本は、タイの時刻＋2時間。タイの午後1時のとき、日本は午後3時。電話を日本へかけるときは注意しよう。

インターネット　p.324

●外国人観光客が多く集まるエリアにはネットカフェ、ネット専門店が必ずある。多くの中級以上のホテルには客室内に接続口が用意されているが、ネット利用を前提にホテルを選定する人は、必ず予約時に確認すること。客室によっては利用できない例もあるからだ。

タイの世界遺産

●タイの世界遺産は文化遺産が3（下記1～3）、自然遺産が2（下記4～5）の計5つ。

1. スコータイの歴史上の町と
   関連の歴史上の町（1991年）
- スコータイ歴史公園
- シーサッチャナーライ歴史公園
- カムペーンペット歴史公園
2. アユタヤーの歴史上の町と
   関連の歴史上の町（1991年）
- アユタヤー
3. バーンチエン遺跡（1992年）
4. トゥンヤイ-フワイ・カーケン
   野生生物保護区（1991年）
- トゥンヤイ・ナレースワン野生生物保護区
- フワイ・カーケン野生生物保護区
5. ドンパヤーイェンーカオヤイ
   森林地帯（2005年）
- カオ・ヤイ国立公園
- タップ・ラーン国立公園
- パーン・シーダー国立公園
- ター・プラヤー国立公園
- ドン・ヤイ野生生物保護区

本音でガイド

◆ショッピング注意点

野生動植物・アンティーク・コピー商品等、購入時の注意点

野生動植物

ワシントン条約（CITES・サイテス）により絶滅の危機のある野生動植物の取引は禁じられている→p.312。クロコダイルやコブラなどのレザー製品をはじめ、蘭の花などの動植物を日本国内に持ち込むには、CITESの認可を受けた輸出許可証を提示する必要があるので要注意。これを携行していないと、日本国内の通関で没収されることになる。手数料は1商品500B。

レザー商品を購入する際は証明書をもらおう

アンティーク

骨董品の持ち出しには近年、当局からの許可は不要になったが、仏像だけは要注意。神聖な彫像や仏像は現在も、新旧や古美術的な価値の有無にかかわらず、全面的に持ち出しが禁止されている。骨董品店などではごく一般的に仏像が販売されているが、タイ国外へ持ち出すためにはタイ芸術局The Fine Arts Department発行の許可証が必要なので注意しよう。

コピー商品

腕時計やハンドバッグなど、海外一流ブランド品をはじめ、映画や音楽、パソコン用のソフトなど、バンコクの町中ではコピー商品が氾濫気味だが、知的財産権を侵害しているため、日本国内への持ち込みは厳禁なので、通関時に没収されることになる。

有名ブランドのコピー商品にも充分注意

タイの魅力 King of Thailand

旅はすでに始まっている
タイのどこへ行く？

玉手箱を開けるような魅力がタイにはある。目的にあった土地を選べば、それだけで旅の成功は約束されたようなもの。充実した旅の日々を過ごすためにも、タイのどこへ行くかをまずは検討しよう

旅の目的

■**初めてのタイ。初心者向けの場所は？**

とにかくタイへ行ってみたい。こんな人は、首都バンコク❶やアユタヤー❸が第一候補だ。バンコクでは簡素を尊ぶ日本の寺を見慣れた目には豪華絢爛、金色に輝く寺院に驚くだろう。

バンコクは「食都」でもある。屋台のスパイシーなタイ料理から西欧、日本料理のレストランまで選り取り見取り。ショッピングやナイトライフの充実度も他に比較できる都市はない。豪華ホテルでは、女性に人気のエステサービスを超優雅な雰囲気のなかで受けられる。また、日帰りでアユタヤーやカンチャナブリー❷などの歴史の街へ足を延ばすことも簡単だ。

■**遺跡や歴史に興味がある**

タイには先史時代を含めて数々の遺跡が存在する。今の領土は周辺の民族との攻防や融合、さまざまな王朝の栄枯盛衰の歴史を経て確立されている。地方都市にはそれらの時代の証としての遺跡があり、大部分が「遺跡公園」として整備されている。有名なのがアユタヤー❸、スコータイ㉕だ。それぞれアユタヤー王朝、スコータイ王朝の王都だった。

クメール帝国が占領した時期に建設されたピマーイ㉙の遺跡群は、タイのアンコールワットと呼ばれている。北方では、ラーンナータイ王国の都だったチェンマイ⑰、同国の重要都市のチェンラーイ⑳が知られている。南部に目をやれば、シュリーヴィジャヤ王国時代の仏塔が見どころとなっているナコーン・スィー・タマラート⑭があり、目的地選びに困るほど多彩だ。

タイの目的地ひと口 Memo

❶**バンコク** p.33
タイの首都で、タイ唯一の大都会。近代的なタイを知るにはこの街しかない。寺院、商業ビル、豪華ホテルが林立する。

❷**カンチャナブリー** p.86
第二次大戦末期、日本軍と連合軍の補給路をめぐる激戦の地。

❸**アユタヤー** p.90
バンコクから車で2時間の歴史の町。古都を物語る遺跡が多い。

❹**ロッブリー** p.138
アユタヤー時代の城壁都市。時代ごとの様式を示す建造物が残る。

❺**パタヤー** p.140
バンコクから約2時間の活気あふれるビーチリゾート。

❻**ラヨーン** p.150
サメット島をはじめ、静かな砂浜が点在するビーチエリア。

❼**チャアーム** p.152
タイ人中心のビーチゾート。松が生えるビーチは日本的景観。

❽**フアヒン** p.152
王室の別荘があることで有名な高級ビーチリゾート。

❾**ペッブリー** p.155

アユタヤーは世界遺産の登録地。世界中から観光客が訪れる

タイ最大の都市、バンコクは旅行者の玄関口でもある。バンコクを代表する観光名所は、ワット・プラケオ（左）やワット・ポーの歴史的寺院だ。

タイの魅力

13 タイのどこへ行く？

■古典芸能に興味がある
　やはりタイ舞踊→p.104が有名だ。食事をしながらこのダンスを見るのが一般的で、バンコク❶、チェンマイ⓱、プーケット島❿などの著名な観光地であれば観賞できる。

■ビーチで楽しみたい。タイ初心者にもおすすめ
　タイには質の高いビーチリゾート施設が多い。熱帯気候のタイでは1年中ビーチで楽しむことが可能だ。代表的なリゾートがプーケット島❿、ヨーロッパ人が好んで訪れるのがサムイ島⓬、パタヤー❺、ラヨーン❻、チャアーム❼、フアヒン❽はバンコクから比較的近く、ビーチごとの特色がはっきりしている。

ダイビングならプーケットやサムイ島に人気がある。

■ちょっとした「冒険旅行」を経験する
　このような旅を目指す人に目的地を指南するのは本末転倒の感があるが、ヒントとして挙げるとすれば「国境の町」だろう。四方を海で囲まれた日本人の感覚からいえば、すぐ向こうが隣の国というのはやはり不思議である。空路で入出国するのがあたりまえの今、こんな町でこそ旅の実感を得られるかもしれない。本書では、北方ではメーサイ㉑、東北ではノンカーイ㉛、ウボン・ラージャターニー㉚を国境の町としてとりあげている。

マレー半島の付け根に位置し、古来、交通の要衝として栄えた。
❿プーケット島　　　　p.162
タイ最大の島。アジア第一級のマリンリゾート。賑やかなビーチから静かなビーチまである。ホテル施設も充実している。
⓫クラビー　　　　　　p.204
海岸線は変化に富む地形で、景観の美しいビーチリゾート。

サムイ島のチャウエン・ビーチは南国の楽園

⓬サムイ島　　　　　　p.206
近年、人気急上昇のビーチリゾートの島。素朴なビーチが多く残る。バンガロー形式の宿泊施設が多く、南国情緒は満点。

⓭スラーターニー　　　p.224
空港、港、鉄道駅があり、プーケットやサムイ島の玄関口。
⓮ナコーン・スィー・タマラート　　　　　　p.224
タイ南部屈指の都市。シュリーヴィジャヤ時代の寺が見どころ。
⓯ハジャイ　　　　　　p.224
タイ南部最大の商業都市。マレー半島縦断旅行のタイ側の入口。

タイの魅力 King of Thailand

タイの ひと口 目的地 Memo

⑯ ソンクラー　　　　　p.224
ハジャイに隣接する静かな港町。

⑰ チェンマイ　　　　　p.228
「北方のバラ」と呼ばれるタイ北部の中心都市。歴史的建造物が多く残る。象の背に乗って山中を歩くツアーが人気。

⑱ ランプーン　　　　　p.241
12世紀頃に栄えた王国の都。

⑲ ランパーン　　　　　p.241
ビルマ文化の痕跡が残る古都。

⑳ チェンラーイ　　　　p.258
13世紀に栄えたラーンナータイ王国の都。今はタイ最北の県都。

㉑ メーサイ　　　　　　p.260
タイ最北の町。サーイ川に架かる橋を渡れば、そこはミャンマー。

㉒ チェンセーン　　　　p.263
11世紀に栄えた王都だが、今は国境の町として注目されている。

㉓ メーホンソーン　　　p.264
タイ北方民族の居住地がある。首長族訪問のツアーが人気。

㉔ ピサヌローク　　　　p.266
「タイで最も美しい」仏像を安

タイ料理は土地ごとに辛さや食材が異なる

寺院や史跡ばかりだけではなく、タイは自然や文化も魅力。例えば北部の深い森を像の背に乗ってトレッキングするツアー（右下：チェンマイ周辺）、楽園のような景観が広がる南部のビーチリゾート（左：クラビー）、タイ人の優雅な身のこなしを感じさせる古典舞踊（右上）などだ。

2 旅の日数

■滞在日数4〜5日

滞在する町をひとつに絞らなければ移動だけで時間がなくなってしまう日数。バンコク❶に滞在してアユタヤー❸の日帰り観光を加えるか、ビーチリゾート中心の滞在などが考えられる。日本からの直行便が近年はバンコク（プーケット島は以前はあったが現在は運休中）しかないという状況を踏まえると、バンコクをベースにした行程を組むのが現実的な選択だ。

■滞在日数6〜8日

4〜5日の旅に較べればかなり選択肢は広がる。例えばバンコク❶観光後、遺跡の町スコータイ㉕やピマーイ㉙などに滞在してじっくりと歴史の声に耳を傾けるのもいい。ビーチリゾートの滞在もこのぐらいの日数があれば「バケーション」している気分に浸れる。しかし、この日数では宿泊都市は2〜3カ所が限度だ。最低でも1都市につき2日は用意したい。さまざまな遺跡を数多く見たいなら、効率的に行程が組まれた遺跡観光中心のパッケージツアーに参加することをおすすめする。

■滞在日数9〜15日＆それ以上

日数の点からいえばどこへでも行ける。ありきたりの観光以外に、具体的体験を求めるのも一案。例えば、タイマッサージの本格的講習→p.59（ワット・ポー）を受ければ、あとで友達や恋人に実際に体験させつつ自慢できる。また、移動自体を楽しむ旅も可能。バンコクからチェンマイなどへは、鉄道で移動する旅はどうだろうか。

タイの魅力　15　タイのどこへ行く？

置した寺院がおもなみどころ。
㉕スコータイ　p.268
現在のタイ人の源流にあたるタイ族が築いた最初の王都。
㉖スィー・サッチャナライ　p.272
スコータイ王朝時代の遺跡が有名。遺跡公園が最大の名所。
㉗ガーンペーン・ペット　p.274
スコータイ王朝の重要な防壁都

市として栄え、今は遺跡が残る。
㉘ナコン・ラーチャシーマー　p.278
東北地方への玄関口となる町。
㉙ピマーイ　p.282
クメール様式の遺跡群はタイのアンコールワットと呼ばれる。
㉚ウボン・ラーチャターニー　p.283
カンボジア、ラオスと接する国

境の町。ろうそく祭りで有名。
㉛ノンカーイ　p.284
東北地域における最北地。メコン川を挟んでラオスと隣接する。
㉜ウドンタニー　p.285
タイ東北部の最大都市。

ナコン・ラーチャシーマーのパノム・ルン歴史公園

自由旅行のための Thailand Planning Map

エキゾチックな遺跡から、ぜいたくなビーチリゾートまで、タイの魅力は数多い。タイの中でも、どこに行けばいいの？と思ったら、このマップを眺めてみよう。本書で紹介した各ポイントの魅力と交通が一目瞭然だ。ツアー派の人は、自分が見に行きたい町やエリアをチェック。個人旅行派の人は、各都市間の交通を参考にプランを立てよう。

見どころ
- 遺跡をはじめ歴史事物や仏教寺院がお薦め
- ビーチリゾートでのんびりしたい
- 少数民族やバザールなどを見たい
- 国境の街の気分を味わいたい
- タイに来たら、象にのって冒険気分を味わいたい。このマークがある所は、そんな体験ができる街。マークが多いほど、本格的だ（3つが満点）

交通（主要交通と主要路線）

1.0 鉄道　　1.0 バス　　1.0 飛行機　　1.0 船

マーク内の数字は所要時間（概算）。特に鉄道は、列車によってかなり差がある。長距離バスは、ここに掲載した以外にも、数多くの路線がある。

※地図上に示された都市間交通のルートは概念です

タイの魅力 Walking around Bangkok

ワット・カンラヤーナミットの本尊

バンコクちょっとディープなモデルコース❶
9ヵ所のお寺巡りで幸せ祈願

所要1日

1日にに9カ所のお寺を巡り、お祈りやタンブン（喜捨）をすると願いがかなう。地元の人も推薦。チャオプラヤー川沿いに点在する霊験あらたかなお寺を巡る旅はいかがでしょう。

1 ワット・チャナソンクラーム
困難に勝つ・勝利をゲット・障害を克服

チャナ＝勝つ、ソンクラーム＝戦争という意味。参拝するとさまざまな困難や試練に勝利を収めることができるといわれている。

3 ワット・スタット
視野が広がる・魅力アップ

ラーマ1世が建立した王室寺院。スコータイから運ばれたという高さ8mもの黄金仏には強力なパワーがあり、願いがかなったという人続出。

2 サーンジャオポースア
商売繁盛・権力ゲット・厄落とし

中華系の人々に絶大な支持を受けている虎を奉った祠。卵3つと3枚肉をお供えして成功を祈る。商売繁盛、厄落としに強力な力を発揮。

4 サーン・ラック・ムアン
人生の礎を築く・悪縁を断つ・魅力アップ

風習にならい、バンコクの町の中心として、柱をラーマ1世が建立。現在のものはラーマ4世時代に再建された柱。新しい人生の礎をここで築こう。

ガイド タイでは9カ所のお寺をお遍路のように巡ると「願いがかなう」といわれている。年末年始やソンクラーンなど特別な時はもちろん、時間のある週末にもお寺を巡るツアーがタイ人の間で大人気だ。なぜ9カ所なのか。それはタイ語で数字の9「ガーオ」の発音が「歩む、前進する」を意味するタイ語の発音と同じになるため、縁起のよい数字とされているからだ。ぜひ、自身の幸せを祈願するとともに、日常生活と密接したタイ人の宗教観に触れてみてはいかが。

9ヵ所のお寺巡りで幸せ祈願
コースガイド

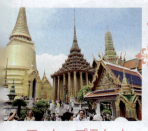

5 ワット・プラケオ
黄金の富が流れ込む
タイで最も格式が高い王室寺院であり、とても良い気がみなぎった場所。本尊のエメラルド仏に参拝すると金運に恵まれるといわれている。

7 ワット・ポー
家内安全・恋愛運上昇
長さ46m、高さ15mを誇る巨大な寝仏が横たわる仏殿あたりは、訪れると恋愛運が上昇するとか。また、1年間穏やかに幸せに暮らせるという。

6 ワット・ラカン
名声を響かせる
ラカンとは鐘の意で、敷地内から鐘が出土したことに由来。境内には鐘が多数あるが、煩悩を払い、鐘の音のように名声を響かせてくれる。

8 ワット・アルン
円滑に暮らせる・光輝く生活をゲット
三島由紀夫の小説『暁の寺』の舞台となったワット・アルン。成功し、トラブルとは無縁の日々を円滑に暮らす手助けをしてくれる。

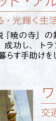

9 ワット・カンラヤーナミット
交通安全・親交を深める・人間関係円滑
ラーマ3世ゆかりの寺院。派手さはないが深みのある雰囲気が印象的だ。境内の塔の周りを時計回りに3回まわりながらお願いをしよう。

---

❶ **ワット・チャナソンクラーム**
所要時間 15分
MAP p.38-B

🚶 20分

❷ **サーンジャオポースア**
所要時間 15分
MAP p.38-F

🚶 7分

❸ **ワット・スタット** (→ p.63)
所要時間 15分
MAP p.39-G

🚶 15分

❹ **サーン・ラック・ムアン** (→ p.62)
所要時間 15分
MAP p.38-F

🚶 3分

❺ **ワット・プラケオ** (→ p.58)
所要時間 45分
MAP p.38-E・F

🚶 10分+ 🚤 3分

❻ **ワット・ラカン** (→ p.62)
所要時間 15分
MAP p.38-E

🚶 10分+ 🚤 15分

❼ **ワット・ポー** (→ p.59)
所要時間 30分
MAP p.38-J

🚶 10分+ 🚤 15分

❽ **ワット・アルン** (→ p.59)
所要時間 30分
MAP p.38-I

🚶 20分+ 🚤 20分

❾ **ワット・カンラヤーナミット**
所要時間 15分
MAP p.36-E

タイの魅力　バンコクちょっとディープなモデルコース／お寺巡り

タイの魅力 Walking around Bangkok

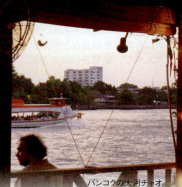
バンコクの大河チャオプラヤーをカフェのサムサラから眺める

バンコクちょっとディープなモデルコース ❷
パワフル＆ノスタルジック中華街

所要1日　バンコクで最も活気ある場所といえば中華街のヤワラート通り周辺だ。漢字の看板が並び、点在するお寺や廟は中国風。そして、昼も夜も商魂逞しい地元の人々のパワフルな熱気に圧倒される。

1 フアラムポーン駅
旅愁漂うバンコクの表玄関

北部や東北部、そして南部、さらにシンガポールまで続く鉄道の旅の起点。アーチ型の駅舎、行き交う人々が旅情をかきたてる。

2 ワット・トライミット
黄金の輝きに圧倒される

1953年、約700年前に作られた仏像を廃寺からの移動中に漆喰が割れて、その中から黄金の仏像が現れた。威厳ある輝きをご覧あれ。

3 ヤワラート通り周辺
まるで中国の街の雰囲気

ヤワラート通り周辺の市場の中央にある龍尾廟（レイ・ボァイ・イア）。廟は、風水的には龍のおなかの部分に当たる場所といわれ、商売に縁起がいいとされている。

ガイド のんびりとした気質の一般的タイ人と異なり、エネルギッシュなのが中国系の人々。タイ国籍なのでいわゆる華人。レトロな街に彼らのパワーが満ちあふれている。昼間は原色の中国寺院を参拝し、賑わう市場の散策を楽しむ。

そして夕方以降は、うまい料理が目白押しの名店や屋台の登場を待って、一大グルメスポットとなるこの街で味わう。ヤワラート通りは何度訪れても飽きることがない。ただし、市場に込み合っていて、スリも多い。荷物には常に注意を。

パワフル&ノスタルジック 中華街
コースガイド

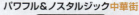

❶ フアラムポーン駅
所要時間 15 分 (→ p.67)
MAP p.40-A
🚶 10 分

❷ ワット・トライミット
所要時間 30 分 (→ p.67)
MAP p.40-A
🚶 12 分

❸ ヤワラート通り周辺
所要時間 60 分
MAP p.39-L
🚶 10 分

❹ サパーンレック&クロントム市場
所要時間 45 分 (→ p.67)
MAP p.39-K・L
🚶 3 分

❺ サンペーン市場
所要時間 60 分 (→ p.67)
MAP p.39-L
🚶 10 分

❻ ソンワート通り
所要時間 20 分
MAP p.36-F
🚶 5 分

❼ サムサラで喫茶&夕日鑑賞
所要時間 60 分
MAP p.40-A
🚶 10 分

❽ 夜のヤワラート通り
所要時間 30 分
MAP p.39-L

❹ サパーンレック&クロントム市場
掘り出し物を発見できる？
ゲーム機器やゲームソフトなどが並ぶサパーンレック。そして泥棒市場の異名を取るクロントム市場。珍しい商品がずらりと並ぶ。

❻ ソンワート通り
時を感じさせる街並み
コロニアル風建築の建物に漢字の看板が交じり合った古きよき時代を感じさせる。どこかセピア色の味のある風景が続く通り。

❺ サンペーン市場
見ているだけでも飽きない
布地、ビーズなどの手芸雑貨、おもちゃ、アクセサリーを売る店が 1km ほど細い路地に密集。義理みやげ探しにもいい。

❼ サムサラで喫茶&夕日鑑賞
旅情に浸るにはぴったり
築 100 年を超える古民家を利用したカフェレストラン。チャオプラヤー川に面し、ここから眺めるノスタルジックな夕日は必見！

❽ 夜のヤワラート通り
「食都」バンコクを体験
中華街が最もパワフルになるのは夜。道路脇にフカヒレやシーフードの屋台も多く登場する。きらめく漢字のネオンの中、食い倒れよう。

タイの魅力 　Walking around Bangkok

バンコクのなにげない日常を豊かに感じさせる運河のある風景

バンコクちょっとディープなモデルコース ❸
渋滞知らずの運河ボートでバンコク横断

所要 1日

かつて"東洋のベニス"と呼ばれたバンコク。運河ボートは今も庶民の足として現役で活躍している。人々の日常生活を垣間みながら主要観光スポットを巡る旅に挑戦してみては。

1 ワット・サケート
ちょっとした登山気分

"プーカオ・トーン"と呼ばれる高さ78mの黄金の丘を持つ寺院。黄金の仏塔には仏舎利が。頂上からはバンコクの街並みが一望。

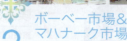

2 ボーベー市場＆マハナーク市場
衣料品と果物の市場

ボーベーは、世界中からバイヤーが買い付けに訪れる格安衣料品の卸売市場。小売り可。すぐ近くは旬の果物が集まるマハナーク市場。

3 ジム・トンプソンの家
西欧人好みのタイの家屋

マレーシアでの休暇中に謎の失踪を遂げたシルク王の家。彼のアイデアを随所に取り入れたタイ建築の住居は、優雅でエキゾチック。

ガイド 近頃のバンコクは一段と渋滞がひどくなった。限られた時間の中で観光をするなら、できるだけ渋滞は避けたい。そこで提案するのがセン・セープ運河でのボートの利用。庶民の足なので座席も狭く、決して優雅とはいえないが、停留所は各所にあり、バンコクの主要観光エリアを結んでいて、渋滞とも無縁だ。しかも、料金は10～20B程度と格安。ボートからは洗濯物を干した家々や、楽しげに遊ぶ子供たちなど、バンコクの素朴な日常生活を間近に実感できる。→p.52

4 バンコク・アート&カルチャーセンター
タイ芸術の「今」に触れる

タイの最新アートシーンに触れるならココ。MBKフードセンターの向かいに位置する地上9階、地下2階建ての美術館。図書館やレストランもある。

5 サイアムスクエア
タイの若者が憧れる街

高級デパートやファッションビル、洒落たブティックが軒を連ねるバンコクの流行発信地。人間ウォッチングを楽しむのもいい。

6 プラトゥーナーム市場
巨大な卸売り市場

卸売り店が多数入店する「プラティナム・ファッションモール」をはじめ、膨大な店でひしめく衣料市場。流行を意識したデザイン多数。

渋滞知らずの運河ボートでバンコク横断
コースガイド

❶ **ワット・サケート**
所要時間30分（→p.62）
MAP p.39-D
🚶10分+ 🚤15分
↓
❷ **ボーベー市場&マハナーク市場**
所要時間45分
MAP p.36-F
🚶10分+ 🚤15分
↓
❸ **ジム・トンプソンの家**
所要時間60分（→p.68）
MAP p.42-E
🚤7分
↓
❹ **バンコク・アート&カルチャーセンター**
所要時間30分
MAP p.42-E
🚤5分
↓
❺ **サイアムスクエア**
所要時間60分（→p.68）
MAP p.42-E
🚤15分
↓
❻ **プラトゥーナーム市場**
所要時間90分（→p.69）
MAP p.42-F
🚶10分+ 🚤15分
↓
❼ **ワット・パーシー**
所要時間20分
MAP p.34-F
🚤5分
↓
❽ **トンロー屋台街**
所要時間60分
MAP p.45-D

7 ワット・パーシー
こんなお寺もタイらしい

寺に見えない外観、へんてこな仏像など、雑多な雰囲気が逆にタイらしい。伝承ではスリランカからの仏舎利が納められているとか。

8 トンロー屋台街
富裕層も集まる屋台街

洒落た高級店がひしめくトンローだが、BTSトンロー駅前の庶民的な屋台街は見逃せない。お金持ちも車で乗り付けるほどの名店揃い。

タイの魅力 23 バンコクちょっとディープなモデルコース／運河巡り

タイの魅力 / Thai Food

"スパイス王国" タイの料理は世界的な人気を誇る

タイの味を徹底ガイド

欧米人、日本人を問わずタイの味にどっぷり浸かる人も多い魅惑の味、タイ料理

タイ人のトウガラシの消費量は世界一といわれる。キムチ大国、韓国をしのぐというから、かなりのものだ。タイ料理は辛いというのが一般のイメージだが、実は辛さだけでなく甘さもあれば、酸味もあり、何でも辛いと思ったら大間違い。また、日本でも関西が薄味、関東が濃い味と地域の違いがあるように、タイのなかでも地方ごとに辛さの度合いが異なる。大都市バンコクの辛さは比較的マイルドで、南部や東北地方（イサーン）は辛い。そのスパイス王国のタイ人によると、日本の料理の味は「子どもっぽい」そうだ。つまり、素材を生かして独特の風味を作り上げる日本料理の味付けは、全体に控えめで、それが強烈な味の文化を持つタイ人が食べると「子ども向け」と感じる。実際、タイ人といえども、子どもには普通の料理では辛すぎるので辛さを抑えている。成長とともに少しずつ辛さに慣れ、辛さの「うまさ」を覚えていくわけだ。また、「味が立っている」ことも重要。辛さ、酸っぱさ、甘さなどが混在していても、各々の味がはっきりとわかるものがタイでは美味とされる。複雑に絡み合った味わいは、タイ人には「何だかよくわからない味」となるのだろう。

タイ料理は、大まかにいって庶民料理と宮廷料理に分けられる。実際には食べる場所や盛り付け、味付けなどの違いで、中身はほとんど同じと考えていい。タイ料理に一番の影響を与えているのが、中国料理だ。中国から南下してきた民族がタイ人といわれているだけに、それも当然。中国からの移民が多く、中国料理とほとんど同じ料理も多い。揚げ物類はとくにその傾向が強い。中国風の料理は辛くないものが多く、辛さが苦手な人は参考にしてほしい。このページでは、辛い料理を「辛い」「激辛！」の2段階にわけて表示した。表記のない料理は辛くない。ただし、辛さは店によってかなり異なるので、ひとつの目安としてほしい。

※辛さは、料理自体が辛くなくても、付けダレが激辛ということも多いので注意

パット・パック・ルアムミット
いろいろな野菜をいっしょに炒めた、万人向けの一品

ソムタム・タイ 辛い
青いパパイヤを使ったタイの代表的なサラダのひとつ

ソムタム・プー 激辛！
パパイヤサラダにサワガニが入って味のアクセントに

ソムタム・クン 辛い
エビとプリプリした歯ごたえのパパイヤのサラダ

スープ カレー 鍋類

トムカー・ガイ
鶏肉カレー。ココナッツミルクが入りとてもマイルド

トムヤム・クン 辛い
有名な、辛くて酸っぱい味のエビのトムヤムスープ

スープではタイ料理の代表、トムヤム・クンが有名。クンとはエビ。トウガラシだけでなく、香りや風味を付けるためのさまざまな素材が入っている。カレーもインドカレーとは異なり、ココナッツミルクを使ったものは、辛いだけでなく上品な甘みがある。辛さが苦手な人には薄味の中華風スープ（ゲーンチュード）がおすすめ。タイ料理の代表格「タイスキ」についてはp.100を参照のこと。

サラダ 野菜類

タイの人は野菜を好む。メイン料理を食べる合間に、ナムプリック・ガピと呼ばれるエビ風味の辛味噌に野菜をつけて食べる。また、とくに有名なのは「ソムタム・○○」というパパイヤを使ったサラダで、タイ人の大好物。酸味と辛さが特徴だ。ヤムは和えるという意味。ユニークなのは一般にタイの料理はトウガラシの量を指定できること。とにかく、タイの人はトウガラシにはこだわるのだ。

ナムプリック・ガピ 〔辛い〕
エビ風味の辛味噌に生野菜や温野菜を付けて食べる

ナムプリック・オン・ケップムー 〔辛い〕
豚の皮の唐揚げと野菜をちょっと辛いエビ味噌で

ヤム・メットマムアン 〔辛い〕
カシューナッツをふんだんに使った香ばしいサラダ

チュップペントード・ルアムミット
いわば天ぷらの盛り合わせ。日本人ならなじみの料理

ヤム・ウンセン 〔激辛〕
春雨やゆでたイカやエビなどの魚介類を和えたサラダ

クラー・トントーン
揚げたワンタンの皮にコーンやニンジンを詰めたもの

パックブン・ファイデーン 〔辛い〕
青菜炒め。青トウガラシが味の決め手

タイの魅力 **25** タイの味を徹底ガイド

ゲーンチュード・トーフー・サラーイ・ムーサップ
豆腐、海苔、豚の挽き肉入り中華風あっさりスープ

スッキー・タレールアムミット 〔辛い〕
いろいろなシーフードが入ったタイ風しゃぶしゃぶ

独断のベスト3 辛さの勉強ができる 一流レストラン

タイ料理の魅力にはまった人は、やはりあの辛さの深い味わいを知ってしまった人だ。料理の辛さの度合いを知ることはなかなか難しい。そんなときは、以下の一流レストランがおすすめ。①ザ・スパイス・マーケット→p.99 ②バジル→p.99 ③トン・クルアン→p.101。①②のレストランには、いずれも辛さのレベルマーク付きのメニューがあり、食事をしながら辛さについても知識を深められる。ザ・スパイス・マーケットは香辛料も美しくディスプレイされている。

辛さも一流の店でタイ料理の魅力にはまる

ゲーンチュード・サラーイ・タレー
さっぱり味のスープ。仕上げの海苔は磯の香りが豊か

ゲーンチュード・タレー・ルアムミット
エビやつみれなど魚介類をたっぷり使った海鮮スープ

ゲーン・キアオワーン・ガイ 〔辛い〕
グリーンカレーと呼ばれる、鶏肉と白ナスのカレー

ゲーンパー・ムーパー 〔激辛!〕
ゲーンパーは森のカレーという意味。猪肉入りカレー

Thai Food

カーオトム・タレー・ルアムミット
シーフードの雑炊。魚介類からおいしいだしが出る

ジョーク・ムー・クルアンナイ
全粥に近い粥をジョークという。これは豚の臓物入り

カーオ・オップ・サパロット
器もかわいいパイナップルチャーハン。ほんのり甘い

ライス類

カーオ・ラードナー・ガイ
鶏肉のあんかけご飯。中華丼に似ていて親しみやすい

カーオ・クルック・ガピ
香りよいエビの風味が食欲をそそるタイ式チャーハン

カーオ・パット・クン
エビが入ったチャーハン。日本人の口によく合う

タイ人は日本人と同じで「お米の国の人」。ただし、一般にタイ米といえば、粘りがなくサラサラしたインディカ米。日本の粘りのあるジャポニカ米とは味も香りも食感も異なる。炒めたり、カレーなど汁をかけて食べる料理に合う。北部や東北地方では、もち米を主食としていて、このもち米を炊いたご飯をカーオ・ニャオ、それ以外の白飯（タイ米）をカーオ・スアイという。

もち米のカーオ・ニャオ

カーオ・マン・ガイ
鶏のスープで炊いたご飯に茹でた鶏肉をのせたもの

チャーハンに追加したい星型の目玉焼カイダオ

カイとは卵、ダオとは星。卵を多めの油でジュッと炒めると星型になる。焼飯によく合う。

タイ料理のメニュー 基礎知識

例外はあるが、料理名の基本的構造は以下のとおり。タイ語の発音は難しいが、何回か屋台や店で聞いているとだんだんわかってくる。

タイ料理メニュー名の構造　素材 ＋ 調理法　または　調理法 ＋ 素材

調理法
- 【トード】揚げる
- 【トム】煮る・茹でる
- 【オップ】蒸し焼き
- 【ヌン】蒸し物
- 【ヤーン】
- 【ピン】　｝焼き物
- 【パオ】
- 【パット】炒め物
- 【クローブ】カリカリに揚げる

料理ジャンル
示す範囲に幅がある単語
- 【トム】スープ類、煮物・茹で物
- 【ゲーン】カレーやスープ類など液状のもの
- 【ヤットサイ】詰め物
- 【ラープ】ミンチ肉のスパイス和え
- 【ヤム】和え物、サラダ
- 【ルアムミット】盛り合わせ

素材
- 【カーオ】ご飯もの
- 【プラー】魚
- 【ホイ】貝
- 【クン】エビ
- 【プー】カニ
- 【プラー・ムック】イカ
- 【プラー・ドゥック】ナマズ
- 【プラー・チョーン】雷魚
- 【プラー・トー】サバ科の魚（アジに似ている）
- 【ヌア】肉
- 【ヌア・ウア】牛肉
- 【ヌア・ムー】【ムー】豚肉
- 【ヌア・ガイ】【ガイ】鶏肉
- 【ヌア・ペット】【ペット】アヒル肉
- 【カイ】卵
- 【パー】森林の意味から、森で採れるもの
- 【トーフー】豆腐

クン・パオ。焼きエビ

興味があれば、調理にも挑戦したい

パット・パックカナー・ムークロープ
カリカリに揚げた豚肉と青菜をいっしょに炒めもの

ヤム・ヌア・ヤーン 辛い
焼いた牛肉と玉ネギの薄切りなど野菜を混ぜたサラダ

4種の妙味　タイ料理の卓上調味料
タイの麺料理→p.29に必ずピッタリ寄り添っている調味料が（写真右上から時計回り）トウガラシ入りの酢、砂糖、粉トウガラシ、ナンプラー（魚醤）。屋台だろうが、食堂だろうが、これがなければタイ人は納得しない。

肉料理 類

ポーピアトード・ムー
豚肉入り揚げ春巻。甘みのあるタレを付けて食べる

ガイホー・バイトゥーイ
鶏肉をバイトゥーイの葉に包んでカラッと揚げたもの

カイ・ヤットサイ
豚の挽き肉や野菜など具がたくさん入ったオムレツ

　肉料理とひと口にいっても、野菜と炒めたものや揚げ物などさまざま。ここでは、肉が比較的多く使われているものを紹介した。タイ料理では、肉そのものの味を楽しむステーキのような料理は少ない。一説には、素材の味をそのまま楽しむような料理は、贅沢すぎて……という思いがあるとか。タイ人がよく食べるのは鶏肉。日本人の舌に合うのがガイホー・バイトゥーイ。試してみたい一品だ。

カイチアオ・ムーサップ
クセがなくマイルドな味付けの豚の挽肉入り卵焼き

ペット・ロン
アヒルの肉を炒めたもの。独特の香りと味わいをもつ

シーコーン・ムーヤーン
シーコーンは肋骨の意味。いわゆるポークスペアリブ

ムートード・ガティアム・プリックタイ
豚肉のニンニク炒め。香ばしい匂いが食欲を刺激する

パネーン・ヌア 辛い
牛肉と辛し味噌のからめ煮。ピリッとスパイシーな味

パット・バイガパーオ・ガイ 辛い
鶏の挽き肉。バジルの葉と炒めて、風味がよい

パット・プリオワーン・ムー
タイ風酢豚。プリオワーンとは甘酸っぱいという意味

パット・ガイ・メットマムアン
鶏肉とカシューナッツの炒め物。ビールによく合う

ナムトック・ムー 辛い
東北地方の代表的な料理、豚のトウガラシ和え

ガイ・ヤーン
特製のタレに漬けた鶏肉を炭火で焼いたもの。屋台では一口大の肉を串に刺して焼いた焼鳥風のものもある

ヌアパット・ナンマンホイ（・サイパックカナー）
牛肉をカキ油で炒めたもの。たいてい青菜が入る

ラーブ・ガイ 辛い
鶏の挽き肉を米の粉や数種類のスパイスで和えたもの

タイの魅力　タイの味を徹底ガイド

Thai Food

トードマン・クン
エビのすり身のさつま揚げ。甘酢ダレを付けて食べる

トードマン・プラー 辛い
プラーとは魚のこと。つまり魚のすり身のさつま揚げ

ナムプリック・ガビ・プラー 辛い
焼魚と生・温の野菜をエビ風味の辛子味噌で食べる

ホーモック・カノムクロック
魚のすり身にココナッツミルクを混ぜて蒸したもの

魚料理 類

ヤム・プラー・ドゥック・フー 辛い
ナマズの身をほぐして揚げたもの。サクッとした食感

カイチアオ・ホイ・ナンロン
カキが入った卵焼き。ふんわりとしたやさしい味わい

プラー・サムリー・デッディアオ
サムリーと呼ばれる白身魚を油でカラッと揚げたもの

タイは日本のように四方を海に囲まれているわけではないが、かなりの陸地が海に面している。そのため海の幸が豊富だ。また、川魚、川エビ、サワガニなど、川から獲れるものもタイ人が好む食材だ。見た目にも豪華な海鮮料理はマリンリゾート地などで味わいたい品。もちろん、バンコクにも海鮮料理店はたくさんあり、ロブスターやワタリガニなど、日本よりも格安で味わえる。

サバ・ヤーン・シイウ
日本の料理が定着したもののひとつ。タイ風サバ焼

クン・オップ・ウンセン
エビと春雨を蒸して焼いたもの。オイスターソース味

ゲーンソム・プラー・チョン 激辛!
ライギョをまるまる蒸し煮にした料理。酸味が強い

プラー・ジャラメット・ヌン・マナーオ
マナガツオのマナーオ蒸し。マナーオはライムの一種

クン・ヌン・マナーオ
エビを蒸してマナーオで酸味をプラスしたもの

ホーモック・ターレー・パオ
魚介類にココナッツミルクなどを加えて蒸し焼きに

プー・ヌン・シイウ
カニを蒸して醤油で味付けしたもの。親しみやすい味

プラー・チョン・ペッサ 辛い
蒸した雷魚にマナーオなどの酸味を加えて味に彩りを

オースワン
カキの炒めもの。海鮮料理店の一品で一般的ではない

プー・パット・ポン・カリー
カニのカレー粉炒め。カニの卵が入るところもある

ホイ・ラーイ・パット・プリック 激辛!
アサリのトウガラシ炒め。ピリッと辛くご飯に合う

タイの魅力 — タイの味を徹底ガイド

麺類

センミー・ラードナー・タレールアムミット
ミックスシーフードのあんかけソバ。ソバは極細麺

センヤイ・パッシイウ
太麺を使った焼きソバ。醤油ベースの味で食べやすい

センミーナーム・ルークチンムー
極細麺に、豚肉のミンチを入れスープをかけて食べる

パッタイ
いわゆるタイ風焼きソバのオーソドックスな呼び方

パット（センヤイ）キーマオ・クン 激辛！
エビ入り焼きソバ。センヤイを付け足せば太麺になる

バミーナーム・ルークチンプラー
熱いスープと麺のタイ風ラーメン。魚のつみれ入り

バミーヘン・ルークチンプラー
左と同じく魚のつみれが入った麺だが、これは汁なし

センミーヘン・ルークチンムー
米でできた極細麺に豚肉のミンチが入る。汁なし

センレックナーム・ルークチンプラー
魚のつみれが入ったヌードル。熱いスープを注いで

センレックヘン・ルークチンプラー
細い麺に魚のつみれを乗せたもの。スープなし

センヤイナーム・ガイ
具に鶏肉が入った麺。あっさりめの汁をかけて食べる

センヤイヘン・ガイ
きしめんを思わせる太い麺。スープはなく、鶏肉が入る

タイ人は日本人同様に麺類が大好きだ。ただし、主食ではなく、昼飯を屋台で手早く食べたいとき、小腹が空いたとき、夜中に遊んだあとに食べるというパターンが多い。そのため、本格的なレストランで汁（スープ）麺をメニューにおくところはあまりない。麺には米から作るものと小麦粉を素材としたものがあり、汁あり、汁なしの両方がある。具も店にあるものの中から自由に選ぶことができる。北部の麺料理カオ・ソーイはp.30参照。

麺料理 注文の手順

❶ 麺を選ぶ
- Ⓐ バミー（小麦粉を素材とした麺）
- クイッティオ（お米を素材とした麺）
  - Ⓑ センミー（極細麺）
  - Ⓒ センレック（細麺）
  - Ⓓ センヤイ（太麺）

❷ スープ（汁）のある・なし
- ナーム（スープあり）
- ヘン（スープなし）

❸ 具（トッピング）を選ぶ
- ルークチン（魚肉のつみれなど）
- ムーデーン（焼き豚）
- ガイ（鶏肉）など好みの具を選ぶ

完成

Ⓐ バミー — 日本のラーメンの麺とほとんど同じ
Ⓒ — 日本の麺なら、細めのうどんの太さ
Ⓑ クイッティオ — 日本の麺でいえば、そうめんに近い感じだ
Ⓓ — ここまで太くなると、きしめんにソックリ

Thai Food

デザート お菓子 類

辛い料理が好きなタイの人だから、甘いものはダメだろうと思うのは間違いだ。タイ人はたいへんな甘党で、街中の屋台でもお菓子の屋台をよく見かける。果物やマメ類など、自然の素材を使い、あまり凝ったものはない。砂糖はとにかくたっぷり入っている。高級レストランのデザートはさすがに多少は甘さを抑えてあり、ココナッツを使ったアイスクリームなど上品な甘さを演出している。

トゥアデーン・イェン
小豆を甘く煮たもの。素材を生かしたお菓子が多い

タップティムクローブ・ソンクルアン
各種フルーツが入ったタピオカミルク。彩りもきれい

クルアイ・ブアットチー
バナナのココナッツミルク煮。バナナは熱いことも

ファクトーン・ブアット
カボチャをココナッツミルクで煮たもの

ブアック・ブアット
タロイモをココナッツミルクで煮たもの

カオニャオ・トゥアダム
もち米と黒豆のデザート。ほかと同様もちろん甘い

ブアローイ・カイワーン
プチプチした食感のタピオカと卵黄を使ったお菓子

菓子製作の実演

シーロム通りにあるシーロム・ビレッジ→p.117では伝統的なデザート作りの実演販売を行なっている。写真では、民族衣装のお姉さんが、たこ焼き器のような鉄板を使ってココナッツ・プディング風のカノム・クロックというお菓子作りを実演中。

独断のベスト3 レストランで高級感も味わう

タンジンの見た目も美しい宮廷料理ブッサラカム

ガーデンテラスもあるサラティップ

屋台料理で庶民の味を気軽に味わうのもいいが、タイ滞在中に高級レストランの雰囲気を楽しむのもいい。編集部が独自に選んだおすすめの高級店は以下の3軒。●タンジン→p.100 ●ブッサラカム→p.100 ●サラティップ→p.105。いずれの店も宮廷料理の店。実際に王族の台所を任されていた料理人の技を受け継ぐレストランもあり、味はどこも折り紙付きだ。ベンジャロン焼の皿、古典楽器の調べなど、王家に招かれた気持ちになってくる。

究極の麺料理? カオ・ソーイ

「カオ・ソーイ」はタイ北部、チェンマイの名物料理のひとつ。簡単に言えば、ココナッツカレースープ麺だ。おもにチェンマイを中心としたタイ北部で味わえる料理だが、口コミで人気が広まった。近年はバンコクの一部の店でもメニューに登場しはじめた。レッドカレーをベースにしたスープは辛いが、ココナッツミルクが入っているのでまろやかさも感じる。麺(バミー)はコシの強い茹で麺とカラッと揚げた麺を使う。好みで刻み生タマネギや漬け物を薬味風に加える。二つの異なる麺の食感と、ココナッツミルクの甘みとレッドカレーの辛さの調和を存分に楽しめれば、麺の達人は近いかも!?

上は揚げ麺。下に茹で麺が入っている

タイの料理にはタイビールが合う

タイの一般的な酒はビール。有名なのがシンハーSingha。次がチャーンChang。ほかにも何種類かある。暑い国らしくさっぱりした味で、タイ料理とともに飲みたい。

タイの果物

ココナッツのジュース ココナッツの実
汁はジュースとして飲む。内側の白い実も自然な甘さ

パパイヤ
タイ産のものは大ぶり。皮が黄色いものが甘みが強い

マンゴスチン
果物の女王と呼ばれる。酸味と甘みが絶妙なテイスト

ランブータン
ヒゲが生えた赤い皮が特徴的。実は白くほんのり甘い

ドリアンの禁じ手
チーズが腐った匂いだとか、タイ版クサヤだとか。あまりの匂いにホテルでは左の写真のように持ち込み禁止の「危険物扱い」。話のネタに食べてみたいが、酒との飲み合わせは避けたい。学術的な裏付けはないが胃の中でアルコールと反応し、異常発酵して死亡することもあるという。

1年を通じてかなりの果物が出回っている。市場へ行くと色とりどりの果物が山と積まれ、南国の豊かさを感じるだろう。6～7月が最大の旬。日本では高級果物店でしか目にできない果物が街の屋台で手軽に買える。ジューシーな味を楽しみたい。

ライチー
楊貴妃の好物だったことで有名。独特の甘酸っぱさ

マンゴー
黄色いものはデザートとして、青いのは料理にも使う

ドリアン
強烈な匂いを放つ果物の王様。なれるとクセになる

タイの魅力 タイの味を徹底ガイド

果物の旬	1月	2月	3月	4月	5月	6月	7月	8月	9月	10月	11月	12月
ドリアン					←――――――――→							
マンゴスチン					←―――――――――――→							
マンゴー			←―――→									
パパイヤ	←――――――――――――――――――――――→											
パイナップル				←―→								
ジャックフルーツ							←―――→					
ラムヤイ							←―→					
ライチー				←―→								
ドラゴンフルーツ				←――――――――→								
ランブータン				←――――――→								

基本を知ればタイ料理のテーブルマナーは難しくない

本音でガイド

フォークの位置は手前が正式

タイ人は、あまり堅苦しい約束事が好きではなく、テーブルマナーにも寛容だ。一般常識をわきまえればタイ料理店で食事することに不安はない。しかし、ちょっと戸惑うのが食べるときの「道具」。タイでは麺類をのぞけば、スプーンとフォークを使うのが正式（高級店ではナイフが用意されることも…）。左手にフォーク、右手にスプーンを持つ。スプーンはナイフの役割もある。柔らかいものを先で切ったり、食物を口に運ぶのもスプーンの役割。マナーという点からいえば、皿を持って食べない、直接器から汁を飲まないことが重要だ。麺類に箸を使うのは日本と同じだが、器には口を付けないように。

タイの魅力

タイ買い物ガイド

伝統工芸品から雑貨まで

タイは、自然素材を使った伝統工芸品の宝庫。王室で代々利用される高級品から屋台で買える手軽なものまで揃っている。買い物もタイの楽しみのひとつだ。代表的な品々をご紹介。

タイシルク

日本の絹製品と比べるとゴワゴワしているが、独特な光沢と風合いがある。布地としての模様も色鮮やかなものが多く、ドレスからスカーフまでタイシルク製品は多数ある。

アジア雑貨

手先の器用なタイ人が培った伝統工芸品の技術をベースに生活日用品としての利用をイメージしたオシャレな雑貨。どことなくエキゾチックな雰囲気が旅行者に人気だ。

籐製品

椅子などの家具、ちょっとしたインテリア、小物入れ、バッグなど、高度な編み込みの技術が目を見張る。籐だけではなく、ツル系の草木を使った製品が多くある。

銀製品

タイ北部の特産品で、高度な加工技術と優れたデザインによるネックレス、ブレスレット、アンクレットなどのアクセサリー類やちょっとした小物類が有名。

木彫り

家具、人形、動物をテーマにした置物、お盆やコースターなど、飽きのこない木彫り製品はタイらしい品。タイ北部のチーク材を使用したものがとくに人気の工芸品だ。

陶磁器

歴史的には宮廷で使われることを目的とした華麗な色彩のベンジャロン焼(左)や厚手で、緑の光沢が特徴のセラドン焼(右)など、タイの陶磁器は、実用にも飾りにも使える品質の高いものが多い。

バンコク

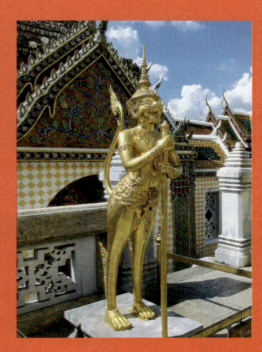

- ●バンコク街のしくみ基礎知識　p.35
- ●バンコク市内交通　p.46
- ●見る歩くバンコク中心部　p.58
- ●エンターテインメント　p.72
- ●見る歩くバンコク近郊　p.80
- ●レストラン　p.98
- ●ショッピング　p.111
- ●ホテル　p.122

バンコク Bangkok 街のしくみ基礎知識
タイの王都を理解する

バンコクの街を簡単に理解する方法は、チャオプラヤー川を基準にすることだ。川がS字になる部分の、Sの上部の凹み部分、つまり川の東側に中心部がある。商業地はさらに東に広がっている。ドンムアン空港はS字の北約25km、スワンナプーム新空港は東へ約30kmのところだ。

220余年の歴史。バンコクは意外と新しい街

現在のバンコクが王都に制定されたのは1782年のこと。タイ湾に注ぐチャオプラヤー川の中洲にあった小さな村が急速に発達し、大都市に変貌した。バンコクというのはバーンコーク（オリーブの木がある水辺の村）という言葉に由来する通称で、タイ人は通常クルンテープ（天使の都）と呼ぶ。チャオプラヤー川は大きなS字を描き、街を南北に流れる。行政区域としてのバンコクは1565km²の面積があるが、この川の東岸、約10km四方がバンコクの中心部だ。東京でいえば、ここが山手線の内側にあたる。本書では、旅行者がよく訪れるエリアを便宜的に以下の6つに分けて紹介している。

●王宮周辺エリア
チャオプラヤー川に沿い、王宮とワット・プラケオが中心。格式の高い寺院が集中し、タイ最大の観光エリアだ。

●デュシットエリア
王宮エリアの北。王室関係の建物や官公庁がある。国王一家の住まいであるチットラダー宮殿がある。

●チャイナタウンエリア
王宮の南、フアラムポーン駅（バンコク中央駅）の西。下町風に雑然としていて、食の楽しみ、市場での買い物の楽しみがある。

●サイアムエリア
フアラムポーン駅の北東、東西に走るプルンチット通り（ラーマ1世通り）を中心としたエリア。大規模なデパートが並ぶ、バンコク最大の繁華街だ。高級ホテルも多く、おしゃれな街。

●スクンビットエリア
プルンチット通りを東へ進むと通りの名がスクンビット通りと変わる。この通り沿いは高級住宅街として有名で、外国人が多く、日本人街というべきエリアもある。元来外国人向けのレストラン・ショップが多く、観光客にも便利な場所だ。

●シーロム、スリウォン、ニュー・ロードエリア
フアラムポーン駅の南。ホテルやショッピングビルが集まっている。シーロム、スリウォンはビジネス街。タニヤ、パッポンといったナイトスポットもここにある。チャオプラヤー川に沿うニュー・ロードには、最高級ホテルが点在している。

母なる大河、チャオプラヤー川

バンコク街歩きの基礎 タイ国政府観光庁を活用

TATの略称で知られるタイ国政府観光庁は、タイ国民や外国人旅行者向けに観光情報を提供している。パンフレット類や宿泊リストなどを無料でもらえ、相談にものってくれる。日本にも窓口→p.301はあるが、現地のオフィスであれば、情報の鮮度も種類も多いのは当然だ。また、日本では入手しにくいタイの地方の情報もそれなりに充実している。TATのホームページ→p.301。

■Tourism Authority of Thailandバンコク・ヘッドオフィス⊞1600 New Phetchaburi Rd. ☎02-250-5511,5500 開8:00～17:00 休土・日曜、祝日 MAP p.37-H

TATツーリスト・インフォメーション⊞4 Ratchadamnoen Nok Rd. ☎02-283-1500内線1620 開8:00～18:00 休土・日曜、祝日 MAP p.39-D

ツーリスト・ホットライン
☎1672 開8:00～20:00 休なし

TAT（タイ国政府観光庁）

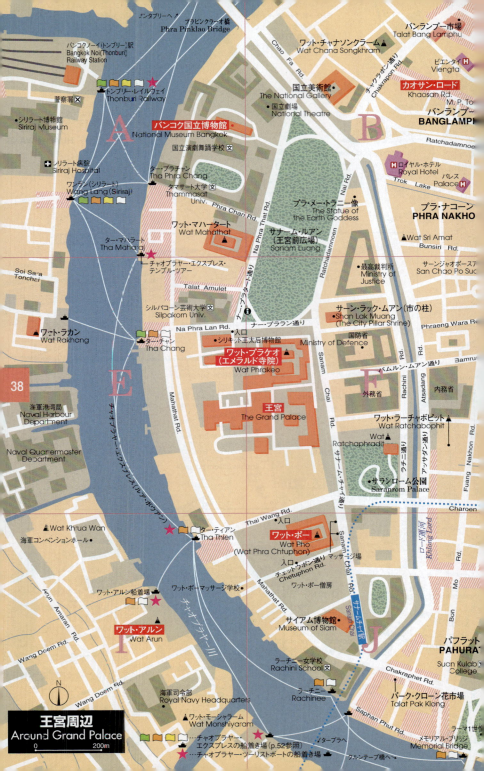

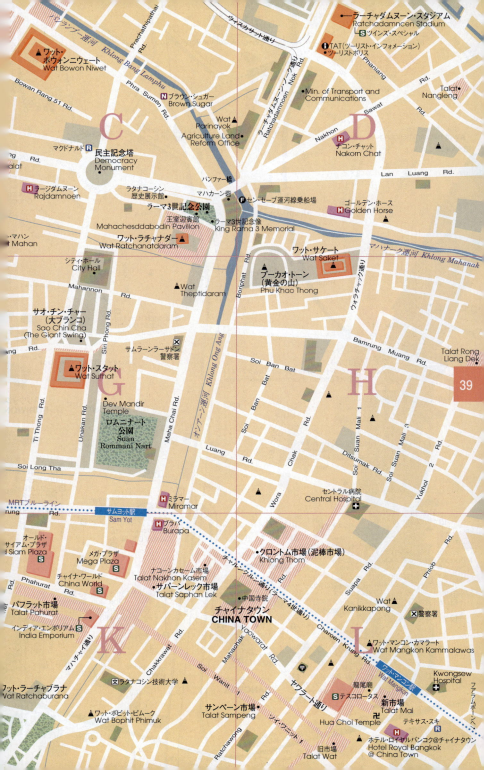

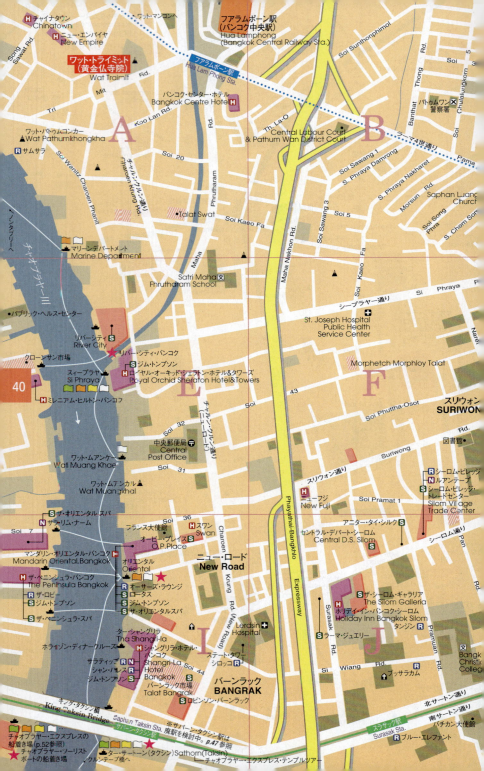

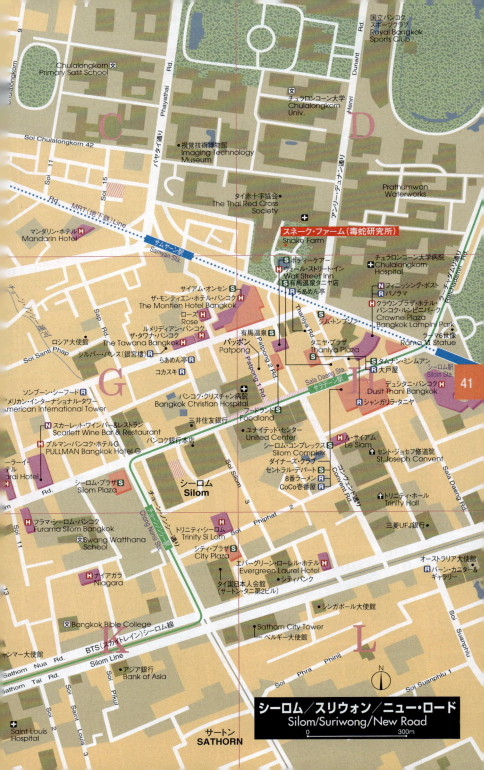

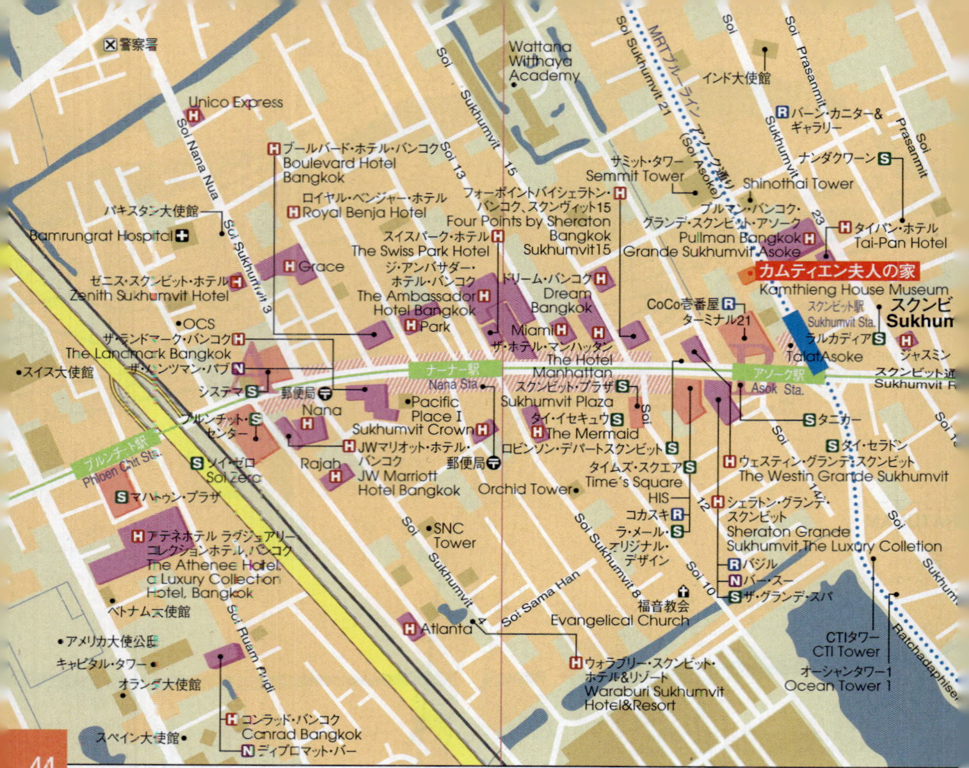

バンコク街歩きの基礎知識

「天使の都」を歩くためのアドバイス

●どんな格好で歩くか?

基本的には日本の夏を想像して服装を決めればいい。雨の多い5～10月頃には雨具も重要だが、多少濡れてもすぐに乾くような素材の服装がいいだろう。長い距離を歩くことに向く街ではないので、無理をせずにタクシーや鉄道を利用するなど、適当なところで切り上げるのもこの街を歩くコツだ。

●歩くのに適当なエリア

サイアムエリアやスクンビットのデパートやショッピングセンター、ホテルが並ぶ界隈は、それらの建物をめぐりながら歩くのが適当。歩道も整備されている。高架鉄道のBTS駅のひと駅分くらいは楽しく歩けるはずだ。

●休息や水分補給、トイレは?

繁華街ならデパートやショッピングモール

があるので、休息や水分補給、トイレなどはさほど困らない。ペットボトルは歩く前に購入を。歩く予定の近くにホテルがあるならロビーで休んで、トイレもついでに利用するのがベターだ。ファストフード店も多い。

●途中でタクシーを利用するなら

バンコクのタクシー料金は極めて安い。このため運転手は賃金が低くできる地方からの出稼ぎの新参者が多い。結果、運転手はバンコク市内の複雑な道路、規制を熟知せず、乗客に道順を尋ねながら目的地へたどり着くというケースがよくある。旅行者のタクシー利用には困難がつきまとうかもしれないが、高級ホテルなどではベルボーイがタクシーの運転手に目的地や行き方を指示してくれるので、これを活用して乗りきろう。

パッケージツアー参加の注意点

旅のプロ、添乗員からのアドバイス

●パンフレットはここに注目

観光ポイントの見学の仕方はいろいろあります。パンフレットには、「車窓、下車、入場」と、きちんと明記されています。ぜひ訪れてみたかったところの場合、車窓観光だけでは満足できないでしょう。たいへん重要な点なので、確認しておいてください。

次にバンコクの人気観光ポイントについて説明しましょう。

●王宮とワット・プラケオ

多くのパッケージツアーで予定されている「王宮とワット・プラケオ」の見学時間は約1時間です。なかには30分という場合も。王宮、ワット・プラケオが休みの場合は、ワット・ベンチャマボピットとワット・トライミットへ案内するパターンが多いようです。

●ワット・アルンは入場しない場合も

市内観光ツアーでの見学時間は入場観光の場合、30分が主流。ただし、日本からのパッケージツアーに付いている市内観光は寺院内に入場しない場合もけっこうあります。入場希望の場合は、入場するツアーを選ぶか、フリータイムで訪れるしかありません。夕日に浮かぶシルエットなど、時間帯で表情を変える大仏塔を対岸や船上から楽しむのも一案。

●バンコクはここが重要

フリータイム型のツアーでも、市内観光が付いたツアーを選びたいものです。バンコクやチェンマイなどは、誰でも行く名所だけなら半日程度でこなせます。これを個人で行なおうとすると結局、手間とお金がかかり、効率的ではありません。

市内交通

高架鉄道（BTS）

BTS（バンコク・スカイトレイン）／MRT（地下鉄）
SRT（国鉄）／ARL（エアポートレールリンク）路線図

役立ち マメ知識 プリペイドカードには、乗車賃の他に発行手数料50Bとデポジット50Bが必要になる。なお、残高を追加するには、100Bごとに4000Bまで可能だ。

車両のデザインは自動車メーカーのポルシェが担当
案内窓口では運行路線図がもらえる（無料）

ここを
チェック！

BTSの乗り方は、日本の地下鉄などとよく似ているが、微妙に異なるところがあって、逆に迷いやすい。券売機の使い方はしっかりチェックしよう。

バンコク市内の幹線道路上を高架鉄道（BTS=Bangkok Mass Transit System、別名スカイトレイン）が運行。旅行者にはBTSの利用価値は高く、乗りこなせば効率的な移動が可能だ。

BTSの利用法

❶**路線の確認**●路線は現在2つある。サイアムスクエアのサイアム駅（セントラル駅）を中心に、東と北に延びるスクンビット線と南へ進み、さらに西へ延びるシーロム線がある。

❷**乗車券を買う**●乗車券の種類は右の欄外を参照。1回券は自動券売機で購入するが、使い方が日本と若干異なる。ゾーン番号は、乗車駅から近い順に1〜10番まであり、運賃幅は16〜59Bで、10段階に分けられている。

❸**改札口を通る**●改札口はすべて自動で、日本とほぼ同じ。緑色の進入可のマークが点灯している改札に進む。自動改札機の差込口に乗車券を挿入すると、すぐ前方から出てくるので、これを引き抜けば、ゲートが開く。

❹**ホームへ出る**●ホームはどの駅でも必ず、改札口のあるフロアの1つ上の階にあるので、階段かエスカレーターで上らなくてはならない。

❺**列車に乗る**●ホームでは黄色い線の内側に立って電車を待つこと。電車の発着時には、ホームではとくに何のアナウンスもないが、車内ではドアの開閉の際にチャイムが鳴る。

❻**列車を乗り換える**●車内では次の停車駅を告げるアナウンスがタイ語と英語で繰り返される。車内の運行路線図には現在地を示す機能はないので、英語のアナウンスはきちんと聞いておこう。2つの路線が接続するサイアム駅（セントラル駅）は、3階建ての構造で、ひとつのホームの両側に、シーロム線とスクンビット線が発着する。目的地によってはホームを移動する必要があるので注意しよう。ホームの案内表示は終起点の駅名による表示になっているのでよく確認しよう。

❼**改札を出る**●入る場合と同様の要領で、乗車券を差込口に入れる。プリペイドカードの場合には、改札を出る時点で、改札機の電光掲示で残金を確認できるようになっている。

主なエリアへ行く場合

BTSは、道路の渋滞と関わりなく移動できる。とくにサイアムスクエアからスクンビット方面に向かう場合、車は不便で、BTSの威力が最大限に発揮される。ウイークエンドマーケット→p.70への移動にも有効だ。モーチット駅からなら、徒歩5分だ。また、王宮方面の観光にもBTSが使える。シーロム線のサパーン・タクシン駅までBTSを利用し、駅近くの船着き場ター・サートンからチャオプラヤー・ツーリストボート→p.52に乗り換えれば、旅情豊かな船旅も楽しめ、王宮方面へスムーズに行ける。

運行時間、案内窓口

BTSの運行は6:00〜24:00で、間隔はほぼ5分おき。各駅の改札付近に案内窓口がある。

1回券・プリペイドカード

乗車券は、1回券Single-Journey Ticketとプリペイドカード Rabbit Cardの2種類があり、1回券は自動券売機で、プリペイドカード（Rabbit Card）は改札付近の案内窓口で購入。プリペイドカードの料金は200B（発行手数料100B含む）〜。カードは自動改札機に挿入し、下車駅で運賃が引かれる。残金がなくなったら窓口で追加できる。

パス券

●1日パスOne Day Pass→1日乗り放題のパス券140B
●30日学生パス30Day Student Smart Pass→30日間有効のパス券で、15回券360B、25回券550B、40回券800B、50回券950Bの4種類がある。英語表記の学生証が必要で、23歳以下であること。
●30日大人パス30Day Adult Smart Pass→30日間有効のパス券で、15回券465B、25回券725B、40回券1080B、50回券1300Bの4種類がある。

ツーリストサービス

ツーリストに情報提供などを行うツーリストサービス・カウンターが、サイアム、パヤタイ、サパーン・タクシンの3駅に設置されている。各種の観光案内のほか、ツーリストボート→p.52のチケットも購入できる。
BTSホームページ（英語）
https://www.bts.co.th/eng/

BTSの車内

バンコク／市内交通／高架鉄道（BTS）

役立ち
マメ知識　BTS（高架鉄道）とMRT（地下鉄）の駅構内にはトイレもゴミ箱もないので注意。トイレは緊急事態なら駅員に申し出て、従業員用のトイレを借りることになる。飲食も厳禁。

市内交通
地下鉄（MRT）
（エム・アール・ティー）

近代的なプラットフォーム

バンコクの地下鉄（MRT）は、フアラムポーン駅〜タオプーン駅を結ぶブルーラインと、2016年、市内北西部近郊に開業したパープルラインの2路線がある。2019年9月にはブルーラインのフアラムポーン駅〜ラックソーン駅、また、2020年3月にはタオプーン駅〜タープラ駅が、それぞれ開通の予定。

地下鉄の利用法

運行時間、案内窓口
　地下鉄の運行は6:00〜24:00で、間隔はおよそ5〜10分おき。各駅の改札付近に案内窓口があり、運行路線図がもらえる（無料）。

1回券・プリペイドカード・パス券
　乗車券は、1回券であるプラスチック製のトークンSingle Journey tokenとプリペイドカードStores Value Cardの2種類があり、プリペイドカードは改札付近の案内窓口で、トークンは自動券売機、または同窓口で購入する。カードの料金は180B〜（デポジット50B含む、発行手数料30Bは別）。カードを自動改札センサーにかざし、下車駅で運賃が引かれる仕組みで、残高不足の際も案内窓口で追加できる。下欄外のマメ知識参照。

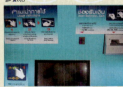
MRT自動券売機

① 路線の確認
　観光客がよく利用するのは、市内中心部を走るブルーライン（チャルーム・ラチャモンコン線）。
→p.46「BTS/MRT/SRT/ARL路線図」参照

② 乗車券を買う
　運賃は乗車距離に応じてブルーラインは16〜42B、パープルラインが17〜42B。自動券売機はタッチパネル式で、目的地の駅名を押せば、運賃が表示される。英語表示に切換可能。

③ 改札口を通る
　BTSと異なる点は、差込式ではなく、センサー式な点のみだ。トークン式、カード式ともに、乗車券を自動改札機のセンサーにかざせばゲートが開く。

トークンをセンサーに近づけるだけ。トークンはオセロゲームの黒駒に似ている

④ ホームへ出る
　ホームはどの駅でも必ず改札フロアのひとつ下の階にある。地下鉄路線では全駅でエスカレーターを完備している。

⑤ 列車に乗る
　ホームでは黄色い線の内側に立って電車を待つこと。電車の発車時には、ホームでは何のアナウンスもないが、車内では到着前にアナウンスがあり、発着時にはチャイムが鳴る。BTSへの乗換については、下記参照。

⑥ 改札を出る
　トークン式乗車券なら返却口に差し込み、カード式ならセンサーにかざすと残高が表示されるとともに、ゲートが開く。

トークンの返却口

MRTの有効活用法！
　チャトウチャック市場→p.70へ向かうには、BTSの最寄り駅からだと多少歩くが、地下鉄を利用すれば、マーケットの内部に出入口がある。ただし、「チャトウチャック公園」駅ではなく、「ガンペーンペット駅」で下車すること。

Mのマークが地下鉄の入口

●BTSへの乗換
　駅構内の周辺概略図（Locality Map）を参考に、いったん最寄りの出口から地上に出て乗り換える。

案内窓口付近

役立ちマメ知識　MRTのプリペイドカードの料金にはデポジット50Bが含まれているが、これはカードを返却すれば返金される。また、プリペイドカードのみ発行手数料30Bが別に必要になる。

市内交通

タクシー

■バンコク市内の道路交通機関

　道路交通の乗り物はその時々の予算、時間、荷物、人数などに応じて上手に使い分けたい。時間帯、場所によっては複雑な交通規制のため、直進すればすぐ目の前であるにもかかわらず、大きく迂回しなければならないこともある。

タクシーの種類

　道路交通の主役の座にあるのがメータータクシー。車体のカラフルな色彩には意味があり、もっとも多く目にする緑と黄色のツートンカラーは個人経営だ。最近、外国人の乗客とトラブルを頻繁させているのは、このタイプであることが多い。その他の色はどれもタクシー業者所有の車両で、業者ごとに色が決まっている。一方、メーターのない旧型のタクシー（交渉制タクシー）は、今ではごく一部の中級ホテルなどを根城にしている程度。ただし、ベテラン運転手が多く、道をよく知っているので使いこなせれば力強い味方になる可能性もある。エアコンは付いているが、ほとんどは古い設備のものだ。

メータータクシー

停め方●助手席側にある赤いランプはタイ語で「空車（ワーン）」を意味し、これが点灯していると本来は空車を意味するはずだが、今や形骸化している。空車を見つけるには目をこらすしかない。見つけたら手を道路側へ突き出そう。

乗り方と料金●ドアは自動ではないので自分で開け、運転手に目的地を告げて了解を得てから乗り込む。座る場所は自由だが、定員5名の規則は厳守されるようになってきた。料金は初乗り1kmまでが35Bで、以後約1kmごとに約5.5～10.5Bずつ加算。渋滞の状況が最悪を迎えると、1時間に1歩の歩幅さえも移動できない停止の状態に陥るが、時速6km以下の走行、および停車中にも1分あたり2Bの時間料金が加算される。

交渉制タクシー

交渉制タクシーとは●メーターがなく、乗車前に料金交渉をする必要がある旧型のタクシーのことだが、繁華街の道端などで客引きまがいのことをするメータータクシーにも、しばしば交渉制に豹変することがある。

料金交渉の心得●行き先を告げるまではメータータクシーと同じだが、加えて料金をあらかじめ交渉しておく。運転手は口八丁手八丁の営業を続けてきた百戦錬磨の強者たちばかりで、黙っていると行き先を告げたそばから「レッツゴー」ということになり、ろくに交渉もできずにあとでトラブルを招くことになる。利用は必ずしもおすすめできないが、ベテラン運転手も多く、道をよく知っているので使いこなせれば力強い味方になる。

バンコク市内の交通手段は多様

メータータクシー

タクシーのメーター

交渉制タクシー

メータータクシーは数が多い

停めやすい場所

　デパートやホテルの周囲には必ずタクシーが待機しているか、少なくともその界隈では徐行をして乗客を探しているはず。デパートによってはタクシーの乗降場が定められているところもあり、ほかで乗り込もうとすると警備員に叱られる。バス停の前後や交差点の近くでは、交通の大迷惑になる場合もあるので、周囲をよく見きわめてからタクシーを停めること。

役立ちマメ知識 高速道路●渋滞の激しい道路事情などもあり、ときにタクシーには乗車を拒否されることもあるが、拒否された場合は、高速道路（別料金）を使うことを強く主張するのもひとつの手だ。

トゥクトゥクは旅行者に人気

市内交通
トゥクトゥクなど

割安な料金と渋滞をすり抜ける小気味よさで、トゥクトゥク（三輪タクシー）は最近まで庶民に重宝されていた。今ではメータータクシーに三役の座を明け渡しているが、現在も観光地など一部では健在で、旅行者にとってはタイの風情を感じる乗り物だ。一方で、オートバイの後部座席に乗客をのせて走るバイクタクシーは、バンコクの渋滞が生んだ名物といえる。

トゥクトゥク

乗り方と料金●目的地を告げるところまではメータータクシーと同様だが、料金は交渉制なので、交渉上の注意点は交渉制タクシーと同じ。全般的にメータータクシーよりも割高になるのは仕方がない。タイ人にとっては古い乗り物にすぎないが、旅行者にとってはいくらか余分に払ってでも乗りたい乗り物であることを、先方も承知しているからである。なお、トゥクトゥクは高速道路を利用できない。

リスクを知ったうえで利用する●旅行者が利用すると、タイの市民が利用する相場より料金が割高になることをまず踏まえておこう（欄外の役立ちマメ知識も参照）。三輪車のため安定性に欠けることも念頭に入れておきたい。ときには横転することも考えられる。ドアや窓がないので横転の場合には大事故になることもある。渋滞の中では、排気ガスとエアコンの排熱に長時間さらされるということも忘れてはいけない。

オートバイタクシー（モタサイ）

特徴●基本的には路線バスなど公共の交通機関が運行できない小路に限って営業が許可され、都心部を縦横に網羅している。トレードマークのカラフルなベストは許可証の代わりで、各営業地区ごとに色分けされている。幹線道路を走るバイクは、渋滞の中を急ぐ人のために許可されているので、道中で客を拾うことは原則的には許されない。手を差し出しても無視されることがあるのはこのためだ。

乗り方と料金●目的地を告げて料金を決める。BTS 1駅間ぐらいの移動なら、タイ庶民だと10B程度、旅行者でもせいぜい20B程度。ちょっと離れたという程度の場所へ行くぐらいなら、40〜80B程度。メータータクシーの初乗り料金で済むような場所だとオートバイタクシーは割高になるが、交通規制の厳しい都心部では大きな時間の節約になる場合も多い。

リスクを知ったうえで利用する●世界有数の大渋滞を招いたバブル期よりは落ち着いたが、車に閉じこめられる時間を節約したいという意識を見越して、料金は一般にタクシーよりも割高だ。とくに渋滞の際には高くなる。渋滞の中を無理してでも、いかに数多く往来できるかが運転手の稼ぎに直結してくるので、事故などのリスクはトゥクトゥクよりもいっそう高くなる。

確実に着くことが最優先
タクシーの運転手には地方から出てきたばかりの人が多い。バンコクの複雑な交通規制を知らない運転手や、タイ語の文字を読めない運転手も珍しくない。運転手が地図を目にしている際の表情や、英語で行き先を告げた際の反応などはしっかりチェックし、不安があるようなら乗るのはやめたほうがよい。多少割高に感じても、確実に目的地を知っていそうな運転手を探す努力をしよう。

トゥクトゥク利用時のアドバイス
旅行者には大人気の乗り物で、夜間に走る分には気分も爽快。車体には独特の電飾がきらめき、大胆に飛ばせればノイズの迫力も満点だ。しかし、あまりに道路が空きすぎているところを長距離走ると、次第にスピードも高まって危険を感じるほどになることがある。適度な時間と適度な距離、という点を考慮して利用しよう。

オートバイタクシー利用時のアドバイス
わずかな間隙を疾走するので、膝が突き出る女性の横乗りは危険。しっかりまたがるならスカートでは無理だ。見慣れた道の往来に限定すれば、旅行者にも利用できるかもしれないが、バイクの後部座席に乗った経験がないと危険度は高まる。やはり旅行者はよほどの理由がない限り、利用は避けたい。

役立ちマメ知識 料金交渉の秘訣●交渉制の乗り物をタイ人なみの料金で利用する秘訣は、運転手に対して説得力のある演技をすること。乗りたくて乗るのでなく、仕方なく乗るということを迫真の演技で訴えよう。

市内交通

バス

バス停の看板
バスのチケット

一般市民の重要な足である路線バスは、もっとも安上がりな移動手段。複雑なルートすべてを短期間で把握するのは難しいが、基本を押さえて上手に利用できれば便利な交通機関だ。

バスの種類と乗り方

運行時間は路線にもよるが、6:00〜21:00はほぼ全路線が運行。主要路線は5:00〜23:00の運行で、24時間運行の路線も一部にある。バスの種類は右欄参照。乗り方は以下のとおり。

ルートマップを入手●日本語のルートマップ『バンコク バス路線図』が便利だ。現在地を確認してから目的地を見つけ、2点間を結ぶ道路上で同じバス番号があるかを調べる。1本で行けない場合には、途中1回で乗り継げる場所を探そう。

バス停と車体の番号を確認●バス停にはそこに停車するバスの番号が明記されているので、地図上の番号が実際にあるかを確認しよう。それがあれば、バスの正面にも番号があるので、目的のバスを待てばよい。不安なら遠慮せず周囲のタイ人に身ぶり手振りを駆使して尋ねよう。

バス停の見つけ方●市街中心部のバス停は整備され、わかりやすい。スペースが少なくバス停設置が難しい場所には、昔ながらのわかりづらい小さな看板があるだけだ。大通りでは必ず一定間隔で停車するので、道端で人が集まっている場所を探そう。

料金の支払い方●車掌のいるバスは車掌に払う。10数Bの運賃に100B紙幣を出すのは考えもので、小銭を用意しておいたほうがよい。エアコンバスは距離に応じたスライド制なので、行き先を車掌に告げて運賃を払う。目印にデパートなどの名前をいえば通じるはずだが、理解されなくとも、小銭を差し出せば不思議なことに適当な運賃を徴収してくれるだろう。ワンマン式は日本と同様に払えばよいが、全路線で釣り銭が用意されているわけではないので、小銭がないと損をすることがある。

乗車方法●目的のバスが近づいてくるのが見えたら、タクシーと同様に乗車の合図を送る。乗客が少ない場所はこれでOK。しかし、デパート前など乗客が多い場所では、バスはバス停に停まるという日本の常識が通用しないことがある。タイ人は、バスが近づくと一目散にバス目指して走りだす。

降車方法●目的地が近づいたら降車ボタンを押す。目的地を過ぎてからあわててボタンを押しても停まってくれないが、後方の車への影響がない場合などは、次の停留所の前で降ろしてくれることもある。車内が混雑する朝夕は早めに降り口の近くへ。混雑が激しいと車内の移動は困難で、荷物があるならなおさらだ。渋滞中にたまたま進路上の道が空いたときなどに、全員が無事に降りるのを待たずに発進する運転手もいるので注意。

基本ルートを知る●バスをうまく利用するには基本のルートを知ることが大切。右欄の市販のルートマップなどを参照。

バスの種類

エアコンバス

普通バス

車体前面上部の番号が重要

エアコンバス●車掌に行き先を告げる必要があるスライド制の料金体系が主流で、青白系の旧型は12〜20B、19B、オレンジ・イエロー系の新型は13〜25B。急行は+2B。

普通バス（エアコン無し）●乗車料金は一律。赤色バスクリーム帯8B、赤色バスベージュ帯9.5B。

その他のバス●公共路線以外にも地元住民向けに、ミニバス等が走っているが、旅行者には無縁なバス。

バスのルートマップ

日本語情報誌のDACO編の『バンコク バス路線図』が便利。購入はバンコクでは伊勢丹（セントラル・ワールド内）→p.120のタイ紀伊國屋書店などで。日本ではアジア文庫（内山書店3階）→p.301で購入可能。路線、乗り換えは下記のサイトからも可能。
http://www.bmta.co.th/?q=en/bus-lines

利用上の注意点

通常、バスの乗降口付近は僧侶が最優先される席。また、僧侶の隣席に女性が座るのは不可。車内でのスリや、バッグを切り裂いての盗みなどにも注意。

役立ちマメ知識 降車時には要注意●全員が降りるのを待たずに発車する運転手もいる。また、バイクがバスの側面を疾走してくることもあるので、降車時にはとくに注意が必要だ。

水上交通も上手に利用したい

市内交通

水上交通

水上バスは渋滞知らずで、庶民にとっては重要な足。チャオプラヤー川のほかにもセン・セーブ運河などで水上バスが運航している。一般の旅行者は下記のチャオプラヤー・ツーリストボートだけで充分。これ以外では英語も通じず、利用が難しい。旅行者に利用価値が高いのは、BTSサパーン・タクシン駅近くの船着き場ター・サートーンから王宮近くの船着き場へのルート。

おもな水上交通

■チャオプラヤー・ツーリストボート 旅行者が利用するような観光ポイント近くの船着き場に停泊する。英語が通じる船員がおり、乗降時も戸惑うことが少ない。旅行者にはおすすめの水上交通だ。発券場所は以下の5箇所。これ以外では他の船と同様、乗船後に船内で船員から購入。
●ツーリストボートの終起点船着き場（サートンSathorn＜BTSサパーン・タクシン＞、プラ・アッティットPhra Arthit）の2箇所　●BTSツーリストサービス・カウンター設置の3駅（サイアム駅、パヤタイ駅、サパーン・タクシン駅）。p.46参照。
https://chaophrayatouristboat.com/

⛴サートン（BTSサパーン・タクシン）〜プラ・アッティット
🕐9:00（サートン）・9:30（プラ・アッティット）〜20:30（30分間隔で運行）💰60B、オールデイパス200B　休なし＊船着き場はMAP p.38・40の★印参照。

■チャオプラヤー・エクスプレス（ルア・ドゥアン） チャオプラヤー川を行く高速船。区間や船着き場、運航時間が異なる4種類があり、船体の旗で見分ける（船着き場は、MAP p.38、40参照）。運航範囲は市内南方郊外のラージャブラナから北方隣県のノンタブリーまでの約10km。両岸の船着き場に停船しながら進む。

🏳 **普通**（旗なし）ノンタブリー〜ワット・ラーチャシンコーン
🕐6:45〜7:30、16:00〜16:30　💰9〜13B　休土・日曜、祝日
🟧 **快速**（オレンジ旗）ノンタブリー〜ワット・ラーチャシンコーン
🕐6:00〜19:00　💰15B　休なし
🟩 **急行**（緑旗）パークレット〜ター・サートーン
🕐6:10〜8:10、16:05〜18:05　💰13〜32B　休土・日曜、祝日
🟨 **特急**（黄旗）ノンタブリー〜ター・サートーン
🕐6:15〜8:20、16:00〜20:00　💰20B　休土・日曜、祝日

■クロス・リバー・フェリー（ルア・カームファーク） チャオプラヤー川の両岸を往復する渡し船。ワット・ポーからワット・アルンへ向かうのに便利。🕐6:00〜22:00 💰4B

■セン・セーブ運河線 民主記念塔から東へ徒歩約5分のパンファー橋〜ワット・シーブンルアン（ミンブリー）を往復する。所要約1時間。🕐5:30〜20:30（土曜6:00〜19:30、日曜6:00〜19:00）💰9〜19B

水上交通利用のアドバイス

船着き場は濡れて滑りやすく、サンダルやハイヒールは危険。乗船したら落ち着いて座ること。極端にバランスを崩すとボートが転覆する恐れもある。水上バスの場合は、路線バスと同じく車掌が運賃を集金に来るので、目的地を明確に伝えることが路線バス以上に重要だ。一部を除き、一般的に英語はまるで通用せず、降船を伝えるボタンもない。慣れないと水上バスの利用はバス以上に難しい。初心者が降り場を気にせずゆっくりと風情を楽しみたいなら、水上タクシーをチャーターするほうがいい。

水上タクシーのチャーター

水上タクシーのチャーター利用するには、リバーシティ（MAP p.40-E）の船着き場がおすすめ。受付カウンターがあり、旅行者料金とはいえ良心的といえそうな設定だ。💰航路・船の大きさにより1時間1000B前後。

水上交通は渋滞知らず

旅行者にとって利用価値が高いのは、船着き場のター・サートーンまたはター・シープラヤから、三宮に近いター・チャンまでの区間。近年に運航開始したチャオプラヤー・ツーリストボートは便利だ。また、チャオプラヤー・エクスプレスなら、黄旗以外の2路線が運航している。とくにター・サートーンは、BTSのサパーン・タクシン駅の目の前。サイアムスクエアから王宮まで、陸路のような交通渋滞なしで行ける。

セン・セーブ運河線（ルア・セン・セーブ）

役立ちマメ知識 水上バスは朝夕のラッシュ時は込むのでスリに気をつけたい。水しぶきがかかる場合があるので、頭や顔を隠す新聞や雑誌などを持っていると便利だ。バンコクの運河の水は「下水の水」と考えたほうがよい。

バンコク中心部

クルンテープ・マハーナコーン
天使の都
基本は街の特徴を覚える
暑さ対策も万全にして歩く
ウォーキングの基礎知識

トゥクトゥクは観光名物

徒歩の移動は暑さと自分の体力との相談
無理をしてまで歩くのはやめよう

　本書ではバンコクの中心部を便宜的に6つのエリアに分けて紹介している→p.35。それぞれのエリア内なら端から端まで3km程度で、健脚なら徒歩で回れないことはない。ただし、バンコクの暑い気候と、交通渋滞の排ガスと熱気には注意したい。

移動はBTSやMRTを上手に利用しよう
ウォーキングの休息場所はお好み次第

　隣のエリアなら徒歩で行けないこともないが、実際はかなりハード。バンコクの中心部を走るBTS（高架鉄道）やMRT（地下鉄)、タクシー、トゥクトゥクなどを活用するのがいいだろう。BTSやMRTの駅が近くにない場合、旅行者が利用しやすいのがタクシー。メータータクシーが一般的な存在で、たまに交渉制タクシーが走っている→p.49。バスは路線が複雑で、はじめは利用が難しい。ただし、バンコクに何日か滞在し、街の風景を覚えれば路線によっては利用可能だ。

　基礎知識として通りの呼び名は覚えたい。表通りはタノンThanon。タノンから横へのびる路地がソイSoi。ソイの先は行き止まりが多く、ソイとソイをつなぐ道は少ない。路地に入ったら、たいてい元の表通りに戻って先へ進むことになる。

　街歩きの休息ポイントには不自由しない。高級ホテルのラウンジ、通りに並ぶ屋台、また、マクドナルドなどのファストフード店も多くあり、その時の気分で選べる。

歩き方のヒント
バンコク

楽しみ
見る歩く　★★★★★
ショッピング　★★★★★
食べ歩き　★★★★★

交通手段
徒歩　★★・・・
バス　★・・・・
BTS　★★★★★
タクシー　★★★★・

エリアの広さ
旅行者がおもに回るのは、フアラムポーン駅を中心に東西約10km、南北約5kmの範囲。移動手段はBTSかタクシーが便利だが、チャオプラヤー川対岸へは渡し船がいい。

ぜひ訪れたい
街歩きポイント

● 王宮＆ワット・プラケオ
● ワット・アルン
● 国立博物館
● ワット・ポー
● ワット・ベンチャマボピット
● ウィマンメーク宮殿
● ジム・トンプソンの家

バンコク　市内交通／船／基礎知識

チャオプラヤー東岸から望むワット・アルン

バンコク の楽しみは どのあたりにあるの？

見る・食べる・買う・遊ぶ

「天使の都」バンコクは 6つのエリアで覚える

バンコクで旅人が訪れる代表的な場所は下記の6つのエリア。ここに見る、食べる、買うなどのポイントが集まっている。

街のしくみを知ろう！
バンコク・エリアマップ

6つのエリアの位置関係と特徴を知って、旅のプランニングをしよう。また、基礎知識として通りの呼び名は覚えておこう。表通りはタノンThanon。タノンから横へのびる路地がソイSoi。ソイの先は行き止まりが多い。また、ソイとソイをつなぐ道は少ない。街歩きで路地に入ったらたいてい元の表通りに戻ってから先へ進むことになる。

市内屈指の観光エリア
A 王宮周辺→p.58

西欧化の気風が漂うエリア
B デュシット→p.65

エリア全体が巨大な市場
C チャイナタウン→p.67

雰囲気のよい店や旅行者に穴場の店が多い
D スクンビット →p.68

歴史ある バンコクの中心街
F シーロム、スリウォン、ニュー・ロード →p.68

若者に人気の 市内有数の繁華街
E サイアム →p.68

6つのエリアの早わかりアドバイス

バンコク の楽しみを理解する

A 王宮周辺

見る歩く	★★★★★
ショッピング	★★・・・
食べ歩き	★・・・・

バンコクのみならず、タイ最大の観光名所が王宮とワット・プラケオ。さらに周辺にはワット・ポーやワット・アルンなどの有名な寺院が建っている。観光ツアーでは最初に必ず訪れる場所だ。

荘厳さを漂わせるワット・プラケオ寺院

B デュシット

見る歩く	★★★★・
ショッピング	★・・・・
食べ歩き	★・・・・

ウィマンメーク宮殿は見学可能

西欧文明に対抗すべく、現国王ラーマ10世の祖先にあたるラーマ5世によって国家の近代化のために改治、行政の中心地として計画的に造られたエリア。旧国会議事堂やラーマ5世の趣味が色濃く反映されたウィマンメーク宮殿などが建つ。

C チャイナタウン

見る歩く	★★★・・
ショッピング	★★★★・
食べ歩き	★★★★★

元々、バンコクは中国系の人々が多い。チャイナタウンは看板の色使いから売られているもの、レストランまで中国テイストだ。活気ある市場歩き、昼食にフカヒレ料理を味わってみたい。

熱気と騒音が街を満たす

バンコク

55

バンコクの楽しみはどのあたり？

D スクンビット

見る歩く	★・・・・
ショッピング	★★★★★
食べ歩き	★★★★・

スクンビット通りに面したエリアで、通りの裏側はバンコク屈指の高級住宅街。「裏スクンビット」には穴場的レストランや瀟洒な邸宅を改造したアジア雑貨の有名セレクトショップなどが点在している。

欧米人遭遇率が高い活気ある通り

E サイアム

見る歩く	★★・・・
ショッピング	★★★★・
食べ歩き	★★★★★

ショッピングや食事を楽しむならこのサイアムエリアが魅力的だ。大規模なデパートや高級ホテルが並び、バンコク最大の繁華街を形成している。「バンコクの今」を感じるならこのエリアだ。

ジム・トンプソンの家

F シーロム、スリウォン、ニュー・ロード

見る歩く	★★・・・
ショッピング	★★★★・
食べ歩き	★★★★★

昼はビジネス街の面が強いが、夜はタニヤ、パッポンといった有名なナイトスポットエリアが活気づく。レストランも多い。川沿いのニュー・ロードにはバンコク随一の高級ホテルが並び、お茶をするにも最適。

都会のオアシス、ルンピニー公園

バンコクを多角的に楽しむ モデルコース

ここでは4つのテーマに沿ったバンコクの観光プランを提案。一番下の「観光セレクトプラン」は上にある同じ色の部分と組み替え可能な入れ替えプランだ。

定番観光スポットまる歩き（所要1日）

ワット・アルン	→	ワット・ポー	→	王宮&ワット・プラケオ	→	ワット・サケート
別名「暁の寺」。陶器のかけらが埋め込まれた塔が朝日に照らされて神々しい輝きを放つ。→p.59	5分	堂内いっぱいに横たわる黄金色の巨大な寝釈迦仏。やさしそうな表情に思わずうっとりしてしまう。→p.59	5分	王国タイを象徴する王宮とその守護寺院。本尊であるヒスイ製のエメラルド色の仏像が見どころ。→p.58	5分	丘の上にそびえ立つ高さ約78mの黄金仏塔が目を引く寺院。ここからバンコク市街を一望できる。→p.62 （10分）

ぜひ足を延ばしたい郊外観光（所要1日）

バンコク	→	水上マーケット	→	ナコン・パトム	→	スアン・サンプラーン
水上マーケットがいちばんの賑わいを見せる時間は7〜10時頃なので、早朝なるべく早めに出発したい。	2時間	毎朝、活気あふれるダムヌン・サドアクの水上マーケット。なつかしい風景が今もそのまま残る。→p.84	1時間	先住民のモン族が建国し、10世紀前後に栄えた王国の首都。高さ約120mの黄金色の仏塔は必見。→p.85	30分	外国人観光客向けにタイの伝統文化や風俗を伝えるために造られたカルチャーツーリズムの現場。→p.83

ショッピング&エステを満喫（所要1日）

サイアム・パラゴン	→	ジム・トンプソン	→	グランドハイアット・エラワン・バンコク	→	伊勢丹
一流ブティックが数多く入っているデパート。日本人女性に人気のブランドも充実している。→p.121	25分	タイシルクの高級ブランド。象の柄のスカーフが人気。ドレスやスーツのオーダーメイドも可能だ。→p.119	20分	「ザ・ダイニングルーム」でランチブッフェを食べる。評判のベーカリーは種類も豊富。→p.127	7分	サービスに定評のある日本でおなじみの伊勢丹。巨大複合施設セントラル・ワールドの中にある。→p.120 （10分）

市場を巡りバンコクを食べ歩こう（所要1日）

チャイナタウン界隈	→	MBKフードセンター	→	プラトゥーナーム市場	→	タイ料理教室
屋台街で朝、お粥を食べる。サンペーン市場の周辺などで食通に人気の屋台をチェック。→p.67	25分	6階の巨大な屋台フードセンターで昼ごはんを食べる。→p.103	25分	おもに衣料品を売る市場。周辺の屋台も物色したい。→p.69	7分	スパイシーな調理法を習得。＊市内ホテルなら送迎あり。→p.98 （10分）

チャトゥチャック市場	土・日曜のみ。格安の義理みやげを発見するかも？
45分	

バンコク観光セレクトプラン

定番観光スポットまる歩き

タイの文化に触れる（所要約3時間40分）

タイを語るうえでははずせないコース。王室御座船博物館からスタート。タイの歴史をたどる国立博物館。仏教芝居小屋がある国立博物館。仏教芝居小屋があるラク・ムアン。いずれも仏教に密着したタイの姿が見られる。→p.62、→p.59、→p.62

- 王室御座船博物館 ↓ 5分+20分
- 国立博物館 ↓ 15分
- サーン・ラック・ムアン（市の柱）

タイの名士の家へ（所要約4時間）

タイの伝統的な建築物を巡るコース。カムティエン夫人の家は北部様式。スアン・パッカード宮殿は木造高床式の家屋。ジム・トンプソンの家はアユタヤーから移築した民家。→p.69、→p.69、→p.68

- カムティエン夫人の家 ↓ 40分
- スアン・パッカード宮殿 ↓ 10分
- ジム・トンプソンの家

※車での移動時間はある程度の渋滞を考慮してありますが、状況によって大きく変わる場合があります

①世界中から観光客が訪れるワット・プラケオ。②ワット・ポーの涅槃仏。③屋台が並ぶサンペン市場。④ブランド充実度バンコク一のエンポリアム。⑤独特の踊りタイダンス。

ナイトスポット セレクトプラン

バンコクの夜の楽しみは「これがおすすめだ」と特定するのが困難なほど充実している。そこでこのモデルコースでは、バリエーションを考えて代表的なものをセレクトした。各モデルコースの最後にこの中からお好みのプランを選べば独自の1日コースが完成する。

熱きムエタイ観戦
（所要約2時間、試合によって異なる）
タイにきたなら一度は見たいムエタイ。バンコク市内の陸軍系のルンピニーと王室系のラーチャダムヌーンの2つのスタジアムでは、連夜の熱い戦いが繰り広げられている。→p.73

タイダンス観賞とディナー
（所要約2時間）
タイダンス付きディナーの店は、ダンスは古典舞踊のダイジェストで6～7演目披露する。出てくる料理はだいたいが宮廷料理のセット。雅な雰囲気を味わえる。→p.104

ムード満点のディナー・クルーズ
（所要約3時間）
チャオプラヤー川を行くディナー・クルーズ。オプショナルツアーで申し込むほかに、ライスバージを改造した船で伝統的なタイ料理のマノーラ号がある。→p.101

タイ式マッサージでリフレッシュ
（所要約2時間）
旅で疲れた身体をここで一気にリフレッシュさせよう。なんだかプロレス技をかけられるみたいに身体をひねられて、ボキボキ骨を鳴らされる。が、これがまた快感。→p.77

1度は必見ニューハーフ・ショー
（所要約2時間）
豪華な衣裳を身にまとった美女（？）たちが華やかなショーを繰り広げる。演出と構成がしっかりしていて、笑いあり、華麗なダンスショーありと、だれもが楽しめる。→p.72

→ **ワット・ベンチャマボピット**
タイ寺院としては珍しくほとんどが大理石でできている。別名「大理石寺院」と呼ばれるいわれだ。→p.65

→ 15分 → **ウィマンメーク宮殿**
ラーマ5世が建立したチーク材建造物。内部には世界各国から集めた調度品などが展示されている。→p.65

→  → **バンコク** 🚗1時間
19時頃にバンコク市内着予定。ハードスケジュールだったので夜はタイ式マッサージで疲れをとろう。

→ **ゲイソーン**
ゲイソーン以外にも、このエリアには世界の一流ブランドを集めたデパートが多い。→p.121

→ 1分 → **スパ・インターコンチネンタル**
買い物に疲れたら、眺望抜群の高層フロアでアロマに包まれてトリートメント。コースは1～2時間。→p.75

→ 30分 → **シーロム・ビレッジ**
ビレッジのレストランで海鮮料理を食べる。新鮮な海の幸をお好みの食材、調理法で注文できる。→p.117

→p.70

ぜひ足を延ばしたい郊外観光 （所要1日）

時間があれば行ってみたい。かつての王都アユタヤーの遺跡巡り。ワニ園と、タイのミニチュア版テーマパークのムアン・ボーラン。
→p.90、→p.86、→p.82

バンコク
↓1時間30分　3時間　1時間20分
アユタヤー観光 ／ カンチャナブリー観光 ／ サムットプラカーン・ワニ園とムアン・ボーラン
バンコク

ショッピング＆エステ／足ツボ

ショッピングを満喫 （所要約4時間）
民芸品の卸売りセンターのナライパン。次は種々雑多なテナントが集まるマーブンクローン・センターへ。そんな買い物で歩き疲れた足には、フットマッサージのプレゼントを。→p.116、→p.120、→p.76

ナライパン
↓ 12分
マーブンクローン・センター
↓ 15分
有馬温泉

※上部の同じ色の部分と組み替えられるカセットプラン

バンコク　57　モデルコース

Grand Palace AREA
王宮周辺エリア

MAP p.38〜39

ワット・アルンからチャオプラヤー川越しに王宮方面を眺める

寺院も信徒も多い王宮周辺

歩き方のヒント

楽しみ
見る歩く ★★★★★
ショッピング ★★・・・
食べ歩き ★・・・・

交通手段
徒歩 ★★★★・
タクシー ★・・・・
トゥクトゥク ★★★・・

エリアの広さ
ワット・ポーやワット・プラケオなど著名な観光名所は乾季（10月〜2月中旬）の比較的涼しい時期なら徒歩でも充分まわれる。カオサンへも体力派なら徒歩圏内、このエリアへの移動には水上バス（ツーリストボート→p.52）の利用が便利。

王宮があり官庁が集まったタイの中枢
観光名所も多く、外せないエリア

チャオプラヤー川とバンランプー運河に挟まれたこのエリアは、現在に続くバンコク王朝時代の出発点でもあり、王都の中枢として発展してきた。王宮や王室守護寺院ワット・プラケオ、ワット・ポーなどの有名寺院があり、対岸のワット・アルンや王宮前広場の緑地沿いから続く通りの国立博物館、ワット・マハータートなど、絶対外せない観光ポイントが集中している。バンコク観光のハイライトとして世界中の旅行者が日々訪れている。

王宮周辺エリア 見る 歩く

王宮&ワット・プラケオ
The Grand Palace & Wat Phrakeo

MAP 切りとり-43、p.38-E・F

ワット・プラケオはタイ最高の格式を誇る王室守護寺院。現チャクリー王朝の祖、ラーマ1世が1782年、この地に王宮を建設したのが始まり。敷地内には歴代の国王が住んでいた宮殿と歴代国王を祀る現役の王室守護寺院のワット・プラケオ（エメラルド寺院）がある。世界的に有名なエメラルドブッダが本尊だ。交バンコク中心部西側Na Phra Lan Rd.圏8:30〜15:30圏500B、日本語オーディオガイド200B休王室行事の際

王宮は写真のチャクリー宮殿ほか、歴代の国王が住んでいた宮殿が並ぶ

ワット・プラケオは本尊の名にちなみエメラルド寺院とも呼ばれる

ワット・ポー
Wat Pho

MAP p.38-J

創建は14〜18世紀のアユタヤー王朝時代と伝えられるバンコク最古の寺院。正式名称はワット・プラチェートゥポンといい、ポーは通称。本堂はラーマ1世によって建立された。本堂入口扉にはラーマキエン物語を表現したものが描かれている。ラーマ3世時代には大寝釈迦仏（右写真）が建立され、タイで最初の大学（学問所）が境内に設置された。また、本尊の台座にはラーマ1世の遺骨が納められているといわれる。とくに伝統医学の研究がさかんで、現在も境内に開設されているタイ古式マッサージ学校で伝統が守られている。ここでマッサージを受けることもできる。 交王宮→🚶10分 住2 Sanamchai Rd. 開8:00〜18:30 料200B 休なし

バンコク国立博物館
National Museum Bangkok

MAP p.38-A

収蔵品は1000点を超え、展示物の歴史的な価値は東南アジアでも屈指。ひととおり見るだけでも2〜3時間はかかる。館内中央部にはカフェもある。必見の美術品の代表は、スコータイ時代の遊行仏（ウォーキング・ブッダ）だ。この形はタイ独特のもので、タイ美術の最高峰のひとつといわれる。タイ文字最古の古文書といわれる「大王碑文」も必見だ。※館内撮影禁止。 交王宮→🚶5分 住Na Phra That Rd. ☎02-224-1370 開9:00〜16:00 料200B 休月・火曜、祝日 ＊日本語ガイドツアーは水曜9:30〜、無料

建物は王宮と同時代建造の宮殿を利用。美術・建築上の価値がある

ワット・アルン
Wat Arun

MAP p.38-I

チャオプラヤー川沿い、西岸にそびえる仏塔はヒンドゥー教のシヴァ神の信仰の象徴。塔に埋め込まれた陶器に陽光が反射することで、神々しい輝きを放つ。別名「暁の寺」の由来はここにある。アルンとはタイ語で「暁」を示す。日本人には三島由紀夫の小説『豊饒の海』第3巻の標題「暁の寺」でこの名が登場したことでも有名。創建当時は、ヴィエンチャン攻略の戦利品であるエメラルド仏が鎮座したことでも知られる王家の護国寺だ。 交王宮→🚶＋⛴10分 住34 Arunamarin Rd. 開7:30〜17:30 料50B 休なし

仏塔の正面の本堂は29体の仏像が安置されている創建時からの建物

長さ46m、高さ15m、足の長さ5m。足裏には精巧な螺鈿細工の模様がある

とっておき情報

サイアム博物館
Museum of Siam

MAP p.38-J

タイ民族やタイ国のルーツをテーマにした博物館。石器時代からアユタヤー王朝、近代までをビデオやタッチパネルを利用したビジュアルな方法で紹介し、旅行者にも楽しく見学できる。建物は旧商務省の事務次官棟として使われた由緒ある建造物。

交王宮→🚶15分 $02-225-2777 住Phra Borom Maha Ratchawang 開10:00〜18:00 料200B 休月曜、祝日

時代を感じさせる威厳ある建物

グラフィックガイド
日本にもいる タイ仏教の神様

　タイの仏教は日本のそれとは印象が大きく異なる。同じ仏教とはいっても、伝来のルートが全く異なる、しかもヒンドゥー教の影響を強く受けているからだ。
　タイの寺院を観光すると、その雰囲気だけを味わって、なんとなく「アジアだな」と思うだけで終わってしまいがち。しかし、よく見れば、日本と共通するものも多いのだ。
　ここでは、ワット・プラケオを護る神を中心に、日本にも通じるタイ仏教の文化を紹介しよう。

ヤック

（ヤック）

　ワット・プラケオに入ると、巨大な鬼のような像が門を守っている。仏塔を支えている無数の動物も同じヤックで、もとはヒンドゥー教の「ヤクシャ」。日本では「夜叉」と呼ばれ、人を食う恐ろしい鬼を指す場合が多いが、タイでは身を挺して王を守る正義の味方として、人気が高い。ぱっと見の印象はどれも似ているが、よく見れば色や装飾などがすべて異なり、興味深い。

（夜叉）

ヴィシュヌー神

（ヴィシュヌー神）

　本堂などの切妻飾りを見ると、鳥のような動物に乗った神様がいるのがわかる。ヒンドゥー教の守護神、ヴィシュヌー神だ。悪がはびこり、世の中が乱れたとき、様々な化身に姿を変えてこの世を救う。ラーマ王、つまりタイの国王もヴィシュヌー神の化身のひとつで、タイで最も重要な神様だ。仏陀もヴィシュヌー神の化身のひとつ。つまり、タイの国王は仏様なのだ。

（仏陀）

ガルーダ

（ガルーダ）

　ヴィシュヌー神が乗る聖なる鳥。同時に、ヴィシュヌー神の化身のひとつでもあり、スコータイ王朝の時代からタイを守ってきた最上の神とされる。礼拝堂の腰壁には、金色に輝くガルーダがずらりと彫刻され、壮観だ。タイ王室の紋章であり、王室の施設には必ずこの紋章がある。日本では仏教を守護する八部衆のひとつ、迦楼羅となり、奈良公園の興福寺で八部衆立像として見られる。

（迦楼羅）

プラサート・プラ・デビドルン
王室専用廟

見学者出口
ボロマビマン宮殿、チャクリー宮殿へ

見学者入口

プラ・モンドップ・チェディ
経蔵

本堂（エメラルド寺院）

ヴィシュヌー神と
ガルーダが見られる

シン

ナーク

ハヌマーン
外壁（回廊）の内側にある
ラーマキエン物語の壁画

ヤック

WAT PHRAKAEO

シン

ワット・プラケオの本堂などの入口にある、狛犬のようなブロンズ像。それがシンだ。神話に登場するライオンで、タイの有名なビール、「シンハービール」のラベルでもおなじみ。これが琉球王国に渡って「シーサー」、中国から日本本土に渡って「獅子」、そして狛犬になったのではないかと言われる。ワット・プラケオのシン、沖縄のシーサー、中国の獅子、そして日本の狛犬と、どれもよく似ていて面白い。

ナーク

蛇や龍の神をナークという。仏教伝来以前の土着信仰の時代から存在した神で、その後仏教と結びついた。悟りを開き座禅を組む釈迦を、雨から護ったという伝説から、仏陀の守護者のひとつとなった。寺院だけでなく、タイ北部では土地霊として家屋に宿ると言われている。寺院の屋根に見られる尖った飾りは、ナークをかたどったもの。日本でも、昔は蛇のことを「ナガ」と呼んだ。

ブラーマ神

正義の鬼、ヤックの親は、商売の神として尊敬されている。もとはヒンドゥー教の創造の神で、四方を見渡せるように4つの顔と8本の手を持っている。ワット・プラケオでは見かけないが、サイアムスクエア近くのエラワン・プームにあり、参拝者が絶えない。日本では、悟りを開いた釈迦に「自信を持ちなさい」と勇気づけた梵天となり、「天」がつく仏の中で最高位とされている。

ハヌマーン

タイ仏教で最も有名な神話、「ラーマキエン」に登場する正義の猿。主人公ラーマ王の忠実な部下で、その姿は山のように巨大。肌は金色に輝き、無敵の力を誇る。ヤックとともに、ラーマ王を悪魔から守った、国民的英雄だ。ワット・プラケオでは、回廊にあるラーマキエンの物語を表した大壁画で会える。「西遊記」の孫悟空のモデルで、日本では「桃太郎」の猿にあたるという説がある。

この他にも、ワット・アルンにあるインドラ神は帝釈天、さまざまな寺院にあるシヴァ神は不動明王・大黒天など、ほとんどの神が日本にも姿を変えて伝わっているのだ。

番外 タンブン

タイの寺院では小鳥をかごに入れて売っていることがある。これはペットを売っているのではなく、小鳥を空に放してやることで、徳を積む（タンブン）のだ。タンブンをたくさん行った人は、幸せになれるとされている。日本でも、寺や神社でハトの餌を売っているが、「動物にいいことをする」という発想は同じ。こんな所にも日本とタイの違いが見えて面白い。

日本とタイの仏教、ここが違う！

タイの仏教は、インドからセイロン（現スリランカ）、ビルマ（ミャンマー）を通じて伝わり、日本の仏教はチベット、中国を経由して伝わった。日本の仏教が仏を信じていれば救われる「大乗仏教」なのに対し、タイの仏教は厳しい修行を積んだ僧だけが救われる「上座部仏教」だ。出家できるのは男性だけで、タイの男性は誰でも一度は儀礼的に仏門に入る。一定の修行を積むことで成人式のような役割を果たしているという。

王宮周辺エリア 見る 歩く

サナーム・ルアン（王宮前広場）
Sanam Luang

MAP p.38-B

王宮周辺の観光ではランドマークとなる広場。王室ゆかりの国家的式典は必ずここで開かれるが、普段はマカーム（タマリンド）の果樹が並ぶ涼しげな憩いの場となっており、のどかな光景が広がっている。旅行者が詐欺に遭う被害が増えているので要注意。図王宮→2 分圏Ratchadamnoen Nai Rd.

信天〇日以外は静かな公園

ワット・マハータート
Wat Mahathat

MAP p.38-A

タイ仏教界の最大宗派マハーニカイ派の総本山だ。境内にはラーマ5世王が設立した仏教学校があり、現在もタイ仏教界の最高学府として君臨している。英語による瞑想教室を開催。図王宮→5分圏3 Maha Rat Rd.開9:00～17:00囲無料困なし ＊本堂への一般参詣は原則不可

ラーマ1世建立の寺院

王室御座船博物館
National Museum of Royal Barge

MAP p.36-A

王室専用の伝統的な御座船が8隻展示されているドック。現在も船は、王室ゆかりの国家式典などで出港することがある。国王専用のスワナホン号は舳先にホンと呼ばれる伝説の鳥が飾ってあり、必見だ。図王宮→🚗＋⛵20分（⛵約10分）開9:00～17:00囲100B困12/31,1/1, タイ正月 ＊撮影100B～

国王専用御座船は4隻

サーン・ラック・ムアン（市の柱）
San Lak Muang (The City Pillar Shrine)

MAP p.38-F

首都建設の際には、その中心にまず市柱を立てるという古代インドのバラモン教の風習にならい、現チャクリー王朝の始祖ラーマ1世が1782年に建立した。現在の市柱はラーマ4世時代に再建されたものだが、願い事を成就させる御利益があると庶民の信仰が厚く、参詣客があとを絶たない。図王宮→5分 開6:30～18:30 囲無料困なし

長い柱がラーマ1世、短い柱が新しいラーマ4世

プラ・メー・トラニー像
The Statue of the Earth Goddess

MAP p.38-B

ラーマ4世時代に「市民の水」として建立。ここから出る水は聖水とされている。図王宮→10分

パワースポットとして名高い

国立美術館
The National Gallery

MAP p.38-B

近代以降の絵画を中心に展示する近代美術館で、タイの著名な芸術家の作品が一堂に展示されている。図王宮→10分圏4 Chao Fa Rd. ☎02-281-2204開9:00～16:00囲200B困月・火曜（祝日の場合翌日）、祝日

旧造幣局としても利用された歴史的建造物

ワット・ラーチャボピット
Wat Ratchabophit

MAP p.38-F

君主は自らの治世を象徴する独自の寺院を建てるというタイ王室の伝統に従い、西欧化を推進したラーマ5世が1869年に建立した洋風装飾の王室寺院。図王宮→🚶10分圏Fuang Nakhon Rd.開8:00～17:00囲無料困なし

本堂への参詣は原則仏日のみ

ワット・ラカン
Wat Rakhang

MAP p.38-E

アユタヤー時代の古寺で、18世紀中頃にラーマ1世が即位以前に修業を積んだという由緒ある寺院。図王宮→⛵＋🚶10分 開8:00～17:00囲無料困なし

王宮の対岸にある

ワット・サケート（黄金の山）
Wat Saket (The Golden Mount)

MAP p.39-D

本堂の裏手西側にそびえる巨大な黄金仏塔が目を引く寺院。人々はこの仏塔を通称「黄金の山（プーカオ・トーン）」と呼び親しんでいる。図王宮→🚶15分圏Baan Bat Rd.開8:00～日没囲仏塔入場料20B困なし

ラーマ1世による創建

民主記念塔
Democracy Monument
MAP p.39-C

1932年に、タイが王制から立憲君主制へ移行したことを記念して、当時のピブン内閣により1940年に建てられた。1973年の学生運動、1992年の民主化要求運動など、民主勢力の運動が起こると決まってその舞台となる場所である。図王宮→🚗20分 場Ratchadamnoen Klang Rd.

憲法が収められている

ワット・ボウォンニウェート
Wat Bowon Niwet
MAP p.39-C

19世紀初頭にラーマ4世王が主導した仏教改革で誕生したタマユット派の総本山。現国王を含めて歴代王族の出家先とされてきた格式を誇る。図王宮→🚗10分 囲248 Phra Sumen Rd. 圏6:00～18:00 圏無料 困なし

タイ仏教界復古派の総本山

バンランプー市場
Talat Bang Lamphu
MAP p.38-C

カオサン通りの裏手に広がる、庶民的な服飾・雑貨商店街で、古くから続く伝統的な雰囲気を今も残すマーケットだ。図王宮→🚗10分 圏8:30～18:00 困なし

雑貨が充実している

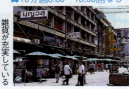

ワット・スタット
Wat Suthat
MAP p.39-G

スコータイ王朝の古都荒廃を危惧したラーマ1世が、スコータイ時代の最高傑作とされる名仏像を奉納するために建てた寺院。仏像は寺院の礼拝堂に安置されている。図王宮→🚶15分 場Bamrung Muang Rd. 圏8:30～16:00 圏20B 困なし

シーサカヤムニー仏像

サオ・チン・チャー（大ブランコ）
Sao Chin Cha (The Giant Swing)
MAP p.39-G

1784年建立の巨大な建造物。1930年代頃までは大きなブランコが吊られ、シヴァ神を迎えるバラモン教の新年儀式が執行されていた。図王宮→🚶10分 場Chao Fa Rd. 圏24時間 圏無料 困なし

高さ約21mあり、神社の鳥居を思わせる

ワット・ラーチャブラナ
Wat Ratchaburana
MAP p.39-K

境内には、1930年代に在タイ日本人会によって建立された日本人納骨堂があり、金閣寺を模した堂内には釈迦如来像が鎮座。図王宮→🚶15分 囲119 Chakraphet Rd. 圏6:00～18:00 圏無料 困なし ＊本堂への参詣は原則仏日のみ

別名ワット・リアップ

ラーマ3世記念像
King Rama 3 Memorial
MAP p.39-C

裏手の寺院や仏塔、さらに背後の「黄金の山」など、付近一帯の寺院群を造営したラーマ3世の功績を称えて、近年に整備された記念公園だ。絢爛豪華な王室専用迎賓館もここにある。図王宮→🚗10分 圏日の出～日没 圏無料 困なし

庶民にとっては格好の記念撮影スポット

ワット・ラチャナダー
Wat Ratchanatdaram
MAP p.39-C

スリランカ様式の、ブロンズ製の尖った屋根の宮殿（ローハ・プラサート）は、現存するものとしては世界でも稀有として、世界遺産に申請されている。図王宮→🚗10分 圏8:00～17:00 圏無料 困なし ＊本堂への参詣は原則仏日のみ

ラーマ3世建立の王室寺院

シリラート博物館
Siriraj Museums
MAP p.38-A

シリラート病院Siriraj Hospitalの敷地内に6つの博物館が点在する。シャム双生児の病理標本や凶悪犯罪で死刑になった犯人たちがロウ漬けにされた黒いミイラなどが展示され、かなり生々しいので心臓の弱い人にはすすめられない。図王宮→🚗＋⛴10分 圏10:00～17:00 圏200B 困火曜、祝日

医学教育振興のための施設

カオサンのメイン通り。通りから折れる路地に多くのゲストハウスがある

天使の都の達人になる

世界のバックパッカーの一大拠点
カオサン・ロード
Khaosan Rd.
MAP p.38-B

　カオサン・ロードは王宮から約1kmのバンランプー市場の近くにある安宿街。ゲストハウスと呼ばれる安宿には世界中のバックパッカーが訪れる。

　1970年代後半からヨーロッパの若者たちがここをアジア旅行の拠点とし、開発したような町だ。最近はカオサンを常宿とする日本の「旅の達人たち」も多く、彼らのシビアな金銭感覚に鍛えられた宿や食堂、旅行会社の格安料金はなかなか魅力的だ。今は、雰囲気だけ「観光」する旅人も多く、バンコクの立派な観光名所になっている。

1 宿に泊まる
　宿の主流はゲストハウスと呼ばれ、200～500B程度の安宿だが、カフェ付きのミニホテル風から大部屋形式のドミトリー、さらにエアコン、テレビ、ベランダ付きまでさまざま。予算と好みを明確にして選ぼう。予約のシステムはなく、簡単な英語を使っての現地での直接交渉が普通。事件や事故が多いのも事実。貴重品の管理を含め、セキュリティは自分で守るのが基本だ。

窓があれば高級タイプ

2 ツアー会社や長距離バスを使う
　カオサンはタイでも有数のツアー会社の集中エリア。インドやカンボジアなどへの航空券からツアーまで、各種の取り扱いがあるほか、近年では、ここから離発着する長距離バスも増えており、目的地によっては公営バスターミナルからよりも、ここから出発するほうが便利なほど。一方ではトラブルも多く、注意したい。

旅行会社は使い勝手がいい

3 B級みやげ物を買う
　エスニックな衣料やアクセサリーを扱う店からライター、時計、ポータブルプレーヤー、リュックなどのB級商品を売る屋台などがズラリと並ぶ。ここでの定価はないようなものだから、表示があっても値切るのが基本。通りでは、三つ編みヘアをした欧米人をよく見かける。三つ編みをしてくれる露店もあり、気分転換にはいいかも。

ハイテク商品も多い

4 この町を我が物顔で「生活」する
　カオサンでは洗濯屋の看板をよく見かける。この町で「生活」しているバックパッカー御用達のような感じだ。洗濯物はグラムによって値段がつけられる。タイ式マッサージの店やカフェも多く、旅の拠点として長期間過ごす、まったり＆チープ志向の旅行者のオアシスといったところだ。

英語の看板はすべて旅行者を対象にしている

Dusit AREA
デュシットエリア

MAP p.36-B

ワット・ベンチャマボピット

ラーマ5世像を背景に旧国会議事堂が建つ。ラーマ5世当時のままの広さ

歩き方のヒント

楽しみ
- 見る歩く ★★★★・
- ショッピング ★・・・・
- 食べ歩き ★・・・・

交通手段
- 徒歩 ★★★★・
- バス ★・・・・
- タクシー ★★★・・

エリアの広さ
エリア内は徒歩でも充分まわれる。ただ、民主記念塔からウィマンメーク宮殿やラーマ5世像などがあるアンポーン公園までは多少距離があるのでタクシーを利用したほうが無難。＊民主記念塔からラーマ5世騎馬像まで🚶30分。

王室ゆかりの公園には樹木が枝を広げる木陰で休息をとりながらの散策が楽しい

　デュシットエリアは、映画『王様と私』や『アンナと王様』にも登場するラーマ5世が西欧化を推進するため、広々とした庭園と新たな宮殿をここに整備・増築して、現在に至る。現国王ラーマ10世の宮殿もこの地域にある。日本の鹿鳴館時代を連想させる、西欧文化の影響が色濃く感じられる施設も多い。アンポーン公園とその周辺がこのエリアの見どころ。天候次第だが、この界隈を巡るだけなら徒歩でも可能。

デュシットエリア 見る 歩く

ワット・ベンチャマボピット
Wat Benchamabophit

MAP p.36-B

　チュラロンコーン大王として今もタイ国民の絶大な人気を誇るラーマ5世が1899年建立した王室寺院。本堂はイタリアから輸入した大理石で造られ「大理石寺院」の別名がある。屋根は伝統的なタイ様式の寺院だが、色は鮮やかなオレンジ色。どことなく南欧の民家の屋根を思わせ、ほかの寺院とはあきらかに雰囲気が違う。和洋折衷ならぬ、いわば泰欧折衷様式の傑作だ。本尊の台座の中にはラーマ5世の遺骨が納められている。🚶ラーマ5世騎馬像→🚶5分 🏠Si Ayutthaya Rd. 🕐7:00～17:00 💰50B 休なし

大理石寺院の本尊はピサヌロークの名仏像「チンナラート仏」を複製

「ウィマンメーク」の名称には「雲の上」という意味がある

ウィマンメーク宮殿
Vimanmek Mansion Palace

MAP p.36-B

　ラーマ5世が造成したデュシット庭園内に王家専用の別邸として建造。黄金チーク材造りの木材建築としては世界一の規模。銀細工や象牙品、ギヤマンガラスなど王家の調度品や財宝の数々は見ごたえ充分。宮殿内部の見学は単独見学も可能だが、英語かタイ語のガイドツアーに参加するのが一般的。🚶ラーマ5世騎馬像→🚶10分 🏠5/1 Ratchawith Rd. 🕐9:30～16:00（最終受付15:15）💰150B 休月曜、祝日＊王宮の半券で入場可能。※2019年7月現在、改装中のため外観のみ見学可能

ウィマンメーク宮殿の宮殿内ガイドツアー参加時、靴や荷物は入口のロッカーに預ける。王立の施設なので、ノースリーブや短パンでは入場不可。

バンコク

65

見る歩く／デュシット

デュシットエリア 見る・歩く

ラーマ5世騎馬像
King Rama 5 Statue
MAP p.36-B

旧国会議事堂前の広場中央には、ラーマ5世の騎馬像が威風堂々と立つ。毎週火曜の夜には、英明君主として誉れ高い同国王像のもとへ参拝に訪れる庶民の列が絶えない。この場所を起点として王宮へと続く大通りは、現在もラーマ5世当時の広さとさほど変わってはいない。欧州各国を歴訪したことのあるラーマ5世が、ロンドンやパリの大通りを模して造らせたものだ。馬車による交通さえもまれであったであろう当時を考えれば、その巨大さに驚かされる。絶大な支持を今も得る、その理由の一端が実感できるに違いない。

図王宮→🚶20分 圏Ratchadamnoen Nok Rd.

騎馬像の作者はフランスの彫刻家。右奥に見えるのは旧国会議事堂

ワット・インタラウィハーン
Wat Indrawiharn
MAP p.36-B

ラーマ4世が建立した高さ約32m、幅約10mの巨大な立仏像が必見だ。バンコク王朝200周年を記念してイタリア製の金箔で覆われ、頭部にはスリランカ寄贈の仏歯が奉納された。

図ラーマ5世騎馬像→🚌10分 圏Wistkasat Rd. 開6:00〜18:00(本堂) 囲無料 困なし

ルアンポー・ト仏像。仏像の隣には瞑想室などがある

アナンタ・サマーコム宮殿（旧国会議事堂）
The Ananta Samakhom Throne Hall (old Parliament House)
MAP p.36-B

もともとはラーマ5世時代に外国使節の迎賓館として建設された宮殿が、立憲革命の後に、国会議事堂として改装された。中央の大きなドームほかに6つのドームを持つ建物は印象深い。現在は時折、迎賓館として利用されることがある。見学は外観のみ、内部は入れない。図ラーマ5世騎馬像→🚶5分 開10:00〜20:00 囲150B 困月曜、正月、タイ正月 ※肌の露出の多い服での入場は不可

ルネサンス様式の華麗な建物

チットラダー宮殿
Chitlada Palace
MAP p.36-B

現国王ラーマ10世のロイヤルファミリーが起居する宮殿。デュシット庭園に隣接した広大な敷地には華麗さはなく、水田や牧場などもある。これらは、農村の発展を目指した前国王の直轄プロジェクトで、農業の研究や挿発が行われていて、国民から信任が厚かった前国王が偲ばれる。

図ラーマ5世騎馬像→🚌10分 圏Si Ayutthaya Rd. ※一般公開なし。写真撮影も厳禁

とっておき情報

新市場
Terat Mai

魚介類やシイタケの乾物、中国茶など、おもに乾物中心の中国特産食品店が軒を連ねる。生鮮市場もあり、中国系庶民の台所という性格の市場だ。饅頭や焼売など、おなじみの中国菓子店もあるので、食べ歩きにも挑戦しよう。

MAP p.39-L

早朝と夕刻には市場全体が活気づく

本格的な点心の専門店も

Chinatown AREA
チャイナタウンエリア

MAP p.36-F

さすが中国街。いつも活気と雑多さが入り交じっている

左右／ヤワラート市場、フアラムポーン駅

歩き方のヒント

楽しみ
- 見る歩く ★★★
- ショッピング ★★★★
- 食べ歩き ★★★★★

交通手段
- 徒歩 ★★★
- バス ★
- タクシー ★★★

エリアの広さ
細かい路地が入り組んで人も多いチャイナタウンは、タクシーで見てまわるには向かない。このエリアの楽しみは市場巡り。市場ごとに個性があり、そぞろ歩きにぴったり。
＊フアラムポーン駅からパフラット市場まで🚶40分。

まるで中国の下町!? 個性あふれる通りに屋台が並び、食べ歩きも楽しい

フアラムポーン駅（バンコク中央駅）の西、チャオプラヤー川沿いを王宮へと至る間のエリア。古くはこの一帯が、いわば「バンコク王都の城下町」として形成された。今も当時の活気は残っていて、美味かつ格安の食堂や屋台も多く、この街全体が巨大な市場のような雰囲気に包まれている。

チャイナタウンエリア 見る 歩く

ワット・トライミット（黄金仏寺院）
Wat Traimit

MAP p.40-A

黄金の仏像が安置された礼拝堂には、参拝客があとを絶たない。この仏像には有名な逸話がある。

仏像はスコータイ王朝時代に作られ、アユタヤー王朝時代にビルマ軍がたびたび侵略を繰り返すようになる。ビルマ軍の略奪から逃れるために、漆喰で固く覆い隠された。以来、バンコクの廃寺で放置されていた仏像は、20世紀半ばにこの寺院へ移されることになるが、予想外の重さで移動中に転落した拍子に漆喰がひび割れ、隠された黄金仏がまばゆい光とともに現われたという。金箔が施された一般の仏像とはひと味違う、威厳に満ちた後光を肌に感じてみよう。

🚇MRTフアラムポーン駅→🚶10分 🏠Traimit Rd. 🕗8:00～17:00 💰40B 休月曜

高さ3m、重さ5．5t、純度約60％の神々しい光を放つ黄金仏

フアラムポーン駅（バンコク中央駅）
Hua Lamphong (Bangkok Central Railway Station)

MAP p.40-A

駅舎はドーム型の西欧建築。田舎から出稼ぎに来る者や出稼ぎを終えて田舎へ帰る者が織りなす日常が錯綜していて、昔の東京の上野駅を知っている人なら、その光景に奇妙な親しみを感じるかも。

🚇王宮→30分 🏠1 Rongmuang Rd. ☎02-265-8080、1690（コールセンター）

とっておき情報

チャイナタウンの魅力的な市場

チャイナタウンには活気ある市場がいくつもある。泥棒市場の別名があるPCゲームが目につく❶サパーンレック市場、布地や生地が多い❷パフラット市場、ファンシーグッズが中心の活気あふれる卸売市場の❸サンペーン市場などだ。

❶ MAP p.39-K
❷ MAP p.39-K
❸ MAP p.39-K

↑サンペーン市場は1kmほどの狭い路地に続く

→小物は10～100B程度。サンペーン市場

バンコク 見る歩く／チャイナタウン 67

Siam/Silom/Sukhumvit AREA
サイアム／シーロム／スクンビット
エリア
MAP p.37-G・K・H など

サイアムスクエアはティーンエージャーの超人気スポット

歩き方のヒント

楽しみ
見る歩く ★★・・・
ショッピング ★★★★★
食べ歩き ★★★★★

交通手段
徒歩 ★★★・・
タクシー ★★★★★
トゥクトゥク ★・・・・

エリアの広さ
どのエリアも広さは数㎞の範囲。中心部は歩道も整備されている。また、歩き疲れても高架鉄道（BTS）駅も近くにあり、タクシーも目抜き通りは頻繁に走っていて安心だ。途中、休息やトイレタイムに使いたいファストフード店やデパートも多い。

歴史的な街区ではないが、いずれのエリアも見逃せない
高架鉄道を駆使してアプローチするのに最適な街々

　サイアム、シーロム、スクンビットとその周辺の街は、バンコクの商業、金融の中心地区。サイアムの中心となるサイアムスクエアは東京でいう「渋谷」「原宿」で、若者にもっとも人気のある場所だ。シーロムはビジネス街、スクンビットは通りの裏手が日本人を含めた外国人が住む高級住宅街となっている。どの地区も高級ホテルが多く、高架鉄道のBTSが幹線道路の上を走っていて、これらのエリアはどこへ行くにも利便性が高い。

サイアム／シーロム／スクンビットエリア　見る　歩く

ジム・トンプソンの家
The Jim Thompson House Museum
MAP p.42-E

　CIAの前身組織の一員としてタイを訪れ、第2次大戦後にタイシルクの事業で富を得、後に小説や映画の題材にもなった謎の失踪で知られるアメリカ人実業家ジム・トンプソンの住居。現在は、彼が収集した品々とともに博物館として公開されている。彫刻やベンジャロン焼の器、明（中国）の陶磁器、仏像や仏教画など、国宝級の古美術品の宝庫だ。交BTSナショナルスタジアム駅→徒5分圉6 Soi Kasemsan 2 Rama 1 Rd.☎02-216-7368囲9:00～18:00圉200B俄なし＊日本語ガイドツアーあり（不定期）

トンプソンの家はアユタヤ近くの村から移築したタイ様式の建物

内部の床は一般的な西洋式。トンプソンの美意識が随所に漂う

エラワン梵天堂
Erawan Shrine
MAP p.42-F

　バンコクでも有数の一等商業地の交差点、東南角にある。1950年代、旧国営エラワンホテルの建築中の不運を鎮めるために梵天堂が建立された。古典舞踊の踊り子たちが控えていて、願い事をかなえた人などが舞踊を奉納するという習慣がある。交BTSチッドロム駅→徒5分圉Ratchadamuri Rd囲8:00～22:30圉無料俄なし

毎年11月9日に盛大な式典が開かれる

プラトゥーナーム市場
Talat Pratunam

MAP p.42-F

　歩道は露店で埋め尽くされ、小さな商店がギッシリ並ぶ。衣料品や装飾品の店が中心で、100B程度で買える超格安のアクセサリーなど、義理みやげ→p.112によさそうな物ばかりが満載。東側のニュー・ペッブリー通り沿いには格安品の店が集まったプラトゥーナーム・センターPratunam Centreがあり、こちらも注目したい。

🚇BTSチットロム駅→🚶12分 🏠Ratchaprarop Rd. 🕐10:00～21:00ぐらい 店により異なる

各国のバイヤーも仕入れに来るほどのアジア有数の服飾市場

バイヨーク・スカイ展望台
Biyoke Sky The Observation Deck

MAP p.42-B

　高さ約250m、タイ国内2番目の超高層ホテルの最上階部分の展望フロア。18階のホテルロビーにチケットカウンターがあり、77階の室内展望フロアと84階にある屋外の回転展望台へ入場できる。大河チャオプラヤーの流れや建物が密集するバンコク市街は当然、遠方の熱帯の原生林なども見渡せる。夕暮れ後は、輝く大都会バンコクの夜景も圧巻。🏠Baiyoke Sky Hotel 77 & 84階→p.133 ☎02-656-3000 🕐10:00～22:30 💴400B 休なし

スアン・パッカード宮殿
Suan Pakkad Palace

MAP p.42-B

　タイ中央部の伝統的な家屋の特徴をもつ木造建築8棟から成る。建物の屋根や壁に施された精巧な細工が美しく、スクンビットにあるカムティエン夫人の家（右欄）の北部様式と対比させて見ると興味深い。ラーマ5世の孫にあたるチュンポット殿下夫妻が所有していた屋敷だが、タイの伝統文化に造詣が深い夫妻が博物館として整備した。スコータイ王朝期のスワンカローク焼など、希少価値のある古美術品が数多く展示されている。敷地の一番奥にあるラッカー・パビリオンは古都アユタヤから移築された17世紀の建物だ。宮殿の一角には、コーンの仮面を集めた「コーン博物館」がある。

🚇BTSパヤタイ駅→🚶3分 🏠352-354 Si Ayutthaya Rd. ☎02-246-1775～6 🕐9:00～16:00 💴100B 休なし

スアン・パッカード宮殿には貴重な品が多く展示されている

スカイレストランのブッフェ利用者は展望台への入場は無料

カムティエン夫人の家
Kamthieng House Museum

MAP p.44-B

　19世紀中頃にタイ北部チェンマイのピン川沿いに建てられたという家屋には、北部ランナー王朝時代の建築様式が屋根のV字型の飾りや傾き方などに顕著に表されている。屋内には生活用具や魔除けの装飾品などが展示され、昔の生活が再現されている。米倉として使われたという別棟には、当時の農工具などもあり、興味深い。ビデオによる英語解説が随所にある。

🚇BTSアソーク駅→🚶5分 🏠131 Soi Asoke, Sukhumvit Rd. ☎02-661-6470 🕐9:00～17:00 💴100B 休日・月曜、祝日

タイの中央部と北部の建物の違いがわかる

スネーク・ファーム（毒蛇研究所）
Snake Farm

MAP p.41-D

　タイ赤十字協会の毒蛇研究所。併設するスネーク・ファームでは、キング・コブラをはじめ各種の毒蛇が飼育され、ヘビを間近に観察できるだけでなく、研究所職員によるショーも見ものだ。🚇BTSサラデーン駅→🚶8分 ☎02-252-0162 🕐9:30～15:30（土・日曜、祝日～13:00）Show 11:00～、14:30～、土・日曜、祝日は11:00～のみ 💴70B 休土・日曜、祝日の午後

毒蛇を顔色ひとつ変えずに自在に扱う

バンコク　69　見る歩く／サイアム・シーロム・スクンビット

とっておき情報

パッポン
Patpong

MAP ●切りとり-48、p.41-G、H

🚇BTSサラディーン駅→🚶3分 🕐露天商の営業はおおよそ19:00～翌1:00

　バンコク最大の歓楽街。ベトナム戦争時、アメリカ軍兵士の休暇のための風俗店が出現したことが起源。近年は服やアクセサリー、また、比較的、高級志向のB級品や掘り出し物に出合える可能性も。土産品の屋台が通りを埋め尽くすナイトバザール的雰囲気。多くの観光客はそんな熱気を楽しむ目的で訪れる。

パッポン界隈は夜にぎわう

天使の都を100倍楽しむ

自称、世界最大のマーケット
チャトゥチャックへ行ってみよう

MAP p.34-C

Chatuchak Weekend Market

バンコク中部からも近く、営業日が主に土・日曜のためウィークエンドマーケットとも呼ばれる。1万5千軒もの店舗数があり、「世界最大」という言葉にも真実味がある。

バイヤーから一般の人まで、入場可能だ。日用雑貨、古着、民芸品、アクセサリー、骨董などのほか、学園祭の模擬店風カフェなど、なんでもあり。熱気と雑多さがあふれる迷宮のような雰囲気に、好奇心が刺激されること間違いなし。格安みやげを探す人にもおすすめだ。

チャトゥチャック市場のデータ
🚇 MRTガンペーン・ペット駅→すぐ、BTSモーチット駅→🚶7分、バンコク市内中心部→🚕40〜60分（交通状況による）
🏠 Kamphaengphet 2 Rd. ⏰ 8:00頃〜18:00頃（店舗により異なる）休 月〜金曜
🌐 https://www.chatuchakmarket.org

卸売や製造直販の店も多く、カオサン→p.54やパッポン→p.69よりも割安、デパート内の露天商店街よりも格安になるはず。

↑民芸品雑貨などより格安
お香などアロマグッズを扱う店が多い

Thai Craft タイクラフト

→干しエビなどの乾物の山
↓食器の種類もこんなに豊富

日用品＆インテリア・エリアではリネンにカーテン、金物に食器類と何でも揃う。食料品エリアでは乾物の山がズラリ。

食料品＆日用雑貨 Home wear & Food

Gardening
園芸

ガーデニング・エリアでは、ガーデニング用の草花や用品店が軒を連ねる

Fashion 主にSection 2＆3

渋谷・原宿系の、流行に敏感な若者に人気のブティックや雑貨店が多い

ペット Pet

ペット・エリアでは、かわいらしい犬などを見かける

最新のファッションなど

ファッション・エリアでは、明るく派手で陽気なデザインの服が目につく。値段も格安だ。ここで服を入手して現地の人になりきるのも面白い。

カジュアルウエアが所狭しと並ぶ

衣料品 Clothing

古着&アーミー&レザー Used clothing etc.

ジーンズなどの古着ショップに、軍用品のコピー商品やカウボーイ系の革製品の店舗などが入り乱れ、アメ横のような雰囲気が漂う。

↑老若問わずタイ男性に人気
←ヴィンテージ品があることも

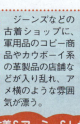

Accessories
アクセサリー

安価な素材のアクセサリー類なら数十バーツ程度という店が今も主流だが、最近はファッショナブルな高級品を扱う店も増えている。

いくつも欲しいブレスレット

アンティーク Antique

アンティーク・エリアでは、近年は希少価値のある骨董品は激減したが、じっくり探せば掘り出し物にも出合えるかも。

↑高級ガラスなどを用いているモノはかなり高額
↓ほとんど複製品だが、実際に使用できるモノばかり

この方向に民間の市場、チャトゥチャック・プラザが広がり、さらに北側に隣接してJJモールがある

屋台&食堂街

スタンドカフェや、屋台・食堂が軒を連ねるスポットは場内各所に点在。

屋台というよりは食堂が集結している

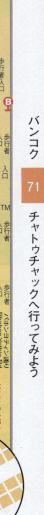

バンコク

71

チャトゥチャックへ行ってみよう

場内は27のセクションと小路(ソイ)の番号で区分されている。右の拡大図のひとマスが1軒の店。この円内だけですでに30軒の店がある

天使の都を100倍楽しむ

バンコクの夜の定番。見れば目からウロコが落ちる美しさ
ニューハーフ・ショーを楽しむ

ショー終了後に記念撮影タイムがあるが、1回につき目安として50〜100B程度のチップを渡すのがマナー

ニューハーフ・ショーとは？

ゲイ、ミスターレディ、ニューハーフ…、呼び方はいろいろだが、要は女性以上に女性らしい男性や元男性が繰り広げる歌あり踊りありのショーが、いわゆるニューハーフ・ショーだ。「それってキワモノ」と一瞬思いそうだが、タイでは定番のエンターテインメント。女性や子供まで誰でも楽しめる。内容は基本的にはどこでも同じ。ショーは約1時間30分で、6〜8くらいの大きな区切りの中に20程度の短いショーが含まれている。2〜3カ月間隔で構成はマイナーチェンジする。出演者は、ただ美しいニューハーフというだけで残るわけではない。毎日2〜3時間、ショービジネスに精通したディレクターによる厳しいトレーニングがある。その成果を目の前で、ぜひ確認してみよう。

ニューハーフ・ショーを見られる施設

カリプソ／Calypso　　MAP p.34-E
ニュー・ハーフショーの老舗。キャバレーショーの前に、古典舞踊を鑑賞しながらのディナーセット2000B〜、も楽しめる。
住Asiatique The River Front→p.110 ☎02-688-1415 Show19:30〜、21:00〜 料1200B（1ドリンク付き）〜 困なし ＊要予約

マンボー／Mambo　　MAP p.34-F
2009年3月に移転してリニューアル。立地場所が不便なので、送迎付きのクーポン利用が便利。出演者には若手が多く、カリプソの人気をしのぐ勢いがある。450席。
住59/27 Sathu-Rama 3 Rd. ☎02-294-7381〜2 Show19:15〜、20:30〜 料800B（1ドリンク付き）〜 困なし ＊要予約

どの出演者も観客を楽しませるエンターティナー

思わず興奮！ガツンと行け〜
ムエタイ観戦記

キックボクシングのルーツとして知られるタイの国技"ムエタイ"は、ちょうど日本の相撲と同じような立場にある。バンコク市内の2大スタジアムであるルンピニーとラーチャダムヌーンでは連夜の熱戦が繰り広げられている。

夕闇迫るころ、スタジアム前の通りは、大勢の人々で賑わっていた。その人々をかき分けてゆくと、すぐにラーチャダムヌーン・スタジアムの入口が見えてくる。「リングサイド席ですか？ 2000Bです」。タイの伝統的民族衣装に身をつつんだスタジアムの女性職員が、流暢な日本語で対応してくれた。入場料の2000Bを渡すと、入場券がわりのシールを胸に貼られ、スタジアムの客席まで案内してくれる。

席に座ると間もなく、最初の試合が始まった。両選手がリングに上がると、ムエタイではおなじみ、戦い前の舞い"ワイクルー"がはじまる。本場だけあって伴奏も、笛や太鼓など民族楽器の楽団による生演奏。この演奏が独特の雰囲気で、戦いを盛り上げるのだ。

試合は5ラウンド制で、各ラウンドはボクシングと同じ3分間。選手が互いに勝敗を意識する4ラウンドにもなると、強烈なヒジ撃ちやひざ蹴りの応酬が繰り広げられ、場内の興奮も最高潮に達する。熱狂するタイ人につられて、大きな声で観戦するうちに、ムエタイの魅力にはまってしまうかも？

チケットの買い方&スタジアムデータ

チケットはスタジアム入口の近くにある売場で購入。下記の2施設とも、3等席1000B、2等席1500B、クラブ・クラス1800B、VIP席2000B。VIPチケットは主要ホテルのツアーデスクでも予約可能（ハイシーズンは要予約）。料金は会場の売場で買っても差がない。タイトルマッチなど試合プログラムにより料金には変動がある。ウェブで買うとVIP席が1800Bで。

ルンピニー・スタジアム
Lumphini Stadium　　MAP p.34-B

2014年2月28日、陸軍系の殿堂スタジアムが郊外へ移転して生まれ変わった。新たに快適な空調設備を備えただけでなく、大型のLEDディスプレーや、最新の照明・音響システムを導入。
住No.6 Ram Intra ☎02-522-6843 Show 火曜18:30〜23:00、金曜18:00〜、土曜16:00〜 休月・水・木・日曜

ラーチャダムヌーン・スタジアム
Ratchadamnoen Stadium　　MAP p.39-D

ラーチャダムヌーン・ノーク通り沿いにあり、空調を備えた快適な施設。王室系のスタジアムで、伝統と格式を誇り、ムエタイの世界では最高の舞台とされる。
住1 Ratchadamnoen Nok Rd. ☎02-281-4205 Show 日・月・水・木曜18:30〜 休火・金・土曜

ムエタイグッズを買うならココだ！

●ツインズ・スペシャル
Twins Special
☎02-813-8433 開10:00〜23:00（月・水・木曜）、10:00〜17:30（火・金・土曜） 休日曜　MAP p.39-D

ラーチャダムヌーンの専門ショップ。ムエタイグッズが所狭しと並ぶ店内。グローブも売っている

役立ちマメ知識　非合法ながら、場内のあちこちで観客同士の賭けが行なわれている。異常に興奮している理由のひとつだ。そのような席にはあまり近寄らないようにしよう。興奮した客同士の喧嘩に巻き込まれる可能性もある。

バンコクでアジアンビューティーを目指す

天使の都を100倍楽しむ

ココロもカラダもリフレッシュ

エステ&スパ
フット&タイ式マッサージ

女性にとって、バンコクでエステやマッサージを受けるのは、もはやお約束のコース。男性もフットマッサージや古式（トラディショナル）マッサージでリフレッシュしたい。気軽に利用できる街の店から必ず予約の超高級店までいろいろ。自分の美へのこだわりと、サイフに相談して、キレイになろう。

ザ・オリエンタルスパ
The Oriental Spa

MAP p.40-I

憧れの名門ホテル、マンダリン・オリエンタル独自のスパで、世界の著名人からも予約がくる。ハイシーズンには宿泊客以外の事前予約を受けられないこともあるというほどの超人気店だ。チャオプラヤー川を挟んで宿泊棟の対岸部にあり、専用ボートで大河を渡るというのもリゾート気分を盛り上げる。
🏨Mandarin Oriental→p.126
☎02-659-0444 ⏰9:00～22:00 休なし
💆ボディ・エクスプレス・マッサージ45分1500B～

ザ・グランデ・スパ
The Grande Spa

MAP p.44-B

タイ伝統のマッサージ技術に、欧米最先端の美容技術を融合させて、各界から高い評価を受ける有名店。全室個室なのでプライバシーが保持されており、予約の1時間前ほどから施設内のジャクジーやサウナを無料で利用できるのもうれしい。
🏨Sheraton Grande Sukhumvit 3階→p.127 ☎02-649-8121 ⏰9:00～23:00 休なし 💆アロマセラピー・マッサージ60分3000B～

バンヤンツリー・スパ
Banyan Tree Spa

MAP p.37-L

プーケットやモルディブなど、インド洋の高級ビーチリゾートに展開するだけに、ハイソなリゾート感覚は抜群。アジア流の伝統に根ざすスパ理念で、すべてナチュラル指向のオリジナル。
🏨Banyan Tree Bangkok 21階→p.128 ☎02-679-1052～4 ⏰10:00～22:00 休なし 💆シグネチャーマスターセラピスト・エクスペリエンス90分コース6000B～

ザ・オリエンタルスパ

エステ&スパの場合

今やタイ旅行の定番となりつつあるエステ&スパ。バンコクは世界でも有数のエステ激戦区で、最近ではスパがないホテルは「高級」とは呼べないほどの乱立気味だ。また近頃、ホテル施設ではない気軽に通える高級マッサージ店や中級スパが急増している。リーズナブルな値段でスパの優雅な雰囲気を味わいたい女性にはおすすめだ。

最新の技術と設備を備えたエステに挑戦。熟練のエステティシャンの手できれいになる

エステ&スパ施設

スパ・ボタニカ
Spa Botanica
MAP p.37-L

オフィス街に立地しながらも静寂感の漂う店内は、古代スコータイ王朝のイメージで、ムードが抜群。事前予約の上で、時間には余裕を持って、スパの前後にも独特のムードを存分に満喫したい。
住The Sukhothai 2館→p.128☎02-344-8888開9:00〜22:00休なし料イーストウエスト・ブレンド60分3000B〜

スパ・ボタニカ

ケンピンスキー・ザ・スパ
Kempinski The Spa
MAP p.42-E

ケンピンスキーホテルにある老舗のスパ。タイ式マッサージ以外にも、伝統的なスウェーデン式のマッサージも特徴的だ。気分や状態に合わせて、スプリング、サマー、オータム、ウインターと、四季のイメージでコースメニューが多彩に用意されている。
住Siam Kempinski 7階→p.129☎02-162-9050開10:00〜22:00休なし料ボディートリートメント（四季コース）2450B〜

ザ・ペニンシュラ・スパ
The Peninsula Spa
MAP p.40-I

フェイシャルやスキンケアなども含め、半日〜終日プログラムまで多彩なメニューが揃う。リバーサイド対岸部の高級ホテルにあるタイ風東屋建築の別館で、タイならではの癒しのムードも最高潮に盛り上がる。
住The Peninsula Bangkok G階→p.127☎02-020-2888開9:00〜23:00休なし料タイム120分5650B〜

スパ・インターコンチネンタル
Spa InterContinental
MAP p.42-F

都心部一等地の高層フロアにあり、眺望が抜群。場所柄ショッピングの合間に都合が良く、やはり所要1〜2時間前後のメニューが人気も高い。アロマの香りが全館内に満ちて、買い物疲れも吹き飛ぶことは間違いない。
住InterContinental Bangkok 36階→p.129☎02-656-0444 内線6288開9:00〜23:00休なし料ラブ・ア・ホット・ラヴァ・シェール・マッサージ90分4500B〜

アイ・サワン・レジデンシャル・スパ&クラブ
I.sawan Residential Spa & Club
MAP p.42-J

ハイアットの直営店。エレガントな都会のリゾートで、アーバン・スパ体験の真髄を堪能できる。都会のオアシスのようなガーデンには宿泊パッケージ用のコテージも並び、世界各国からのキャリアウーマンにも注目の的だ。
住Grand Hyatt Erawan Bangkok 5階→p.127☎02-254-6308・6310開9:00〜23:00休なし料アジアン・アロマセラピー・マッサージ60分32000B〜

都会の"空中庭園"

アナンタラ・スパ
Anantara Spa
MAP p.34-E

タイを創業の地として世界に展開する新鋭店。タイの伝統に由来する独自のライス・コスメのほか、英国ブランドの『エレミス』などもあり、エイジレスをテーマにした多彩なメニューが揃う。専用の送迎ボートでちょっとした遊覧気分も楽しめる。
住Anantara Riverside→p.130☎02-476-0022 内線1563開10:00〜22:00休なし料シグネチャー・ライス・リチュアルコース120分5200B〜支プーケット店など、タイ国内計5店舗

ザ・ペニンシュラ・スパ

ディワナ・センチュアラ・スパ
Divana Scentuara Spa
MAP p.43-G

閑静な住宅街にたたずむ、古い豪邸を改装した一軒家スパ。タイの伝統的なインテリアにアンティーク感が加わり、いい雰囲気を醸し出している。所要2時間以上のゆとりある設定のプログラムが多くセレブ気分が堪能できる。
駅BTSチッドロム駅から🚕5分住16/15 Soi Somkid, Lumphini, Pathum Wan☎06-3474-6566開11:00〜23:00（週末10:00〜）休なし料スパエレガンス190分4950B

明るいバスルーム

バンコク 75 エステ&スパ

エステ&スパ実際の流れ

ハーブ園で育てた数十種類のタイハーブを包んだハーバルボールを使用してのケアは、タイ伝統の治療法からヒントを得たプログラム

ホテルの終日スパ・パッケージを利用すると、セラピストがその人に合ったケアを施術し、さらにランチ付きなら優雅な1日を送ることができる。しかし、時間にゆとりがない場合に気軽に体験できるおすすめエステがフェイシャルケアだ。フェイシャルケアはプログラムによって内容はまちまちだが、どのコースでも必ず最初にやるのがクレンジング。化粧や汚れを落とし、顔全体をハンドマッサージ。筋肉をリラックスさせ、同時に肌の状態もチェックする。その後、アロマセラピーに代表される、香りがよくヒーリング効果の高いハーブや植物オイルなど、原材料に自然のものを使うケースと、微電力を与えたりするケースがある。いずれも血行をよくし、リラクセーション効果が高い。仕上げは、ほとんどの場合マッサージが施され、メイクアップまでしてくれるところもある。

高級スパにはオリジナルのコスメを開発し、ほかにはない独自性を打ち出すことも。パッケージもナチュラルなデザインで洗練されている

■フェイシャルサロンで美肌体験

専門サロンで美を磨く。スパやエステ、マッサージ以外にも、バンコクだからこそできる贅沢はまだまだ沢山ある。おすすめなのが、フェイシャルサロン。プログラムの最後に化粧をしてくれるので、買い物途中に立ち寄って、そのままディナーに行くのもいい。

■コーセー・ビューティー・センター
Kose Beauty Center　MAP p.42-F

駅 BTSチットロム駅→徒歩5分 圏Isetan 2階→p.120 ☎02-613-0663（日本語）営10:00～19:00 困なし 園アクティヴェイトコース（基本コース）90分850B～＊要予約

良心的な価格設定

■クラランス・スキン・スパ・チットロム
Clarins Skin Spa Chidlom　MAP p.43-G

駅 BTSチットロム駅→徒歩5分 圏Central Department Store Chidlom 2階→p.120 ☎02-655-7830 営10:30～22:00 困なし 園プロアクティヴェイトコース（基本コース）60分2900B～

クラランスの直営店

有馬温泉
Arima Onsen　駅 BTSサラデーン駅　MAP p.41-H

1994年創業。バンコクにフットマッサージのブームを呼び込んだ先駆的な存在の有名店。日本人旅行者で満席になることもあるほど。施術者の数がずば抜けて多く、あまり待たされない。
住37/10-14 Suriwong Plaza ☎02-235-2142 営9:00～翌1:00 困なし 園古式マッサージ2時間600B、フットマッサージ1時間300B

ボディーケアー
Bodie Care　駅 BTSサラデーン駅　MAP p.41-H

昨今のブームにともないフットマッサージを始めた。有馬温泉など周辺の有名店が満席の時はのぞいてみるといい。この界隈の店はどこも清潔で、技術も一定の水準だ。
住Wall Street Inn 1階 ☎02-233-4164～7 営12:00～22:00 困なし 園古式マッサージ2時間400B～、フットマッサージ1時間350B～

フットマッサージの場合

古式マッサージから派生した足のツボを刺激するマッサージが旅行者には人気。フットマッサージは足の裏を中心にツボを刺激する。痛いこともあるが、足だけなので気軽に受けられ、疲れが足からスッと抜ける。このため立ち仕事が多い人はハマってしまう。バンコクへのフライトの時は必ず行くというキャビンアテンダントが多いのも納得できる。旅行中、一度は経験してみたい。

フットマッサージを体験。どこも同じような流れだ。まず、足を洗う。オイルを塗りながら軽くマッサージ。途中から棒状のものでツボをぐいぐい刺激してくる。これが、けっこういい。痛ッ、と叫ぶツボは、対応している身体の部分が不健康なのだとか。でも気持ちヨカッター

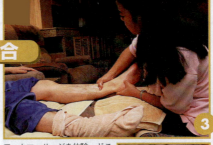

フット&タイ式マッサージ施設

サイアム・オンセン
Siam Onsen　駅 BTSサラデーン駅　MAP p.41-G

民芸品専門のショッピングモール内にあり、おみやげ探しのついでにも便利な立地。店内は明るく清潔な雰囲気で、比較的高級感を漂わせている。収容能力も高いので、団体客にも好都合だ。
住 The Montien Hotel Bangkok→p.130 ☎02-637-0346 営10:00～24:00 休なし 料古式マッサージ2時間700B、フットマッサージ1時間450B

アジア・ハーブ・アソシエーション
Asia Herb Association　駅 BTSプロムポン駅　MAP p.45-C

日本人利用者から絶大な支持を得る日系の高級マッサージ店。マッサージ店とはいえ、スパ顔負けの充実プログラムで、一般のスパでは保存がきく乾燥ハーバルボールを使う店が多いなか、ここでは生のハーブを使用。タイハーブの効果を心ゆくまで実感することができる。
住 20/1 soi 24 Sukhumvit Rd. ☎089-999-1234（日本語9:00～18:00）営7:00～翌2:00 休なし 料ボディ／フット＋ハーバルボール4時間3510B～ 交スクンビット沿道に3店舗

トラディショナルの場合　タイ式

タイ式マッサージは、古式（トラディショナル）マッサージとも呼ばれ、タイの伝統医術のひとつでもある。単にマッサージ、またはマッサージ・パーラーといったらタイではソープランドのことを指すので注意しよう。タイ式マッサージは超豪華なスパ施設から街の庶民的な店まで、さまざまな場所で受けられる。庶民的な店は1時間200B前後が目安だ。専門のズボンに着替えることが多い。マッサージは、指圧、按摩、ストレッチ、まれにプロレス技？を組み合わせたようなもの。女性と男性の客が一緒にならないようにカーテンで仕切ったり、別々の部屋で受けるので、女性でも安心して受けられる。

有馬温泉のマッサージルーム。VIP室もある

ワット・ポーが本家本元で有名→p.59

ワット・プラケオ

オプショナルツアー選択術

天使の都の達人になる

現地発 バンコク市内編

オプショナルツアーとは目的地に着いてからでも利用できる現地発のツアーのこと。このツアーをうまく利用できれば旅も格段にメリハリが付くうえ、充実した思い出を残すこともできる。このページではバンコク市内のツアーについての選択術を伝授。「バンコク郊外&近郊」はp.96を参照のこと。

バンコクには、さまざまなオプショナルツアーが用意されている。目的地の違いとは別に重要なのは日本語対応か英語のみの対応か、の違い。申し込みからガイドまですべて日本語対応の日本語ツアーもあれば、英語だけのツアーもある。具体的なツアー内容やメリット、デメリットは右ページと下段を参照してほしいが、大事なのは自分にあったものを選ぶということ。挨拶や道順を聞ける程度の英語では、英語ツアーでガイドされる歴史や遺跡の内容を理解することは不可能だ。ツアー料金が多少安い程度ではこのような人にはメリットはないだろう。また、ツアー料金も日本語ツアーだから高いとは限らず、ケース・バイ・ケース。それより「英語は大丈夫、日本語ツアーにない観光ポイントが英語ツアーにある」などと、違いがハッキリしている場合には価値がある。実際、右欄の❾はトンブリー地区の運河を周遊する英語ツアーだが、かなり地味だ。郊外のダムヌン・サドアク水上マーケットに比べても見栄えがしないのは確か。ただし、観光地ではない庶民の風景を見学することは可能だ。こんな違いもオプショナルツアーを選ぶうえでは大事だ。

日本語ツアー選択のツボ

メリット ●名所を網羅したツアーが多い ●日本語なのでとにかく安心 ●歴史の話も日本語で聞ける ●英語ツアーより安いツアーもある ●全般的に保険などの対応がしっかりしている

デメリット ●英語ツアーのようにピンポイントツアーがない ●有名どころばかりで渋いポイントがない ●場所によっては英語ツアーの方が安い

英語ツアー選択のツボ

メリット ●空港のカウンター、街中の旅行会社、ホテルのツアーカウンターなど英語ツアーはいたるところで申し込める ●1ヵ所のみのポイントを押さえたツアーが多い ●日本語ツアーにはない、渋い観光地も扱う ●日本語ツアーより安いツアーもある

デメリット ●英語が堪能でないと困ることも ●日本語ツアーほど細やかな対応ではない ●保険などは確実に確認する必要がある

本格的な射撃場がバンコクに登場
シューターズ・ギャラリー
Shooters Gallery　MAP p.34-B

日本人インストラクターが常駐しており、旅行者でも気軽に楽しめる射撃場がバンコクにお目見えした。ビーチリゾートなど、タイにある観光者用の射撃場のほとんどは10〜15mの射程距離だが、ここの距離は25m。本格的にスポーツ・シューティングが体験できる。

ツアーには38口径、S&Wリボルバー30発が含まれており、オプションとして、9ミリ口径のベレッタ、45口径のコルトが用意されている。市内のみ送迎可能（要予約、日本語可）。2800B（インストラクター、市内主要ホテルからの送迎含む）☎084-424-3894（日本語直通）

クーポン

気軽さがウリ お得なクーポンを使って賢く旅しよう

ユニークなプランに参加したいけど、拘束されるのはちょっと…という人におすすめなのが、クーポン。事前にツアー会社に予約すればいいので、言葉の心配や手間もかからず、とても簡単。あとは当日、店でクーポンを渡すだけ。基本的には送迎はないが、別料金で付けてくれるものもある。主なプランと料金の目安は次のとおり。最近はどこのツアー会社でも扱っていて、内容もさほど変わらず、気軽に利用できる。

●タイ舞踊鑑賞　600B〜
●タイ料理教室　1000B〜
●ニューハーフキャバレーショー　400B〜
●タイ古式マッサージ　520B〜
●ディナークルーズ　1000B〜

また、女性に人気のエステも扱っているところもあり、プログラムも多数揃っている。

※ツアー名は一部、省略・簡略化しています。また、英語ツアーは扱い窓口によってツアー料金や内容が変わるので注意。本書の表記は目安。

※ツアーによっては時期により休止するものや内容が変更するものがあるので注意

	ツアーのタイプ	名称＆データ（料金は目安）　旅行会社
1	**寺院ダイジェスト**	絶対外せないバンコク市内観光Ⓐ／バンコク市内観光Ⓑ／バンコク寺院観光（昼から）Ⓒ1500B〜　時間：午前／午後

ワット・アルン、王宮、ワット・ポーといったバンコクのおもな名所を短時間で回る。ツアーによっては昼食が付くものと付かないものがある。

| **2** | **王宮周辺** | Grand Palace（王宮）Ⓓ／Royal Grand Palace（王宮）Ⓔ　1150B〜　時間：朝／午後から約3時間 |

バンコク最大の見どころ、王宮をじっくり見学する。歴代の国王が住んだ宮殿群と世界的に名高いエメラルド仏が鎮座するワット・プラケオなど、いずれも圧倒的なほどの壮麗さだ。

| **3** | **チャイナタウン** | バンコクのおもしろ市場＆ストリートⒷ　1700B〜　時間：12:30〜17:30 |

バンコクでもとくに活気あふれるチャイナタウンの市場を訪ねるツアー。その他パーク・クローン市場やカオサン通りを歩いて探索。いわばディープなバンコクを体験。

| **4** | **ムエタイ体験** | ムエタイ体験ロンポージム（体験クーポン）ⒶⒸ　850B〜　時間：午後1時間 |

バンコク市内中心部、タイでも有名なムエタイのジム「ロンポージム」で、タイ国技を実際に体験する。シェイプアップ目的の気軽な目的でもOK。日本人マネージャー常駐で言葉の不安もない。

| **5** | **バンコク市内有名寺院巡り** | Golden Buddha、Reclining Buddha ＆ Marble Temple Ⓓ／Three Temple Bangkok City Tour Ⓔ　880B〜　時間：午前／午後 |

ワット・ベンチャマボピット（大理石寺院）やワット・トライミット（黄金仏寺院）などを訪ねる。Ⓔではチャイナタウンにも行く。

| **6** | **アジア雑貨店探訪** | アジアン雑貨店めぐりⒸ　1700B　時間：午後5時間 |

タイシルクで有名なジム・トンプソンのアウトレットショップやおしゃれなアジア雑貨店などを中心に数店舗めぐり、途中、店舗内にあるカフェスペースでハイティーを楽しむ。

| **7** | **ジム・トンプソンの家とウィマンメーク宮殿** | Jim Thompson House ＆ Suan Pakkard Palace（ジム・トンプソンの家とスアン・パッカード宮殿）　1100B〜　時間：8:30から約3時間Ⓓ |

タイの豪華な伝統建築や美術品が堪能できるプラン。ラーマ5世のチュンポット殿下夫妻が所有していたスアン・パッカード宮殿は見ごたえ充分。

| **8** | **ライスバージ** | Half Day Rice Barge Cruise（ライスバージでチャオプラヤー川をクルーズ）　857B〜　時間：午後／約3時間〜ⒹⒺ |

かつてバンコクでは船が交通手段の大きな位置を占めていた。そこで活躍したお米の運搬船（ライスバージ）を美しく改造した船でチャオプラヤー川をクルーズする。船内ではトロピカルフルーツや飲物が出される。

| **9** | **バンコクの運河巡り** | Bangkok Waterways ＆ Canals Tour（チャオプラヤーの運河巡り）Ⓓ　1400B〜　時間：朝／約2時間〜 |

チャオプラヤー川とトンブリー地区の運河を巡るツアー。川べりにバンコクの庶民の暮らしぶりが垣間見られる。帰りにはチャオプラヤー川沿いに建つワット・アルンを見学する。

| **10** | **ニューハーフ・ショー** | カリプソと夕食Ⓑ　1500B　時間：夜／3時間 |

バンコクの夜の定番、ニューハーフ・ショー。彼（彼女？）たちが繰り広げる華麗なステージは愉快！ショーの前にタイ古典舞踊を楽しみながらタイ料理を楽しむ。

| **11** | **タイ舞踊とディナーを味わう** | 古典舞踊付ディナークルーズⒶ／Thai Dinner ＆ Classical Dance Silom VillageⒹ　1150B〜　時間：夜 |

古典舞踊ショーとタイ料理などを満喫するプラン。Ⓐはバンコク中心部を流れる大河チャオプラヤー川の雰囲気あるナイトクルーズを楽しめる。

| **12** | **ディナークルーズ** | Dinner Cruise（ディナークルーズ）Ⓓ／Chao Phraya River Dinner Cruise（ディナークルーズ）　1134B〜　時間：夜／約3時間 |

バンコクでも屈指のボートレストランでディナークルーズを楽しむ豪華なプラン。バラエティ豊かなタイ料理の数々と、チャオプラヤー川の向こうに沈む夕日、ロマンティックな夜景が楽しめる。

ワット・ポー　　　水上マーケット　　　タイ古典舞踊

＊Ⓐパンダバス、Ⓑウェンディツアー、Ⓒエイチ・アイ・エス（H.I.S.）、ⒹTour East、ⒺSUN LEISURE WORLD　問い合わせ先は→p.96

バンコク　オプショナルツアー選択術

バンコク近郊

天使の都から行くポイント

訪れる場所の情報を入手しておきたい
見て歩く時間や休息ポイントも重要

ウォーキングの基礎知識

サンプラン リバーサイド

サンプラーン象園の虎と記念撮影

**バンコク中心部からの距離と時間を把握
また、見る歩く時間もよく考えておこう**

　バンコク市内の観光も楽しいが、市内の喧噪を離れ、近郊の町へ行けば、また趣の違うタイを感じることができる。列車やバスを利用することにより日帰りでも充分可能だ。たとえば、バンコクの北には、世界遺産に登録されているアユタヤーがある。距離的には約70kmの場所にあり、渋滞が始まる前に出発すれば、2時間もかからない。途中には、歴代の王が夏の避暑地として利用したバン・パイン夏離宮があり、ここに寄ってからアユタヤーへ行くプランがほぼ定番のコースだ。

　一方、西へ約130kmの地点には第2次大戦末期に日本軍が架けた鉄道橋で有名なカンチャナブリー、南西へ約80kmにはダムヌン・サドアク水上マーケットがある。幹線道路の関係からカンチャナブリーへ行く途中にあるのが、巨大な仏塔で有名なナコン・パトムの町だ。どのポイントもバンコクで目にする寺院や風景とは違い、自然や人々の振る舞いにバンコクとは違った趣を感じることだろう。仮にそれが観光客向けに造られた施設であっても広大な敷地を生かしたものが多く、のびのびとした観光が楽しめる。タイの遺跡のレプリカが置かれた古代都市公園（ムアン・ボーラン）は、歴史好きにはおすすめだ。

　また、タイの文化や習慣を手際よく見せるテーマパークのサンプラーン リバーサイドにしろ、象やワニのショーを見せるサンプラーン象園にしろ、ウケを狙ったショーがもちろん主体だが、タイへの興味を深めるきっかけになる。実際見てみれば、象の模擬戦争や人間とワニとの格闘などは、日本ではちょっと見られないほどの迫力がある。アユタヤーのように見どころの多い町なら、余裕のある人はじっくり観光する目的で数泊するのもいいだろう。

歩き方のヒント
バンコク近郊

楽しみ
見る歩く ★★★★★
ショッピング ★★・・・
食べ歩き ★★・・・

交通手段
徒歩 ★・・・・
バス ★★・・・
タクシー ★★・・・

エリアの広さ
歴史の街、アユタヤーはバンコクから北へ約70km。『戦場にかける橋』の映画で知られるカンチャナブリーはバンコクから西へ約130km。どちらも日帰り圏内。

ぜひ訪れたい街歩きポイント

- ダムヌン・サドアク水上マーケット
- カンチャナブリー
- アユタヤー
- バン・パイン宮殿

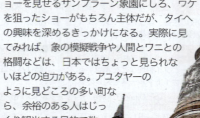
アユタヤーのワット・ヤイ・チャイ・モンコン

計画はしっかりと立てたい
オプショナルツアーも検討

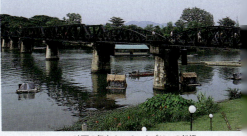

　観光をするうえで注意したいのはしっかりした計画を立てることだ。バンコク市内とは異なり、交通機関もさほど便利ではない。戻る時刻や現地事情なども把握したうえで訪れたい。

　そんな点から検討したいのがオプショナルツアーだ。見どころを効率的に巡り、個人では行きにくい場所でもツアーバスがスケジュールどおり行ってくれる。団体行動の制約はあるが、通常は要所要所で自由行動になる。ガイドの旗を目印に連なって歩く、というイメージは昔のことだ。さらに、バンコク発の日本語ツアーは充実している。老舗のパンダバスなど日系のツアー会社では、主要スタッフが日本人のうえ、ガイドは日本語を話せるタイ人。遺跡の町ならポイントごとに解説をしてくれるので旅の興味も深まるだろう。当然、日本語が通じる安心感も見逃せない。日本人以上に欧米人の観光客も多いので、英語ツアーもある。両者の比較はp.96を参考にしてほしい。もちろん、個人で列車やバスを利用する旅も楽しい。目的地へ行くことだけに気をとられず、車中では地元の人との触れあいにも挑戦してみよう。タイの人は一般に恥ずかしがり屋だが、旅行者を拒否するような態度をとる人は少ない。

映画の舞台カンチャナブリーの鉄橋

水上マーケットはタイらしい風景

サン・プラーン象園の迫力あるショー

バンコク近郊

約10万匹のワニを飼育する巨大ワニ園、迫力のショーも見逃せない

サムットプラカーン・ワニ園
Samut Prakan Crocodile Farm & Zoo

MAP p.81-B

笑いを交えたコミカルショー

　120万㎡の敷地内に10万匹以上のワニが飼育されている世界最大級のワニ園。旅行者の注目を集めるのは、ワニの捕獲ショー。飼育係がワニの尻尾をつかんで強引に引っ張り上げたり、大きく開いたワニの口の中に頭を突っ込むなど体を張ったパフォーマンスが披露される。ワニ以外にもヘビ、オランウータン、トラ、象、鳥などさまざまな動物が飼育され、動物との記念撮影も人気のアトラクション（有料）。

　園内のみやげ物店には、バッグや小物などワニ革製品がズラリと並び、ワシントン条約による禁制品だが、「養殖証明書」が発行されるので、日本に持ち帰ることも可能。産地だけあって割安感もある。

交バンコク市内→車1時間 住555 Moo7 Taiban Rd., Samut Prakan ☎02-703-4891～5 開7:00～18:00 Show9:00～17:00の1時間毎（月～金曜は12:00、17:00休止）料350B 困なし

迫力のパフォーマンスに注目！

ワニ以外の動物にも会える

1950年にワニ革製品用養殖場として開園

遺跡や古い生活文化を再現した、タイ国内最大級の屋外博物館

古代都市公園（ムアン・ボーラン）
The Ancient City

MAP p.81-B

タイの魅力をギュッと凝縮

　タイの国土を形どった広大な敷地に、各地方や各時代の建築・生活様式が再現されたテーマパークだ。全国各地の主要な寺院や遺跡、宮殿などのミニチュアが、実際とほぼ同じ位置に配置されており、園内はまさにタイのミニチュア版。展示される建造物はいずれも精密に複製されており、なかには複製ではなく実物もある。ときには、タイの伝統、歴史、生活習慣にふれるイベントが開催されることもあり、機織りや木彫りなどのタイの伝統的な手工芸技術の実演や、運河での水上生活の再現など見どころ満載だ。公演日程をあらかじめ調べておこう。タイの歴史と文化に興味のある人ならたっぷり楽しめるはず。

交バンコク市内→車1時間 住296/1 Moo 7 Sukhumvit Rd., Bangpoo, Samut Prakan ☎02-323-4094～9 開9:00～19:00 料700B（16:00以降は半額）困なし

園内は緑も多く、散歩するにも気持ちがいい

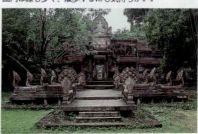
スケールが異なるが精巧なレプリカ

タイの伝統的な暮らしや文化に触れ、カルチャー体験を楽しむ

スアン・サンプラーン
Suan Samplan

MAP p.81-B

タイの伝統的な民俗と文化を実感

バンコク観光では古くからの観光スポットとして知られていたサンプラーン・リバーサイド（旧ローズガーデン）がエコ・ツーリズムをメインにリニューアル。施設では、タイの伝統文化体験と14：45頃から開催される1日1回のカルチャーショーが外国人観光客に人気。伝統文化体験は、タイのあらゆる文化や民俗に実際に触れ、体感することができる体験型アクティビティ。それらのおもなカテゴリーは、タイシルクの行程、タイダンス、陶芸、タイのお菓子作りと料理教室、タイ衣装、日傘の絵付け、花飾りやフルーツカービング、農村の暮らしに触れることができる田植えと脱穀体験など、多岐にわたる。

午後のカルチャーショーでは、古典舞踊や伝統儀式、ムエタイなど華やかなショーが。

また農村の暮らしに触れられる、オーガニックファームツアーも実施している。なお、これまで人気だったエレファントショーは2018年3月で終了した。

11月から1月にかけてはバラが咲き乱れるほか、1年を通してさまざまな花が咲き乱れる。ゴルフ場や宿泊施設もあり、チーク材で作られた伝統家屋の宿泊体験も好評だ。

交バンコク市内→🚗1時間住Km. 32, Pet Kasem Rd., Samphran, Nakon Pathom☎034-322-588～593開8:00～18:00 Show古典舞踊14:45～料600B～困なし困https://suansampran.com/　＊タイ文化に触れるワークショップは毎日9:30～12:00、13:00～15:30に開催。料金は入場料に含まれている。

園内にはホテルやレストランもある

ムエタイのショーに大興奮！

ステージは華やかな彩りにあふれる

バンコク近郊　83　近郊の見どころ

歴代の王や高名な僧侶たちがリアルに再現されている

ロウ人形博物館
Thai Human Imagery Museum

MAP p.81-B

タイの近代史のエッセンスを見学

緻密なリアルさが受けているのか、タイの子どもたちに人気のロウ人形館。高名な僧侶たちが今にも動きだし、語りかけてきそうな姿で並んでいる。子どもたちの遊ぶ姿など、庶民生活の日常をモチーフにしたものもあり、ほほえましい。タイ現王朝の歴代国王が正装で整列する様子は圧巻で、この国の近代の歩みが実感できる。

交バンコク市内→🚗40分住43/2 Moo 1 Pinklao-Nakhonchaisri Rd., Nakom Pathom☎034-332-061開9:00～17:30（土・日曜、祝日8:30～18:00）料200B困なし

前国王（9世）以外の、8人の国王像が並んでいる

そのスケールはタイでも有数、象の大群による古代の戦闘を再現

サンプラーン象園
Samphran Elephant Ground & Zoo

MAP p.81-B

象とワニを一度に楽しめる

ワニの養殖場とランの栽培場を併設する動物園。注目は象たちの曲芸ショー。サッカーやハーモニカ演奏、長い鼻をグルグル回しながらのダンスなど、芸達者な姿が可愛らしい。とくに象を戦車代わりにした古代の戦闘場面は圧巻だ。ワニのショーも名物で、いかにも獰猛そうなワニと飼育係による格闘ショーは、背筋がゾクゾクするほどのスリルを体感できる。園内には子象が放し飼いにされ、さわることができるほか、入口付近では大きなトラと一緒に記念撮影も可能だ。飼育係がついているから安心だが、トラと目があうとやっぱり怖い……。

ゾウのカラフルな衣裳も見どころ

ワニの口に頭を入れたり、思わず目をそらしたくなる

交 バンコク市内→🚗1時間 住 Petkasem Rd. K. K. 3C,Sampran,Nakhon Pathom ☎02-295-2938 営 8:30～17:30 Show 12:45～、14:20～ 料 300B 困 なし

バンコク近郊 ZOOM UP 見る歩く No.1

濁った運河を小舟が行き交う水上マーケットの代表的な風景

昔なつかし活気あふれる水上マーケットの姿を今に伝える

ダムヌン・サドアク水上マーケット探訪
Damnoen Saduak Floating Market

MAP p.81-A

🛕 タイ最大の水上マーケットへ

ダムヌン・サドアク水上マーケットはバンコク市内から南西約80kmの位置にある。バンコク郊外の最大の見どころだ。かつて東洋のベニスと呼ばれた水の都バンコクでは、商人たちが水上で取り引きを行なうことは普通のことだった。やがて、近代化の波が押し寄せるとともに陸上交通が発達し、水路網は減少する。そこで文化保護と観光客誘致のため、タイ政府は、バンコク周辺に造られた水路網のひとつであるダムヌン・サドアク運河に手を入れ、再開発した。それがこのマーケットだ。昔ながらの水上マーケットの面影を残すのは、バンコク近郊では今やここだけ。

運河は網の目のように張り巡らされ、早朝

女性の売り子が多い

モン族の都、歴史の街並みにそびえる高さ120mの巨大仏塔

ナコン・パトム
Nakhon Pathom

MAP p.81-A

歴史ファン必見の古都

ナコン・パトムは、7～11世紀に栄えたタイの先住民族・モン族によって建国されたドヴァーラーヴァティー王国の首都だったと推測される。町のシンボルは、黄金色に輝く仏塔プラ・パトム・チェディ。高さ約120mは、現存する仏塔のなかでも世界最大だといわれている。この仏塔は約1600年前にこの地に侵攻してきたインド軍によって建造された記念のモニュメントを、ラーマ4世とラーマ5世の2代の王の命により、20年近くの歳月を費して再建したもの。現在、プラ・パトム・チェディは第一級の王室寺院である。境内のナイト・フードマーケットは必見。

交 バンコク南バスターミナル（ナコン・パトム行）→🚌約1時間、ナコン・パトム下車。バンコク中央駅（またはバンコクノーイ駅）→🚃約1時間15～40分、ナコン・パトム駅下車 位 バンコクの西約56km * プラ・パトム・チェディ 開7:00～20:00（博物館9:00～16:30） 料50B、博物館50B 休なし

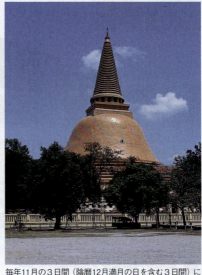

毎年11月の3日間（陰暦12月満月の日を含む3日間）には、プラ・パトム・チェディの祭りが開催される。静かな歴史の町も、タイ全土からやってくる巡礼者で賑わう

から肉、魚、果物などの生鮮食品や昔ながらの手作り菓子、あるいは、民芸品、日用雑貨など、さまざまな品を満載した小舟（サンパン）がひっきりなしに行き交う。7～10時のピーク時には、このサンパンと観光客を乗せた舟で渋滞を起こすほどだ。運河沿いにはみやげ物屋や休憩所、食堂などもあり、水上マーケットの景観を眺めながら買物や食事も楽しめる。サンパンの中に欲しいモノをみつけたら、気軽に声をかけてみるのもいい。簡単な麺類やスナックなどを売る屋台舟が人気だ。

実際に小舟に乗って周遊するのもマーケットの雰囲気を肌に感じられる。小舟は定員2～4人乗りでチャーター利用が普通。料金は交渉制で30分500B～が目安だが、外国人は1000Bくらい取られる

舟は4～5人も乗れば満員

ことが多い。

また、バンコクから郊外ツアーで水上マーケットを訪れると、運河のクルージングもセットになっている。これも、観光の目玉。クルージングの所要時間は30分余り、運河岸からの見学時間を含めれば1時間以上。水上マーケットは郊外観光のハイライトなだけに、どこのツアーでもここだけはたっぷりと時間をとったスケジュールが組まれている。

交 バンコク市内から車で約2時間 * 屋台船などの営業時間は7:00～12:00くらい

転覆しやすいので注意

屋台舟ではその場で調理してくれる庶民の味が楽しめる

バンコク近郊　近郊の見どころ　85

バンコク近郊

ZOOM UP 見る歩く No.2

映画『戦場にかける橋』の舞台

カンチャナブリーで歴史の流れを感じる

Kanchanaburi
MAP p.81-A

アカデミー作品賞を受賞した『戦場にかける橋』の舞台になったクウェー川鉄橋

 悲劇の舞台となった鉄道のある町

ミャンマーから流れ込むクウェー川に沿って大自然の景観が広がるカンチャナブリーは、第2次世界大戦時、日本軍が膨大な犠牲者を出して完成させた泰緬鉄道の拠点となった町である。映画『戦場にかける橋』の舞台としても有名だ。バンコクからは北西へ約130km、列車で約3時間と、日帰り観光も可能。

この町を拠点としてインド方面へ線を拡大しようとする日本軍と、それを阻止しようとする連合軍は当時、全長250mのクウェー川鉄橋をめぐって、互いの命運をかけた死闘を繰り返した。この過程を描いたのがアカデミー賞作品『戦場にかける橋』だ。

見学の拠点はカンチャナブリー駅。この駅を降りるとすぐにあるのがカンチャナブリー連合軍墓地、墓地の敷地を挟んだ反対側にはバスターミナルや旅行案内所もある。さらに

200m歩いたクウェー川の河畔にはゲストハウスやホテルが建ち並ぶ。また、クウェー川の流れと平行して町を南北に貫くメインストリートのセーン・チュトー通りは、クウェー川鉄橋方面へ通じている。通常、クウェー川鉄橋を見るにはカンチャナブリー駅のひとつ隣にあるクウェー川鉄橋駅で降りるが、時間のある人は歩いてみるのもいい。約2km、徒歩にして30分といったところだ。

周辺にはみやげ物屋やゲストハウスが建ち並び、休憩するのにも適している。時間に余裕があれば、ここから泰緬鉄道に乗ってさらに奥地へ向かうのもいい。鉄道はミャンマー国境のナム・トックまで運行され、車窓からはジャングルや険しい山河を眺められる。バンコクの主要ホテルのツアーデスクや旅行会社では、ボートや筏での川下りがセットになったツアーも用意されている。

『戦場にかける橋』はビデオ、DVDで見ることもできる。■作品タイトル：『戦場にかける橋』／発売元：(株)ソニー・ピクチャーズエンタテインメント

バス■バンコク新北（モチット）バスターミナル（カンチャナブリー行）→🚌約3時間、カンチャナブリー下車 圓95B〜 ＊エアコンバスがほぼ20分おきに運行

鉄道■トンブリ駅→🚃約2時間40分〜3時間、1日2本クウェー川鉄橋駅下車 圓3等普通50B〜 ＊土・日曜、祝日にはフアラムポーン駅からツアー列車が運行している→p.88

観光案内所■TAT（タイ国政府観光庁）圄14 Saengchuto Rd. ☎034-511-200 圓8:00〜17:00困土・日曜、祝日

※写真：©1957 COLUMBIA PICTURES INDUSTRIES, INC. ALL RIGHTS RESERVED.

クウェー川鉄橋
River Kwai Bridge

カンチャナブリー駅の隣、クウェー川鉄橋駅で列車を降りれば、カンチャナブリー最大の見どころである橋がすぐ目の前に見える。第2次世界大戦当時、日本軍はインド侵攻作戦における軍需物資補給経路を確保するために1943年（昭和18年）1月から10月にかけて泰緬鉄道を建設した。この鉄路が戦線維持の切り札でもあったのだ。建設の最大の難問は橋の工事を含め、険しい地形への対応だった。戦局の悪化にともない工事は急を要した。焦る日本軍は、数

クウェー川の流れは静か

多くの労働者を投入し難局を打開しようと、連合軍捕虜、タイ人、ビルマ人などの現地住民を強制的に工事にかりだした。ジャングル、複雑な地形、劣悪な労働環境といった悪条件により、マラリアや疲労、事故などで次々と犠牲者が出た。このすさまじい過程を題材にしたのが、『クワイ川マーチ』のテーマ音楽とともに大ヒットしたアメリカ映画『戦場にかける橋』（1957年）だ。世界各国から慰霊のためここを訪れる人は多い。戦争中に完成した当時の橋は連合軍の空襲により破壊され、現在の橋は戦後になって架け替えられたもの。橋の近くには、当時の蒸気機関車なども保存されている。

MAP p.87-A

橋を歩いて見学することもできる

図カンチャナブリー駅→🚶30分

JEATH戦争博物館
The JEATH War Museum

メークローン川沿いのワット・チャイチュンポンの敷地内にある捕虜収容所を再現した建物が、戦争の歴史を物語る博物館になっている。当時捕虜となった連合軍兵士の遺品が展示され、なかには日本軍による凄惨な拷問シーンを描いたスケッチもある。戦争の悲惨さ、命の重さなどに思いをめぐらしているのか、複雑な表情で見学している日本人旅行者も多い。

図カンチャナブリー駅
→🚶20分 圏8:30～18:00 料30B 休なし

MAP p.87-B

戦争の凄惨な爪あとを残す展示が多数

戦没者慰霊塔
Memorial of The Death in Battle

クウェー川鉄橋のすぐ近くに、戦争中日本軍が建てた慰霊塔がある。現在はタイ国日本人会が管理しており、日本からの墓参団もよく訪れる。泰緬鉄道工事で命を落としたすべての人々を祀る慰霊塔で、日本語のほかに英語、マレー語、タミル語、ベトナム語などが碑文に刻まれている。

🚉カンチャナブリー駅→🚶30分

毎年、春の彼岸前後に慰霊祭を開催

MAP p.87-A

カンチャナブリー連合軍墓地
Kanchanaburi War Cemetery

泰緬鉄道建設工事の連合軍捕虜犠牲者を埋葬した墓地。随所に美しい花が咲き乱れる墓地には、6982名の捕虜が埋葬されている。埋葬されている大部分が英国兵だということもあり、現在でも、毎年、ヨーロッパから大勢の人々が墓参にやってくる。

🚉カンチャナブリー駅→🚶5分
⏰8:30〜18:00 料無料

美しく整備された墓地

MAP p.87-B

チョンカイ連合軍墓地
Chong Kai War Cemetery

カンチャナブリー郊外にあるもうひとつの連合軍墓地。クウェー・ノーイ川とクウェー・ヤイ川が合流する場所にあり、1750人の連合軍捕虜が眠っている。川岸からつづく並木道も美しく、静寂な環境が保たれている。

🚉カンチャナブリー駅→🚶15分
⏰8:30〜18:00 料無料　MAP p.87-B外

泰緬鉄道博物館
Thailand Burma Railway Centre

ジオラマ展示などもあり、日本軍がインドシナ半島における物資輸送の切り札として建設した当時の鉄路建設技術や困難を極めた大工事の様子などがわかる。カンチャナブリー最大の見どころ「クウェー川鉄橋」を見る前にここを訪れたい。

🚉カンチャナブリー駅→🚶5分
☎034-510-067 ⏰9:00〜17:00
料150B 休なし　MAP p.87-B

旧泰緬鉄道乗車ガイド
歴史の鉄道に乗ってみる

日本では味わえない列車風景

カンチャナブリーの旅の醍醐味は旧泰緬鉄道の乗車。出発はカンチャナブリーがいい。カンチャナブリー駅を出発するとすぐにクウェー川鉄橋を渡る。大勢の人が鉄橋の上を歩いているので、列車も慎重に徐行運転。警笛を鳴らすと、慌てて鉄橋の端に避難するが、なんとものどかな風景。鉄路は川沿いをさらに山中深く入ってゆく。沿線の緑も濃厚になり、いかにも熱帯の密林といった雰囲気。カンチャナブリーから約50km、やがて見えてくるのが、泰緬鉄道建設工事の難所のひとつアルヒル桟道橋だ。渓谷沿いの断崖、へばりつくように架けられた全長300mの高架橋を列車は渡る。泰緬鉄道のクライマックスだ。アルヒル桟道橋を過ぎてしばらくすると、終着のナーム・トック駅に到着。所要約2時間。バンコクから乗車の場合は、毎日トンブリー駅から出発するが、土・日曜・祝日にはツアー列車（普通車）がフアラムポーン駅（→p.67、318）からも運行している。

のどかなクウェー川鉄橋駅

クウェー川鉄橋にはこんな避難所が普通に使われている

かつては、こんな蒸気機関車が走っていた。アルヒル桟道橋付近は崖スレスレ

古美術&戦争博物館
Art Gallery and War Museum

宝石商のチャンシリー家が建てた博物館。クウェー川鉄橋の近くにあり、橋を見物したあとに立ち寄ることができる。館内には、戦時中にこの橋の建設現場で働いた捕虜たちに関する資料、当時の橋の一部など、貴重な資料の数々が展示されている。展示物は戦争に関するものばかりではなく、王室で使用されていた陶器や調理品などもある。壁には歴史絵が飾られていて、タイの歴史を振り返ることもできる。

図カンチャナブリー駅→ 30分
8:30～18:30 30B なし
MAP p.87-A

カンチャナブリー駅

とっておき情報

カンチャナブリーのホテル、レストランを利用する

カンチャナブリーはバンコクから日帰りでも行けるが、歴史的な見どころも多いだけに、宿泊してじっくり見て、食事もゆっくり楽しむというプランもいいだろう。宿泊施設としては、クウェー川鉄橋のそばに規模の大きなフェリックス・リバー・クウェー・リゾートFelix River Kwai Resort（住9/1 Moo 3 Tha Makham☎034-551-000料S・T/1600B～ MAP p.87-A）がある。2面のテニスコートや2つのプールなどの施設をもつ、文字どおりのリゾートホテルだ。また市街地には、リバー・クウェー・ホテルRiver Kwai Hotel（住284/15-16 Sangchuto Rd.☎034-513-348～9 料S・T/1800B～ MAP p.87-B）がある。クウェー川の雰囲気を楽しむには、水上レストランのフローティング・ラフト・レストランRiver Kwai Floating Raft Restaurant（☎034 -512-595営10:00～20:00休月曜 MAP p.87-A）もいい。

リバー・クウェー・ホテルはクウェー川の東岸側、メインストリート沿いにある

本音でガイド

時間があればさらに足を延ばしてミャンマーとの国境まで行く

カンチャナブリーから足を延ばせば、ミャンマーとの国境まで行くことも可能だ。泰緬鉄道の跡をたどるようにして西寄りに北上していくと、途中にはムアン・シン歴史公園Muang Sing Historical Park（図カンチャナブリー市内→1時間圏カンチャナブリーの北西43km、ターキレン駅そば。☎034-585-052開8:30～16:30料40B休なし MAP p.6-C）がある。公園にはロップリー様式の遺跡が並び、アンコール王朝最盛期の西限を示すものとして注目だ。

さらに、足を延ばして北上していけば、ミャンマーとの国境に達する。カンチャナブリーからバスで4～5時間はかかるが、時間があればこの国境の峠まで行ってみたい。国境地帯のタイ側には、アユタヤー王朝時代にビルマ軍が侵攻してきた際、彼らが通過したことを示す記念碑として置かれた、3つの仏塔（スリー・パゴダ）が並んでいる。峠の標高は約260m。古来、タイ中央部～ミャンマーを往来する最短経路として知られている。

プラサート・ムアン・シン史跡公園

ムアン・シン歴史公園の寺は13世紀の建立

ミャンマーへの入口

歴史の置きみやげ、スリー・パゴダ

バンコク近郊 ZOOM UP 見る歩く No.3

栄華を極めたかつての王都
アユタヤーで歴史散歩 Ayutthaya
MAP p.81-B

栄枯盛衰の歴史を伝える静かな古都

世界遺産を気ままに巡る

アユタヤーはタイの古都、日本でいうなら「鎌倉」のような町。初代ウートーン王がこの地にアユタヤー王朝を開いたのは1351年。王の直系がそのまま国を治めたわけではないが、王国として歴代30人以上の統治者が400年を超える栄華の時代を築いてきた。近隣アジア諸国や西欧諸国との貿易も盛んに行われていた。しかし、宿敵ビルマ（現ミャンマー）軍の総攻撃に遭い、1767年に歴史の幕を降ろすことになる。

現在のアユタヤーに残る寺院や宮殿、仏像は、ビルマ軍による破壊の跡が目立つが、往時を伝えるものとして1991年に世界遺産に登録された。四方をチャオプラヤー川と複雑に入り組んだ支流に囲まれたアユタヤーは、天然の外堀に守られた島のような形状だ。島の東側はホテルやバスターミナルのある現代の街並み、そして西半分一帯がかつての王宮跡や寺院など歴史的建造物が並ぶ、アユタヤー史跡公園の中枢部となっている。

アユタヤーはバンコクから北へ約72km、車やバスで約1時間30分。バンコク市内からバスで巡る1日観光ツアーのほかに、チャオプラヤー川を船に乗って行くクルーズツアーも人気。食事やガイド付きのクルーズから、かつてのライスバージ（米運搬船）を模した船に宿泊するツアーなど各種ある。

南北4km、東西7kmの町は、自転車で回れる広さ。图1日約50B〜のレンタサイクルは、ホテルなどで借りることができる。タクシーも快適だが、ホテルでチャーターするタクシーのほうが料金設定が確実だ。また、町中でよく見かけるのがエンジン付き小型三輪車のトゥクトゥク。チャーターも可能で料金は交渉制。图1時間200B〜。

周囲を水に囲まれた町ならではといえるのが、ボートを利用しての観光。ルア・ハンヤーオという細長の小型船（水上タクシー）なら、探しやすいし、貸し切り利用で料金は交渉制。图目安は1乗船約600〜800B。

そのほかにも、行き先をリクエストできる人力車のサムローや、象の背に乗って情緒ある古都を行くエレファントトレッキングなどもある。歴史を詳しく知りたければ、日本語ガイド付きのツアーに参加するのもいい。目的に合った交通手段を利用しよう。

バス■バンコク北バスターミナル（アユタヤー行）→約1時間20分、アユタヤー下車 图50B〜
＊直行便は少なく、途中下車ということになる
鉄道■バンコク中央駅→約1時間15〜30分、アユタヤー駅下車 图3等普通15B〜
＊1日約32本運行
観光案内所■TAT（タイ政府観光庁）图108/22 Si Sanphet Rd. ☎055-246-076〜7 開8:00〜17:00 困土・日曜、祝日

王宮跡
Grand Palace

　初代ウートーン王がタイ北部から住民とともに移住し、アユタヤー王朝を開いたのが1351年。アユタヤー王朝初の宮殿は、ワット・プラ・スィー・サンペットに建てられたが、1426年に火災で焼失した。その後、宮殿はトライローカナート王によって現在地に再建された。1767年にビルマに侵略され、王宮の大部分は破壊し尽くされたが、跡地に立つと往時の面影も偲ばれる。

交アユタヤー駅→🚗10分　開8:00～17:00（最終入場16:00）料100B（ワット・プラ・スィー・サンペットと共通）休なし　MAP p.91-A

ワット・プラ・スィー・サンペット
Wat Phra Si Sanphet

　境内に残る朽ち果てたセイロン様式の3基のチェディ（仏塔）は、観光ポスターなどでもよく見かけるアユタヤーの象徴的建造物。バンコクのワット・プラケオにも匹敵する重要な寺院だ。1448年創建の王室守護寺院で、チェディには歴代の3人の王の遺骨が納められている。1500年頃には、ラーマティボディ2世が高さ16m、総重量171kgの、黄金で覆われた仏像を建造するなど栄華を極めていたが、ここもビルマ軍の破壊を免れなかった。

交アユタヤー駅→🚗10分　開8:00～18:30　料50B　休なし

ヴィハーン・プラ・モンコン・ボピット
Wiharn Phra Mongkhon Bophit

　ブロンズ像としてはタイで最大、高さ17mのプラ・モンコン・ボピット仏を安置する寺院。1500年頃にラーマティボディ2世によって建造された巨大仏像は今は金箔模様だが、発見当時は敵の略奪を免れるためブロンズが剥き出しだった。寺院はソンタム王によりこの地に移されたものだが、その後ビルマ軍によって破壊される。1951年に再建する際に、巨大仏像の体内から小さな仏像が何百体も発見されている。今はアユタヤーの観光名所として、王朝時代の華やかさを取り戻している。

交アユタヤー駅→🚗10分　開8:30～16:30　料無料　休なし

ワット・プラ・スィー・サンペットのチェディ

王朝の光と影を感じさせる

バンコク近郊

91

クン・ペーン・ハウス
Khun Phaen House

アユタヤー王朝時代の民家を忠実に復元したもの。名前はタイの有名な叙事物語『クン・チャンとクン・ペーン』に由来。高床式の大きな住宅の内部は冷房がなくても涼しく快適だ。夜間はライトアップされ、幻想的な風情を楽しませてくれる。

図アユタヤー駅→🚗10分 圏9:00～17:00 料無料 休なし　MAP p.91-A

ワット・ラーチャブラナ
Wat Ratchaburana

王位継承の争いで死んだ2人の兄を弔うため、1424年、8代ボーロムラーチャーティラート2世が建立。仏塔の地下には、タイ最古の壁画がある。1958年の発掘調査の際、さまざまな宝物類や仏像が発見された。これらは同8代王による1431年のアンコール王朝攻略の戦利品で、ビルマ軍の略奪を免れた宝物類は現在、国立博物館に収蔵されている。

図アユタヤー駅→🚗7分 圏8:00～18:00 料50B 休なし

ワット・プラ・マハータートの向かいに建つ

MAP p.91-B

ワット・スワンダーラム
Wat Suwandaram

バンコク王朝の創始者であるラーマ1世の父が建立した有力寺院。礼拝堂には、ビルマ軍の支配から独立を勝ち取ったナレースアン大王の生涯を描いた壁画が所蔵されている。バンコク王朝初期の建築様式が典型的な建造物の一つである。

図アユタヤー駅→🚢15分 圏9:00～17:00 料無料 休なし　MAP p.91-B

スリヨータイ妃のチェディ
Chedi Phra Si Suiyothai

ビルマ軍が侵攻してきた際、18代チャクラパット王の王妃スリヨータイは、男装して勇敢に戦い、負傷が原因で死去した。その王妃を弔うためのものだ。

図アユタヤー駅→🚗15分 圏8:30～16:30 料無料 休なし

妃はタイ三大女傑の1人いわば「タイの北条政子」

MAP p.91-A

ワット・マハータート
Wat Mahathat

ラーメスアン王が建てたという説やボーロムラーチャーティラート1世が建てたという説など諸説がある、13世紀の謎を秘めた遺跡。ビルマ軍によってとくに激しく破壊され、頭部を刈り取られた仏像の胴体ばかりが並んでいる。1956年に発見された貴重な宝物類や仏像は、国立博物館に収蔵されている。

図アユタヤー駅→🚗7分 圏8:00～18:00 料50B 休なし

境内を散策し、数百年の時に思いをはせよう

木の根の間に仏の顔が

MAP p.91-B

チャンタラカセーム国立博物館
Chantrakasem National Museum

1577年に20代マハータンマラーチャー王が建てた宮殿。ナレースワン大王も皇太子時代を過ごした。現在は博物館となっている。

図アユタヤー駅→🚶7分 圏9:00～16:00 料30B 休月・火曜、祝日　MAP p.91-B

ワット・ロカヤスタ
Wat Lokkayasutha

ビルマ軍によって寺院の境内は破壊の限りを尽くされた。青い空の下、サフラン色の袈裟をまとった白い寝釈迦仏が悠然と横たわっている。アユタヤー遺跡のなかでもとくに強く印象に残る観光名所だ。

図アユタヤー駅→🚗15分 料無料 休なし

高さ5m、長さ28mの釈迦仏

MAP p.91-A

ワット・プララーム
Wat Phraram

アユタヤー王朝の創設後、まもなく没したウートーン王の菩提寺として1369年に建立。アユタヤー初期クメール様式の仏塔は、池に浮かび上がる姿が美しい。

図アユタヤー駅→🚗10分 圏8:30～18:00 料50B 休なし

仏塔や石像が残っている

MAP p.91-A

ワット・チャイ・ワタナラーム
Wat Chai Watthanaram

17世紀初頭に創建された仏教寺院の遺跡。高さ約36mのクメール様式の仏塔を中心に、大小の仏塔が絶妙なバランスで配置されている。数あるアユタヤーの遺跡の中でもとくに美しいと評判だ。

図アユタヤー駅→🚗15分 圏8:00～18:00 料50B 休なし

リバークルーズの船上からも眺められる夜景が美しい

MAP p.91-A

チャオ・サン・プラヤー国立博物館
Chao Sam Phraya National Museum

　文化財や資料を多数収蔵している博物館。1956〜58年の発掘調査で、ワット・プラ・マハータートとワット・ラーチャブラナで発見された貴重な宝物類が特別室に展示されている。黄金の仏像や木彫りの扉などにも注目したい。

🚗アユタヤー駅→🚶7分⏰9:00〜16:00💰150B休月・火曜、祝日

MAP p.91-A

アユタヤー歴史研究センター
Ayutthaya Historical Study Centre

　1990年、日本とタイの友好100年の記念事業として建設された。模型や映像などを使い、アユタヤーの歴史やタイの文化などを、外国人観光客にもわかりやすく解説。各国の研究者の利用も多く、図書室も併設され、タイの歴史や文化に関する貴重な文献や資料を3000冊ほど所蔵している。

🚗アユタヤー駅→🚶7分⏰9:00〜17:00💰100B休なし

MAP p.91-B

ワット・ナー・プラメン
Wat Na Pramen

　アユタヤー王朝以前、アンコール王朝の影響下で建立されたと推定される貴重な寺院。ビルマ軍の破壊を免れた、アユタヤー後期の最高傑作とされる本尊も必見だ。

🚗アユタヤー駅→🚗20分⏰8:00〜18:00💰20B休なし

MAP p.91-A

ワット・ヤイ・チャイ・モンコン
Wat Yai Chai Mongkhon

　1357年に、ウートーン王が留学僧のために建立。寺の象徴、高さ72mのアユタヤー最大級の仏塔は、ナレースワン大王のビルマ軍戦勝記念に建造されたもの。

🚗アユタヤー駅→🚶15分⏰8:00〜17:00💰20B休なし

塔を囲む仏座像も有名

MAP p.91-B

ワット・プーカオ・トーン
Wat Phu Khao Thorg

　1569年にビルマ軍がアユタヤー占領を記念して増設した大仏塔がある寺院遺跡。アユタヤーの独立を回復したナレースワン大王によって1584年、ビルマ様式だった塔はタイ様式に改められた。

🚗アユタヤー駅→🚗20分⏰8:30〜16:30💰無料休なし

仏塔の高さは80mもある

MAP p.91-A

ワット・パナン・チューン
Wat Phanan Choeng

　アユタヤー王朝の都が創建されるよりも前の1324年に建てられた古い寺院で、中国からタイに渡ってきたという伝説の姫君を祀っている。ビルマ軍の破壊を奇跡的に免れた縁起のよい寺として、中国系タイ人からはとくに厚い信仰を集めている。

🚗アユタヤー駅→🚗20分⏰8:00〜17:00💰20B休なし

タイ様式とは異なる魅力

MAP p.91-B

日本人村（町）
Japanese Village

　16世紀にさかんだった御朱印船貿易に携わった日本人の居留地跡。最盛期には2000〜3000人の日本人が住んでいたという。有名な山田長政もここで過ごし、町長として活躍していた。徳川幕府の鎖国政策により日本人町も衰退し、18世紀には消滅。当時の町の位置は定かではないが、チャオプラヤー川岸に当時の資料を展示した日本人村歴史研究センターがある。

🚗アユタヤー駅→🚗25分⏰8:00〜17:00💰50B休なし　＊アユタヤー歴史研究センターのチケットを提示すれば無料で入館できる　MAP p.91-B

バンコク近郊　93　アユタヤー

街角ワンショット

アユタヤーで活躍した山田長政の軌跡を思う

山田長政はアユタヤーが繁栄を極めた頃に活躍した。かつての栄華も今では、ビルマとの死闘で無惨に打ち砕かれた遺跡群から偲ぶ以外にない

　アユタヤーはかつて日本人町もできるほど国際的な貿易都市として栄えていたが、その都で活躍したひとりの日本人がいる。彼の名は山田長政。長政は駿河（現在の静岡県東部）では下級武士だったと伝えられているが、当時シャムと呼ばれていたタイに移民し、日本人町に住みついた。やがてビルマとの戦いで大いに活躍した長政は、ソンタム王から最高の爵位を与えられ、シャムの重臣となる。だが、外国人の出世への風あたりも強く、最後に彼は毒殺されたともいわれている。長政の死後、徳川幕府の鎖国政策もあり、日本人町は次第に衰退し消滅する。華麗な宮廷外交が繰り広げられた王都の姿をイメージしながら、長政が駆け抜けた時代の息吹を感じてみるのもいいだろう。

バンコク近郊 ZOOM UP 見る歩く No.4

チャオプラヤー川に浮かぶ歴代の王様の優雅な夏の離宮

バン・パイン夏離宮
の華麗さに酔いしれる
Bang Pa-in Summer Palace
MAP p.81-B

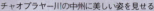
チャオプラヤー川の中州に美しい姿を見せる

▲ 悠久の流れに思いを馳せる

国際貿易が盛んだったアユタヤー王朝時代には、各国の交易船がチャオプラヤー川を行き交い、大いに賑わいをみせていた。この宮殿は川のちょうど中洲にあり、往時の風情を偲ぶには格好の場所である。

1637年にプラサート・トーン王によって建造され、その後もアユタヤー王朝の歴代君主が夏の離宮として使用したもの。王朝の滅亡後は荒廃したが、ラーマ4世により再建されてかつての姿をとりもどした。現在でもここは王室の所有であるが、王室関係者は公式訪問など特別な時しか使用しないので、普段は一般に公開されている。

敷地内にある建造物のひとつ、プラ・ティナン・ウィハット・チャムルンは、中国貿易で富を得た華僑から献上されたもので、中国風の豪華絢爛な装飾がひときわ目をひく。内部も一般公開され、中国から輸入された精巧なタイル細工や調度品は、美術ファンにも興味津々な第一級の芸術品。ほかにも、タイの伝統建築や西洋の技法を用いた建物など数々の名建築がある。

また、湖の中央にあるタイ風の建物、プラ・アイサワン・ティッパートは絵はがきなどでもおなじみ。この建物は、水上パレスとも呼ばれており、記念撮影をするのに最適。その建築様式には目を見張るものがある。タイの歴史や文化をモチーフにした絵画が飾られている。ルネサンス風建築のプラ・ティナン・ワロパット・ピマンなども興味深い。

現地へ行くには、バンコクからの直行バスや列車がある。また、アユタヤー観光ツアーに含まれていたり、アユタヤー市内からの1日ツアーもある。

■ ☎035-261-044 圏8:00〜16:00 料100B 休なし
＊ドレスコードが適用されるので注意
バス■バンコク北バスターミナル→🚌約1時間30分、バン・パインバスターミナル下車 料45B〜 ＊直行便はなく、途中下車ということになる
鉄道■バンコク中央駅→🚃約1時間10〜50分、バン・パイン駅下車 料3等普通12B〜 ＊1日約15本運行
＊バス停・駅から離宮へトゥクトゥクで20分

タイ風建築の水上パレスは必見

島に立っている見晴らし台

広大な庭園に建物が点在

ゾウの形の植え込み

中国風の建物も建つ

本音でガイド 拡大版

アユタヤーやバン・パイン夏離宮の周遊はリバークルーズがおすすめ！

優雅にリバークルーズを楽しむ

バンコク〜アユタヤー間のチャオプラヤー川を、リバークルーズで楽しむツアーが人気を集めている。運行会社によって内容は少しずつ異なるが、気軽に日帰りで楽しめるのが基本。途中バン・パイン夏離宮などにも立ち寄り、アユタヤーでの遺跡観光となる。アユタヤーはかつて"東洋のベニス"とうたわれた水上の都だけあり、ここでのクルーズは格別の思い出として残ることだろう。とくに夕刻から日没後、ライトアップされた遺跡の姿が川面に浮かび上がる頃合いには、印象深い情景が目の前に広がるはずだ。

ツアーの中には、ファーストクラスのキャビンに2泊するツアーもある。豪華な船でチャオプラヤー川を行く、ロマンティックなクルーズが好評だ。

ワンランク上をいく贅沢な船上の遊覧旅行

■アナンタラ・ドリーム号〜アユタヤー寺院見学ツアー
ボートのMekhalaはアユタヤー王朝時代の米の運搬船を改装したノスタルジックなチーク材造りだが、機械設備は最新式、内装もゴージャスに改装されている。2泊7食ツアー付きの豪華なクルーズで、優雅なひとときを楽しむハイティーや、船室にも一級品のアメニティーが用意され、セレブ気分を満喫できる。●船着き場：Anantara Riverside→p.130 ☎02-476-0022（アナンタラ・クルーズ）圏2泊3日6万4767B〜 圏毎日運航、10:00発〜18:00着。
＊要予約、1泊または3泊以上のアレンジも可能。

昼とはひと味違う夜のアユタヤーを楽しむ

世界遺産に登録されているアユタヤー史跡公園の主要遺跡が、毎夜7時になると、まばゆいばかりの照明に浮かび上がる。夜間、遺跡敷地内への立ち入りはできないが、星空のもとに映し出される幻想的な遺跡群の光景は、昼間のものとはまた異なる印象を与えてくれる。猛暑になることも多い昼間のアユタヤー観光に比べ、最近は夜間観光の人気が高まっている。バンコクからのオプショナルツアー→p.97にはエレファントトレッキングと組み合わされたものが多い。
■圏19:00〜21:00 圏なし（天候により中止や時間短縮になる場合もある）

写真はワット・プラ・スィー・サンペット。そのほかライトアップされるのはワット・マハータートなど4〜5ヵ所の遺跡

象の背中からアユタヤーの遺跡を眺める

象の背に乗り、優雅にアユタヤー遺跡を周遊するミニ・トレッキングが旅行者に大好評だ。約70頭いる象さんたちはいずれも座椅子や日傘などで古式豊かにドレスアップされている。ワット・プララームからワット・プラ・スィー・サンペットへと、約15分でぐるりと周遊するのがおすすめコース。どうせなら、戦勝パレードの王様気分でのぞみたい。所々のビューポイントでは、記念撮影をしてもらえるほか、発着点に戻ると、デジタル画像で即座に記念写真をプリントアウトしてくれる（別料金）。
MAP p.91-A
■圏9:00〜17:00 圏なし 圏1名15分400B〜。

象に揺られながらかつての都をゆっくり進む。短時間だが、遺跡の町を周遊するだけでも、充分に雰囲気は楽しめる

オプショナルツアー選択術

現地発 バンコク近郊編

天使の都の達人になる

アユタヤーには数々の興味深い寺院がある

バンコクから郊外や近郊へ行くオプショナルツアーは周遊タイプのものも多く、バラエティに富んでいる。ツアー時間は当然ながら市内ツアーより長くなり、半日はかかる。

解説もよくわかる日本語ツアーでは、興味がさらに深まる

ツアーを選ぶうえでの日本語ツアーと英語ツアーの違いに関しては、下段やp.78の「バンコク市内オプショナルツアー選択術」を参照してほしい。

バンコク郊外へ行くオプショナルツアーは充実している。とくに、アユタヤーやカンチャナブリーといった場所は、じっくり観るとなれば1日ではとうてい足りない観光地だが、手際よく主要なポイントだけを巡れば、日帰りも充分可能だ。個人でバスや列車に乗って、

不案内な土地で各ポイントを回ると、道に迷うなど、どうしてもムダな時間がかかってしまう。郊外オプショナルツアーの最大のメリットは、この時間の効率化にある。また、英語ツアーには、日本語ツアーにはない渋い土地へ行くツアーもある。一例として右表の❽のように古代都市公園という、日本語ツアーではあまり行かない場所へ行くものがある。欧米人が興味を示す場所は、日本人の感覚とは多少違うという点にも考慮は必要だが、英語ツアーにはひと味異なる観光地を見学できる可能性がある。

日本語ツアー選択のツボ

メリット ●複数の場所を訪ねる効率的ツアーが多い●日本語なのでとにかく安心●歴史の話も日本語で聞ける●英語ツアーより安いツアーもある●全般的に保険などの対応がしっかりしている

デメリット ●英語ツアーのようにピンポイントツアーがない●有名どころばかりで渋いポイントがない●場所によっては英語ツアーの方が安い

英語ツアー選択のツボ

メリット ●1カ所のみのポイントを押さえたツアーが多い●日本語ツアーにはない、古代都市公園のような渋い観光地も扱う●日本語ツアーより安いツアーもある

デメリット ●英語が堪能でないと困ることも●日本語ツアーほど細やかな対応ではない●保険などは確実に確認する必要がある

ゴルフ好きには外せないうれしいプラン

タイはアジアでも有数の「ゴルファー天国」といわれている。観光だからとはいえ、ゴルフ好きの人にはこの機会をみすみす逃すこともないだろう。サンプラーン リバーサイド（旧ローズガーデン）にあるゴルフ場は、ゴルフの後に観光もできるということで、観光客にも人気。ほかにも豊富なコースが揃っており、本格的に楽しみたい人なら、ウェブサイトを利用して情報収集してみよう。
＊おもな日本語指定其擢観光ツアー会社でもツアーの扱いがある。送迎含め、4000〜8500B程度。

オプショナルツアーに参加するには

各ツアーの現地オフィス、またはホテルのツアーデスクなどで申し込む。各会社やツアー内容で集合場所、支払方法が異なるので、予約の際に必ず確認を。特に集合場所については宿泊ホテルのロビーまで迎えに来る場合と指定の場所に出向くケースとがある。後者の場合、場所とそこまでの所要時間をチェックすること。また、直前でのキャンセルや連絡を怠っての不参加には、取り消し料がかかるので注意したい。

王宮や寺院を訪ねるツアーでは、Tシャツやショートパンツなどのカジュアルな服装は避けるように。

Ⓐ パンダバス（日本語可）☎02-656-0026
Ⓑ ウェンディツアー（日本語可）☎02-216-2201
Ⓒ エイチ・アイ・エス（H.I.S）（日本語可）☎02-264-6888
Ⓓ Tour East ☎02-267-1400
Ⓔ SUN LEISURE WORLD ☎081-440-9926

※ツアー名は一部、省略・簡略化しています。また、英語ツアーは扱い窓口によってツアー料金や内容が変わるので注意。本書の表記は目安。

ツアーのタイプ	名称＆データ（料金は目安）　旅行会社

1　サンプラーン リバーサイド
Thai Village at Sampran Riverside**D**
1200B〜　　時間／午前／午後

タイの伝統文化や風俗を伝えるために造られたアミューズメントパーク（旧ローズガーデン）。タイの文化を短時間で実感できる。呼び物はなんといっても民族舞踊やムエタイなどのカルチュラルショー。

2　ワニ園
Crocodile Farm**E**　1260B〜　時間：10:00〜13:00

約3万匹のワニが生息する広大なワニ園。呼び物はワニの捕獲ショーで、飼育係とワニが繰り広げるパフォーマンスは迫力満点。園内ではワニ革製品も販売している。

3　メークロン線路市場
ローカル列車乗車付き メークロン線路市場ツアー**A**／メークロン傘たたみ線路市場**D**　1400B〜　時間：11:30〜午後5時間

バンコクより南西へ約1時間のメークロン市場は、日本のTVでよく紹介される場所。線路上まで商品がズラッと並び、列車が来る度に露店は急いで一時退散。こんなユニークな光景を楽しむ。

4　水上マーケット
ダムヌン・サドゥアック水上マーケット**A**／ダムヌン・サドアク水上マーケット**B**／ダムヌン・サドアク水上マーケット**C**Damnoen Saduak Flooting Market**D**　756B〜　時間：午前／半日〜1日

ダムヌン・サドアク水上マーケットは、かつて運河に生活していたタイの人々の暮らしぶりが分かる場所で、人気の高い観光名所。パンダバスは午後のアユタヤー観光のコースもある。

5　水上マーケット＆サンプラーン リバーサイド
水上マーケットと象さん・ワニさん＆カルチャーショー**C**／ Damnoen Saduak & Sampran Riversi**E**　2400B〜　時間：1日

かつて水の都と呼ばれたバンコクの、昔ながらの面影を残すダムヌン・サドアク水上マーケットと、タイの伝統文化を楽しみながら見学できるサンプラーン・リバーサイドを回る。昼食付き。

6　近郊盛りだくさん
ココナッツファーム・エレファント・ライドと水上マーケット**E**　1600B　時間：午前5時間30分

バンコク郊外観光の中でも人気の高いタイ最大の水上マーケット、ダムヌン・サドアク水上マーケットとサン・プラーン象園、サンプラーン リバーサイドなどを回る。昼食付き。

7　珍しい夜の運河も巡る
アンパワー水上マーケット**C**　1500B　時間：午後7時間

観光化している水上マーケットではないタイの庶民が利用する水上マーケットを探訪。金・土・日曜のみ開き、催行日も週末限定。夕食は自由散策中に各自で。夜の運河からの風景も楽しい。

8　古代都市公園
Ancient City Tour（古代都市公園）**E**　1089B　時間：11:30〜16:30

ムアン・ボーランとも呼ばれるタイ国内有数のテーマパーク。タイの国土を形どった広大な敷地に、寺院などのミニチュアが点在。いながらにしてタイ全土を一周旅行できる。

9　アユタヤー
世界文化遺産アユタヤー**A**／アユタヤー**B**／アユタヤー遺跡とバンパイン離宮**C**／ Ayuthaya-Ancient Capital of Thailand**D**／ Ayutthaya Temples Tour**E**　1235B〜　時間：朝から1日

山田長政が活躍したことでも知られる古都アユタヤーを訪れる。片道はバスでもう片道は旅情をより感じられるチャオプラヤー川をクルージング。往復ともバスのプランもある。昼食付き。

10　夜のアユタヤー
感動のライトアップアユタヤー**A**／アユタヤ観光＆ライトアップ**B**／バンコク寺院観光とアユタヤー遺跡**C**　2200B〜　時間：午後から夜

アユタヤーで遺跡の見学とタイ料理のディナー。歴史ある旧都をエレファントトレッキングで巡る。プランも一部ある。

11　象とカンチャナブリー
マニアック・カンチャナブリー**B**　2500B　時間：6:00〜18:00

川、林、野原をめぐる人気のエレファント・トレッキングはもちろん、クウェー川のいかだ乗りを楽しみ、洞窟寺での散策、泰緬鉄道での列車乗車など。

12　カンチャナブリー周辺
カンチャナブリー＆ナコン・パトム**BC**　2400B〜　時間：1日

欧米からの観光客も多い、映画『戦場にかける橋』でも知られるカンチャナブリーとタイ最古の町、ナコン・パトムで巨大な仏塔などを訪ねる。泰緬鉄道乗車もあり、昼食付き。

13　パタヤー周辺
パタヤ・ラン島で遊ぶ1日**A**／ラン島・パタヤ沖**B**／パタヤのラン島**C**／ Pattaya Coral Island**E**　1260B〜　時間：1日

バンコクから南東へ約150kmのところにあるパタヤーは世界的にも有名なビーチリゾート。そのパタヤー・ビーチの沖合いに浮かぶラーン島でマリンスポーツ三昧の休日を過ごす。昼食付き。

14　世界自然遺産カオヤイ
世界自然遺産カオヤイ**A**／世界遺産！カオヤイ国立公園**E**　3400B〜　時間：1日

世界自然遺産に登録されているカオヤイ国立公園を訪れる。ハイキングコースを歩き、豪快な滝の見学やエレファント・トレッキングを楽しむ。途中、朝市探訪や牛車での田園探訪などもある。

＊**A**パンダバス、**B**ウェンディツアー、**C**エイチ・アイ・エス（H.I.S.）、**D**Tour East、**E**SUN LEISURE WORLD　問い合わせ先は→p.96、301

バンコク近郊

97

オプショナルツアー選択術

バンコク「食べる」活用術
レストラン利用アドバイス

レストラン事情

大都市には世界中の料理が集まっている。地方都市はホテルか繁華街の庶民的な店か屋台になる。ホテルのレストランは、旅行者のために辛さを抑えているところが多く、無理なく本場の味を楽しむことができる。

三食をどこで食べるか

中級以上のホテルはブッフェ形式の朝食があるのが一般的。昼食は、シアター・レストランなどを除けばどこでも利用できるが、高級ホテルのランチブッフェは手頃な値段で世界的な一流ホテルの料理を賞味できるチャンス。また、「屋台はちょっと…」と敬遠する人なら、デパートにあるフードセンター→p.103に足を向けてみたい。シアター・レストランはタイ古典舞踊の観賞とセットになっていて、食事と踊りをともに楽しめる→p.104。

小腹が空いたときは？

屋台が便利だ。夜は麺の屋台に人気がある。また、サイアム、シーロムではファストフード店も深夜まで営業している。昼過ぎなら、ホテルのアフタヌーンティーもいい→p.108。ホテル以外では、デパートやショッピングセンターにカフェが入っている。

利用の心得

タイでは、欧米人が主要な客層の超高級レストランを除けば服装には頓着しない。常識の範囲で行動すれば大丈夫だ。中級以上のレストランには英語のメニューがある。日本語メニューは和食店など、日本人の利用が多い店にはある。また、写真付メニューを用意する店もあり、これなら指で示せば通じる。

勘定

手を挙げて、空中で指をクルクル回せば、勘定をしてくれという意思表示になる。言葉では「チェックビン」か「キッタン」といい、外国人慣れしている店なら「チェック・プリーズ」でも通じる。領収書は「バイ・セット」で、領収書がほしい場合は「コー・（ください）・バイ・セット」という。チップについてはp.323も参照。サービス料が自動的に加算されるような高級店では原則不要。考え方としては、満足のいくサービスを受けたと感じたときにはそれ相応のチップを従業員に渡せばいい。仮にそれが20Bでも、50Bでも、100Bでもかまわない。欧米のように料金の10％程度を渡す人がいるが、タイの慣習からいえば10％が目安ということはない。しいていえば、2～3人で食べて、一般的な応対以上のサービスを受けたと思えば、そのテーブル1卓につき100Bぐらい渡すのが、目安といえば目安だ。食堂や屋台など庶民的な店ではチップを渡す慣習はほとんどないが、それも気持ち次第といえる。

本音でガイド

機会があれば作ってみたい手作りタイ料理

タイ料理を自分で作ってみたい人もいるはず。そんな人に最適なのが短時間で受けられる料理教室だ。日本語で受講できるプランが、「タイ料理教室」。トムヤムクンやサラダ類など種類はその時によって変わる。受講時間は約2時間。ツアー会社でクーポンを用意している。原則的に2名より参加できる→p.78。

駐在員家庭の主婦もタイ料理の腕を磨いている

レストランカタログ
食べる
タイ料理

スパイシーな味が
タイ料理の醍醐味

ホテルのレストランや高級な店は洗練されたマイルドな味。一方、地元で人気がある店はスパイシーだが、慣れるとやみつきになる旅行者も多い。最初はマイルドな味、次は本格的なスパイシー味と、順に挑戦するのもいい。

駅 BTSラーチャダムリ駅
高級　サイアム

ザ・スパイス・マーケット
The Spice Market

MAP p.42-J

辛さの真髄を知る
タイ・スパイスの殿堂

19世紀末頃の香辛料を販売する商店をイメージした店構えで、店内にはエキゾチックなムードが満載だ。各種のスパイスが展示されていて、メニューには辛さの度合いが一目でわかるように指標がある。人気店だけにこの店の模倣店も数多く、世界中のタイ料理ファンには憧れの有名店だ。

住 Anantara Siam 1階→p.127
☎ 02-126-8866内線1234
営 11:30～14:30、18:00～22:30（サンデーブランチ11:30～15:00）
困 なし 予 セットは昼755B～、夜1250B～＊週末は要予約

店内にはさまざまなスパイスがある

駅 BTSスラサック駅
高級　シーロム

ブルー・エレファント
Blue Elephant

MAP p.40-J

トレンディなタイ料理

欧州各地に支店を築いたタイ料理店が、2002年にバンコクに逆輸入された。ヨーロッパ・テイストを取り入れつつ、タイ料理の真髄を継承する本格派レストラン。オーソドックスなタイ料理のレベルも高い。

住 233 South Sathon Rd.
☎ 02-673-9353～4
営 11:30～14:30、18:30～22:30
困 なし
予 セットは1800B～

駅 BTSサイアム駅
高級　サイアム

スラ・ブア・バイ・キンキン
Sra Bua by KIN KIN

MAP p.42-E

ミシュランで一つ星の実力派

デンマークの首都コペンハーゲンにあるミシュランの星付きタイ料理レストラン「KIN KIN」が本場タイに逆上陸して以来、アジアのベスト50のレストランにも連続して選出される実力派。

住 サイアム・ケンピンスキーL階→p.129
☎ 02-162-9000 営 12:00～15:00（14:30LO）、18:00～24:00（21:00LO）困 なし 予 コースはランチ1850B～、ディナー3200B～

駅 BTSアソーク駅
高級　スクンビット

バジル
basil

MAP p.44-B

コンテンポラリーな家庭料理

タイ料理界の重鎮という料理人が監修する高級店。店内は斬新な雰囲気で、料理は4つの地方ごとの特色を踏まえたメニュー構成。薬草ライスや薬草ドリンクも多彩に揃い、現代風のヘルシー志向が好評だ。

住 Sheraton Grande 1階→p.127
☎ 02-649-8366 営 18:00～22:30（サンデーブランチ12:00～15:00）
困 なし 予 セットは夜1650B～
＊メニューは辛さの指標付き

日 日本人スタッフ常駐　日 日本語が通じる　日 日本語メニュー　英 英語が通じる　英 英語メニュー　写 写真メニュー　予 要予約

中級　スクンビット	高級　シーロム	高級　シーロム
駅 BTSスラサック駅	駅 BTSスラサック駅	駅 BTSチョーンノンシー駅
ブッサラカム Bussaracum	**タンジン** Thanying	**バーン・カニター＆ ギャラリー** Baan Khanitha & Gallery
MAP p.40-J	MAP p.40-J	MAP p.41-L
芸術的な宮廷料理	宮廷料理の真髄が味わえる	ちょっと贅沢なタイ料理
料理人の技が冴える正統派のタイロイヤル料理は、芸術的な調度品に盛られて視覚的にも堪能できる。各国貴賓客のファンも多い国内屈指の有名店で、タイ料理教室には旧来、外国人居住者からの人気も高い。	王族の館を利用した邸宅風の店内には風格がある。王室の台所を任されていた料理人の技が受け継がれた、生粋の宮廷料理に出合える数少ない店だ。タイ料理ファンならずとも、究極の味を一度は試してみたい。	一軒家を改装し、フローリングや内装は木目調を多用した落ち着いた雰囲気だ。壁には絵画や写真などが展示・販売されており、ギャラリーのようなウットリとする空間で、オーソドックスなタイ料理が味わえる。
住1 Si Wiang Rd. ☎02-630-2216〜8 営11:00〜14:00、17:30〜22:30 料セットは昼夜890B〜	住10 Pramuan Rd., Silom Rd. ☎02-236-4361、235-0371 営11:30〜22:00LO 休なし 料4種類のカレーセット480B	住69 South Sathorn Rd. ☎02-675-4200〜1 営11:00〜23:00 休なし 料カレー類予算300B〜 支アジアティーク店☎02-108-4910

気軽に使える**役立ちレストラン**

タイスキの通な食べ方

タイ料理ならまずはタイスキという熱烈なファンも多い鍋料理だが、エビやカニのだしが効いた残り汁で、最後に麺（バミー）や雑炊（カオトム）を味わうのが通な食べ方だ。どの店も写真付きメニューがあるので注文に困ることはない。

コカスキ Coca Suki	MAP p.42-F
1957年創業の老舗で、エビ・カニやUSビーフなど、高級食材を揃える有名店だ。東京はもちろんアジアの各都市に支店がある。	支セントラル・ワールド6階店→p.120 ☎02-255-6365 支スリウォン本店 ☎02-236-0107 支サイアムスクエア店 ☎02-251-6337 支タイムズ・スクエアB階店 ☎02-250-0050

エムケー MK	MAP p.42-F
バンコク市内に約100店舗近くあり、デパートやショッピングセンター、映画館などには必ずある、いわばタイを代表するファミレスだ。	支MBK 2階→p.120 ☎02-686-3512 支セントラル・ワールド7階店→p.120 ☎02-613-1421 支サイアム・パラゴン店G階店→p.121 ☎02-610-9336 ＊そのほかロビンソンデパート→p.121など支店多数

テキサス・スキ Texas Suki	MAP p.39-L
1979年にチャイナタウンで創業。タイスキチェーンの中では一番安いことで知られ、地元の人にはファンも多い。	ヤワラート本店 ☎02-223-9807

駅 MRTルンピニー駅	駅 BTSサパーン・タクシン駅	駅 BTSサイアム駅
高級　シーロム	高級　シーロム	経済的　サイアム

セラドン
Celadon

MAP p.37-L

不思議な陶酔感にひたる

蓮池に浮かぶ古代スコータイ遺跡を思わせる、優雅なタイ式建築の店内で、王朝時代の名陶セラドンの器に盛られた正統派のタイ料理を満喫できる。デザートの充実度が特筆もの。ディナータイムは特にムード抜群。

住 The Sukhothai別館→p.128
☎02-344-8888
営12:00～15:00（14:00LO）、18:30～23:00（22:00LO）困なし
料セットは昼900B～

サラティップ
Salathip

MAP p.40-I

リバーサイドでムード抜群

リバーサイドの庭園、美しいタイ様式の店内にはオリエント調のムードが満点。宮廷風の料理やデザートだけでなく、夜には古典舞踊も楽しめる。涼しい時には雰囲気のいいガーデンテラスを予約したい。

住 Shangri-La Hotel Bangkok別館→p.128 ☎02-236-7777内線6220
営18:00～22:30
困なし 料セット1388B～
Show19:45～、21:15～

バーン・クンメー
Ban Khun Mae

MAP p.42-E

温かみのあるタイの民家風

旅行者には古くから有名な老舗店。お母さんの家という店名どおり、店内はアンティーク調なタイ民家風の造りだ。料理も家庭的な風味の品々が多彩に揃う。夜には古典楽器の調べが流れ、観光気分を盛り上げる。

住 458/6-9 Siam Square Soi 8
☎02-658-4112～3、250-1952～3
営11:00～22:30
困なし
料セットは昼夜5名用1人500B～

駅 BTSトンロー駅
経済的　スクンビット

トン・クルアン
Thon Krueng

MAP p.34-F

旅行者には穴場の人気店

早い、うまい、安い、の三拍子が揃い、在住日本人にも人気の店。タイ東北地方のイサーン料理や海鮮料理などが好評だが、庶民的な料理なら何でも揃い、肩肘張らない本場の味が楽しめる。

住 211/3 soi 49/13 Sukhumvit Rd.
☎02-185-3072
営11:00～22:30
困なし
料予算昼300B～、夜700B～

とっておき情報

闇に浮かぶ寺院はディナー・クルーズの華、ディナーを楽しみつつチャオプラヤー川をゆく

ディナー・クルーズでは、暁の寺、エメラルド寺院など、美しくライトアップされたチャオプラヤー川畔の見どころを遊覧し、昼間とはまたひと味違う幻想的な雰囲気が楽しめる。モダンな高速艇ホライゾン号でのクルーズでは、インターナショナル料理のブッフェで食べ放題だ。一方、その昔、実際に米を運搬していたライスバージを改造したマノーラ号は、ノスタルジックなムードも満点。料理は本格的なタイ料理のセットメニューで、中世アユタヤー王朝の賓客気分で遊覧周遊を満喫できる。どちらのクルーズも要予約。→p.79参照

■ホライゾン・ディナークルーズ
Horizon Dinner Cruise 住 Shangri-La Hotel→p.128 ☎02-236-7777内線6205 営19:30～21:30 2300B～ 困なし

■マノーラ・ディナークルーズ Manohra Dinner Cruises 住 Anantara Riverside Bangkok Resort→p.130 ☎02-476-0022 営19:30～21:30 2300B～ 困なし

天使の都を100倍楽しむ

← プラーチョン・ペェッサと呼ばれる魚料理

海鮮料理を食べ尽くす

店先に並ぶ新鮮な海の幸。タイの人たちもタイ湾の恵みには目がない様子で、路上の屋台には海鮮料理の専門店もあるほどだ。一方、レストランでは店内にミニ海鮮市場を備えるタイプの店が旅行者に大人気。市場で食材を選び、好みの調理方法を注文するという仕組みが好評だ。

店内に入ったらまずはエビやカニなど、とびきり新鮮な海の幸が並ぶ海鮮市場に足を向けよう。ここで好みの食材を選ぶことから食事は始まる。料理を注文するだけで、食材はすべて店側が適当に選択するところもあるが、どうせならやはり自分で選びたい。規模の大きな店では、最初にこの市場で食材の購入をすませなければならないところもある。選ぶ楽しさがあるせいか、このタイプの店のほうが旅行者に人気が高い。

市場には魚介類と一緒に野菜や果物、ワインなども並べられていて、料理に必要な食材を入手し、調理方法を注文する。とはいえ、料理の知識がなくても心配ない。市場に店員が同行し、エビやカニなど、素材さえ選べば、調理方法は店員のほうで考え、野菜など適当な食材を一緒に選んでくれる。とくに日本人に人気の店では、日本人好みの調理方法も心得ているので安心だ。一般に市場には料金の表示があるが、そのほとんどは計り売り。安いとはいえカニ1杯の値段ではないので、勘違いしないように。この食材の代金だけで、調理に必要となる野菜、調理代など一切が含まれている店が地元の人には人気が高い。

シーロム・ビレッジにはエビ、カニ、イカが盛りだくさん

海鮮料理の味わいスポット

ソンブーン・シーフード Somboon Seafood
日本人駐在員も頻繁に会食する店で、市内でも屈指の人気を誇る有名店。人気の秘密はプーパット・ポーンカリー（カニのカレー粉炒め）圓260B〜。一度食べたら他店では食べられなくなる、といわれるほどの絶品だ。
駅BTSチョーンノンシー駅住169,169/7〜12 Surawong Rd. ☎02-233-3104 営16:00〜23:30 困なし
＊料理は調理代込み
MAP p.41-G

シーロム・ビレッジ Silom Village
中心街の観光施設「シーロム・ビレッジ・トレードセンター」→p.117のレストラン。新鮮な海の幸はもちろんのこと、屋台風に並んだ一品料理も数多くあり、料理を目の前で確認してから指差すだけで注文できる。また、古典舞踊→p.104のシアター・レストラン（ルアンテープ）での観賞や古典音楽、伝統的なデザート作りの実演即売、民芸品が豊富なアーケードなど、ここにくるだけでタイ独特のカルチャーが楽しめる。
駅BTSスラサック駅住Silom Village Trade Center →p.117 ☎02-234-4448 営11:30〜24:00 困なし
＊料金は調理代込み
MAP p.40-F

シーフード・マーケット&レストラン Seafood Market
1500人収容という広い店内。マーケットの充実度はバンコク市内随一。日本人住宅街の中心部にあり、日本人にはとくに人気の店だ。店員は日本人好みの調理方法を知っているので、調理の注文に頭を悩ますことはない。
駅BTSプロムポン駅住89 Soi 24 Sukhumvit Rd. ☎02-261-2071〜5, 1252〜9 営11:30〜23:30 困なし
＊素材と調理代は別
MAP p.45-C

新鮮な海の幸が炒め物、スープなどお好みの調理で登場

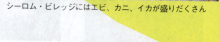

天使の都を100倍楽しむ

体験記

観光の途中でタイ庶民の味を気軽に手軽に頂く

屋台フードセンター利用術

タイのデパートには、デパート内の屋台街とでもいうべきフードセンターが必ずある。プリペイド制なので言葉の不安もなく、手軽に屋台の味を楽しめると好評だ。

マーブンクローン・センターの6階にあるフードセンターは、ちょうど昼時とあって地元の会社員やOLでいっぱい。

まずは、チケットカウンターでプリペイドカードを購入。1人100B分も購入しておけば充分に足りるはず。当日限り有効で、残高は窓口で換金してもらえる。店内には、麺類、揚げ物、ご飯物から、中国料理や海鮮料理まで、各種の屋台料理のブースが並んでいる。各ブースの前には、料金を表示した料理の写真やサンプルがあり、言葉がわからなくても写真を指差しすれば難なく食べたい料理を注文できるシステムで、外国人観光客にはありがたい。デザートや飲みもの類を置いたブースもあるので、ショッピングの休憩に立ち寄るにも都合がよい。

デパートのフードセンターは客も地元のタイ人がほとんどで、市街地にある屋台に近い雰囲気が味わえる。ここで雰囲気に慣れてから、街中にある路上の屋台に挑戦するとよいだろう。

マーブンクローン・センターのMBKフードセンター。ブースには、メニュー写真が掲げてある。冷房もよく効いている

おかずをご飯にかける料理は、日本でいえばぶっかけ飯。この手の料理以外に麺類や焼飯も多い

料金支払いはプリペイドカード式。入口付近にあるカウンターでプリペイドカードを購入し、利用残高がある場合もここで換金する

カウンターの裏側で、こんな感じで手早く調理する

■主なフードセンター

MBKフードセンター
営 10:00〜22:00 休なし　MAP p.42-E

セントラルワールド・フードコート
営 10:00〜22:00 休なし　MAP p.42-F

エンポリアム・フードコート
営 10:00〜22:00 休なし　MAP p.45-C

バンコク　103　海鮮料理／屋台フードセンター利用術

サラ・リムナーム

セットの料理は小皿に盛りつけられて出てくる

天使の都の達人になる

レストラン選びから本格的舞踊鑑賞法まで

シアター・レストランでタイ古典舞踊に酔いしれる

初級編 観賞の手引き その1

シアター・レストラン選び

タイ古典舞踊とは通常、タイダンスと呼ばれるもの。きらびやかな衣装と優雅な身のこなしは見る人を魅了する。

タイ古典舞踊を観賞できるシアター・レストランには、ホテル内の専用シアター型やタイ料理店型、独立店舗型などがある。

古典舞踊をじっくりと観賞したいのなら、小規模の施設がおすすめ。店内が広い、団体向けの大規模店は避けたい。客同士の会話などで舞踊に集中できなくなるからだ。ただし、大規模店は料金が比較的安いのが利点なので、大規模店なら舞台に近い席を予約するとよいだろう。予約は必須だ。

タイ古典舞踊を観賞できるシアター・レストラン

■サラ・リム・ナーム　Sala Rim Naam　MAP p.40-I

チャオプラヤー川に面する名門ホテルの直営店。専用ボートで川を渡り、遊覧気分も楽しめる。

駅BTSサパーン・タクシン駅住Mandarin Oriental→p.126☎02-659-9000営19:00〜22:30 Show20:15〜21:30休なし料セット2884B〜

■ルアンテープ　Ruen Thep　MAP p.40-F

市内中心部の観光施設「シーロム・ビレッジ」内にあり、露天商や屋台料理なども楽しめる。

駅BTSスラサック駅住Silom Village Trade Center→p.117☎02-635-6313営19:30〜21:00 Show20:15〜21:00休日曜料ディナー&ショー750B〜＊要事前予約

中級編 観賞の手引き その2

タイ古典舞踊ほか多彩な演目

シアター・レストランで主流の演目はタイ古典舞踊だ。いくつかの種類があり、代表的なものはタイ仏教の大叙事詩『ラーマキエン』を演目とする、コーンと呼ばれる仮面舞踊劇だ。また、手の繊細な動きに重点をおいた舞踊劇がラコーンだ。タイダンスの優美さをもっとも味わえる踊りといわれる。そのほかの演目としては、輪になっての踊りやタイ北部の民族舞踊、伝統武術の披露などバラエティに富んでいる。

タイ古典舞踊は感情や意思の表現を身体全体で示す。基本の型は68種。型は動物、花、楽器の名を含んだものが多く、その動きから名前どおりの雰囲気が漂ってくる。「クジャクが羽根を広げた」型などは美しいが、「象が小屋を壊す」型のようにユニークなものもある。

細かい気持ちを表す場合は手や指の動きがポイントになる。泣くときは指を目元に置いて涙を抑えるような姿勢、といった具合だ。

指の先まで美しさを演出する

胸の前に腕を交差させ愛情を示すポーズ

ワンランクUPの思い出作り

1 タイダンスを街中で観賞できる場所

■**エラワン梵天堂** Erawan Shrine　→p.68
願い事がよくかなうといわれるバンコクでもっとも有名な祠。願かけや成就の感謝のために、舞踊を神に奉納する。

■**ラック・ムアン（市の柱）** Lak Muang　→p.62
参拝客が絶えない敷地の一角に簡単な芝居小屋風のスペースがあり、ここで古典舞踊などが演じられている。不定期。

エラワン梵天堂

ラック・ムアン

2 古典舞踊風の衣装で記念撮影できる店

■**タイ・スタイル・スタジオ 1984** Thai Style Studio 1984
　MAP p.42-E

本格的なタイ風の化粧やタイ衣装の着付けを含めて、最短コースで所要約90分〜。
駅 BTSナショナルスタジアム駅
住 MBK 3階→p.120
☎ 02-048-7136
営 10:00〜20:30 休 なし
料 2000B〜

お姫さま気分を充分に楽しめる衣装が用意されている

バンコク
105
シアター・レストラン

■**サラティップ** Salathip
　MAP p.40-I

リバーサイドの庭園に建つ美しいタイ様式の館で、本格的な宮廷料理やデザートを堪能できる。
駅 BTSサパーン・タクシン駅 住 Salathip→p.101 ☎ 02-236-7777 内線6220 営 18:00〜22:30 Show 19:45〜、21:15〜 休 なし 料 セット1388B〜
＊アラカルトメニューあり

■**リバーサイド・テラス** Riverside Terrace
　MAP p.34-E

ホテル専用の渡し船で優雅に大河を渡ることも可能。各国料理のBBQブッフェで食べ放題だ。
駅 BTSサパーン・タクシン駅 住 Anantara Riverside Bangkok Resort→p.130 ☎ 02-659-9000 営 19:00〜22:30 Show 19:30〜、20:10〜 休 なし 料 ブッフェ1499B〜

■**サイアム・ニラミット** Siam Niramit
　MAP p.34-D

最新の舞台技術が駆使された巨大シアターで、迫力満点の古典舞踊が観賞できる。料理は別料金。
駅 MRTタイ・カルチャーセンター駅 住 19 Tiamruammit Rd. ☎ 02-649-9222 営 17:30〜 Show 20:00〜 休 なし 料 入場料1500B〜、VIP席2000B〜 ＊ブッフェディナー付1900B〜

サイアム・ニラミット

園内ではカルチャーショーや民芸品市場などを楽しめる

レストランカタログ
食べる
中国料理

超高級も庶民派も本場に負けない味

バンコクの高級ホテルの中国料理店には世界的な有名店もあるうえ、町中の庶民派の店も本場に負けない味を堪能できる。本格的な中国料理が格安で味わえるという点で、世界有数の穴場だという噂にも真実味が感じられる。

駅 BTSサパーン・タクシン駅
高級　シーロム

シャン・パレス（香宮）
Shang Palace

MAP p.40-I

本場を凌駕する広東料理

熟練シェフを香港のシャングリラから招聘、食通の中国人からも本場の味を超えたとの評判。中国王朝風の重厚感漂う高級店だが、ランチの飲茶は手頃でお得。本格料理を気軽に味わえ好評だ。

住 Shangri-La Hotel3階→p.128
☎ 02-236-7777 内線6218
営 11:30～14:30（日曜11:30～）、18:00～22:30 休なし
料 セット（2名から）1288B～

駅 BTSチッドロム駅
高級　サイアム

サマーパレス
Summer Palace

MAP p.42-F

買い物ついでに美味堪能

きらびやかに輝くシャンデリアや、広い空間に敷き詰められた絨毯など、重厚な雰囲気を漂わせながらも、とくにランチの飲茶食べ放題はお得で人気。場所柄、ショッピングの合間の腹ごしらえにもちょうどよい。

住 InterContinental M階→p.129
☎ 02-656-0444　内線6434 営 11:30～14:30、18:30～22:30 休なし
料 飲茶ランチ888B～、セットは昼夜10名用1万2800B～

駅 BTSチッドロム駅
高級　サイアム

紅包（スクンビット39）
Hong Bao Sukhumvit 39

MAP p.45-C

飲茶料理の人気店

近年、日本でもお馴染みの「聘珍樓」から、市内に計4店舗ある飲茶料理の人気店「紅包」へと系列が変わった。フカヒレスープや仔豚の丸焼きなど広東料理の定番ニューのほか、北京ダックも評判だ。

住 104 Soi 39 Sukhumvit Rd. ☎ 094-415-7777
営 11:00～22:00（土・日曜、祝日10:00～）休なし
料 セット（10名分）7600B～

駅 BTSサラデーン駅
中級　シーロム

シルバー・パレス（銀宮樓）
Silver Palace

MAP p.41-G

日本にいる気分で利用可能

日本人には古くから有名な料理店で、今もなお駐在員、旅行者を問わずに利用者が多く、海外旅行の初心者でも気軽に広東料理を楽しめる。ランチの飲茶食べ放題が人気（水・土曜、588B～）。

住 84-85 Suriwong Rd.
☎ 02-235-5118
営 11:00～15:00、18:00～22:00
料 北京ダック1199B～

駅 BTSプロムポン駅
中級　スクンビット

グレートシャンハイ（大上海酒家）
Great Shanghai Restaurant

MAP p.45-C

上海風の海鮮料理が抜群

創業1966年の老舗で、バンコクでは珍しい上海料理が自慢の店。場所柄、在住日本人にも好評で、マーボー豆腐やエビチリなどの定番メニューが人気だ。カジュアルな雰囲気で、買い物ついでにも都合がよい。

住 648-652 Sukhumvit Rd.
☎ 02-258-7042
営 11:00～14:00、18:00～22:00 休なし
料 北京ダック（1羽）1500B～

日 日本人スタッフ常駐　日 日本語が通じる　日 日本語メニュー　英 英語が通じる　英 英語メニュー　写 写真メニュー　予 要予約

レストランカタログ
食べる
日本料理

やっぱり和食も恋しくなる

タイ人も和食は大好き。高級料亭ばかりではなく、庶民的な和食店もバンコクには数多い。慣れ親しんだ日本の味に、タイのお国柄がとけ込んで、日本にある日本料理店とはちょっと違う、独特の雰囲気も楽しい。

駅 ▶ BTSチッドロム駅
中級　　スクンビット

日本亭
Nippon-Tei

MAP p.42-F

料亭風の贅沢感を満喫

市内に3店舗あり、タイ王室も顧客というほどの本格派だが、ここはショッピングの合間にも都合の良い立地で、旅行者にもおすすめ。昼夜共通のセットメニューも用意されていて、気軽に料亭の味が楽しめる。

住 InterContinental Bangkok B1階→p.129 ☎02-656-0037
営 11:00～14:00、17:00～22:00
休 なし
予 セットは昼のみ300B～

駅 ▶ BTSプロムポン駅
中級　　スクンビット

葵
Aoi

MAP p.45-C

在住奥様方に大好評

味がよいと地元の日本人に好評の和食店。中心街の本店には日本人ビジネスマンが多いが、デパート内のこちらは奥様方の利用が多く、旅行者にもブランド巡りの合間に好都合だ。種類も豊富な釜飯が人気メニュー。

住 Emporium 4階→p.121
☎02-664-8590～2 営 11:30～14:30、17:30～22:30（土・日曜、祝日11:00～15:00、17:00～22:30）
休 なし 支 サイアム・パラゴンG階店 ☎02-129-4348～50 予 セットは昼800B～、夜2500B～

気軽に使える役立ちレストラン

タイの和食チェーン店

バンコクに和食ブームが到来して以来、地元庶民にも不可欠の外食として定着した。一昔前のタイ人向け和食とは大きく異なり、本格派の風味なので、お試しあれ。右欄は主な出店先。

富士（Fuji）
築地グループの一員として、本格派の和食風味を地元庶民に浸透させた功労者的な存在。タイ国内に100店以上展開。

- MBK 7階店→p.120
- エンポリアム 3階店→p.121
- サイアム・パラゴン G階店→p.121
- セントラル・ワールド 6階店→p.120
- プラティナム・ファッションモール 6階店→p.120

8番ラーメン
金沢市を拠点に北陸地方を中心として、日本国内約140店舗のラーメン店が本格進出。バンコクを中心に全国で128店舗。

- MBK店（館内3店舗）→p.120
- セントラル・ワールド 6階店→p.120
- サイアムセンター 3階店
- シーロムコンプレックス B階店
- ビッグC・ラーチャダムリ 4階店

大戸屋
日本国内と同じ味というポリシーが評判で、バンコク市民からは絶大な支持を集める。2019年現在46店ある。

- サイアム・パラゴン G階店→p.121
- セントラル・ワールド 7階店→p.120
- タニヤプラザ BTS館店
- サイアム・スクエア ワン店
- セントラルプラザ・ラマ9　6階店

CoCo壱番屋
日本国内とは同じ味で同じシステムの、ご存知カレーライスの専門店。高級ブランド志向。バンコク市内を中心に展開。

- MBK 2&7階店→p.120
- サイアム・パラゴン G階店→p.121
- セントラル・ワールド 7階店→p.120
- シーロム・コンプレックス4階店
- ターミナル21 4階店

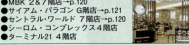

レストランカタログ
食べる
各国料理

国際化を象徴する各国料理の味わい

アジア各国の料理のみならず、フランス料理やイタリア料理などにも一流の味が揃っているところが、バンコクが「食の都」と呼ばれるゆえんでもあるだろう。小さな路地裏などにも、パスタの店があったりして驚かされる。

▶駅 BTSラーチャダムリ駅
高級　サイアム

ビスコッティ
Biscotti

MAP p.42-J

モダンでカジュアル

イタリアのセンスが随所に光るしゃれた店だが、アットホームな雰囲気で気取らず、料理も家庭的でシンプルだ。オープン・キッチンなので、客席からは調理の様子がよく見え、オリーブの香りが漂い、食欲をそそる。

住Anantara Siam 1階→p.127
☎02-126-8866内線1229
営11:30〜14:30、18:00〜22:30 休なし 料パスタ560B〜、ピザ490B〜　＊週末は要予約

▶駅 BTSチッドロム駅
高級　サイアム

スパッソ
Spasso

MAP p.42-J

タイの芸能人も訪れる

ローマのコロシアムを連想させるエレガントな雰囲気のイタリア料理店。昼間のブッフェも人気だが、夜半にアメリカンバンドのリズム＆ブルースが流れると、店内のムードは一変して陽気なにぎわいをみせる。

住Grande Hayatt Erawan LL階
→p.127 ☎02-254-6250 営12:00〜14:30、18:30〜22:00（ナイトクラブ週末22:00〜翌2:00）休なし 料イタリアンブッフェランチ895B〜

▶駅 BTSサラデーン駅
高級　シーロム

パノラマ
Panorama

MAP p.41-H

世界各国の料理が揃う

高層階から市内中心部の景観を一望に収める眺望が人気の店。欧州各国の料理を中心に、タイ料理を含めたメニュー構成も好評だ。とくにロマンチックなディナーがおすすめで、テラスのバーは深夜まで営業する。

住Crowne Plaza23階→p.128 ☎02-632-9000内 線4343 営5:30〜23:00（バー〜翌1:00）休なし 料ランチブッフェ1000B〜、アラカルト予算300B〜

本音でガイド

一流ホテルのサロンで優雅なひととき、午後の紅茶が楽しめる

エネルギッシュな都会の喧騒に疲れたら、世界でも評価の高いバンコクの一流ホテルに足を向け、ロビーのソファに腰を深く沈めよう。タイには英国風に午後の紅茶を楽しむ習慣はないものの、一流ホテルと呼ばれるところには、どこでも午後のひとときを優雅にくつろげるアフタヌーンティーが用意されている。旅行者でも気軽にトップクラスの雰囲気が楽しめる。さすがにどこのホテルも、ロビーまわりは格別に豪華でエレガント。どうせならちょっとおしゃれをしてから出かけたい。

■オーサーズ・ラウンジAuthor's Lounge
住Mandarin Oriental G階→p.126 営12:00〜17:30 休なし 料セット1500B〜　＊世界の文豪が定宿にした旧館にある
■ザ・ロビーThe Lobby
住Anantara Siam 1階→p.127 営14:00〜18:00 休なし 料セット850B〜　＊天井のフレスコ画は国宝級
■ザ・ロビーThe Lobby
住The Peninsula Bangkok L階→p.127 営14:00〜18:00 休なし 料2名1600B〜　＊本格英国仕込みのハイティーが好評
■ロビー・サロンLobby Salon
住The Sukhothai 1階→p.128 営14:00〜*7:00 休なし 料セット880B〜、金〜日曜・祝日はチョコレートブッフェ990B〜
■バルコニー・ラウンジBalcony Lounge
住Inter Continental Bangkok L階→p.129 営14:30〜17:30 休なし 料セット1名550B〜、2名850B〜
■エラワン・ティー・ルームErawan Tea Room
住Grand Hyatt Erawan Bangkok L階→p.127 営14:30〜18:00 休なし 料セット650B〜　＊生演奏も楽しめる

マンダリン・オリエンタルの「オーサーズ・ラウンジ」

日日本人スタッフ常駐　日日本語が通じる　日日本語メニュー　英英語が通じる　英英語メニュー　写写真メニュー　予要予約

108

ナイトスポットカタログ
夜遊び

大都会バンコクは今日も眠らない

タイの一面を象徴するエネルギーが、バンコクのナイトライフに集約されている。高級ホテルのバーやクラブは、大人のムードで安心感も高い。最近では、高層のタワー・ルーフトップの展望テラスが好評だ。

駅 BTSサイアム駅
サイアム

レッド・スカイ
Red Sky

MAP p.42-F

映画のロケにも使われる最新のルーフトップ・バー

360度のパノラマで、大都会の夜景を展望するルーフトップ・バー。ワインやカクテルなど、ドリンクだけなら予約は無用だが、展望テラスでのディナーには、事前予約が必要になるほどの大盛況ぶりだ。

住 センターラ・グランド55階→p.131
☎ 02-100-6255 営 16:00～翌1:00
Show ライブ19:15～23:30
休 なし 料 カクテル430B～、モクテル260B～
＊ハッピーアワー16:00～18:00

駅 BTSサイアム駅
サイアム

ハードロック・カフェ
Hard Rock Cafe

MAP p.42-E

トレードマークが大人気

おなじみハードロック・カフェのバンコク店は、トゥクトゥクがトレードマーク。オリジナルグッズは、おみやげにも大人気だ。夕方までは家族連れでも楽しめるが、夜にはライブも始まり店内は急に熱くなる。

住 424/3-6 Siam Square Soi 11
☎ 02-658-4090 営 11:30～翌1:15（土・日曜～翌2:00）休 なし
料 目安300B～ Show 21:30～＊カバーチャージはプログラム次第

駅 最寄り駅なし
王宮エリア

ブラウン・シュガー
Brown Sugar

MAP p.39-C

有名アーティストも演奏

1985年創業のタイ屈指の老舗ジャズバーで、世界中にコアなファンも多い。本格派のジャズサウンドはもちろんのこと、各種カクテルや、トムヤムスパゲッティなど、ここならではメニューも人気。

住 469 Phra Sumen Rd.
☎ 02-282-0396 営 17:00～翌01:00（金・土曜～翌2:00）
休 月曜 料 カクテル目安250B～
＊ハッピーアワー20:30～

駅 BTSサラデーン駅
高級　シーロム

フィニッシング・ポスト
The Finishing Post

MAP p.41-H

クラシックなムード

日本人エグゼクティブに人気のバーで、シングルモルトは年代物を含めた屈指の品揃えが好評。シックで落ち着いたたたずまいの店内からは、ロマンティックなシーロムの夜景も楽しめる。

住 クラウンプラザ・バンコク・ルンピニパーク23階→p.128 ☎ 02-632-9000内線4333 営 17:00～翌1:00 休 なし 料 シングルモルト350Bぐらいから＊ハッピーアワー17:00～19:00

役立ちマメ知識　バーなどでは夕暮前後の時間帯に店によってハッピーアワーという時間帯を設けている。ハッピーアワーとは1杯分の料金で2杯目が無料となるお得なシステムのこと。

駅 BTSアソーク駅
スクンビット
バー・スー
BarSu

MAP p.44-B

人気のプレイスポット
昨今一番の人気スポット。懐かしい70～80年代のソウル、ファンク、ロックで踊るだけでなく、各種のタパスなどおつまみにも世界各国の味が多彩に揃い、ワインやカクテルと共に楽しめる。

住Sheraton Grande Sukhumvit G階→p.127
☎02-649-8358営18:00～24:00
休日曜料モヒート300B～、コスモポリタン300B～

駅 BTSナーナー駅
スクンビット
ザ・ハンツマン・パブ
The Huntsman Pub

MAP p.44-A

ブリティッシュ・パブ
イギリスのパブをイメージした店内で、在住西洋人には有名な店。開店以来、この店で歌い続けるフィリピン・バンドのファンも多く、夕方のハッピーアワーには、仕事帰りに一杯ひっかけに立ち寄る人も多い。

住The Landmark Bangkok B階→p.132 ☎02-254-0404営11:30～翌2:00（日曜～翌3:00）Show21:00～休なし料ビール200B～＊ハッピーアワー17:00～21:00

駅 BTSチョーンノンシー駅
シーロム
スカーレット・ワインバー&レストラン
Scarlett Wine Bar & Restaurant

MAP p.41-G

フレンチスタイル・ビストロ
オープンエアのテラスも設置され、スタイリッシュに生まれ変わった高層タワーの展望ラウンジ。ワインとの相性もよく合うカジュアルフードとともに、大都会の夜景を思う存分に満喫できる。

住PULLMAN Bangkok 37階→p.130 ☎096-860-7990
営17:00～翌1:00休日曜
料グラスワイン（赤・白・バブル）190B～

とっておき情報

MAP p.34-E

川辺に広がるナイトバザール
アジアティーク・ザ・リバーフロント
Asiatique The River Front

リバーフロントの人気ナイトバザール。オープンは2012年。20世紀初頭、ラーマ5世の時代に整備された天然チーク材輸出用の倉庫と港が、大規模に改修されて復活した。ノスタルジックな風情を色濃く漂わす全4区画には、ショップやバー、レストランなど、総数約1500件のバラエティ豊かなテナントが軒を連ね、2012年後半には、ニューハーフショーのカリプソ→p.72もオープンし、旅行者にも注目度は高い。

■アジアティーク・ザ・リバーフロント
住2194 Charoenkrung Rd. ☎02-108-4488
営17:00～24:00休なし＊専用シャトルボートがサートン桟橋から約30分毎に運航

チャルンクルン地区・倉庫1～4
Charoenkrung District / WAREHOUSE 1～4

陸路で入場する道路側の正面入口にある時計塔（案内所）を中心に、この周辺には外国人旅行者向けのテナントが集結するほか、ファストフードの有名店や銀行なども並ぶ。

タウンスクエア地区・倉庫5～6
Town Square / WAREHOUSE 5～6

とくに庶民的な食堂や居酒屋風の店だけが集まる倉庫6のほか、中央にあるイベント広場の周囲には、ライブバンドが演奏する洒落たバー・レストランなども目立つ。

ウォーターフロント地区・倉庫7～10
Waterfront District / WAREHOUSE 7～10

レストランやブティックが並び、シャトルボートの船着き場がある最も川側に位置するエリア。レストランは西洋料理がメインだが、タイらしい海鮮料理の専門店もある。

バンコク「買う」活用術
ショップ利用アドバイス

何を買うか？

バンコクはショッピング天国だ。
タイシルク、宝石、民芸品、陶磁器など、タイならではの製品が豊富な一方、グッチ、シャネルなどの世界的なブランド品もある。市場に行けば、あやしい雑貨やファンシーグッズ、格安の衣料品などが山のように並べられ、雰囲気を味わうだけでもワクワクする。

ショップのタイプ

旅行者が訪れるショップのタイプには、次のような種類がある。❶デパートやショッピングセンター（SC）、❷専門店、❸みやげ物店、❹免税店、❺市場や露店。❶〜❹はイメージできるだろうが、❺の市場と露店は、値段は交渉が基本。値打ちはともかく楽しいものが豊富で、きちんと交渉できれば値段も安い。ただし、偽物が多いので銀製品や陶器、宝飾品など高額商品には手を出さないこと。

ショップのあるエリア

デパート、SCが集まっているのがサイアムスクエア周辺。東急やサイアム・センターが建ち、さらに東のラーチャダムリ通りにはセントラル・ワールド、伊勢丹、サイアム・パラゴン、ゲイソーンなどの大型店が連なり、一大商業地を形成している。スクンビット通りにもエンポリアムなどの高級SCをはじめ、こだわりの専門店が多い。

値段の交渉

状況にもよるが、まずは言い値の3分の1くらいから交渉を始めよう。言葉がわからなくても心配はいらない。売り子は必ず電卓を持っており、これを使って交渉する。コツは、あまり欲しくなさそうな顔をして交渉すること。最初の言い値の2分の1くらいで買えれば、まあ成功といえるだろう。ただし、デパートやSCでは値切ることはできない。

とっておき情報

ショッピング好きは要チェック？旅行者へのVAT払い戻し

●タイで買物をすると、その金額にはVATと呼ばれる7％の付加価値税（消費税）が含まれている。外国人旅行者に対しては、条件付きながらVATが払い戻されるようになっている。手続きは次のとおり。
1. 「VAT Refund for Tourists」のロゴ表示がある店で品物を購入し、VAT還付申請用紙の作成を依頼する。
2. タイ出国手続きの前に税関の窓口で申請用紙と品物を提示し、申請用紙に認証印をもらう。宝石など高価な品物については次の3でも再度提示する必要がある場合もあるので、要注意。
3. 出国手続きの後に税関の窓口で認証印つきの申請用紙を提示し、税金の還付を受けるか、用紙を指定の箱に投函する。払い戻しの額が3万B以上の場合は、現金ではなく小切手を郵送で受け取るか、クレジットカードの口座に送金してもらう（郵送・送金に要する実費が差し引かれる）。
4. 申請から受け取りまではかなり時間がかかることもあるので、出国に際し充分に時間的な余裕をもつことが必要。

●このVAT払い戻しを受けるためには、次のような条件を満たさなければならない。
① 外国人旅行者で、滞在期間が年間180日未満。航空会社の乗務員などは除外。
② 航空機でタイから出国。
③ 品物が前記のロゴ表示のある店で購入したものであること。禁制品は除く。
④ ひとつの店での購入金額が同日2000B以上。
⑤ 申請は購入日から60日以内に行なう。商品は、購入日から60日以内に出国と同時にタイから持ち出す。

義理みやげコレクション

天使の都を100倍楽しむ

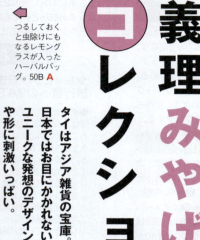

タイはアジア雑貨の宝庫。日本ではお目にかかれないユニークな発想のデザインや形に刺激いっぱい。店先には思わず自分にも買って帰りたくなる雑貨がわんさか転がっている。喜ばれること請け合いのおみやげ一挙公開！

つるしておくと虫除けにもなるレモングラスが入ったハーバルバッグ。50B **A**

タイ北部のデザインが入った生地を使用した便利なポーチ。3個で200B **A**

キルティング・ファブリックで有名なナラヤのシューズカバー。75B **C**

ポップな色がお部屋のアクセントになる小物入れ。60B〜 **D**

家履きにしてもかわいいサンダル。種類も豊富。1足100B **A**

※同等の商品でも店によって値段は異なります。特に市場などで購入できるものは交渉で値段が決まるため、表記の値段は目安です。市場で販売のものは常に入れかわるため、必ずあるとは限りません。

もらってうれしい 気の利いた イチオシグッズ 大集合！

いくら義理みやげだからといっても手を抜けない。日常使いしてもらえそうな、タイらしい気の利いたおみやげをセレクトしました。

- タイみやげの定番も、かわいい象のお香立てとお香のセットで差をつけたい。90〜130B **B**
- 南国タイの必需品。派手な色使いもタイの旅にぴったりマッチする。100B **A**
- 使うのがもったいないほど、つるりとした形の美しい象型のソープ。35B **B**
- タイならではの動植物がモチーフのカードホールダーは人気商品。1個80B **B**
- タイ語のロゴが入ったTシャツ。150B〜 **A**
- ライチのおしゃれな炭。他にマンゴスチン炭などもある。40B〜 **D**
- アジアンテイストたっぷり。かわいい楊枝と楊枝箱で食卓に彩りを。50〜220B **B**

113 バンコク 義理みやげコレクション

A チャトゥチャック市場→p.70　**B** ファンシーハウス・ルリ→p.117　**C** ナラヤ→p.116　**D** チコ→p.117

天使の都の達人になる
アジア雑貨を買いに行こう

アジア雑貨基本ガイド

▶アジア雑貨はどこで買う？

アジア雑貨とひと口にいってもいろいろな種類がある。日用品、ファッション、インテリア、文具、アンティークなど。それらは市場の屋台からセレクトショップまでさまざまだ。入門編としては、旅行者向けに品を揃えたセレクトショップや民芸ショップ、ナイトバザールなどを訪れるのがおすすめだ。

▶アジア雑貨の購入ポイントは？

まったく同じ品でも市中の旅行者向けの店と地元向けの市場とでは値段に大きな違いがある。義理みやげでたくさん買いたい場合や時間がある時は、市場でゆっくり選んで、値段交渉するのも手。何軒も回る時間がない場合は、しゃれた品が並ぶ専門店やデパート、セレクトショップなどがいいだろう。

A.
ファッション雑貨

身につけるものがファッション雑貨。高価な貴金属品となれば雑貨とはいえないが、市場や屋台などで遊び感覚で買えるブレスレットやアンクレットなどのアクセサリーはおすすめ。気軽な値段で買えるファッショナブルなバッグなどは実用的で人気がある。

B.
アンティーク雑貨

本格的な骨董店、つまりアンティークショップは多くはないが、チャイナタウンなどの市場→p.67なら奇妙なものから場合によっては掘り出しものを見つけられるかもしれない。同様にチャトゥチャック市場→p.70でもユニークなものを売っている。

C.
収納雑貨

銀製品や漆塗りのアクセサリー入れなど、どの店に行っても必ずかわいい魅力的なものが置かれている。動物の形や動物の絵が描かれた小物入れは豊富にあり、人気が高い。ツル性の植物で編んだカゴなども狙い目だ。

D.
バラエティ雑貨
ステーショナリー雑貨

まさにアイデア製品のような見るだけで笑いたくなるユニークな品がある。
動物が仕事のお手伝いをしているようなデザインの品はリラックス効果が高いかも。ちょっと重たい素材のものだったら当初の用途に関係なく文鎮にする手がある。

E.
キッチン雑貨

ランチョンマットや箸、布製のナプキンなどのテーブルウエアは誰にでも喜ばれ、おみやげとして人気がある。注目したいのは動物を模した塩やコショウ入れ。タイらしく象の容器はいろいろなところで売っている。

F.
インテリア雑貨

肩ひじ張らないなら、気に入った絵柄の布製品をタペストリーとして壁に飾ったり、きらびやかな小物入れを置き物に見立てたり、買う人の感性で選ぶのがポイントだ。ベンジャロン焼やセラドン焼など本格的な焼物もある。

天使の都を100倍楽しむ

高級感あふれる服からお手軽な名刺まで
オーダーメイドに挑戦

旅行者が利用しやすいオーダーメイドといえば、タイシルクやタイコットンの素材を使ったスーツやジャケット類だ。信頼できる一流店なら、あまり心配なく、仕上がりにも期待がもてる。

日数は？予算は？ 外国人観光客向けのテーラーなどでは、所要日数は丸2日間程度。予算の目安は生地にもよるが、一例としてタイシルクのジャケットだと1万円前後が一般的だ。一流店では布地代＋縫製代という料金体系になり、もう少し高くなる。

タイシルク＆コットンで服を作るオーダーメイドの流れ

時間に余裕があれば店でデザインを決めてもいい　丁寧な接客のスタッフ

服をイメージする

アドバイス1
オーダーメイドはp.118～119に掲載の生地を扱う店なら基本的には注文可能。大事なのは、具体的な服のイメージを提示できるようにしておくことだ。雑誌など、写真でハッキリ示せるものを持っていくことがベスト。店内にも参考用の雑誌が置かれているが、無駄な時間を省くためにも前もって自分で用意しておきたい。

採寸のときはリラックス

サイズを計る

アドバイス2
ゴワゴワした服などは採寸しにくいので、なるべくなら寸法を採りやすいシンプルな服で行くことが望ましい。採寸は、基本的に相手にまかせるが、ウエスト周りや袖の長さ、丈など、自分なりの好みがある場所は微妙なニュアンスを伝えておきたい。コミュニケーションをとることが大切。

素材を選ぶ

アドバイス3
シルク、コットン、柄あり、柄なしなど、素材選びも慎重に。布地を広げて身体にあてて仕上がりをイメージする。素材によっては値段が当然違ってくる。ここで予算を再度検討する。見過ごしがちだが、ボタンや裏地が必要な服はその形や素材も要チェック項目。

仮縫い＆完成

アドバイス4
ツアー参加者は、旅行中の仮縫いはツアースケジュールの間に組み込むことになるので要注意。受け取りができなければ実費で日本への発送という手もあるが、トラブルを避けるためにも現地で受け取りたい。完成したら全体のデザイン、細部の仕立てをチェック。不満があればその場で明確に伝えよう。

名刺を作る
コンピュータでお手軽にできるタイ語の名刺

デパートの片隅や町の印刷屋で名刺が作れる。タイ語は表音文字。店の人にタイ語にしたい文字をハッキリ発音する。10分程度でチェック用の用紙ができる。これを微調整したあとに紙を選択。独特の香水を浸したようないい香りがする紙を使うのもタイらしい。100枚で約175B～。

1時間もあれば完成する

バンコク　アジア雑貨／オーダーメイドに挑戦

ショップカタログ
買う
民芸品＆工芸品＆みやげ総合店

民芸品にはタイの お国柄が見える

陶磁器や木工品など、目的の品が特定されているのなら専門店へ、おみやげ全般なら総合店へ足を向けるのが効率的だろう。タイ伝統の民芸品や工芸品をじっくり観察していると、タイの風土や文化が身近に感じられてくるはずだ。

駅 ▶ BTSチッドロム駅

サイアム

ナライパン
Narai Phand

MAP p.42-F

民芸品ならまずはここ

伝統工芸の復興・奨励を目的として造られた半官半民のハンディクラフトセンター。民芸品を探すならまずはここへ足を向けよう。圧倒的な品揃えには脱帽だ。品定めの時間をたっぷりとっておきたい。

🏠 Inter Continental Bangkok G階→p.129
☎ 02-656-0398〜9
⏰ 10:00〜20:00
＊販売ブースは伊勢丹4階

駅 ▶ BTSサラデーン駅

高級　シーロム

タムナン・ミンムアン
Tamnan Mingmuang

MAP p.41-H

質の高いクラフト製品が揃う

タイ伝統の工芸技術を現代風にアレンジした製品が人気の店。蔓性植物で編まれた繊細な模様のバッグは、高級ブランド服に合わせても見劣りしない。バスケットやコースター、マットなど生活雑貨も多彩に揃う。

🏠 タニヤ・プラザ3階
☎ 02-231-2120
⏰ 10:00〜21:00
休 なし

駅 ▶ BTSプロムポン駅

スクンビット

ナラヤ（スクンビット24店）
Naraya

MAP p.45-C

豊富な品揃えがウリ

格安みやげの定番としてすっかり定着したキルティングのリボンバッグ。手作業も加えた丁寧な作りと、豊富な商品構成で人気のブランド。新作も随時、頻繁に発売されていて、リピーターにも飽きられることがない。

🏠 654-8 Corner of Sukhumvit 24 Sukhumvit Rd. ☎ 02-204-1145〜7
⏰ 9:00〜22:30 休 なし
支 セントラル・ワールドG階店→p.120、MBK東急G階店→p.120 など

駅 ▶ BTSアソーク駅

スクンビット

タイ・セラドン
Thai Celadon

MAP p.44-B

職人芸の器を食卓に

スコータイ王朝時代に隆盛を極め、王朝の没落とともに消滅したセラドン焼。この店では、タイ民芸品の故郷チェンマイの工房で、古代の製法そのままに伝統の焼物を甦らせた。日本人の茶室趣味に合うと好評だ。

🏠 8/3-5 Sukhumvit 16 Ratchada Pisek Rd.
☎ 02-229-4383
⏰ 9:00〜17:00
休 日曜、祝日

駅 ▶ BTSナーナー駅

スクンビット

タイ・イセキュウ
Thai Isekyu

MAP p.44-B

宮中の食器をご家庭に

豪華絢爛な色彩で宮中の食卓を飾ったベンジャロン焼は王室の専用食器。一般人の使用が許されたのは近年のことだ。日系のこの店では和風のお茶セットなども揃えられ、王家晩餐会の雰囲気を家庭内でも再現できる。

🏠 1/16 Soi 10 Sukhumvit Rd.
☎ 02-252-2509〜10
⏰ 9:00〜21:00 休 なし
＊所要約2週間で日本へ配送するオーダーメイドが好評

日本人スタッフ常駐　日 日本語が通じる　英 英語が通じる

スクンビット
ファンシーハウス・ルリ
Fancy House RURI

MAP p.34-F

駐在員のおみやげに大人気
日本人好みの小物やアクセサリーなど、日本人オーナーが、自ら選りすぐった民芸品を自宅のリビングに並べて待っている。場所がわかりづらいが、タイ語入りの地図をFAXしてくれるので、旅行者にも不便はない。

住 55 Soi Thonglor 19 Sukhumvit Rd. ☎02-712-8768
営 9:00～17:00 困なし
＊日本人オーナー、ルリさん直通の携帯電話☎081-850-3161

スクンビット
ターン
THANN

MAP p.42-F

ナチュラル・ホームスパ
厳選された自然植物を最先端の科学技術でブレンドした独自の最高級スキン＆ヘアケア製品は、世界中で人気が沸騰。ここが発祥の地であり、今や世界で一番有名なタイブランドだと言えそうだ。

住 ゲイソーン 3階→p.121
☎02-656-1399 営10:00～20:00
困なし＊販売ブースはサイアム・パラゴン、エンポリアム、セントラ・ワールド

スクンビット
チコ
Chico

MAP p.45-D

アジアン雑貨の店
日本人女性デザイナー経営の雑貨店。一軒家を改装した店内には、オリジナルのインテリア調度品がとくに充実。親しみのもてるかわいらしいデザインは、在住日本人からの評価も高い。ギャラリーを併設。

住 109 Soi 53 Sukhumvit Rd.
☎02-258-6557
営9:30～18:00 困火曜
＊カフェコーナーがあり、自家製のマンゴープリンやケーキも好評

シーロム
シーロム・ビレッジ・トレードセンター
Silom Village Trade Center

MAP p.40-F

都心部にある観光施設
民芸品などのみやげ物屋が軒を連ねたモールで、いわば「観光村」だ。麺や菓子などを扱う屋台村風のレストランもあり、タイならではの楽しみがこの一角に凝縮されていて、散策するだけでも充分に満喫できる。

住 Silom Village, 286 Silom Rd.
☎02-234-4448 営11:00～23:00（テナントにより異なる）困なし
＊海鮮料理→p.102や古典舞踊→p.104なども楽しめる

とっておき情報

タイみやげの人気者、民芸品 ふるさとはタイ北部の伝統工芸

独特の風情や美しさ、かわいらしさをもつタイの民芸品は、手頃なみやげ品として旅行者に人気が高い。タイ国内をあちこち回った人なら、各地の民芸品店におおむね同じような品が並んでいることに気づくだろう。実はタイの民芸品というのは、ほとんどが北部（おもにチェンマイ）の産。タイ北部はその昔のラーンナータイ王国以来の伝統で手工芸品の生産が盛んなところだ。とくにボーサンやサンカンペーン→p.248は、「伝統工芸の地」としてよく知られている。そうした土地の特産品がタイの民芸品として各地で売られている。民芸品はほとんどすべてがそう、とは言い切れないものの、要するに、全国各地のおみやげ屋で売っている品物はだいたい同じものと考えていい。

ボーサンやサンカンペーンでは傘などの特産品の製作工程も見学できる

バンコク

117

ショッピング／民芸品・工芸品など

ショップカタログ
買う
シルク&ジュエリー

個性豊かなシルクの服や宝石が魅力

シルクはタイの特産品。宝石はタイ産のものだけでなく、カンボジアやミャンマーなど周辺国からも入っている。量が豊富で質もいい。買いたいものがはっきりしているなら、有名専門店を訪ねてじっくりと品定めしよう。

駅 BTSラーチャダムリ駅

サイアム
ロータス・アーツ・ド・ヴィヴレ
Lotus Auts de Vivre

MAP p.42-J

タイの女性を魅了する

タイの社交界で大好評。その個性的なデザインは、もはや単なるジュエリーの域を越え、モダンアートと呼びたくなる。店内もギャラリーを思わせる雰囲気で、卓上品や食器など日用品もとびきり豪華だ。

住Anantara Siam L階→p.127 ☎02-250-0732 営8:30〜20:00 休なし *販売ブースはマンダリン・オリエンタル店→p.127、フォーシーズンズ・コ・サムイ店→p.221など

駅 BTSサイアム駅

サイアム
ドーイトゥン・ライフスタイル
Doi Tung Lifestyle

MAP p.42-E

山岳民族支援財団の店

現国王の故祖母殿下が主宰した財団が運営するファッション&インテリア系のショップ。山岳民族の生活向上を目指すプロジェクトの下、丹念な手作業で生み出された品々には、ほかにはない温もりが感じられる。

住Siam Discovery 2階→p.120 ☎02-658-0427 営10:00〜20:00(金・土曜〜21:00) 休なし *販売ブースはサイアム・パラゴン→p.121、エンポリアム→p.121、スワンナプーム国際空港→p.313

駅 BTSアソーク駅

スクンビット
タニカー
Tanika

MAP p.44-B

仕立てるならこの店

英国サッチャー元首相も顧客というほど、スーツやドレスの仕立ての出来映えが評判で、とくにカシミア・ウールはイタリアやイギリスなど、本場の生地を豊富に揃えている。採寸後のデータは3年間保管される。

住300-302 Sukhumvit Rd. ☎02-229-4997 営10:30〜20:00 休日曜 *オーダーメイドは翌日仮縫いで7日後仕上げ

駅 BTSナーナー駅

スクンビット
システマ
Sistema

MAP p.43-H

銀細工のアクセサリー

在留邦人にはオリジナル銀細工の店として有名。帰国時のお土産として、象さんのペンダント・トップや携帯ストラップなどが定番だ。カレン族手作りのアクセサリーも人気の逸品だ。デパート内にも販売ブースがある。

住Nana SQ 2階 Soi 3 Sukhumvit Rd. ☎02-655-7151 営11:00〜20:00 *販売ブースは伊勢丹、サイアム・パラゴン→p.121、エンポリアム→p.121

駅 BTSスラサック駅

シーロム
アニター・タイ・シルク
Anita Thai Silk

MAP p.40-J

タイシルクの呉服屋さん

1959年創業の有名老舗店。店内の雰囲気や店員の物腰など、その風情からは京都の呉服屋的な風格が感じられる。生地の品揃えが多彩な本店のほか、高級デパートにも生活用品メインの販売ブースを出店中。

住298/2 Silom Rd. ☎02-234-2481、7637 営9:00〜18:00 休日曜 交サイアム・パラゴン4階店→p.121 *販売ブースはセントラル・チットロム、エンポリアム、キングパワー

日本人スタッフ常駐　日本語が通じる　英語が通じる

駅 BTSサラデーン駅

シーロム
ジム・トンプソン（スリウォン店）
Jim Thompson (Surawong)

MAP p.41-H

タイシルクの殿堂
ブロードウェイ・ミュージカル「王様と私」の舞台衣装として使われ、世界中にタイシルクの名を広めた最高級ブランド。シルク布地から定番の象柄スカーフなど小物まで、本店はさすがに豊富な品揃えだ。

住9 Suriwong Rd. ☎02-632-8100
営9:00〜19:00（カフェは10:00〜21:00）休なし
＊オーダーメイドは所要4〜5日。併設の喫茶室「カフェ・ナイン・ジム・トンプソン」も利用したい

おもな支店リスト
セントラル・ワールド伊勢丹店1階	→p.120
マンダリン・オリエンタル・バンコク店	→p.126
エンポリアム店 4階	→p.121
ザ・ペニンシュラ・バンコク店	→p.127
サイアム・パラゴン店 M階	→p.121
ジム・トンプソンの家店	→p.68
アナンタラ・サイアム	→p.127
セントラル・ワールド1階店	→p.120
スワンナプーム国際空港店	→p.313
ドンムアン空港店	→p.314
カナル・ビレッジ・ラグーナ・プーケット店	→p.194
セントラル・フェスティバル・サムイ店	→p.218

駅 BTSトンロー駅

スクンビット
パーヤー
Paya

MAP p.34-F

手軽で日常的なコットン製品
シルクもあるが、マットミーと呼ばれる日本の絣に似た生地のクッションやランチョンマットが人気の店。コットン素材のマットミー製品は普段使い用にも手軽だ。1階は小物、2階はベッドカバーなどの寝具関連。

住203 Soi Thonglor Sukhumvit Soi 55
☎02-711-4457
営9:00〜18:00
休日曜

駅 BTSシーロム駅

シーロム
ラーマ・ジュエリー
Rama Jewelry

MAP p.40-J

旅行者にも安心の老舗
1960年の創業で、日系ツアーには信頼と実績のある有名店。在住日本人の顧客も多く、店員の応対にも老舗の風格がある。この界隈は、老舗の宝石店やシルク店などが軒を連ねる銀座・日本橋のような雰囲気だ。

住987 Silom Rd.
☎02-266-8654〜7
営10:00〜18:30 休日曜
＊オーダーメイドは所要約2〜7日

駅 BTSナーナー駅

スクンビット
ラ・メール・オリジナル・デザイン
La-mer Original Design

MAP p.44-B

オーダーメイドならこの店
日本人のジュエリー・デザイナーが経営する店で、とくにオーダーメイドに力を入れている。南洋真珠の養殖を手掛け、自社工房も備えている関係で、真珠はお得感も多彩に揃う。他の宝石も扱う。

住Time's Square3階 Sukhumvit Rd.
☎02-253-9002
営10:00〜17:00 休土・日曜
＊オーダーメイドは所要約1週間

ショップカタログ
買う
デパート&ショッピングセンター

年々充実する「買い物天国」の街

いろいろ買いたい物があるなら、巨大デパートやショッピングセンターが集中するサイアム・エリアに入り浸るのが王道。近年では、隣接モール同士では遊歩道なども整備され、次々ハシゴするにも便利になってきた。

駅 ▶ BTSチットロム駅

サイアム
セントラル・ワールド
Central World

MAP p.42-F

伊勢丹も入る超巨大店

2010年バンコク騒乱の被害から完全復旧を遂げている。超巨大な館内は伊勢丹やゼンなど計6のパートに別れていて、くまなく巡るには数日間もかかりそうなほど。案内所で概略図を入手して計画を立てよう。

住 4 Ratchadamri Rd.
☎ 02-021-9999（コールセンター）
営 10:00～22:00 休 なし
＊乾季になると前庭には名物のビアガーデンが軒を連ねる

駅 ▶ BTSサイアム駅

サイアム
サイアム・ディスカバリー
Siam Discovery

MAP p.42-E

ローカルブランド大集合

連結するサイアムセンターを全面大改装して、増幅中の若者富裕層を意識した品揃えが特徴的だ。庶民向けとは一味違った雰囲気で、カフェも小粋にエレガント。人込みに疲れて、ひと息つくにはちょうどよい。

住 989 Ploenchit Rd.
☎ 02-658-1000
営 10:00～22:00 休 なし
＊日本のロフトや、「カフェ・チリ」、「ジャミーズ・イタリアン」が人気

120

駅 ▶ BTSチットロム駅

サイアム
セントラル・チットロム
Central Chidlom

MAP p.43-G

タイのデパートの草分け

タイのデパート業界では草分け的な存在で、全国に支店があるが、ここがその本丸だ。民芸品店街やレストラン街も充実し、フードセンターやエステサロンには高級感が漂い、旅行者にも利用価値は高い。

住 1027 Ploenchit Rd.
☎ 02-793-7777
営 10:00～22:00
休 なし
図 バンコク首都圏全10店舗

駅 ▶ BTSナショナルスタジアム駅

サイアム
マーブンクローン・センター（MBK）
Mah Boon Krong Center (MBK)

MAP p.42-E

東急入店のトレンド発信地

「MBK」の通称で有名な庶民的ショッピングモール。バンコクらしい雑多なテナント・商品構成が魅力的だ。東京でいえばアメ横、原宿、秋葉原を混在させた雰囲気で、若者文化の「今」を感じられる場所だ。

住 444 Phayathai Rd.
☎ 1285（コールセンター）
営 10:00～22:00 休 なし
＊グループ行動で途中で離ればなになると合流が難しいので注意

駅 ▶ BTSチットロム駅

サイアム
プラティナム・ファッションモール
Platinum Fashion Mall

MAP p.42-F

格安ファッションの宝庫

プラトゥーナーム市場→p.69に立地。人気の格安ファッションなら迷わずここへ。地下1階から地上6階まで、館内には総数約2200軒もの小売店が肩を寄せ合い軒を連ね、庶民派の若者たちでいつも大盛況だ。

住 222 Petchburi Rd. ☎ 02-121-8000 営 9:00～20:00（水・土・日曜、祝日8:00～）休 なし
＊A館6階はフードセンター＆民芸品フロア

👤 日本人スタッフ常駐　🇯 日本語が通じる　🇬 英語が通じる
※各店舗のマーク記号、営業時間、定休日はテナントごとに異なる場合もあるので注意

駅 BTSチッドロム駅

サイアム
ゲイソーン
Gaysorn

MAP p.42-F

超高級ブティック専門

世界の高級ファッションから一流カジュアルまでが続々と結集する高級ブランド専用モール。地元デザイナーのファッション・ブランドやアジア雑貨の高級専門店も数多いが、庶民的なブランドはここにはない。

999 Ploenchit Rd.
☎02-656-1149 圏10:00～20:00
困なし
＊エステやカフェなどにも、こだわりの一流店が入居している

駅 チッドロム駅

サイアム
エラワン・バンコク
Erawan Bangkok

MAP p.42-F

老舗のモール・旧そごう

創業時には日系の「そごう」だった。4階のエステサロンや、地下1階のレストラン街に特徴があるショッピングモール。隣接するアマリン・プラザには、民芸品店なども数多く、比較的カジュアルな感覚だ。

494 Ploenchit Rd.
☎02-250-7777 圏10:00～21:00
困なし
＊グランドハイアット→p.127に連結している

駅 BTSサイアム駅

サイアム
サイアム・パラゴン
Siam Paragon

MAP p.42-F

繁華街の最高級モール

バンコク屈指の繁華街サイアムスクエアに登場した、エンポリアムと同系列の最高級モール。世界の有名ブランドショップが軒を連ねるだけでなく、東南アジア最大級の水族館(B1階)や本格派の劇場などもある。

991 Rama 1 Rd.
☎02-610-8000 圏10:00～22:00(レストラン～23:00) 困なし
＊シーライフ・バンコク・オーシャンワールド(水族館)圏1090B～

駅 BTSプロムポン駅

スクンビット
エンポリアム
Emporium

MAP p.45-C

一流ブティックが集結

世界の有名ブティックが連なる高級モールなどからなる複合施設で、最近新たに向かい側にも拡張されて超巨大化した。「買い物天国」化の途上にあるバンコクでは、その先駆けとなる観光名所的な存在だ。

622 Sukhumvit Rd. ☎02-269-1000 圏10:00～22:00 困なし
＊5階にはテラス風のオープンカフェが並び、おしゃれなガーデンスタイルのレストラン街がある

駅 BTSアソーク駅

スクンビット
ロビンソン・デパート・スクンビット
Robinson Department Store Sukhumvit Branch

MAP p.44-B

ついつい入り浸りたくなる

タイのデパート業界ではセントラル→p.120と並ぶ双璧だが、商品構成などは比較的庶民的な感覚の、いかにもタイのデパートという感じだ。市内全支店で、スーパーが深夜まで営業しているのもうれしい。

259 Sukhumvit Rd.
☎02-651-1533～42
圏10:00～22:00 困なし
図バーンラック店☎02-238-0052
～61、バンコク首都圏全10店舗

駅 BTSビクトリー・モニュメント駅

その他
キングパワー・コンプレックス
King Power Complex(Duty Free)

MAP p.37-C

免税店の複合モール

世界の一流ブランドから民芸品まで、他店を圧倒する品揃え。割安感はそれほどでもないが、何でも揃い、日本語を話す店員もいるので時間を節約したい旅行者や、言葉に不安のある人にはおすすめだ。

8 Rang Nam Rd. ☎02-677-8899
圏10:00～21:00 困なし 図スワンナプーム国際空港店(24時間)
＊パスポートと帰国の航空便名が必要。購入品は空港の出発搭乗用フロアのカウンターで受け取る

バンコク「泊まる」活用術
ホテル利用アドバイス

マンダリン・オリエンタル・バンコクの川沿いのテラス（左）と風情ある客室（右）

ホテル選びのポイント

バンコクには、世界第一級の高級ホテルから超安宿まで、あらゆるランクの宿泊施設が揃っている。旅の目的、好み、予算、安全を考えて決めたい。周辺の交通事情も重要な要素だ。高架鉄道（BTS）や地下鉄（MRT）が開通してからは、サイアムやシーロムなど、繁華街の移動は便利になったが、王宮などおもな観光ポイントへの移動はタクシーやバスなど、車に頼らざるを得ない。渋滞は想像を絶する。バンコクで、やってみたいことが決まっている人は、行動範囲を考慮して、極力そこに近い場所の宿を選びたい。

宿泊施設のカテゴリーは？

バンコクの宿泊施設を大ざっぱに分けると以下の4つになる。
❶高級、超高級、豪華ホテル
❷中級ホテル
❸ビジネス客向けホテル
❹安宿

❶は一般的な「ホテル」をイメージすればOK。それも高級クラス以上が普通だ。ヨーロッパにあるような、こぢんまりしたホテルはない。数百単位の部屋数をもつホテルがほとんどで、広々としたロビーにはベルマンが常駐している。各種レストランやラウンジが充実し、プールも必ずある。スパ設備やフィットネスセンター完備のところも多い。❷は格安ツアーで利用することが多く、高級クラスほどの贅沢感はないが、ひととおりの設備は整っている。❸はビジネス客向けのホテル。必要最低限の設備だけを備えることで、経済的な料金に抑えている。贅沢な装いはなく、すべてはこざっぱりという感じ。あまり清潔とはいえないホテルもあるので注意したい。ビジネスのためのファックス、パソコンはたいてい用意されている。❹は格安の旅をしたい人が利用する宿だ。ドミトリー（共同部屋）もあり、欧米を中心に世界中のバックパッカーが訪れる。清潔度、安全度はまちまちで、自己管理が鉄則。トラブルが多いのも事実だ。

豪邸のような高級ホテルの客室

バンコクの高級ホテルは魅力あるリゾートだ

バンコクのホテルエリア

バンコクの宿泊施設は、おおむね4つのエリアに集中し、エリアごとに特色が異なる。自分のスタイルにあったエリアを選びたい。

■サイアム周辺

タイの流行の発信基地だけあって、都市型の洗練された高級ホテルが多い。東京でいえば、渋谷、原宿、新宿などを合わせたようなエリアで、ショッピングや味巡りが中心なら最適。歩くのが嫌いなタイ人も、ここでは楽しそうに歩いている。ただし、王宮周辺などの観光ポイントへの移動には車を使うしかなく、やや渋滞が激しいことを覚えておこう。

■スクンビット通り周辺

プルンチット通りの東、市の南東へ延びるスクンビット通りに沿ったエリア。通りは高架鉄道（BTS）のせいで薄暗い印象だが、日本人を含めた外国人の住宅が多く、独特の高級感がある。高級、中級、ビジネス向けのホテルがあり、以前は観光施設が少ないためか観光客の利用は少なかったが、現在は高級ホテルを中心に賑わっている。ショップやレストランは、住人を反映して高級志向。サイアムに近いエリアで個性的なブティックも多く、ショッピングには困らない。BTSの開業以来、さらに旅行者にも注目のエリアになった。

■シーロム、スリウォン、ニュー・ロード

古くからある高級ホテルが集まるエリア。中でも、チャオプラヤー川東岸に平行するニュー・ロード沿いには、バンコクが世界に誇る最高級ホテルが並ぶ。川面を背景とした庭やテラスがあり、開放的な空間は周囲のごみごみした市街とは別世界。川沿いには、リバーシティなど大型ショッピングセンターもある。一方、シーロム通り周辺はビジネス客向けのホテルや中級ホテルも多い。歓楽街のパッポン、タニヤもあり、大手町と銀座、新宿の歌舞伎町をあわせたようなエリア。王宮周辺へは、チャオプラヤー川の水上交通を利用でき、観光にも便利なところだ。

素敵なアメニティグッズやフルーツのサービスがうれしい

■王宮周辺＆チャイナタウン

著名な観光ポイントが集まるが、経済的ホテルが点在するくらいで、高級ホテルはほとんどない。しゃれたレストランやみやげ物店も少なく、滞在するには向かない。安宿街の代名詞、カオサンがバンランプー市場の南にあり、宿の予約をしていない冒険旅行派は、とにかくここへ行くべし。

■そのほか

スクンビットから北へ延びるラーチャダピセーク通りにも、中・高級ホテルが点在。宿泊料金には割安感もあり、リピーターには人気が高まりつつあるエリアだ。地下鉄の開通により中心部へのアクセスが便利になった。

バンコク市内ホテルゾーン

バンコク「泊まる」活用術
ホテル
利用アドバイス

チェックインからチェックアウトまで
ホテル徹底利用の基礎知識

高級になるほどサービスの種類は多くなる。何を頼めるか、どこへ頼むかを知っておくことはホテルライフの基本だ。そこで、ここではバンコクの一般的な高級ホテルを基準にサービス利用のコツをガイドしよう。チップはp.323を参照。

ドアマンはホテルの顔だ

チェックイン

ホテルに到着すると最初にお世話になるのがドアマン。ドアの開閉やベルマンに指示して荷物を運んでくれる。宿泊の手続き（チェックイン）をする受付がレセプション。日本のホテルでいうフロントだ。ここで宿泊カードに記入し、キーを受け取る。クーポン利用者はチェックイン時に提示しておくこと。部屋の希望や部屋の種類を確認する場合はこの時点でいう。注意したいのは、レセプションではお金に関係する処理は受け付けないこと。キャッシャーで行なう。普通はレセプションに並んでいて、両替や精算業務が担当だ。中級以下のホテルではレセプションですべて処理する場合がほとんど。チェックインが終わると荷物を運ぶベルマンに従って部屋へ向かう。

予約時にネット接続料を確認

客室料以外に滞在中の利用で注意したいのはネット接続料。ホテルによっては無料の場合もあるが、利用料に数百Bかかる場合もある。仮に1泊2000Bの客室料でネットが600B別途となると、ネット込みで1泊2600Bの部屋代と同じだ。ネットの利用を前提としている人は、必ずネット接続料について確認しておきたい。

客室で

サービスに必要な館内番号や内容は、客室内にある案内書に書かれている。まずそれに目をとおしたい。

セーフティ・ボックス●客室備え付けの貴重品保管用金庫。部屋になければキャッシャーの貸金庫を利用する。従業員による盗難もあり、金庫を利用しないで部屋に貴重品を置いて外出することは絶対にやめたい。また、残念ながらセーフティ・ボックスといえども完全に信用してはいけない→下欄参照。

ルームサービス●飲物、食べものを部屋まで運んでくれる。ちょっとした飲物なら冷蔵庫やミニボトルが置かれたミニバーを利用する。その際、チェックシートに飲んだ本数を書き込む。

ハウスキーピング●石鹸やシャンプー、タオルなど、客室常備品の不足を依頼するほか、読書用スタンドの追加をリクエストしたり、エアコンやトイレなどの不調を訴える窓口にもなる。

ランドリーサービス●チェックシートに洗濯物の種類と数を記入し、常備されているランドリーバッグに入れておく。

電話●最近はスマホから直接市内や海外に電話できるので利用度は低い。モーニングコールも電話で依頼するが、オペレーターに頼む場合とダイヤルで自分で登録する場合がある。

チェックイン＆チェックアウト

客室を利用できる時間は決まっている。通常、チェックインは14:00か15:00、チェックアウトは12:00か13:00。客室の清掃、空き状況によっては柔軟に対応する場合がある。客室に早く入れるアーリーチェックイン、遅くまで利用できるレイトチェックアウト（デイユース）は、予約時に要望を入れれば有料で対応してくれる。個人予約の場合には、飛行機の到着便名を連絡しておくこと。

話し辛いカもしれないときにあえずレセプションで尋ねるといい

本音でガイド

ホテルを上手に利用しよう
それが旅を楽しくするコツ

高級ホテル利用のコツは「王様気分」。横柄な態度をとるということではなく、お金を払う以上、やってもらいたい事を堂々と主張するということだ。例えば本を読むのに暗いのでスタンドを用意させるとか、気に入ったバスタオルやバスローブを購入したいとか、とにかく遠慮せずに振舞ってみよう。

 セーフティ・ボックスでも絶対に安全ではない。マスターコードなどを利用した解錠で盗む事例がわずかながらある。多額の現金は入れず、必要なときにマネーカード→p.299などを利用するスタイルが望ましい。

館内で

部屋以外の館内はパブリックスペースという。部屋を一歩でも出たらそこは路上と同じだ。身なり、安全面に気を使いたい。ロビーで荷物を盗まれることも少なくない。原則的にホテル内での飲食や有料のサービスはすべてキーの提示とサインだけで、いちいち現金を払う必要はない。チェックアウト時に精算する。

ロビーで●仲間との待ち合わせはロビーのソファやラウンジを利用するのがスマート。ロビーにはツアーデスクやさまざまな相談を受けるインフォメーション担当のコンシェルジュがいる。

レストランで●レストランを利用するなら予約をするのが無難。必要に応じて、席のリクエストも入れておこう。朝食は時期にもよるが、早朝から利用できるブッフェスタイルが一般的だ。選択の余地があり、朝早くから出かける人にも便利だ。

プールで●一般に部屋のタオルの利用は厳禁。プール専用のタオルやデッキチェアが不足しているなら、スタッフに声をかけよう。こういう振舞いは、高級ホテルならちょっと王様になった気分で行なったほうがサマになる。ドリンク類のほか、軽食程度ならプールサイドにいながらオーダーできる。

フィットネスセンターで●さまざまな器具のほか、スタッフによるエアロビクスダンスのレッスンもある。高級ホテルにはサウナやジャクジーが備えられている。

エステサロンやスパで●バンコクの高級ホテルには必ずといっていいほどスパがある。ホテルのランクに応じて、スパの格もそれなりに対応している。宿泊者の場合、割引利用が可能なスパも多い。宿泊客以外の利用も多く、事前予約が望ましい。

ビジネスセンターで●コピー、FAX、パソコン、Eメール、翻訳など各種のサービスを用意している。利用したい人は、事前に詳細を確認したい。利用時間や機種、質にはばらつきがある。

チェックアウト

荷物が多ければ、ベルマンを依頼し、ロビーまで運んでもらう。タクシーを利用する人は、ついでにベルマンに頼んでおく。精算はキャッシャーで行なう。部屋代、冷蔵庫、ミニバー、電話、ルームサービス、その他の有料サービスの請求書を提示される。金額に誤りがなければ、現金やクレジットカードで支払う。請求内容はよくチェックしよう。チェックアウト前でも要求すれば、その日までの利用内容を確認できる。早朝出発の人は、前日夜までの分の支払いをすますことも可能だ。その後、仮に有料のサービスを利用してもチェックアウト時の手続きはスムーズになる。チェックアウト後、半日〜数日程度なら荷物をホテルに預けておくことは可能だ。ベルマンのカウンターで保管してくれる。預かり証（半券など）の受け取りを忘れずに。貴重品は荷物に入れないこと。

お金関係はキャッシャーで

ホテルで必要な英会話

●予約をしている山田です。チェックインをお願いします
(アイ ハブ ア リザベイション フォー ヤマダ キャナイ チェック イン)
I have a reservation for Yamada. Can I check in?

●123号室の鍵をください
(キャナイ ハブ ザ キィ トゥ ルーム ワントゥスリー)
Can I have the key to room 123?

●クリーニングをお願いします
(アイ ウドゥ ライク トゥ ユーズ ユア ロードリィ サーヴィス)
I would like to use your laundry service.

●チェックアウトします
(アイ ウドゥ ライク トゥ チェック アウト プリーズ)
I would like to check out, please.

●これは何の金額ですか
(ワット イズ ディス チャージ フォー)
What is this charge for?

●コカ・レストランの名前と住所をタイ語で書いてください
(プリーズ ディスクライブ ザ ネイム アンド アドレス オブ コカ レストラン バイ タイ)
Please describe the name and address of Coca-Restaurant by Thai.

●空港まで行くよう運転手に伝えてください
(プリーズ テル ザ ドライバー トゥ テイク ミー トゥ ジ エアポート)
Please tell the driver to take me to the airport.

●このタイ語の読み方を教えてください
プリーズ テル ミー ハウ トゥ プラナウンス ディス タイ ワード
Please tell me how to pronounce this Thai word.

●8時の出発まで荷物を預かってほしいのですが
プリーズ ホールド マイ ラギジ アンティル マイ ディパーチャ アット エイトピーエム
Please hold my luggage until my departure at 8 p.m.

ホテルカタログ
泊まる

幅広い目的に対応する充実のホテル

バンコクには世界的に知名度の高い豪華ホテルからバックパッカー向けの安宿まで、バラエティ豊かに揃っている。目的や好み、予算などに応じて選択できる自由さが魅力だ。世界有数の交通渋滞都市なので、立地にも注意が必要。

豪華

マンダリン・オリエンタル・バンコク
Mandarin Oriental, Bangkok

MAP p.40-I

駅 BTSサパーン・タクシン駅
シーロム

各国有名人御用達、歴史が培った格式とサービスはアジアを代表する名門ホテルとして知られている

世界各国の王室、政治家、芸術家たちが定宿とする超一流ホテル。創業1876年、高い格式を誇る世界有数の老舗として知られ、数々のホテルランキングでは常に最上位にランクされている。歴史と伝統が刻まれた旧館のオーサーズ・ウイングは、創業当時の面影を残す典雅なコロニアル様式で、ホテルにゆかりのある文豪の名前が付いたスイートルームはまさに豪華絢爛。近代的な造りの新館もあり、全室リバービューなので、母なる大河チャオプラヤーの雄大な眺めを堪能できる。あえてカードキーを使わずに、宿泊客との接触機会を大切にした最高級のサービスも楽しみだ。

48 Oriental Ave. ☎02-659-9000
02-659-0000 S・T/2万4650B〜
368 p.292-MN.
mobkk-reservations@mohg.com
https://www.mandarinoriental.com/bangkok
p.74、p.104、p.108、p.118、p.119

一部の建物は歴史を感じさせる外観　世界のセレブが優雅に泳ぐ

数々の小説にも登場したロビー

観光客の利用が一番多いスーペリアルーム

リバーサイドに建つ

往時、ホテルの旧館に長期滞在した著名人を記念したオーサーズ・スイート。王侯貴族が利用するような時代を感じさせる装い

宿泊客以外の利用も可能なオーサーズ・ラウンジ

日本人常駐　和食店　フィットネス　スパ　マッサージ　NHK　ネット一部客室　全室ネット完備　プール
＊データ欄の 🅕 は「ファシリティ」の意味でホテル内のレストラン、ショップ、スパなどの施設を示し、関連ページを表記

セントレジス・バンコク
The St. Regis Bangkok

駅▶BTSラーチャダムリ駅 / 豪華 / サイアム

MAP p.42-J

世界屈指の最上級ブランド
スパや、世界中から超一流の味を集めたダイニングやバーなども、ほかでは体験できないワンランク上の趣き。インテリアやアメニティも最高級品ばかりで、極上の体験を楽しめる。

- 住159 Rajadamri Rd.
- ☎02-207-7777
- F02-207-7888
- S・T/4956B〜
- 室227 p.292-SR.
- ✉fb.bangkok@seregis.com
- https://www.marriott.com

オークラ・プレステージ・バンコク
The Okura Prestige Bangkok

駅▶BTSプルンチット駅 / 豪華 / サイアム

MAP p.43-K

バンコクの"六本木ヒルズ"
ホテルオークラ東京で培われた伝統のスタイルが反映されている。高層階で空中に迫り出しているかのようなインフィニティプールなど、最先端の技術も館内の隅々に反映されている。

- 住57 Wireless Rd.
- ☎02-687-9000
- F02-687-9001
- S・T/6375B〜
- 室240 p.292-OP.
- ✉info@okurabangkok.com
- https://www.okurabangkok.com

アナンタラ・サイアム・バンコク・ホテル
Anantara Siam Bangkok Hotel

駅▶BTSラーチャダムリ駅 / 豪華 / サイアム

MAP p.42-J

格式高い老舗ホテル
ロビーの天井の装飾画は国宝級。南国の樹木が生い茂るガーデンやプールサイドではリゾート気分を充分に味わえ、「ガーデンテラス」は、究極の隠れ家的風情で著名人にも大人気。

- 住155 Rajadamri Rd.
- ☎02-126-8866
- F02-253-9195 S・T/4275B〜
- 354
- ✉reserveanantara@anantara.com
- https://www.anantara.jp
- p.99、p.108、p.119

グランド ハイアット エラワン バンコク
Grand Hyatt Erawan Bangkok

駅▶BTSチッドロム駅 / 豪華 / サイアム

MAP p.42-J

エレガントなリゾート
歴史と伝統を誇る名門ホテル。エレガントなダイニングをはじめ、装いはモダンでトロピカルなシティリゾート調。館内はどこもゆったりした造りだ。スパやプールなども優雅な風格。

- 住494 Rajadamri Rd.
- ☎02-254-1234 F02-254-6244
- S・T/4826B〜 室380
- p.292-HY. ✉bangkok.grand@hyatt.com
- https://www.hyatt.com/ja-JP/home
- p.75、p.108

シェラトン・グランデ・スクンビット
Sheraton Grande Sukhumvit, a Luxury Collection Hotel, Bangkok

駅▶BTSアソーク駅 / 豪華 / スクンビット

MAP p.44-B

贅沢な気分にさせる客室
防音を配慮した客室は、全室エグゼクティブタイプで、広々としていて機能的。館内は東洋の神秘を感じさせる優雅で落着いたムードだ。日本語のホットライン・サービスも好評。

- 住250 Sukhumvit Rd.
- ☎02-649-8888 F02-649-8000
- S・T/4480B〜 室420
- p.292-ST. ✉grande.sukhumvit@luxurycollection.com
- https://www.marriott.com/
- p.74、p.99、p.110

ザ・ペニンシュラバンコク
The Peninsula Bangkok

駅▶BTSサパーン・タクシン駅 / 豪華 / シーロム

MAP p.40-I

リバービュータワー
人気のリバーサイドにそびえる高層タワーで、香港ペニンシュラの伝統と格式はそのままに、最新のハイテクを織り交ぜたコンセプト。大きな出窓からは大河の流れも堪能できる。

- 住333 Charoennakorn Rd.
- ☎02-020-2888 F02-561-1112
- S・T/7920B〜
- 室366 p.292-PL.
- ✉pbk@peninsula.com
- https://www.peninsula.com
- p.75、p.108、p.119

バンヤンツリー・バンコク
Banyan Tree Bangkok

駅▶MRTルンピニー駅
豪華　シーロム

MAP p.37-L

サービスが素晴らしい
スパ→p.74が大人気のエグゼクティブ・ホテル。全室スイートタイプの客室を含め、館内の隅々にアロマの香りが満ちている。浴室には本格的なアメニティが揃い、サービスも最上。

- 住21/100 South Sathorn Rd.
- ☎02-679-1200
- Fax02-679-1199
- 料S・T/4800B〜　325
- p.292-BT.
- Ⓜbangkok@banyantree.com
- https://www.banyantree.com
- p.74

ザ・スコータイ バンコク
The Sukhothai Bangkok

駅▶MRTルンピニー駅
豪華　シーロム

MAP p.37-K

古代王朝ムードが魅力的
大理石やチークを使ったシックで上品なインテリア、蓮池や仏像などのオブジェが配された館内は、往年のスコータイ王朝の栄華を思い起こさせる。静寂感が漂うシティリゾート。

- 住13/3 South Sathorn Rd.
- ☎02-344-8888
- Fax02-344-8899
- 料S/5840B〜、T/7000B〜
- 210
- Ⓜinfo@sukhothai.com
- https://www.sukhothai.com
- p.75、p.101、p.108

シャングリラ・ホテル・バンコク
Shangri-La Hotel Bangkok

駅▶BTSサパーン・タクシン駅
超高級　シーロム

MAP p.40-I

リバーサイドのリゾート
日本語サービスの充実度が高く、ツアー客に好評。人気のクルンテプウイングは全室リバービュー、バルコニーにはブーゲンビリアが咲き、大河の雄大な眺めを堪能できる。

- 住89 Soi Wat Suan Plu, New Road
- ☎02-236-7777 Fax02-236-8579
- 料S・T/4000B〜
- 802 p.292-SL.
- Ⓜslbk@shangri-la.com
- https://www.shangri-la.com/jp/
- p.101

デュシタニ・バンコク
Dusit Thani Bangkok

駅▶MRTシーロム駅
超高級　シーロム

MAP p.41-H

タイ流儀のおもてなし
タイを代表するホテルのひとつ。各ダイニングは超一流の評価で、地元名士や世界の有名人が日夜集う高貴な社交場でもある。タイ古来の伝統を生かした王朝風のもてなしはVIPも納得。

- 住946 Rama 4 Rd.☎02-200-9000
- Fax02-236-6400料S・T/8500B〜
- 517 p.292-DU.
- Ⓜdtbk@dusit.com（日本語可）
- https://dusit.com/ja
- p.75、p.99、p.106
- ＊リニューアルのため2023年まで休業

クラウンプラザ・ホテル・バンコク・ルンピニパーク
Crowne Plaza Hotel Bangkok Lumpini Park

駅▶BTSサラデーン駅
超高級　シーロム

MAP p.41-K

日本人に人気の高層階
とくに日本人出張者からの評価が高いエグゼクティブフロアは、館内に個別のミニホテルがあるようなイメージで、リピーターが多い。民放も含めて日本のテレビ番組を視聴可能。

- 住952 Rama 4 Rd.
- ☎02-632-9000 Fax02-632-9001
- 料S・T/3216B〜 243 p.292-IC.Ⓜinfo-cpbkk@ihg.com
- https://www.ihg.com/crowneplaza
- ＊日本人スタッフが各種サービスに対応

コンラッド・バンコク
Conrad Bangkok

駅▶BTSプルンチット駅
超高級　シーロム

MAP p.43-K

スタイリッシュなホテル
世界で数々の賞を受けたヒルトン系列最高級ブランドホテル。各国の大使館や高層ビルが林立する一画にあり、約120店舗のショップや飲食店が並ぶショッピングモールに隣接する。

- 住87 Wireless Rd.
- ☎02-690-9999
- Fax02-690-9000
- 料S/4284B〜、T/4444B〜
- 391 p.292-HL.
- Ⓜbkkci.info@conradhotels.com
- https://www.hilton.com/en/conrad

日本人常駐　和食店　フィットネス　スパ　マッサージ　NHK　ネット一部客室　全室ネット完備　プール
＊データ欄の🄕は「ファシリティ」の意味でホテル内のレストラン、ショップ、スパなどの施設を示し、関連ページを表記

駅 BTSサパーン・タクシン駅
超高級　シーロム

ロイヤル・オーキッド・シェラトン・ホテル&タワーズ
Royal Orchid Sheraton Hotel & Towers

MAP p.40-E

全館リバービュー
すべての施設&客室がリバービューの大型老舗リゾート。好評のシェラトン・スイートスリーパーベッドは全室標準完備。東京にもある高級スパの有名店マンダラ・スパも人気だ。

- 住2 Soi 30 Charoen Krung Rd.
- ☎02-266-0123 FAX02-236-8320
- 料S・T/3150B〜 室726
- p.292-ST.
- Eres172royalorchid@sheraton.com
- URLhttps://www.sheraton.com/bangkok
- p.119

駅 BTSサイアム駅
超高級　サイアム

サイアム・ケンピンスキー・ホテル・バンコク
Siam Kempinski Hotel Bangkok

MAP p.42-E

都心部繁華街の別世界
19世紀創業のドイツ系ホテルグループ。客室や館内の施設はドイツらしく重厚で機能性を備えている。プールが巡る緑豊かな中庭は都心部の繁華街とは思えないシティリゾートだ。

- 住991/9 Rama 1 Rd.
- ☎02-162-9000 FAX02-162-9009
- 料S・T/8330B〜
- 室401
- Einfo.siambangkok@kempinski.com
- URLhttps://www.kempinski.com/en/bangkok

駅 BTSサラデーン駅
超高級　シーロム

ル メリディアン・バンコク
Le Meridien Bangkok

MAP p.41-G

近未来的な本格派
プールやジム、スパなどを含めて全館内、客室の隅々にも、最新のテクノロジーがふんだんに散りばめられた近未来的なトレンディホテル。繁華街のパッポン→p.69へも徒歩圏内。

- 住40/5 Suriwong Rd.
- ☎02-232-8888
- FAX02-232-8999
- 料S・T/4000B〜 室282
- p.292-MD.
- ホームページから
- URLhttps://le-meridien.marriott.com

駅 BTSアソーク駅
超高級　スクンビット

ウェスティン・グランデ・スクンビット
The Westin Grande Sukhumvit

MAP p.44-B

日本人へのサービス充実
シェラトン・グランデ→p.127とは姉妹関係で、相互の施設をサイン1つで利用可能。日本人が接客に当たるなど、古くから日本人への応対には定評があり、観光にも便利な立地だ。

- 住259 Sukhumvit Rd.
- ☎02-207-8000
- FAX02-255-2441
- 料S・T/4230B〜 室363
- p.292-WS.
- ホームページから
- URLhttps://www.marriott.com

駅 BTSチッドロム駅
超高級　サイアム

インターコンチネンタル・バンコク
InterContinental Bangkok

MAP p.42-F

ショッピング&ヘルシー
高層タワーの最上部に24時間営業のフィットネスや人気のスパ、屋上には南国調の庭園やプールがある。高層フロアから眺める市内の眺望は抜群で、ショッピングにも最適の立地だ。

- 住973 Ploenchit Rd.
- ☎02-656-0444 FAX02-656-0555
- 料S・T/5096B〜
- 室381 p.292-IC.
- Eintercon@ihgbangkok.com
- URLhttps://www.intercontinental.com
- p.75、p.106、p.108、p.116

駅 BTSサパーン・タークシン駅
高級　シーロム

ミレニアム・ヒルトン・バンコク
Millennium Hilton Bangkok

MAP p.36-J

リバービューの多彩な施設
人気のリバーサイドに登場した新鋭の高級ホテル。もちろん客室は全室リバービューで、スパやプールはもちろん、レストランやバーを数多く多彩に揃える高層タワーだ。

- 住123 Charoennakorn Rd.
- ☎02-442-2000 FAX02-442-2020
- 料S・T/2626B〜
- 室533 p.292-HL.
- Ebkkhi.informations@hilton.com
- URLhttps://hiltonhotels.jp

129 バンコク ホテル

駅 BTSサパーン・タクシン駅

高級 / その他
アナンタラ・リバーサイド・バンコク・リゾート
Anantara Riverside Bangkok Resort

MAP p.34-E

まさに南国リゾート！
リバーサイドの広大な敷地には緑豊かなトロピカル・ガーデンが広がり、南国気分を存分に楽しめる。対岸にある注目のアジアティック→p.110へホテルのシャトルボートが運航。

- 257/1-3 Charoennakorn Rd.
- ☎02-476-0022
- F 02-476-1120
- S・T/3950B〜 室376
- bangkokriverside@anantara.com
- https://www.anantara.com/en/riverside-bangkok/
- p.75、p.95、p.101、p.105

駅 BTSプルンチット駅

高級 / シーロム
アテネホテル ラグジュアリー コレクションホテル, バンコク
The Athenee Hotel, a Luxury Collection Hotel, Bangkok

MAP p.43-K

本格派の高級ホテル
マリオット系列の高級ホテル。客室も含め全館内はシックとモダンが融合した現代的デザインで、洗練された雰囲気だ。レストランやラウンジにも本格派の高級店が数多い。

- 61 Wireless Rd.
- ☎02-650-8800
- F 02-650-8500
- S・T/5940B〜 室374
- p.292-MR.
- ホームページから
- https://www.marriott.co.jp
- ＊本格派のスパも人気

駅 BTSチョーンノンシー駅

高級 / シーロム
プルマン・バンコク・ホテル G
PULLMAN Bangkok Hotel G

MAP p.41-G

都会の洗練さが漂う
大胆に改装された館内には、最新のミュージックとアートが融合する洗練された空間が演出されて、スタイリッシュな雰囲気にリフレッシュ。レジャー客にもビジネス客にも好評だ。

- 188 Silom Rd.
- ☎02-352-4000 F 02-238-1999
- S・T/2430B〜 室469
- p.292-AC.
- H3616@accor.com
- https://www.pullmanbangkokhotelg.com
- p.110

駅 BTSサラデーン駅

高級 / シーロム
ザ・モンティエン・ホテル・バンコク
The Montien Hotel Bangkok

MAP p.41-G

独特のムードで人気抜群
歓楽街・パッポン→p.69のランドマークとして存在感の大きい老舗のホテル。ベトナム戦争当時から続く、独特の雰囲気を備え、リピーターの多さがその人気を裏付けている。

- 54 Suriwong Rd.
- ☎02-233-7060
- F 02-236-5218
- S/1995B〜、T/2185B〜
- 室475
- bangkok@montien.com
- https://www.montien.com
- p.77

駅 BTSサパーン・タクシン駅

高級 / その他
ラマダプラザ・メナーム・リバーサイド・バンコク
Ramada Plaza Menam Riverside Bangkok

MAP p.34-E

リバーフロントの老舗ホテル
近年、改装で大きくグレードアップした。川側のガーデンテラスには、シーフードブッフェのレストランやカクテルバーなど、ビジターにもおすすめの多彩な施設が目白押し。

- 2074 Charoen Krung Rd.
- ☎02-688-1000
- F 02-291-9400
- S・T/3270B〜 室501
- concierge@ramadaplazamenamriverside.com
- https://www.ramadaplazamenamriverside.com

駅 BTSチッドロム駅

高級 / サイアム
ルネッサンス・バンコク・ラッチャプラソーン
Renaissance Bangkok Ratchaprasong

MAP p.42-J

新鋭のワンダーランド
繁華街に誕生したマリオット系列のお洒落なブティックホテル。ロビーやレストランなど、館内には煌びやかなセンスが輝き、高層フロアの室内プールから望む都会の夜景も美しい。

- 518/8 Ploenchit Rd.
- ☎02-125-5000
- F 02-125-5001
- S・T/3910B〜
- 室324 p.292-MR.
- ホームページから
- https://www.marriott.co.jp

日本人常駐　和食店　フィットネス　スパ　マッサージ　NHK　ネット一部客室　全室ネット完備　プール

＊データ欄の は「ファシリティ」の意味でホテル内のレストラン、ショップ、スパなどの施設を示し、関連ページを表記

BTSサイアム駅
高級 サイアム
センターラ・グランド&バンコク・コンベンション・アット・セントラルワールド
Centara Grand & Bangkok Convention Centre at CentralWorld

MAP p.42-F

最高の立地と眺望が自慢
バンコクでも有名な巨大施設、セントラル・ワールド→p.120に立地。客室は28階以上の高層階にあり、立地、眺望とも素晴らしく、レストラン施設やアクティビティも充実している。

- 999/99 Rama 1 Rd.
- 02-100-1234
- 02-100-1235
- S・T/3842B～
- 504
- cgcw@chr.co.th
- https://www.centarahotelsresorts.com/

BTSアソーク駅
高級 サイアム
ドリーム・バンコク
Dream Bangkok

MAP p.44-B

ブティックホテルの代表格
ニューヨークが本拠の有名デザインホテルの系列。小規模でアットホームな雰囲気に最新トレンドを融合して、快眠・安眠を誘う話題のブルーセラピーライト（写真）を全室に完備。

- 10 Soi 15 Shkumvit Rd.
- 02-254-8500
- 02-254-8534
- S・T/2380B～
- 100
- info@dreamblk.com
- https://gc5ynxis.com

BTSチッドロム駅
高級 サイアム
アマリ・ウォーターゲート・バンコク
Amari Watergate Bangkok

MAP p.42-B

カジュアルでくつろげる
気軽な雰囲気でくつろげると評判のアマリ系ホテルは、日本語サービスにも定評がある。市内に6館あるが、ここはレストランが充実し、ショッピング街が徒歩圏内で、便利な立地だ。

- 847 Petchaburi Rd.
- 02-653-9000 / 02-653-9045
- S・T/2970B～
- 569
- ホームページから
- https://jp.amari.com
- p.106, p.109

BTSナショナルスタジアム駅
高級 サイアム
パトムワン・プリンセス・MBKセンター・バンコク
Pathumwan Princess Hotel MBK Center Bangkok

MAP p.42-I

ショッピングに最適の立地
おしゃれな繁華街サイアムスクエアと通りをはさんで向かいあう。立地条件は抜群で、とくに若者の満足度は高い。館内は新たに全面禁煙となり、客室もグレードアップされた。

- 444 Phayathai Rd.
- 02-216-3700
- 02-216-3730
- S・T/3150B～
- 455
- ppb@pprincess.com
- https://www.dusit.com/dusitprincess

BTSラーチャダムリ駅
高級 サイアム
グランデ・センターポイント・ラーチャダムリ
Grande Centre Point Ratchadamri

MAP p.42-J

滞在型サービスアパート
繁華街という立地抜群の環境と、広々とした居心地の良い客室が人気の高級ホテル。クラシックな高級感の漂うプールやジム、ラウンジなどの館内施設も使い勝手が良いと好評だ。

- 153/2 Soi Mahatlek Luang 1, Ratchadamri Rd.
- 02-091-9000 / 02-091-9001
- S・T/3280B～
- 497
- ratchadamri@gchotels.com
- https://www.grandecentrepointratchadamri.com

BTSプロムポン駅
高級 スクンビット
バンコク・マリオット・マーキース・クイーンズパーク
Bangkok Marriott Marquis Queen's Park

MAP p.45-C

マリオットの高級ホテルに
2016年に、かつてのインペリアルが生まれ変わった。ノースタワーとサウスタワーの2棟の客室棟に、夜景の美しいルーフトップバー。インターナショナルビュッフェは豪華でおすすめ。

- 199 Soi 22 Skhumvit Rd.
- 02-059-5555
- 02-059-5888
- 292-MR
- S・T/3900B～
- 1360
- ホームページから
- https://www.marriott.co.jp

バンコク 131 ホテル

高級・準高級・中級ホテル

JW Marriott Hotel Bangkok
JWマリオット・ホテル・バンコク
高級 / スクンビット　MAP p.44-A

米国マリオット系列の最高級クラスで、客室や施設はいずれもエレガントな雰囲気だ。

住4 Soi 2 Sukhumvit Rd. ☎02-656-7700 F02-656-7711 料S/T/4590B〜 客441 p.292-MR. ✉res.jwthailand@marriotthotels.com URLhttps://www.marriott.com

駅 BTSプルンチット駅

The Tawana Bangkok
ザ・タワナ・バンコク
高級 / シーロム　MAP p.41-G

1970年創業、古くから日本人に利用されてきた実績など、風格のある老舗ホテルだ。

住80 Suriwong Rd. ☎02-236-0361 F02-236-3738 料S/2800B〜、T/3300B〜 客256 ✉info@tawanabangkok.com * パッポン→p.69などへは徒歩圏内

駅 BTSサラデーン駅

Emporium Suites by Chatrium
エンポリアム・スイーツ・バイ・チャトリウム
高級 / スクンビット　MAP p.45-C

元来は高級サービスアパートなのだが、ホテルとしても定着、出張者の人気も高い。

住エンポリアム→p.121 ☎02-664-9999 F02-664-9990 料S/T/3094B〜 客378 ✉info.es@chatrium.com URLhttps://www.chatrium.com/

駅 BTSプロムポン駅

the Sukosol Bangkok
ザ・スコーソン・バンコク
準高級 / サイアム　MAP p.42-B

地場資本の有名ホテル、客室、施設ともに着々とリノベーションされている。

住477 Si Ayutthaya Rd. ☎02-247-0123 F02-247-0165 料S/T/2332B〜 客500 ✉thesukosol@sukosolhotels.com URLwww.thesukosol.com

駅 BTSパヤタイ駅

Pullman Bangkok Grande Sukhumvit Asoke
プルマン・バンコク・グランド・スクムビット・アソーク
高級 / スクンビット　MAP p.44-B

アソーク交差点に近い高層タワーの新鋭高級ホテル。リピーターを中心に人気上昇中。

住30 Soi 21 Sukhumvit Rd. ☎02-204-4000 F02-204-4199 料S/T/3240B〜 客325 p.292-AC. ✉RSVN@pullmanbangkokgrandesukhumvit.com URLhttps://www.accorhotels.com

駅 BTSアソーク駅

Holiday Inn Bangkok
ホリデイ・イン・バンコク
準高級 / サイアム　MAP p.42-F

立地抜群の中堅ホテル。ホリデイ・イン系列への加盟と大改装で、大幅にリノベーション。

住971 Ploenchit Rd. ☎02-656-1555 F02-656-1666 料S/T/2992B〜 客379 p.292-IC. ✉holidayinn@ihgbangkok.com URLhttps://www.ihg.com/holidayinn/

駅 BTSチッドロム駅

The Landmark Bangkok
ザ・ランドマーク・バンコク
高級 / スクンビット　MAP p.44-A

スクンビット界隈におけるランドマークとして、老舗の風格を漂わす高級ホテル。

住138 Sukhumvit Rd. ☎02-254-0404 F02-253-2694 料S/T/3680B〜 客414 ✉email@landmarkbangkok.com URLwww.landmarkbangkok.com/ p.110

駅 BTSナーナー駅

Novotel Bangkok On Siam Square
ノボテル・バンコク・オン・サイアムスクエア
高級 / サイアム　MAP p.42-I

流行の中心地サイアムスクエアに立地するカジュアル感覚のシティー派ホテル。

住392/44 Siam Square Soi 6 ☎02-209-8888 F02-255-1824 料S/T/2970B〜 客425 p.292-AC. ✉h1031@accor.com URLhttps://www.accorhotels.com

駅 BTSサイアム駅

Four Points by Sheraton Bangkok, Sukhumvit 15
フォーポイント バイ シェラトン・バンコク, スクンヴィット15
高級 / スクンビット　MAP p.44-B

シェラトン系列のカジュアル感覚の高級ホテル。カフェやバーラウンジが多彩に揃う。

住4 Soi 15 Sukhumvit Rd. ☎02-309-3000 F02-309-3010 料S/T/2635B〜 客268 p.292-ST. ✉ホームページから URLhttps://www.marriott.com

駅 アソーク駅

Rembrandt Hotel & Suites
レンブラント・ホテル＆スイーツ
準高級 / スクンビット　MAP p.45-C

エグゼクティブ階にはトルーもあり、日本人の商用客にも好評。欧米ツアー客も多い。

住19 Soi 18 Sukhumvit Rd. ☎02-261-7100 F02-261-7017 料S/T/2553B〜 客407 ✉info@rembrandtbkk.com URLhttps://www.rembrandtbkk.com

駅 BTSアソーク駅

Montien Riverside Hotel Bangkok
モンティエン・リバーサイドホテル・バンコク
準高級 / その他　MAP p.34-E

全室リバービューで眺めがよく、繁華街などへもシャトルバスが運行している。

住372 Rama 3 Rd. ☎02-292-2999、2888 F02-292-2962 料S/T/1734B〜 客462 ✉riverside@montienhotel-riverside.com URLwww.montien.com * アジアティーク→p.110へもシャトルバスを運行

駅 BTSサパーン・タクシン駅

Lotus Sukhumvit
ロータス・スクンビット
準高級 / スクンビット　MAP p.45-C

外国人住宅街という立地。デパートや日系スーパー、レストランなどが軒を連ねる。

住1 Soi 33 Sukhumvit Rd. ☎02-610-0111 F02-262-1700 料S/T/2070B〜 客224 p.292-AC. ✉ホームページから URLwww.hotellotussukhumvit.com

駅 BTSプロムポン駅

Evergreen Laurel Hotel
エバーグリーン・ローレル・ホテル
準高級 / シーロム　MAP p.41-L

台湾系の中堅プチホテルで、ビジネス街の立地から日系企業の利用も多い。

住88 North Sathorn Rd. ☎02-266-9988 F02-266-7222 料S/T/2209B〜 客160 ✉elhbkk@evergreen-hotels.com URLhttps://www.evergreen-hotels.com

駅 BTSチョーンノンシー駅

Hotel Windsor Suites
ホテル・ウィンザー・スイート
準高級 / スクンビット　MAP p.45-C

全室、寝室と居間が仕切られたスイートタイプの造りで、館内施設も多様に充実。

住10/1 Soi 20 Sukhumvit Rd. ☎02-262-1234 F02-262-1329 料S/T/2598B〜 客456 ✉info@windsorsuiteshotel.com URLwww.windsorsuiteshotel.com

駅 BTSアソーク駅

*データ欄の⑦は「ファシリティ」の意味でホテル内のレストラン、ショップ、スパなどの施設を示し、関連ページを表記

ホテル

Boulevard Hotel Bangkok
ブールバード・ホテル・バンコク　準高級　スクンビット　MAP p.44-A

サイアムエリアと日本人街の間に立地。駅も近く、商用者・旅行者ともに人気。
- 2 Soi 5 Sukhumvit Rd. ☎02-255-2930
- F 02-255-2950 料 S・T/1553B〜 室309
- ✉reservations@boulevardbangkok.com
- http://www.boulevardbangkok.com/
- 駅 BTSナーナー駅

Asia Hotel Bangkok
アジア・ホテル・バンコク　中級　サイアム　MAP p.42-E

老舗のホテルで、中堅ホテルの代表格。BTS駅への連絡通路があり、移動に便利。
- 296 Phayathai Rd.
- ☎02-217-0808 F 02-217-0109
- 料 S/1232B〜、T/1656B〜 室600
- ✉booking@asiahotel.co.th
- www.asiahotel.co.th/asia_bangkok
- 駅 BTSラーチャテーウィー駅

Avani Atrium Bangkok
アヴァーニ・アトリウム・バンコク　準高級　スクンビット　MAP p.34-F

カジュアル感覚のシティ派ホテル。開放的なロビーの吹き抜け空間が印象的だ。
- 1880 New Petchburi Rd.
- ☎02-718-2000 F 02-718-2002
- 料 S・T/1629B〜
- 室568 ✉atrium@avanihotels.com
- http://www.avanihotels.com
- 駅 MRTペッブリー駅

Indra Regent Hotel
インドラ・リージェント・ホテル　中級　サイアム　MAP p.42-B

老舗の風格が漂う中堅ホテル。活気に溢れるプラトゥーナーム市場→p.69の近く。
- 120/126 Ratchaprarop Rd.
- ☎02-208-0022 F 02-208-0388
- 料 S・T/1650B〜 室468
- ✉sales@indrahotel.com
- www.indrahotel.com
- 駅 BTSチッドロム駅

Swissôtel Bangkok Ratchada
スイソテル・バンコク・ラチャダ　高級　その他　MAP p.34-D

観光に少し不便な立地だが、館内設備は申し分なく、商用、リピーターにおすすめ。
- 204 Ratchada Phisek Rd. ☎02-694-2222 F 02-694-2218 料 S・T/3230B〜
- 室407 回 p.292-AC. ✉bangkok-le concorde@swissotel.com http://www.accorhotels.com/
- 駅 MRTフアイクワーン駅

The Twin Towers Hotel
ザ・ツイン・タワーズ・ホテル　中級　チャイナタウン　MAP p.36-F

団体ツアー定番の大型ホテル。日本人のみならず、各国からの団体ツアー客が多い。
- 88 New Rama VI Rd. ☎02-216-9555
- F 02-216-9544 料 S・T/1350B〜
- 室660
- ✉rsvn@thetwintowershotel.com
- www.thetwintowershotel.com
- 駅 BTSナショナルスタジアム駅

Holiday Inn Bangkok Silom
ホリデイ・イン・バンコク・シーロム　中級　シーロム　MAP p.40-J

ビジネス街に立地の米国風シティホテル。リバーサイドへも近く、ツアー客に人気。
- 981 Silom Rd. ☎02-238-4300
- F 02-266-7701 料 S・T/2450B〜 室684
- 回 p.292-IC. ✉rsvn.hisirom@ihg.com
- https://www.ihg.com/holidayinn/
- 駅 BTSスラサック駅

Baiyoke Sky Hotel
バイヨーク・スカイ・ホテル　中級　サイアム　MAP p.42-B

国内最高のホテルタワー。最上階の展望台→p.69からの眺望は抜群。
- 222 Ratchaprarop Rd. ☎02-656-3000
- F 02-656-3555 料 S/2800B〜、T/3165B
- 室658 ✉baiyokesky@baiyoke.co.th
- https://www.baiyokesky.baiyokehotel.com
- 駅 BTSパヤタイ駅

Narai Hotel
ナーラーイ・ホテル　中級　シーロム　MAP p.41-G

1968年創業、市内中心の中堅ホテルの代表格。界隈にも老舗の高級店が点在。
- 222 Silom Rd. ☎02-237-0100 F 02-236-7161 料 S・T/1584B〜 室465
- ✉narai@naraihotel.co.th
- https://www.naraihotel.co.th
- *ピザの専門店にはファンも多い
- 駅 BTSチョーンノンシー駅

Eastin Hotel Makkasan, Bangkok
イースティンホテル・マッカサーン・バンコク　中級　サイアム　MAP p.43-C

近年の全館リニューアルにより、昨今流行のデザイン・プチホテル風に刷新された。
- 1091/343 New Petchburi Rd. ☎02-651-7600 F 02-651-7588 料 S・T/1325B〜
- 室278 ✉info@eastinbangkokhotel.com
- https://www.eastinhotelsresidences.com　*プラトゥーナーム市場→p.69に近い
- 駅 BTSパヤタイ駅

Arnoma Grand Bangkok
アーノマ・グランド・バンコク　中級　サイアム　MAP p.42-F

カジュアル感覚のシティホテル。徒歩圏内にショッピングやエステなど抜群の立地。
- 99 Ratchadamri Rd.
- ☎02-655-5555 F 02-655-7888
- 料 S/2900B〜、T/3100B〜 室369
- ✉arnoma@arnoma.com
- https://www.arnoma.com
- 駅 BTSチッドロム駅

The Four Wings Hotel Bangkok
ザ・フォー・ウイングス・ホテル・バンコク　中級　スクンビット　MAP p.45-D

日本人の商用滞在客も多く、閑静な住宅街で、落ち着いて滞在できるのが特徴的だ。
- 40 Soi 26 Sukhumvit Rd.
- ☎02-260-2100 F 02-260-2343
- 料 S/2450B〜、T/3200B〜 室325
- ✉reservation@fourwingshotel.com
- www.fourwingshotel.com
- 駅 プロンポン駅

Century Park Hotel
センチュリー・パーク・ホテル　中級　サイアム　MAP p.37-D

都心部に隣接する下町の立地で、庶民の活気に触れられる。BTS駅へは徒歩圏内。
- 9 Ratchaprarop Rd.
- ☎02-246-7800 F 02-246-7197
- 料 S・T/1863B〜 室380
- ✉info@centuryparkhotel.com
- https://www.centuryparkhotel.com
- 駅 BTSビクトリー・モニュメント駅

The Ambassador Hotel Bangkok
ジ・アンバサダー・ホテル・バンコク　中級　スクンビット　MAP p.44-A

バンコク有数の規模の客室数を誇り、スパやフィットネスをはじめ各種施設が充実する。
- 171 Soi 11 Sukhumvit Rd.
- ☎02-254-0444 F 02-253-4123
- 料 S・T/1480B〜 室760
- ✉info@amtel.co.th
- https://www.ambassadorbkk.com
- 駅 BTSナーナー駅

役立ちマメ知識　バンコクには「アマリ」「ノボテル」「インペリアル」などの同系のチェーンがあり、名前も同じようなパターンが多い。タクシーの運転手に正確に告げないと違うホテルに行ってしまう場合があるので、注意したい。

中級・経済的ホテル

Golden Tulip Sovereign Hotel Bangkok
ゴールデンチューリップ・ソブリンホテル・バンコク
MAP p.34-D　中級　その他

米国系のモダンな高層ホテルで、地元若者向けのナイトスポット街に隣接する。

- 92 Soi Saengcham, Rama 9 Rd. ☎02-641-4777 F02-641-5029 S・T/2154B〜
- 448 p.292-RD. info@goldentulipbangkok.com https://sovereign-bangkok.goldentulip.com

駅 MRTラーマ9世駅

Bangkok Centre Hotel
バンコク・センター・ホテル
MAP p.40-A　経済的　シーロム

経済的老舗ホテルの代表格。バンコク中央駅から近く、各国の若者たちの利用が多い。

- 328 Rama 4 Rd.
- ☎02-238-4848 F02-236-1862
- S・T/1020B〜 243
- info@bangkokcentrehotel.com
- https://www.bangkokcentrehotel.com

駅 MRTフアランポーン駅

Grand Mercure Bangkok Fortune
グランドメルキュール・バンコク・フォーチュン
MAP p.34-D　中級　その他

PC関連ショップやスーパーなどが雑多に入居するフォーチュン・タウン内にある。

- 1 Rathchada Pisek Rd. ☎02-641-1500 F02-641-1533 S・T/2480B〜
- 400 p.292-AC.
- H5931-RE1@accor.com
- https://www.accorhotels.com

駅 MRTラーマ9世駅

St. James Hotel
セント・ジェイムズ・ホテル
MAP p.45-D　経済的　スクンビット

こぢんまりとした老舗のブティック・ホテルにリニューアル。日本人にも評価されている。

- 18 Soi 26 Sukhumvit Rd.
- ☎02-261-0890 F02-261-0902
- S・T/2320B〜 78
- sales@stjamesbangkok.com
- https://www.stjamesbangkok.com

駅 BTSプロムポン駅

The Emerald Hotel
ジ・エメラルド・ホテル
MAP p.34-D　中級　その他

地元の若者や名士たちには有名なホテル。施設、客室ともに国際標準レベルにある。

- 99/1 Ratchada Pisek Rd.
- ☎02-276-4567 F02-276-4555
- S・T/2912B〜 605
- rsvn@emeraldhotel.com
- www.emeraldhotel.com

駅 MRTフアイクワーン駅

Tai-Pan Hotel
タイパン・ホテル
MAP ●切りとり-42、p.44-B　経済的　スクンビット

館内、客室内ともに国際標準的な内容で、中国系ツアー客の利用が多い。

- 25 Soi 23 Sukhumvit Rd. ☎02-260-9888 F02-259-7908 S・T/1360B〜
- 146
- info@taipanhotel.com
- https://www.taipanhotel.com

駅 BTSアソーク駅

Furama Silom, Bangkok
フラマ・シーロム・バンコク
MAP p.41-K　経済的　シーロム

客室を中心に近年、リニューアルされた。屋上プールからの眺めが良い。

- 533 Silom Rd. ☎02-688-6888
- F02-688-6889
- S/2000B〜、T/2400B〜 258
- silom@furama.com
- www.furama.com/silom

駅 BTSチョーンノンシー駅

Ariston Hotel Bangkok
アリストン・ホテル・バンコク
MAP p.45-C　経済的　スクンビット

建物はかなり古いが、立地の良さがポイントで、日本人個人客も利用する。

- 19 Soi 24 Sukhumvit Rd. ☎02-259-0960 F02-259-0970 S/2200B〜、T/2400B〜
- 152
- info@aristonhotelbkk.com
- https://www.aristonhotelbkk.com

駅 BTSプロムポン駅

Bangkok Palace Hotel
バンコク・パレス・ホテル
MAP p.43-C　経済的　サイアム

古色蒼然とした重厚な佇まいで、創業当時の名称を復活させた老舗の中級ホテル。

- 1091/336 New Petchburi Rd.
- ☎02-890-9000 F02-253-0556
- S・T/1023B〜 668
- rsvn@bangkokpalace.com
- https://www.bangkokpalace.com

駅 BTSチッドロム駅

The Swiss Park Hotel
スイスパーク・ホテル
MAP p.44-A　経済的　スクンビット

格安ツアーの定宿ともいえそうな有名中堅ホテルで、日系ツアーの利用も多い。

- 155/23 Soi 11 Sukhumvit Rd. ☎02-254-0228 F02-254-0378 S・T/3120B〜
- 108 reserve@swissparkhotelbangkok.com https://www.swissparkhotelbangkok.com

駅 BTSナーナー駅

Baiyoke Suite Hotel
バイヨーク・スイート・ホテル
MAP p.42-B　経済的　サイアム

全室スイートタイプの展望タワーで、広々とした客室は若者を中心に人気が高い。

- 130 Ratchaprarop Rd. ☎02-255-7755
- F02-254-5553 S・T/1275B〜
- 236
- baiyokesuite@baiyoke.co.th
- https://www.baiyokesuite.com

駅 BTSラーチャテーウィー駅

City Lodge Bangkok
シティロッジ・バンコク
MAP p.44-A　経済的　スクンビット

上記ホテルと同様のミニホテル。ブルヴァードホテル p.133 の一部施設が利用可。

- 137/1 soi 9 Sukhumvit Rd.
- ☎02-253-7705 F02-255-4667
- S・T/1300B〜 28
- book@citylodgebankok.com
- https://www.citylodgebankok.com

駅 MRTナーナー駅

Baiyoke Boutique Hotel
バイヨーク・ブティック・ホテル
MAP p.42-B　経済的　サイアム

若者向けのお洒落なブティックホテル。バイヨークスカイ→p.133 の施設を利用可能。

- 120/359 Ratchaprarop Rd.
- ☎02-251-8800 F02-255-5551
- S・T/1035B〜 220
- baiyokeboutique@baiyoke.co.th
- https://www.baiyokehotel.com

駅 BTSパヤタイ駅

Woraburi Sukhumvit Hotel & Resort
ウォラブリ・スクンビット・ホテル&リゾート
MAP p.44-B　経済的　スクンビット

閑静な環境のミニホテル。欧米の個人客に人気があり、リピーターにはおすすめ。

- 128/1 soi 4 Sukhumvit Rd.
- ☎02-656-7236 F02-656-7027
- S・T/940B〜 121
- rsvn-sukhumvit@woraburi.com
- https://www.woraburi.com

駅 BTSナーナー駅

日本人常駐　和食店　フィットネス　スパ　マッサージ　NHK　ネット一部客室　全室ネット完備　プール

*データ欄の は「ファシリティ」の意味でホテル内のレストラン、ショップ、スパなどの施設を示し、関連ページを表記

タイ中央部

- ●ロップリー　p.138
- ●パタヤー　p.140
- ●ラヨーン　p.150
- ●フアヒン／チャアーム　p.152

Central Thailand

タイ中央部　　**旅のアドバイス**

タイ中央部は、水郷地帯だ。チャオプラヤー川をはじめとする川や運河が網の目のように流れ、タイ湾に注ぎこむ。土地は肥沃で、バンコクを少し離れれば、のどかな田園風景が広がる。生活しやすいこの地域には、タイの歴史上重要な町や遺跡が点在する。一方、タイ湾に面した海岸沿いには、高級リゾートが発展している。

見る歩く Point

歴史に関係する場所ではロップリーのナライ・ラーチャニウェート宮殿が有名。ロップリーはアユタヤー王朝時代には第2の都として栄華を極めた街である。アユタヤーの王宮がビルマ軍による破壊のために跡形もないのに対して、この王宮は今も健在。かつてのフランス大使の公邸なども残っていて、山田長政など日本人も活躍していたアユタヤー時代に思いをはせるには、最適の場所だ。

買いもの Point

どこの都市でも、タイの特産であるタイシルクや、おみやげにふさわしい個性的な民芸品は、探すのにさほど苦労しない。ビーチリゾートには、夜になると屋台や露店商がどこからともなく集結してナイトバザールの市が立つ。夕涼みをしながらの散策だけでも楽しいが、ビーチリゾートならではの格安ファッションも多彩で、どうせなら現地調達ルックで統一してみるのも悪くない。

食べもの Point

海浜地帯の食べものといえば、やはりシーフード。鮮度が高く、種類も豊富だ。魚から作るナンプラー（魚醤）の生産も昔から盛んで、「手作りの味」を屋台料理で味わえる。リゾート地には高級なイメージの店やロマンチックな雰囲気の店が多く、店選びに困ることはない。市場形式の海鮮レストランでは、食べたい素材を選んで好みの料理法でつくってもらうという楽しみもある。また、パタヤーにはタイ料理以外の店も多く、日本料理や中国料理、西洋料理など、各国の味が揃う。

アクティビティ Point

マリンスポーツや高級カントリークラブでのゴルフなどが人気だ。なかでも充実しているのがパタヤー。ウインドサーフィン、水上バイク、シュノーケリング、ダイビングなどのマリンスポーツ、さらにゴーカート、射撃などバラエティに富んでいる。保険に加入していることを必ず確認してから楽しもう。また、タイ中央部から東北部にかけて広がるドンパヤーイェン-カオヤイ森林地帯は世界自然遺産に登録されている自然郷。その中のカオヤイ国立公園を訪れるツアー（→p.97）も人気が高まっている。

タイ中央部への交通

陸路

バンコクからロップリーへは鉄道で約2～3時間30分、バスで約3時間。パタヤーへは鉄道で約3時間40分、バスで約2時間30分。ラヨーンへはバスで約3時間30分。フアヒンやチャアームへは鉄道で約3時間30分、バスで約2時間30分～3時間、空路は、ハイシーズン以外は現在、運航を休止中。

テーマ別 POINT

バンコクから近いこのエリアには、個性的なビーチリゾートが2つあり、好みや気分に応じて使い分けることができるのが特徴だ。くつろぎ派のリゾートとして最近注目を集めているのがフアヒンとチャアーム。町やビーチは庶民的だが、随所に王家のリゾートらしい気品が感じられる。ロイヤル・ファミリー気分を存分に味わってみたいなら、かつて貴族の社交場であった旧レイルウェイホテル（センターラグランド）→p.157がおすすめだ。鉄道でフアヒン駅に降り立ってみるのも一興だろう。ホームのはずれに、赤と白のとんがり屋根が目立つ建物がある。これは王室専用の待合室で、王室一族が避暑用の離宮を訪れる際に使用されるもの。「ロイヤル・リゾート」を象徴する存在だ。一方、かつて「東洋のリビエラ」と呼ばれていたパタヤーはアクティブ派のリゾート。一時期は乱開発により荒廃していたが、政府の主導のもとで、アジアらしい活気を取り戻しつつある。もとよりアジア有数のリゾートとして世界的にも有名なので、グルメやショッピング、遊びなどには事欠かない。

フアヒン駅にある王族専用の待合室

LOP BURI
ロッブリー

アユタヤー王朝の重要拠点

MAP p.137-B

プラ・プラーン・サームヨードのクメール式仏塔（右上）

街のしくみ 楽しみ方

この町の歴史はタイでも特に古く、7世紀頃にはすでに、先住民族モン族の王国「ドヴァーラーヴァティー」の中心地として栄えていた。10世紀頃からは東南アジア全域に勢力を広げたクメール帝国の支配下に組み込まれ、要衝の地としてクメール様式の神殿が数多く築かれた。スコータイ時代になってタイ族の町になり、アユタヤー時代には、ビルマから王都を守るための前線基地として、再び脚光をあびるようになる。ナライ王の時代になると、交易のために西欧人がこの町に住むようになり、西欧風の洋館が多く建ち並ぶ。タイ建築に西欧様式を折衷した見事な宮殿が建設され、一時はここに遷都する計画もたつほどの繁栄を見せていた。今では、数々の遺跡が、その歴史を静かに物語っている。

現在の町はサルに占拠された町としても有名だ。サルはタイ神話では「神の家来」とされており、わが物顔で町や遺跡を闊歩している様子に出合える。見ている分にはほほえましいが、旅行者の荷物をひったくることもあるので、注意しよう。

歩き方のヒント ロッブリー

楽しみ	交通手段
遺跡 ★★★★	徒歩 ★★★★
街歩き ★★★	人力サムロー ★★★
くつろぎ ★★★	ソンテオ ★★★

エリアの広さ＆交通ガイド

新市街から西へ約2km、南北に流れるロッブリー川と鉄道とに挟まれた一角、およそ500m四方が旧市街の中心部。古い城壁跡に囲まれた旧市街のおもな見どころだけなら、徒歩でも1日あれば充分にまわれる。人力サムロー（→p.320）が多く、歩き疲れた時には利用したい（料金目安1乗車約40B～）。

ACCESS & INFORMATION

バス■バンコク北バスターミナル→エアコンバス（北へ約153Km、約3時間）→ロッブリーバスターミナル＜1日約30本（途中下車を含む）運行、124B～＞
鉄道■バンコク中央駅→普通・快速・急行・特急列車（北へ133Km、約2時間15分～3時間30分）→ロッブリー駅＜1日約16本、3等普通28B～＞
観光案内所■TAT（タイ国政府観光庁）囲City Hall, Narai Maharaja Rd. ☎036-770-096 開8:00～17:00 困土・日曜、祝日
＊TATは観光エリアとは離れた新市街の市庁舎にある。

見る歩く MAP p.139

プラ・プラーン・サームヨード
Phra Prang Sam Yod

ロッブリーにあるクメール遺跡の中でも代表的な存在。とくに、3基並んでそびえる塔が印象的だ。この3基の塔（プラーン）は、それぞれヒンドゥーの神々であるブラーマ、ヴィシュヌー、シヴァを象徴している。タイ国内で見られるクメール遺跡のほとんどはこの遺跡の模倣ともいわれており、そのスタイルはロッブリー様式と呼ばれている。そもそもはヒンドゥー教の神殿だったものだが、ナライ王の時代に仏像を奉納する本堂が増築され、徐々に仏教寺院へと変貌していった。次頁のサン・プラカーンもそうだが、この境内にもたくさんの野生のサルが棲みついている。
交ロッブリー駅→徒歩5分 圏Wichayen Rd. 開8:00～17:00 囲50B 困月・火曜

ロッブリー様式の代表寺院

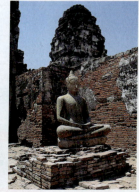

仏像はアユタヤー時代に追加された

見る歩く
サン・プラカーン
San Phra Kan

MAP p.139

朽ちかけたクメール時代のヒンドゥー神殿が裏手に残った祠堂で、本尊は、ナライ王の銅像頭部に仏像の頭を乗せたもの。100匹を超えるサルがここに棲みつき、サル山としても有名な観光名所だ。

交ロッブリー駅→徒5分住Wichayen Rd.開7:00〜18:00料無料困なし

サルにご馳走する感謝祭は毎年11月

見る歩く
ワット・プラ・スィーラタナ・マハータート
Wat Phra Sri Rattana Mahathat

MAP p.139

ロッブリー駅を降りるとすぐ正面に、天空高くそびえる姿のいわゆるロッブリー様式の美しい仏塔が目に入る。クメール時代の1157年に建立された神殿で、以来幾多の改築・増築がなされている。なかでも、すべてのお堂の窓枠が西欧風のゴシック様式で造られているのは必見だ。ナライ王の時代に西欧人が活躍した様子が、こんなところからもうかがえる。

交ロッブリー駅→徒1分住Nahphrakarn Rd.開7:00〜17:00料50B困月曜

増築で西洋建築がとり入れられた

見る歩く
ウィチャーイェン・ハウス
Wichayen House

MAP p.139

フランス国王ルイ14世が初めて遣わした大使のために、ナライ王が建てた大使公邸。後に同王に寵愛された英国東インド会社のギリシャ人ファルコン（タイ名ウィチャーイェン）が住み、カトリックの礼拝堂なども建てられた。

交ロッブリー駅→徒10分住Wichayen Rd.開7:00〜17:00料50B困祝日

華やかな宮廷外交が展開した舞台

歴史の館
ナライ・ラーチャニウェート宮殿
Narai Ratchaniwet Palace

MAP p.139

1677年にナライ王によって建てられた宮殿で、その後バンコク王朝のラーマ4世によって大規模に修復され、現在は国立博物館として一般公開されている。城壁に囲まれた広大な敷地に、王宮を筆頭に外国大使謁見の間、迎賓館、会議室などが点在する。タイ建築と西欧様式が見事に折衷された建物としても名高い。

交ロッブリー駅→徒10分
住Sorasak Rd.
宮殿開8:30〜18:00料150B
困月・火曜
博物館開8:30〜16:00料30B
困月・火曜、祝日

タイ中央部

139

王朝時代の栄華が偲ばれる

ロッブリー宿泊情報
ロッブリー・イン・リゾート
Lopburi Inn Resort

MAP p.139外

新市街から離れた郊外に位置する、ロッブリーで数少ないリゾートホテル。コテージ風の客室がプールを取り囲むように配置されていて、リゾート風の造りが美しい。新市街にも同系列のビジネスホテル（Lopburi Inn）があるが、こちらの方が観光気分は盛り上がる。

住144 Phaholyothin Rd. ☎036-420-777
F 036-614-795
料S・T/824B〜
室92

リゾート気分が楽しめる

PATTAYA
パタヤー

東洋の"リビエラ"と呼ばれるビーチリゾート

MAP p.137-F

リゾートホテルが並ぶパタヤー・ビーチ

街のしくみ 楽しみ方

のどかな漁村が、東洋でも有数のビーチリゾートに変貌

バンコクから南東へ約150km、タイ湾の東海岸線にあるパタヤーは、かつては王室のヨットクラブがあるだけのひなびた漁村にすぎなかった。のどかな村に変革の時が訪れるのは1960年代、米軍がベトナム戦争に本格介入してからだ。パタヤーの南方には海軍・空軍の基地が次々に建設され、美しい海岸を有するパタヤーは、米兵たちの保養地として一躍、脚光を浴びる。ベトナム戦争が終結し、米軍が去った後も、おもに西洋人の旅行者から南国の楽園、「東洋のリビエラ」と呼ばれて愛され続けた。やがて日本人旅行者が多く訪れるようになり、アジアでも有数のビーチリゾートとして定着する。ところが近年は、急激な乱開発の影響で、美しい海や砂浜はすっかり汚染され、米兵たちの置きみやげである歓楽街も肥大化の一途をたどり、マイナスのイメージが大きくなって旅行者の足は遠のいていた。しかし、閑散としたビーチの姿に危機感を覚えた政府が重い腰を上げ、官民一体となった再開発運動を進めている。現在、整備されたビーチリゾートとして新たに再生したパタヤーには、中国やロシアなどからの旅行者も多く、ビーチや繁華街には賑わいが戻りつつある。再開発運動の目玉であるジョムティエン・ビーチには整然とした雰囲気もあり、マリンスポーツの拠点は沖合のラーン島に移されている。周辺の見どころを含めて、充実したリゾートライフが期待できる。

歩き方のヒント
パタヤー

楽しみ	交通手段
スポーツ ★★★★★	サムロー ★★★★・
ショッピング ★★★・・	ソンテオ ★★★★・
くつろぎ ★・・・・	バイク ★★・・・

エリアの広さ

海岸沿いを南北に約3km、2本平行して走るパタヤー・ビーチロードとパタヤー・セカンドロードの間が中心街で、おもな観光施設はほとんどここにある。北から順にノース、セントラル、サウスと呼ばれており、それぞれのエリア内だけなら楽に歩ける広さだ。マリンスポーツを楽しむなら、市内中心部から南へ約8kmのジョムティエン・ビーチか、沖合へ約8kmのラーン島へ行くとよい。

※サムロー（→p.320）

ACCESS & INFORMATION

バス■バンコク東バスターミナル→エアコンバス（南東へ約141km、約2時間40分）→パタヤーバスターミナル＜日中15分おきに運行、124B〜＞ ＊スワンナプーム国際空港のリムジンタクシーならおおよそ3000B前後（車種・目的地による）、パブリックタクシーは応相談。

鉄道■バンコク中央駅→ディーゼル列車（南東へ約155km、約3時間40分）→パタヤー駅＜1日1本、3等普通31B＞

観光案内所■TAT（タイ国政府観光庁）囲609 Moo 10 Pra Tamnuk Rd. ☎038-427-667 圏8:00〜17:30困土・日曜、祝日

MAP p.141-E

パタヤー
Pattaya

0　　　　500m

N

パタヤー湾
Ao Pattaya

A

North Pattaya Rd.

パタヤー・バスターミナルへ

デュシタニ・パタヤー
Dusit Thani Pattaya
マントラ・レストラン＆バー
Parm Garden
アマリ・パタヤー
Amari Pattaya
Holiday Inn Pattaya
ティファニーズ・ショー
パタヤー・シューティングレンジ
Pattaya Shooting Range
A-one Star Hotel
セントラルセンター・パタヤー
Central Center Pattaya
セントラル・マリーナ

ノースパタヤー
North Pattaya

パタヤー
インターナショナル病院
アルカザール

Pattaya 2nd Rd.

パタヤー駅へ

パタヤー・バスターミナルへ

Pattaya Discovery Hotel
パタヤー・ビーチ
Pattaya Beach
Hotel Tropicana
ハードロック・ホテル・パタヤー
Hard Rock Hotel Pattaya

ツーリスト・
ポリス

Sunshine

Central Pattaya Rd.

メモリアル病院
ヒルトン・パタヤー
Hilton Pattaya

セントラル・フェスティバル・パタヤー・ビーチ
Central Festival Pattaya Beach
セントラルパタヤー
Central Pattaya

Pattaya Beach Rd.

Ceasar Palace
タイシルク＆スーベニア
Thai Silk & Souvenir
Honey Inn
ルアンタイ
ロイヤル・ガーデン・プラザ
Royal Garden Plaza
ホテル・バラクーダ・パタヤー
Hotel baraguda pattya
ベニハナ
リプレイス・ビリーブ・
イット・オア・ノット
Ripley's Believe
It Or Not

ベイビュー・ホテル・パタヤー
The Bay View Hotel Pattaya
アヴァーニ・パタヤー・リゾート
Avani Pattaya Resort
郵便局

Pattaya 3rd Rd.

141

サウスパタヤー
South Pattaya

サウスパタヤー湾

タイ国際航空
ロイヤルクリフ・ホテルズグループ
Royal Cliff Hotels Group
インターコンチネンタル・パタヤー・リゾート
Inter Continental Pattaya Resort
ラーン島行き乗船場

Lido Beach

パタヤー・ビーチ・ロード

パタヤ・セカンドロード

ラジオ局
ビュー・ポイント
ワット・カオ・プラバート
Wat Khao Phra Baht

ナンヌアル
Diamond Beach
Downtown Inn
サイアム・ベイショア・パタヤー
Siam Bayshore Pattaya

Wat Chaimongkhol

Supphalerk Villa
Hotel

South Pattaya Rd.

Sunset Ave.

Phra Tamruk Rd.

Mountain Beach

el Island View Pattaya

ツーリスト・ポリス
TAT

Sol 17

交番

仏教公園
Buddist Park

Central Pattaya
パタヤー・バドミントン・クラブ

Jomtien
Bay View

Thappraya Rd.

Hotel Victoria
ワット・プラヤイ
Wat Phra Yai
大仏像

E

The Dream Villa

シュガーハット

F

Sol 17

Sol

Kopai

ノンヌット・ガーデン・パタヤー・
タイ・アランカー・シアターへ

sia Pattaya

パタヤー・パークタワー
Pattaya Park Tower
Pattaya Park Beach Resort

Jomtien Condotel A & B

Jomtien View
Talay 1

ジョムティエン・ビーチへ

Thep Prasit Rd.

パタヤー・カート・スピードウェイ
Pattaya Kart Speedway
パタヤー・ペイントボール
Pattaya Paint Ball
パタヤー・バンジー・ジャンプ
Pattaya Bungee Jump

エリアの交通アドバイス

市内 パタヤー・ビーチロードとパタヤー・セカンドロードの間をソンテオ（→p.320）が反時計回りに循環していて、この経路内なら1乗車一律料金の10Bなので、パタヤー・ビーチ周辺の移動は比較的容易だ。経路を外れて郊外に向かう場合の料金はまた別で、空車で流しているソンテオには、こうした長距離のチャーターでの稼ぎを当てにしているものが多い。エリア内だけの利用なら、乗合状態になっているソンテオの方が便利。手を差し出せば止まってくれる。あらかじめ行き先を伝えるか、降りたいところで合図を送ればよい。

郊外 中心街を外れた近郊でも、幹線道路に出ればソンテオがかなり頻繁に走っている。郊外へはこれをチャーターして利用するか、主要ホテルのツアーデスクや旅行会社などで、タクシーをチャーターするとよい（料金は目的地や所要時間による）。ジープやバイクのレンタルも多いが、車は繁華街では混雑が激しいうえに乱暴な運転が多く、郊外では猛スピードで疾走しており、ここでの運転はおすすめできない。近年、メータータクシーが登場したが、ほとんどメーターを使わない料金交渉制というのが実態だ。

PATTAYA Beach 見る歩く GUIDE

ワット・カオ・プラバート　MAP p.141-C
Wat Khao Phra Baht

市内の南のはずれに位置する小高い丘の頂上にある寺院。青い海と森林からなる南国的な風景と、海岸線に林立する高層ビルが織りなす眺望は、市内随一の絶景だ。旅行者には記念撮影に人気のビューポイント。

交市内→🚗10分　圏パタヤー・ビーチの南端　圏8:00～16:00　圏無料　困なし

仏像を手前に、背後にはパタヤー全域が見渡せる

パタヤー・パークタワー　MAP p.141-E
Pattaya Park Tower

地上240mの高さを誇るパタヤー随一の高層タワーで、最上部からワイヤーに吊されながら滑り降りるアトラクションが大人気。ジェットコースターやバイキングなどの人気の遊戯設備もあり、タイ人の家族連れや外国人団体客などで大いに賑わうエリア最大の遊技場だ。

交市内→🚗15分　圏345 Jomtien Beach　☎038-251-201～8

圏10:00～19:00　圏タワー展望台は300B（降下アトラクションは別途400B）困なし

パークで一番人気のアトラクション、タワーショット

ノンヌット・ガーデン・パタヤー　MAP p.141-F外
Nong Nooch Garden Pattaya

蘭やサボテンなど熱帯の植物が色鮮やかに咲き乱れ、古典舞踊などのショーや、象の曲芸ショーが楽しめる。主要ホテルのツアーデスクや旅行会社などで、ミニツアーを受け付けている。

市内→🚗20分　圏34/1 Moo 7 Na Jomtien　☎038-238-061～3　圏8:00～18:00　Show10:30～17:00（1日5回）
圏400B　困なし

ここの象さんたちはとくに多芸と評判だ

美しい弧を描く パタヤー・ビーチ タイ中央部

143 パタヤー/ビーチ

PATTAYA Beach
ビーチガイド

米軍駐留時代の名残りなのか、パタヤーのビーチボーイたちはとくに威勢がよい。トラブルに巻き込まれないように、慎重な行動を心がけがたい。

往年の盛況を取り戻して活気があるが、泳ぐ人は少ない

パタヤー・ビーチ
Pattaya Beach　MAP p.141-B

　白い砂浜と椰子の木が南北に約4Km続き、広い海岸線にはパラソルとデッキチェアがところ狭しと並ぶ。ノース地区はリゾートホテルが多く比較的静かだが、サウス地区には米兵保養地時代の面影を残す歓楽街がいまだ健在で、パタヤー随一の繁華街になっている。

ラーン島
Ko Larn　MAP p.137-F、141-C外

　マリンスポーツの中心地になっている島。パタヤー・ビーチと船で結ばれており、気軽に日帰りで楽しめる。珊瑚礁がある青い海や白い砂浜は南国の楽園を思わせるが、各国からの団体旅行者が多く、のんびりとはくつろげない。むしろ、思いきりスポーツを楽しむためにあるアクティブな島と考えよう。
交サウスパタヤー港→フェリー約45分、スピードボート約15分

ジョムティエン・ビーチ
Jomtien Beach　MAP p.137-F

　再開発の中心地として、リゾートホテルやコンドミニアムが整然と建ち並ぶ。一直線に約8km続くビーチは市内寄りの北側が中心部で、ここから南へと進むほどに人影はまばらになる。パタヤー・ビーチより水がきれいで、マリンスポーツが盛ん。繁華街と呼べるほどのものはないが、遊びには事欠かない。
交パタヤー・ビーチ→ 30分

日本人はほとんど見かけない

ラーン島へは、日帰りツアーへの参加が便利→p.145コラム

PATTAYA Beach
海アクティビティガイド

ひとつ間違えると大事故につながるスポーツもある。必ず保険に加入していることを確認し、遊泳者の多いところでは、常に細心の注意を配りたい。料金はいずれも目安。

パラセイリング
Parasailing

パラシュートを背負い、モーターボートに引かれて舞い上がる。ジョムティエン・ビーチやラーン島で盛ん。ラーン島では海上の桟橋から離着陸するので、着水時にも海中へ飛び込むようなスリルが楽しめる。图900B〜（1回約10分）

水上バイク
Personal Watercraft

小型の水上バイクで海上を自由に走る。ジョムティエン・ビーチやラーン島で盛んで、ホテルのプライベートビーチでも楽しめる。運転にはくれぐれも注意。現在、係留船が多いパタヤー・ビーチ中央部では禁止されている。图900B〜（1回約30分）

空から眺める海とビーチは美しく雄大

急速度で転回する際はしっかりしがみついていよう

バナナボート
Bananaboat

バナナ型のゴムボートにまたがり、モーターボートに引かれて海上を疾走する。急カーブするときのスリルが魅力だ。振り落とされてもライフジャケットがあるので安心。图600B〜（1回約30分）

ウインドサーフィン
Wind Surfing

ボードの上に立ち、帆を操り風を受けながら海上を進む。どのビーチにもあるが、ジョムティエン・ビーチが盛ん。7〜9月は波が高く、しばしば中止となることがある。图450B〜（約1時間）

シュノーケリング
Snorkeling

道具さえあればどこでも気軽に楽しめる。レンタルは珊瑚礁があるラーン島にしかないが、パタヤーの繁華街ではシュノーケル付きの安価なマスクが売られているので不便はない。

ダイビング
Diving

ダイブショップや旅行会社、ホテルのツアーデスクなどでツアーを受け付け、沖合いや近郊の小島などで実施。透明度はあまり期待できない。日本語のわかる指導者がいないので、初心者には難しい。

その他
Others

パタヤーの近海ではゲームフィッシングも盛ん。ホテルのツアーデスクや市内の旅行会社などで申し込み、人数が集まれば随時出発する。その他、パタヤー沖では帆走なども楽しめる。

とっておき情報

遊んだ後に心地よいフットマッサージ

旅行者に人気のフットマッサージはパタヤーでも楽しめる。ビーチでアクティブに過ごしたあとなら、足ツボへの刺激はいっそう心地よい。店内には足ツボの図解が必ずあるはずだ。肝臓など、痛く感じるツボには日頃から酷使を続ける納得のツボもあるだろう。

店は中心街のセカンドロード沿いなどにあり、足ツボを図解した看板が目印。图1時間250B〜

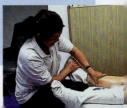

陸 アクティビティガイド
PATTAYA Beach

パタヤーにはいろいろな遊びが盛りだくさんで、長期の滞在にも飽きることはない。子ども連れの家族でも遊べるように、趣向が凝らされているのも特徴だ。

バンジー・ジャンプ
Bungee Jump

地上60mのゴンドラから、足下に広がる池を目指してダイブする。恐怖感は全国屈指との評判だ。
■パタヤー・バンジー・ジャンプPattaya Bungee Jump交市内内→🚗15分営Thep Prasit Rd.☎038-301-209営9:00～18:00料2500B～休なし MAPp.141-F

パタヤー・カート・スピードウェイに隣接。カメラを持っている旅行者には、無料で撮影してくれる。上から見ると池がかなり小さく見えて恐怖心があおられる

ゴーカート
Go Kart

怖く感じるほどのスピード感。初心者・熟練者・オフロード、3つのサーキットがある。
■パタヤー・カート・スピードウェイPattaya Kart Speedway交市内内→🚗15分営248/2 Moo12 Thep Prasit Rd.☎038-422-044営9:00～18:00料10分400B～休なし MAP p.141-F

体感速度は100km/h以上。かなりの体力が必要

シューティングレンジ
Shooting Range

老舗の公認射撃場。初心者でも、経験豊かな指導員がそばに付き、安心して楽しめる。
■パタヤー・シューティングレンジPattaya Shooting Range営ノースパタヤー☎038-421-700営10:00～20:00料サービス料200B＋38口径10発600B～各種＋標的1枚10B休なし MAP p.141-B

キャバレーのティファニーズ・ショーの1階にある

ペイントボール
Paint Ball

迷彩服に身を包み、エアーガンで塗料付きのゴムボールを撃ち合う。見知らぬ客と対戦することもある。
■パタヤー・ペイントボールPattaya Paint Ball交市内→🚗15分営Thep Prasit Rd.☎038-300-608営9:00～17:00料600B～休なし MAP p.141-F

大人から子どもまで、一緒になって楽しめる戦闘ゲーム

●本音でガイド●

旅行会社を上手に活用したい 悪質な旅行会社が多いので注意も必要

ビーチ沿いの中心街には旅行会社が数多く、レンタカーやマリンスポーツのアレンジ、ラーン島などへのツアーを受け付けている。しかしパタヤーには悪質な業者も多く、トラブルに巻き込まれることが少なくない。TAT（タイ国政府観光庁→p.140）で相談をしてみるか、あるいは多少は割高になるのを覚悟のうえで、ホテルのツアーデスクを利用するのが無難さ。

客引きをしているツアー会社には要注意

レストランカタログ
食べる

このバラエティーにはどの国からの旅行者も満足

世界中の旅行者から親しまれてきたパタヤーでは、各国の料理を楽しめるのが特徴だ。最近では、ロシア料理店などが増えている。新鮮な海の幸を生かした料理が醍醐味。魚介類が店頭に陳列された海鮮料理店は、市内のあちこちで見かける。

タイ | サウスパタヤー | MAP p.141-E

シュガーハット
Sugar Hut

人気抜群のタイ料理店

エキゾチックなタイ風コテージが並ぶトロピカルなガーデン・リゾート内にあり、雰囲気が抜群。とくに西洋人には人気が高く、料理の味は比較的マイルドだが、タイ人にも美味と好評だ。

- 391/18 Moo 10 Thapphraya Rd.
- 038-251-686〜8
- 8:00〜23:00
- 困なし
- 予算500B〜

各国 | ノースパタヤー | MAP p.141-B

マントラ・レストラン&バー
Mantra Restaurant & Bar

話題のホットスポット

斬新でスタイリッシュな多国籍料理店。タイ料理をはじめ和洋中やインドなど、各国料理のオープンキッチンが軒を連ねておりメニューは多彩に揃う。ゆったりとくつろげるバーを併設している。

- Amari Orchid Pattaya敷地内 → p.148
- 038-429-591 17:00〜23:00
- 困なし セット1600B〜
- ＊サンデーブランチ（11:00〜15:00）以外は、スマートカジュアルのドレスコード

日本 | サウスパタヤー | MAP p.141-D

ベニハナ
Benihana

どうせならひと味違った和食を

有名な鉄板焼のパフォーマンス。注文した料理が目の前で、手品ショーでも見ているかのごとくに調理される。外国人には大人気で、せっかくの海外、和食もこんな雰囲気で楽しみたい。

- Royal Garden Plaza 2階 → p.147
- 038-412-120
- 12:00〜24:00
- 困なし
- 鉄板焼きセット890B〜、鉄板焼きタイガープラウン1390B〜

タイ | セントラルパタヤー | MAP p.141-D

ルアンタイ
Ruen Thai

初めてのタイ旅行に最適

タイ風の伝統建築や中央の庭園が目を引くタイ料理店。開放的な庭園のテーブルでは料理だけでなく、夜には古典楽器の演奏やタイダンスも観賞できて、エキゾチックな気分に浸れる。

- 485/3 Moo 10 Pattaya 2nd Rd.
- 038-425-911、093-928-9162
- 11:00〜23:00 困なし
- 予算はセット昼夜4名用1600B〜、海鮮2000B〜
- Show 古典舞踊19:40〜

海鮮 | サウスパタヤー | MAP p.141-C

ナンヌアル
Nangnual

大勢で行けば楽しさ倍増

海鮮ならここ、といわれる有名な老舗。海上にせりでたテラスでは、潮風に吹かれながらの食事が楽しめる。店頭に山盛りされた魚介類から好みの食材を選び、調理方法も自由に注文できる。

- 214 Moo 10 Walking St. South Pattaya Beach
- 038-424-177、086-367-1213 15:00〜24:00 困なし
- 予算400B〜
- ＊混雑期には予約が望ましい。海鮮料理の注文 → p.102

日本人スタッフ常駐 | 日本語が通じる | 日日本語メニュー | 英語が通じる | 英英語メニュー | 写写真メニュー | 予要予約

ショップカタログ
買う
高級品から義理みやげまで豊富な品揃え

夕陽が海へ沈む頃、中心街のあちこちで露天商が集まり夜市がたつ。

ナイトスポットカタログ
夜遊び
米兵保養地時代の面影を残す歓楽街

夜になるとネオンがまばゆい妖しい世界が出現する。キャバレーショーの人気が高い。

民芸品　サウスパタヤー　MAP p.141-D
セントラル・フェスティバル・パタヤビーチ
Central Festival Pattaya Beach

最新ショッピングモール
ビーチ沿いの中心部にある本格派の高級ショッピングモール。海外有名ブランドのフロアや各国の料理店が集まる食事街などのほか、スパや映画館、ボウリング場などが揃う巨大な複合施設だ。

住333/102 Pattayasaisong Rd. ☎038-930-999
営11:00～23:00 休なし　＊営業時間、定休日は店舗により異なる。メータータクシーの乗場がある

ショー　ノースパタヤー　MAP p.141-B
アルカザール
Alcazar

全国のダンサーが憧れる檜舞台
タイのビーチリゾートに数あるニューハーフのキャバレーショーでも屈指の妖艶さと豪華絢爛のステージを誇り、まさしく「ミスターレディの殿堂」。ハイシーズンには長蛇の列ができるほどの人気だ。

住78/14 Pattaya 2nd Rd. ☎038-410-224～7 Show17:00、18:30、20:00、21:30 料800B～ 休なし　＊VIP席のみ要予約、ホテルのツアーデスクなどで予約可能

プレイスポット　サウスパタヤー　MAP p.141-D
ロイヤル・ガーデン・プラザ
Royal Garden Plaza

繁華街のランドマーク
タイの若者はもちろん、旅行者にも人気のプレイスポット。カジュアルなブティックを中心に、アクセサリーなどの露天商も多い。遊戯施設や映画館、レストラン→p.146も充実している。

住218 Pattaya Beach Rd. ☎038-710-294～8 営11:00～23:00 休なし　＊レジャー施設は3階、レストランは2～3階。営業時間、定休日は店舗により異なる

ショー　ノースパタヤー　MAP p.141-F外
タイ・アランカーン・シアター
Thai Alangkarn Theater

待望の古典舞踏シアター
最新の視聴覚機器を駆使した本格派の巨大な古典シアターだ。ブッフェ・レストランや民芸品マーケットなども併設しており、観光都市パタヤーにもついに新たな夜の楽しみ方が誕生した。

住K.M.155 Sukhumvit Rd. ☎038-256-000 夕食17:00～18:00 Show18:00～19:00 料1000B～、夕食付き1200B～ 休水曜
＊2019年6月現在リニューアル工事中

役立ちマメ知識　米兵の保養地時代の名残があるせいかパタヤーの夜には猥雑さや粗っぽさがつきまとう。明るい通りでも慎重に。薄暗い路地、2階にあるようなバーには犯罪に巻き込まれないためにも近づかないこと。

ホテルカタログ
泊まる
★★★★★

高級ホテルも好みで選べる大型ビーチリゾート

アジア有数のビーチリゾートとして君臨してきた実績があり、ゲストハウスから高級リゾートホテルにいたるまで、バラエティーに富んでいる。立地場所により雰囲気が大きく左右されるので、ホテルの選択には立地条件が大きなポイントになるだろう。

高級 ／ ノースパタヤー ／ MAP p.141-B

デュシタニ・パタヤー
Dusit Thani Pattaya

タイ流儀のもてなしがうれしい

閑静な立地にプライベートビーチをもつ高級リゾート。ロビー奥の吹き抜け空間には、南国の草花が咲き乱れる心地よい室内ガーデンがあり、タイ流儀の伝統が重厚に、老舗の風格を漂わせている。

- 住240/2 Pattaya Beach Rd.
- ☎038-425-611 FAX038-428-239
- 料S・T/2275B～ 室462
- p.292-DU
- Email dtpa@dusit.com
- https://www.dusit.com/dusitthani/pattaya/ja
- ＊デヴァラナ・スパが人気

高級 ／ ノースパタヤー ／ MAP p.141-B

アマリ・パタヤー
Amari Pattaya

アーバンビーチ・リゾート

繁華街の喧噪からは少し離れた立地で、のんびり静かにくつろげるカジュアル感覚のリゾートだ。眺望が楽しめる高層タワーが新たに誕生し、旧館は緑豊かなガーデンリゾートだ。

- 住240 Pattaya Beach Rd.
- ☎038-418-418 FAX038-418-410
- 料S・T/2975B～
  （ウェブサイトに掲示）
- 室287 Email orchid@amari.com
- https://www.amari.com
- ＊多国籍レストランのマントラ →p.146が人気

高級 ／ セントラルパタヤー ／ MAP p.141-D

ホテル・バラクーダ・パタヤー
Hotel Baraquda Pattya

トレンディなシティ派

中心部の一等地に立地するアットホームなブティックホテル。館内・客室ともにアクアマリンのイメージで統一され、若者向けのカジュアルなシティ派リゾートだ。スタッフの対応もフレンドリー。

- 住485/1 Moo10 Pattaya 2nd Rd.
- ☎038-769-999 FAX038-769-900
- 料S・T/2295B～ 室72
- p.292-AC
- Email rsvn@hotelbaraquda.com
- https://www.accorhotels.com ＊館内・客室内禁煙

高級 ／ セントラルパタヤー ／ MAP p.141-B

ハードロック・ホテル・パタヤー
Hard Roch Hotel Pattaya

近未来派のリゾート

ご存知ハードロックが世界4番目にオープンしたリゾートホテル。館内には心地良いサウンドが響き渡り、エルビスたちスターらのフィギュアも点在。とくにプールサイドの雰囲気は抜群だ。

- 住429 Moo 9 Pattaya Beach Rd.
- ☎038-428-755 FAX038-421-673
- 料S・T/2294B～ 室323
- Email rooms.pattaya@hardrockhotels.net
- https://pattaya.hardrockhotels.net

高級 ／ サウスパタヤー ／ MAP p.141-C

サイアム・ベイショア・パタヤー
Siam Bayshore Pattaya

トロピカルなムードが満点

繁華街の南端にある小高い丘のふもと、8万㎡の敷地には原生林が繁り、歓楽街の近くとは思えない静寂が保たれていて、くつろげる。明るい南国調の装飾で統一され、リゾート気分が盛り上がる。

- 住559 Beach Road
- ☎038-428-678 FAX038-428-730
- 料S・T/2773B～ 室270
- Email siambayshore@sukosolhotels.com
- https://www.siambayshorepattaya.com
- ＊タイ料理教室など、アクティビティも充実する

🏨日本人常駐　🍴和食店　🏋フィットネス　💆スパ　💆マッサージ　N NHK　📶ネット一部客室　📶全室ネット完備
🏊プール　🛁バスタブ無しの部屋あり

豪華　　　　　　　　　　　　　ジョムティエン　MAP p.141-C
ロイヤルクリフ・ホテルズグループ
Royal Cliff Hotels Group

創業以来国内外より150以上の賞を受賞。ダイニングは約10カ所あり、選ぶのに迷うほど多彩。全館順次アップグレード、高速ネット回線は全室無料

パタヤーとジョムティエンを隔てる小高い丘の斜面、贅沢な空間を独り占め

1973年創業、タイのビーチリゾートでは草分け的な存在だ。パタヤーの発展とともにアジアを代表するビーチリゾートに成長し、南国の楽園の象徴として世界にその名をとどろかせた。26万㎡の広大な丘の斜面には、それぞれ特有の顔をもつ4つのホテル棟、2つのプライベートビーチやスポーツクラブ、スパなど、優雅な滞在に必要な施設のすべてが揃う一大リゾートだ。

■**ロイヤルウイング・スイート&スパ**　ロイヤルクリフ内でも別格の最高級施設。専用プールのデッキチェアには、滞在中宿泊客の名前が付けられ、ボーイがどこにおくかを聞いてくる。全室スイートの客室にはジャクジーも備わり、客室前で朝食を調理してもらうことも可能だ。

■**ロイヤルクリフ・グランドホテル**　リゾート内では一番新しく、とくに日本人には人気が高い。全室デラックスの客室には開放的なバスルームと、パノラマの水平線に沈むサンセットを望むバルコニーが備わる。

■**ロイヤルクリフ・ビーチテラス**　リゾートではもっとも古いが、プライベートビーチに連なる一等地の丘の斜面に立ち、創業当時の風格は今も健在だ。とくにテラスからのサンセットは一級品の展望だ。

■**ロイヤルクリフ・ビーチホテル**　中央にそびえる、ここがいわば本館で、カジュアル指向のリゾートライフが満喫できる。ツアー団体客の利用が多いが、客室の大半は豪華なミニスイートだ。

住353 Phra Tamnuk Rd. TEL038-250-421 FAX038-250-511、513
Erelax@royalcliff.com URLhttps://www.royalcliff.com
Royal Wing Suites & Spa料S・T/8029B～ 室85
Royal Cliff Grand Hotel料S・T/2910B～ 室372
Royal Cliff Terrace料S・T/2877B 室89
Royal Cliff Beach Hotel料S・T/3111B～ 室544
＊本格派のクリフ・スパはビジターにも人気

高級　　　　　　　　　　　　サウスパタヤー　MAP p.141-D
アヴァーニ・パタヤー・リゾート
Avani Pattaya Resort

アクティブなシティ派向き

繁華街のランドマークで、にぎやかに過ごしたい人向き。一方、トロピカルなガーデンやプールサイドには、静寂感が保たれている。館内、客室内にはタイ伝統の建築様式も随所に見られて美しい。

住218/2-4 Moo 10 Pattaya Beach Rd. TEL038-412-120 FAX038-429-926 料S・T/3490B～ 室299 Epattaya@avanihotels.com URLhttps://www.avanihotels.com/ja/pattaya
＊ロイヤルガーデン・プラザに隣接→p.147

豪華　　　　　　　　　　　　ジョムティエン　MAP p.141-C
インターコンチネンタル・パタヤー・リゾート
InterContinental Pattaya Resort

本格派の南国リゾート

ロイヤルクリフに隣接して、小高い丘陵地帯に建つ隠れ家的風情の最高級リゾートだ。熱帯の樹木に見え隠れするようにして、スパやプール、レストランなど、本格派の施設が配置されている。

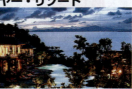

住437 Phra Tamnak Rd.
TEL038-259-888 FAX038-259-899
料S・T/3528B～ 室156
日p.292-ST.
Eicpattaya@ihg.com
URLhttps://pattaya.intercontinental.com/ja

RAYONG
ラヨーン
タイの若者たちのリゾート

MAP p.137-F

タイ湾にのぞむラヨーン・リゾート（右上）

街のしくみ 楽しみ方

ラヨーン県をはじめ東部海岸の一帯は、古くから中国系の移民が多く、漁業や果樹園など農林業が盛ん。近年は工業化を目指す動きも強く、東部臨海工業地帯を形成している。ベトナム戦争以降、バンコクからの幹線道路も整備され、隣国のカンボジアへ続く長い海岸線には、自然の残る美しいビーチが点在する。古くからタイの人たちには人気が高く、なかでも国立公園のサメット島（要入園料）には、休日になると椰子葺きの素朴なバンガローに、ギター片手の若者たちが大挙して押し寄せる。最近では施設が整備されつつあり、外国人団体客も訪れるようになっている。

歩き方のヒント ラヨーン

楽しみ	交通手段
スポーツ★★・・・	徒歩 ★★★★
自然景観★★★・・	ソンテオ ★★★
くつろぎ★★★★★	

エリアの広さ＆交通ガイド

ラヨーンの町からバンペーの船着き場までは東へ約22km、バンペーからサメット島へは沖合いへ約6.5km。島内では、桟橋のあるナダン港と各ビーチの間をソンテオ（→p.320）が頻繁に往復し、各ビーチの発着場で乗れる（料金目安1乗車10〜50B）が、隣のビーチへ行く時などは、散策がてら歩くのが一般的だ。

ACCESS & INFORMATION

バス■バンコク東バスターミナル→エアコンバス（南東へ約206Km・約3時間30分）→ラヨーン＜不定期運行、料金目安136B〜＞
＊パタヤー〜バンペー間も旅行会社のミニバスが運行
船■バンペー港→ボート（約45分）→サメット島ナ・ダン桟橋＜圏7:00〜18:00、頻繁に往復、50B＞ ＊時間外はチャーター
観光案内所■TAT（タイ国政府観光庁）囲153/4 Moo 12 Sukhumvit Rd. ☎038-655-420〜1 圏8:00〜17:00 困土・日曜、祝日
MAP p.151-A

見る歩く　タクシン王廟　MAP p.151-A
The King Taksin Shrine

ビルマ軍によって滅ぼされたアユタヤーを奪回し、バンコクの対岸トンブリーに王朝を開いたタクシン王は、ラヨーンの土地と縁が深い。王は中国系移民の子で、中国系移民の多い東部沿岸では今も英雄的存在だ。中国正月には大勢の参拝客が訪れる。
交ラヨーン市内、時計塔→↑10分
囲Wat Lum Mahachai Chumphon
開日の出〜日没
料無料 困なし

タクシン王廟。中国語で「鄭王廟」とある

バンペーの市場

バンペーの船着場

見る歩く　バンペー　MAP p.151-B
Ban Pae

旅行者にはサメット島への玄関口として知られる村だが、大きな漁港もあり、市場には水揚げされたばかりの新鮮な魚介や干物、貝殻細工の民芸品などがある。

泊まる　ホテル・ノボテル・ラヨーン・リムペー　MAP p.151-B
Hotel Novotel Rayong Rim Pae

バンペーから東へ約20km、海岸線に沿って美しい並木道を抜けると、バンガローばかりが並ぶ素朴なビーチが延々と続く。そんなのどかな海岸に誕生した、国際水準のリゾートホテルだ。
囲4/5 Moo 3, Pae Klaeng Kram Rd. ☎033-010-100 ℻033-010-111
料2240B〜 室189 p.292-AC.
✉reservations@novotelrayong.com 困https://www.accorhotels.com

南国気分を盛り上げる客室の内装

泊まる

ラヨーン・リゾート
Rayong Resort
MAP p.151-B

　国立公園内の岬の先端部にある高級リゾートで、周囲の自然とうまく調和がとれている。サメット島と向かいあう位置にあり、島へは専用ボートで往復できる。近隣のバンペーや郊外のパタヤーへのミニトリップもあるが、シーズンにもより要予約。

📍186 Moo 1, Phe Sub-District, Rayong ☎033-012-440～3 📠033-012-435 料S・T/2591B～ 室158
✉rayongresort@rayongresort.com
🌐http://www.rayongresort.com

＊ホテルの専用ボートは要事前予約（チャーター、有料）

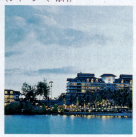
国立公園内にある静かな立地

白いギターが似合う素朴な若者の島、サメット島
MAP p.151-B

サメット島へ行くにはバンペー行きのバスに乗ること。サメット島には国立公園事務所がある。入園料200B

　サメット島は南北に約7kmの細長い島。東側のビーチは遠浅で砂浜が美しい。西側のビーチは夕暮れ時が魅力。素朴なビーチが多いなか、サイケーオ・ビーチは、桟橋がある港に近いせいか開けた感じがする。ダイヤモンドビーチとも呼ばれる白い砂浜には、椰子の木が延々と生い繁り、マリンスポーツもここが一番盛ん。また、東側中央にあるウォンドゥアン・ビーチは、湾状の砂浜で波が穏やか。このビーチにはわりと高級感のあるバンガローが多く、外国人旅行者にも人気が高い。シュノーケリングやフィッシングを楽しむボートツアーも、ここから出発する。島内の西側には夕暮れが美しいサンセット・ビーチがあり、素朴な島内でもひときわ閑静なたたずまいで知られる。近年では高級感のあるリゾートも出現している。

タイ中部

151

HUA HIN/CHA-AM
フアヒン/チャアーム
優雅な香り漂う宮廷リゾート

MAP p.137-E

優雅でのどかなフアヒンのビーチ。円内はフアヒン駅

街のしくみ 楽しみ方

避暑地リゾートの優雅さに気品と格調の高さを感じる

フアヒンは王室のリゾートとして開拓された優雅な避暑地。隣のチャアームには素朴なビーチがあり、どちらもリゾート開発の手が入りつつはあるが、喧噪とは無縁のとのかなビーチだ。

漁船が行き交うだけだったこの海岸線に熱い視線が注がれるようになったのは20世紀の初頭、バンコクからの鉄道が開通してからのことである。

1920年代、周囲のビーチに王室の離宮が次々と建設され、タイ最初のゴルフコースもフアヒン鉄道駅舎の裏手に造られた。やがて貴族の別荘も建ち並び、高級ホテルには上流階級の紳士や淑女が集まり、華やかな社交場として賑わいをみせていた。

1960年代にはベトナム戦争を契機に湾を挟んだ対岸のパタヤーで大衆リゾートが台頭するが、こちらは生い立ちからして性格が大きく異なる。

点在する各リゾート施設は緑が豊富で、隠れ家的な風情をたたえ、現役の夏離宮には今もときおり王族が避暑に訪れる。閑静な町のたたずまいには今もなお優雅な気品が感じられ、充実した格調高い休日を期待できる。

歩き方のヒント フアヒン/チャアーム

楽しみ
- スポーツ ★★★・・
- バザール ★★★・・
- くつろぎ ★★★★★

交通手段
- 徒歩 ★★★★・
- ソンテオ ★★★・・
- 人力サムロー ★★★・・

エリアの広さ

フアヒン駅からビーチ方向へ延びているダムヌーンカセーム通りの北側、およそ500m四方がこのエリア唯一の繁華街。フアヒンからチャアームへは北へ20kmほどあるが、チャアームのリゾートホテルはいずれもフアヒンとの間にあるので、チャアームのホテルからフアヒンの繁華街へも近い。ゴルフコースは西側、内陸部に入り込んだ場所にあるものが多い。

ACCESS & INFORMATION

バス■バンコク北バスターミナル→エアコンバス（南へ約201km、約3時間）→フアヒンバスターミナル＜1日約17本、185B～＞
＊チャアームへも含めて直行便は数が少なく、途中下車するのが一般的だ。高級リゾートホテルにはバンコクの主要ホテルとの間に宿泊客専用の送迎バスを運行するケースもある。スワンナプーム国際空港1階ゲート8からは、民間のバス会社が定期便を運行している＜ほぼ90分おきに運行、294B～＞

鉄道■バンコク中央駅→普通・快速・急行・特急・寝台列車（南へ約229km、約3時間20分～4時間20分）→フアヒン駅＜1日約13本、3等普通44B～＞

観光案内所■TAT（タイ国政府観光庁）
＜チャアーム＞
住500/51 Phetkasem Rd., Cha-Am Rd.☎032-471-005～6営8:00～17:00休土・日曜、祝日　MAP p.155-A
＜フアヒン＞
住39/9 Phetkasem Rd., Hua Hin☎032-513-854～5営 8:00～17:00休土・日曜、祝日　MAP p.155-B

エリアの交通アドバイス

市内 フアヒン、チャアームともに町は小さく、徒歩でも充分に回れる広さ。また、海岸線には人力車のサムローも数多く、潮風に吹かれながら夕涼みしたり、のんびりとゆられながら走るのも、のどかな町のムードにふさわしい（1乗車目安150B〜）。

郊外 ソンテオ（→p.320）やバイクタクシーが頻繁に往来しているが、旅行者の利用は少ない。ジープやバイクのレンタル店も数多いが、とくに幹線道路では乱暴な運転が多いので、おすすめできない。郊外の見どころへは、ホテルのツアーデスクや繁華街の旅行会社などで、タクシーの利用（料金は目的地や所要時間による）や、ツアーへの参加が便利だ。チャアームのリゾートからフアヒンの繁華街へは、専用のシャトルバスが運行されており、おもなリゾートホテルではゴルフコースへも送迎しているので、移動に不安はない。

本音でガイド

フアヒン/チャアームはくつろぎのリゾート まずはこのエリアの概略を知ろう

ロイヤルリゾートの象徴、フアヒン駅

バンコクから南へ200kmほどのフアヒンでは、鉄道駅舎が町を代表する顔になっている。王室専用の小さな待合室があり、タイ風の建築が緑の木々に映えて可愛らしい。駅舎の背後には歴史と伝統を誇る名門のゴルフコースがあり、旅行者でも気軽にプレーを楽しめる。

中心街は鉄道と並行する幹線道路、ペットカセーム通り（Phetkasem Rd.）。市場界隈は早朝から活気づくが、毎朝8時には町中の拡声器から国歌が流れ、喧噪がピタリと止む。バンコクでは目にするのが難しい光景で、道行く人が立ち止まる姿を見ると、ロイヤルリゾートと呼ばれるゆえんを実感できる。付近の小道や広場には夕刻以降、露天商や屋台が集結してナイトバザールになる。

駅からビーチへまっすぐ延びるダムヌーンカセーム通り（Damnoenkasem Rd.）には、レストランやみやげ物屋などが並び、旅行者で賑わう。すぐ先の海岸には、かつて上流階級の社交場として華やいだ旧レイルウェイホテル（センターラグランド）がある→p.157。

チャアーム・ビーチ

フアヒンの町はみやげ物屋も並ぶ 場所によってはバナナ・ボートも楽しめる

フアヒンから北へ約25kmのチャアームは、同じく鉄道駅や市場を中心とした、タイの一般的な田舎町のたたずまい。ビーチには海岸線に沿って中級ホテルや食堂が並ぶ。いたって素朴な土地だが、見渡すかぎりの広い砂浜には、適度な波が打ち寄せ、海水浴が楽しい。休日はタイの若者や家族連れの姿も多く、Tシャツに短パン姿のまま泳ぐ人もいて、庶民的な雰囲気に満ちている。ビーチの名物である乗馬を楽しめば、いっそうのどかな空気を満喫できる。

ビーチでは楽しい乗馬のひとときも

のんびりするにはフアヒン・ビーチが最適

チャアームからフアヒンへと続く海岸線には、近年分譲のコンドミニアムや別荘風の邸宅が林立し、大型の高級リゾートも出現した。施設内にすべてが揃う滞在型のリゾートだ。

砂浜での乗馬（圏30分約300B〜）や、椰子の木陰での古式マッサージ（圏60分約300B〜）など、くつろぐための楽しみもある。

レストランカタログ
食べる
食の醍醐味はビーチならではの海鮮料理
リゾートホテルの味も充実するが、街の海鮮料理店で庶民的な活気を楽しみたい。

ショップカタログ
買う
バザールで地元の熱気を楽しむ
みやげの定番は貝殻細工。衣類や雑貨など、エスニックなリゾート風だ。

タイ フアヒン MAP p.155-B

サワディー
Sawasdee

味に定評がある人気店

メニューには一般的なタイ料理がひととおり揃い、海鮮料理も充実している。繁華街のメインストリートに面しており、路地にせりでたテーブルに座ると、オープンカフェの雰囲気も楽しめる。

住122/1-2 Naresdamri Rd.
☎032-511-935
営10:00～22:00 休なし
料シーフードミックス予算500B～
＊味付けは外国人用にマイルド。量り売りのバーベキューなどの海鮮グリルは夜のみのメニュー

海鮮 フアヒン MAP p.155-B

セーンタイ・シーフード
Sang Thai Seafood

産地直送の新鮮な海鮮料理

2017年1月に元の漁港の桟橋から1キロほど北のビーチ沿いに移転。店頭のいけすには、新鮮なエビやカニなど豊富な魚介類が並ぶ。オープンエアのガーデンテラスなら、波の音や潮風も心地よい。

住8/3 Naebkehaldt Rd.
☎032-530-343
営10:00～23:00
休なし
料セットは昼food 8名用3200B～
＊海鮮料理の注文→p.102

各国 フアヒン MAP p.155-B

ラ・ヴィラ
La Villa

本格派のイタリアン

イタリア人がオーナーシェフで、新鮮な海の幸を活かしたスパゲッティーやピザ、アイスクリームなどが美味と好評だ。市内では一番古いイタリア料理店として、地元の人からも愛されている。

住12/2 Poolsuk Rd.
☎032-513-435
営12:00～14:00、18:00～22:30
休なし
料予算300B～＊イタリア製のオーブンで焼かれる、本格的なピザがおすすめ

ファブリック フアヒン MAP p.155-B

コーマパット
Khomapastr

エスニック感覚が人気

タイシルクではおなじみの、独特のエスニックな意匠をコットンに織り込んだ日用品がおみやげにも喜ばれそう。テーブルクロスやクッションカバーなど、実用性にもすぐれている。

住Soi 84 Petchkasem Rd.
☎032-511-250
営9:00～17:00（金～日曜～19:00）
休なし
＊タイ王室の御用達で、日本の皇族も見学されたこの町一番の格式を誇る有名店

市場 フアヒン MAP p.155-B

フアヒン・ナイトマーケット
Hua Hin Night Market

フアヒンの夜のにぎわい

ナイトバザールでのショッピングは、ビーチリゾートっぽいカジュアルなTシャツやコットン・パンツなどがおすすめ。風通しがよく着心地も満点の、格安ファッションだ。

営18:00～23:00
休なし
＊旅行者向けというわけではなく、地元庶民の台所として、海鮮料理を筆頭に食べ物の屋台も数多く軒を連ねる。庶民の味に挑戦してみよう

日本人スタッフ常駐　日日本語が通じる　日日本語メニュー　英英語が通じる　英英語メニュー　写写真メニュー　予要予約

ホテルカタログ
泊まる
✱✱✱✱✱

ゆったりとくつろぐための滞在型ビーチリゾート

フアヒン/チャアームの長い海岸線には、ビーチリゾートが点々とある。王族や貴族の夏離宮にならった、避暑地の隠れ家的なたたずまいが特徴だ。プライベートビーチに面して、こぢんまりしたペンション風のミニホテルなども点在している。

豪華 フアヒン **MAP** p.155-B

センターラグランド・ビーチリゾート&ビラズ・フアヒン
Centara Grand Beach Resort & Villas Hua Hin

格調高いロイヤルリゾート

1923年創業の伝統と格式を誇り、タイのリゾート史にレイルウェイホテルの旧名を留める。1980年代、外資の導入でモダンな最高級リゾートとして再生。敷地は広大で、手入れの行き届いた緑鮮やかな庭園に、白亜のコロニアル建築と赤い屋根が映えて美しい。総天然チーク張りの南国風で明るいロビーをはじめ随所の吹き抜けがさわやかだ。客室の天井も高く、調度品や装飾にもノスタルジックな気品が満ちている。

映画や、日本のCMの撮影舞台になったこともある

🏠1 Damnoenkasem Rd., Hua Hin ☎032-512-021 📠032-511-014
💰S・T/3315B〜 🛏249 ✉reservation@chr.co.th
🌐https://www.centralhotelsresorts.com　＊最新の設備を揃えたスパが好評で、大小計4つのプールがあり、家族連れでもゆったりくつろげる

豪華 フアヒン **MAP** p.155-B

アナンタラ・フアヒン・リゾート&スパ
Anantara Hua Hin Resort & Spa

熱帯の楽園を連想させる

タイ建築の美を極めたような伝統様式の建造物が林立し、まさに熱帯の楽園を思わせる美しいリゾートだ。樹木がうっそうと生い茂る庭園には、プールを中心に8棟のタイ風コテージが見え隠れしながら建ち並ぶ。客室や施設はいずれもチークとラタンを主体とした伝統的な様式で、装飾や調度品の隅々まで豪華なアジアンテイストで統一されている。ワンランク上の趣が漂うラグーンエリア（全38室）も好評だ。

敷地内にいるだけで、なぜか不思議と心がなごむ

🏠43/1 Petchkasem Rd., Hua Hin
☎032-520-250 📠032-520-259 💰S・T/3208B〜 🛏187
✉huahin@anantara.com 🌐https://www.anantara.com
＊本格派のアナンタラ・スパやエレガントな高級イタリア料理店バーン・タリアが人気

豪華 チャアーム **MAP** p.155-A外

デュシタニ・フアヒン
Dusit Thani Hua Hin

英国王朝風の重厚なリゾート

海岸ではかつて上流階級の紳士がポロ競技に興じていたという名残を留め、王家の避暑地という伝統が息づく、洗練されたタイ流儀のもてなしが心地よい本格的リゾートだ。客室をはじめ館内施設の装飾も英国王朝風で、とびきりゴージャス。椰子の木が大きくのびる中庭屋外のプールは、プライベートビーチへつながり、客室のバルコニーからは夕刻、ライトアップされた噴水の様子が見え、夕陽にも映えて美しい。

フアヒンとチャアームのほぼ中間地点にあり、広い砂浜を独占

🏠1349 Petchkasem Rd., Cha-Am
☎032-520-009 📠032-520-296 💰S・T/2720B〜 🛏296 📖p.294-DU.
✉dtth@dusit.com 🌐https://dusit.com/ja
＊テワラン・スパ→p.75が人気

🇯🇵日本人常駐　🍱和食店　💪フィットネス　💆スパ　👐マッサージ　📺NHK　📶ネット一部客室　🛜全室ネット完備
🏊プール　🛁バスタブ無しの部屋あり

高級　　　　　　　　　　　　　　　フアヒン　MAP p.155-B外

シェラトン・フアヒン・リゾート＆スパ
Sheraton Hua Hin Resort & Spa

隠れ家風情の本格的リゾート

広大な敷地には、巨大なラグーンスタイルのプールが客室棟を縫うようにして張り巡らされている。本格派のスパやレストランなど、最高級の各種施設が多彩に揃い、贅沢な南国のリゾートライフを満喫できる。

住1573 Petchkasem Rd.,Cha-Am
☎032-708-000
F032-708-068
料S・T/2999B～　窓240
日p.292-ST.
✉ホームページから
URLhttps://www.marriott.com

高級　　　　　　　　　　　　　　　フアヒン　MAP p.155-B外

ハイアット・リージェンシー・フアヒン
Hyatt Regency Hua Hin

滞在型の高級南国リゾート

閑静な立地に広大な敷地を誇り、椰子の木立に見え隠れするようにして低層の建物が散りばめられ、大小のプールが小川で結ばれるように配置されている。隠れ家的な風情をたたえる本格的な高級リゾートだ。

住91 Hua Hin-Khao Takiap Rd.
☎032-521-234
F032-521-233
料S・T/3360B～　窓213
日p.292-HY.
✉huahin.regency@hyatt.com
URLhttps://hyatt.com

高級　　　　　　　　　　　　　　　フアヒン　MAP p.155-B

ヒルトン・フアヒン・リゾート＆Spa
Hilton Hua Hin Resort&Spa

抜群のロケーション

シティ派感覚のリゾート。市街地の中心にそびえるモダンな高層タワーで、町のどこからでも目に入るランドマーク的な存在。客室や施設は定期的に改装されていて、スパも完備。条件付きながら、ペットの同伴も許される。

住33 Naresdamri Rd., Hua Hin
☎032-538-999 F032-538-990
料S・T/2560B～　窓296
日p.292-HL.
✉hua-hin@hilton.com
URLhttps://www3.hilton.com
＊最上17階の中国料理店からは大海原のパノラマが楽しめる。オープンエアーのビアハウスが人気。

高級　　　　　　　　　　　　　　　フアヒン　MAP p.155-B外

フアヒン・マリオット・リゾート＆スパ
Hua Hin Marriott Resort & Spa

全館リニューアルオープン

伝統的なタイ様式の庭園に、最新のテクノロジーが散りばめられて、トロピカルムードも満点な南国リゾートに生まれ変わった。カジュアルな感覚はそのままに、伝統とモダンが調和する、落ち着いた大人のムードに刷新された。

住107/1 Petchkasem Rd., Hua Hin
☎032-904-666 F032-904-789
料S・T/3136B～　窓322
日p.292-MR.
✉bookmarriott@marriotthotels.com
URLhttps://www.marriott.co.jp

◉とっておき情報◉

自然の景観を生かした多彩なコースを揃え、ゴルフリゾートとしても注目される

フアヒンやチャアームには充実したゴルフコースが多く、ゴルフ好きにはこたえられない。

●ロイヤル・フアヒン・ゴルフコース
The Royal Hua Hin Golf Course
☎032-512-475 料2400B～　MAP p.155-B

●レイクビュー・リゾート＆ゴルフクラブ
Lake View Resort & Golf Club
☎032-709-100 料1000B～　MAP p.137-E

●サワン・リゾート・ゴルフクラブ＆ホテル
Sawang Resort Golf Club & Hotel
☎032-899-747 料1500B～　MAP p.137-E

●マジェスティック・クリーク・ゴルフクラブ＆リゾート
Majestic Creek Golf Club & Risort
☎032-510-072 料3000B～　MAP p.137-E

●ブラックマウンテン・ゴルフクラブ
Black Mountain Golf Club
☎032-618-666～7 料3600B～　MAP p.137-E

タイ南部

- **プーケット島**　p.162
- **クラビー**　p.204
- **カオラック**　p.205
- **サムイ島**　p.206
- **スラーターニー**　p.224
- **ナコーン・スィー・タマラート**　p.224
- **ソンクラー**　p.224
- **ハジャイ**　p.224

Southern Thailand

タイ南部　　旅のアドバイス

タイ南部には、アジア有数のビーチリゾートがいくつもある。南国での優雅な休暇を求める旅行者に人気のエリアだ。それ以外の町は、バックパッカーが時々訪れるくらいで、旅行者は少ない。代表的なリゾート地は、プーケット島。その後、注目を浴びているのがサムイ島やクラビーだ。どこもリゾート開発が進んでいるが、周辺はまだ手のついていない島やビーチが点在している。歴史に興味があるなら、ナコーン・スィー・タマラートを訪れるといいだろう。

見る歩く Point

海の景観を楽しむのが、やはりこのエリアの最大のポイント。プーケットでは島の西海岸から眺める、アンダマン海に沈む落日が美しい。モンスーン気候独特の厚ぼったい雲に夕陽の光がにじみ、いかにも南国の1日が終わったと実感する情景だ。サムイ島は、ヤシの林が南の島にきた気分を盛り上げてくれる。これらの島を離れ、マレー半島中央部の都市へ行くと、バンコクとは異なる趣を感じる。南部の中心都市ハジャイは商業都市らしい喧噪と賑わい。この町から国境へ南下すれば、イスラム教の国マレーシアになる。マレーシアの影響が強いせいか、南部の町には仏教寺院の代わりにモスクが多い。もうひとつのタイを見ることができるエリアだ。

買いもの Point

タイ南部の生産品でこの地域を潤したのが、スズ、ゴム、ココナッツなど。スズの採掘はかなりすたれてきたが、スズを素材にしたみやげものはねらい目。プーケットの定番みやげといえば、象の形の取っ手が付いたスズ製のマグカップ。また、真珠や貝殻を加工したアクセサリーは手頃な値段で購入でき、とくに女性には人気が高い。

食べもの Point

南部の一番の楽しみは、新鮮なシーフードを味わうことに尽きる。海鮮の本場はやはりプーケット。近海で獲れる魚介類がいろいろな料理法で味わえる。ヨーロピアンが中心のリゾート地だけに、彼らの舌を満足させる西洋料理のレストランも多い。もちろん日本料理もあり、世界各国の料理を1本の通りのなかで味わい尽くすことも可能だ。

アクティビティ Point

プーケット、サムイではマリンスポーツが充実。高級ホテルでは無料でレッスンしてくれるところもある。象に乗って海岸沿いやジャングルを歩くエレファント・トレッキングにも挑戦してみたい。タイ以外では気軽に乗れる動物ではない。元来おとなしい性格のうえよく調教されているので危険も少ない。乗ればよい思い出になるだろう。

タイ南部への交通

空路

タイ南部の主要都市やリゾート地には、バンコク（スワンナプーム）から飛行機が飛んでいる。プーケットへは1日約26〜28便、所要約1時間30分。サムイへは1日12〜18便、所要約1時間5〜30分。ハジャイへは1日6便、所要約1時間30分。ナコーン・スィー・タマラートへは1日4〜5便、所要約1時間10分。スラーターニーへは1日2便、所要約1時間10分。

陸路＆海路

バンコクからプーケットへはバスで約12〜13時間。プーケット島はタイ本土と橋でつながっていて、船に乗り換える必要はない。サムイ島へはバスで約14時間（バスとフェリーの乗船を組み合わせ、最終目的地のサムイ島、ナトン・タウンまで行く。船の詳細は→p.206)。ハジャイへはバスで約12〜13時間、鉄道で14〜17時間。ナコーン・スィー・タマラートへはバスで約12時間、鉄道で約15時間30分。スラーターニーへはバスで約7時間、鉄道で9〜12時間。

耳より情報

2004年12月のスマトラ沖大地震によってプーケット島の西海岸などは大きな被害を受けたが、現在までに復興されている。近年注目したいビーチはプーケット以外ではクラビーだ。国際空港もあり、アクセスもいい。ビーチに喧噪を持ち込ませない姿勢が地元の人々の意識にもある。静かなビーチリゾートを満喫したい人は、滞在地の一つにぜひ加えたい。

クラビーのナパラット・タラ・ビーチ

KO PHUKET
プーケット島

東南アジアの超一流ビーチリゾート

MAP p.161-C

カラフルなパラソルの花が咲くカロン・ビーチ

街のしくみ 楽しみ方

紺碧のアンダマン海に浮かぶ「真珠」と呼ばれる島

プーケット島はタイのビーチリゾートの代名詞。真っ白な砂浜、青く澄んだアンダマン海。東南アジアのリゾートの中でもひときわ有名だ。バンコクからの距離は約920km、飛行機で約1時間30分。日本人観光客だけでなく、世界中の観光客から注目される人気の高い南国の島である。

プーケット島が本格的に脚光を浴びるようになったのは、高級ホテルが進出し始めた1980年代の前半からだ。2004年12月に発生したスマトラ沖大地震による津波で島の西海岸に大きな被害がでたが、完全に復旧され、現在は1年を通じて多くの旅行者が訪れる。とくに天候が安定する11〜2月がもっとも賑わう。5〜10月のモンスーンシーズンは西か

らの風や雨が強くなり、海水浴には向かない。この時期以外なら波は穏やかで、マリンスポーツに適している。おもなビーチはアンダマン海に面した西海岸にあり、一番活気があるのが、パトン・ビーチだ。街の規模なら東岸のプーケットタウンが最大だが、パトン・ビーチにはホテル、レストラン、旅行会社、ナイトスポットなどが並び、旅の拠点はこちらになる。一方、やや北のバンタオ・ビーチにはラグーンと呼ばれる広々とした人工の湖沼がある。周囲には島内有数の高級ホテルがあり、ゆったりとビーチライフを楽しめると、カップルやファミリーに人気が高い。各ビーチはほどほどに離れて点在し、雰囲気が少しずつ異なるのが魅力。大部分のビーチは遠浅で、泳ぐのにもいい。ビーチ間は、歩くには遠く、起伏もあるので車やトゥクトゥクを利用する必要がある。

歩き方のヒント
プーケット島

楽しみ
自然景観 ★★★
リゾート ★★★★
ビーチ ★★★★★

交通手段
トゥクトゥク ★★★★
ソンテオ ★★★

エリアの広さ

島は東西21km、南北49km、543㎢の面積があり、タイの島では最大。日本の淡路島よりやや小さい程度。各ビーチや見どころへの移動には車が必要で、海岸沿い以外は低い山や丘陵地が多い。とくに険しい山はないが、どこへ行くにも山や丘を越えて行かなくてはならないため徒歩は厳しい。

ACCESS & INFORMATION

飛行機■バンコク→タイ国際航空（約1時間20〜30分）→プーケット＜1日20〜25便、片道1380B〜＞＊その他3社が運航
バス■バンコク北・南バスターミナル→バス（約12時間）→プーケット＜（VIPシート）約974B〜＞

＊空港とプーケットタウンにTAT（タイ国政府観光庁）オフィス→p.167がある。

高級ホテルはすべてビーチに面している

便数が多いのはタイ国際航空

プーケット国際空港アドバイス

プーケット国際空港はプーケット島の北部にあり、プーケットタウンへは車で約30分、パトン・ビーチへは同約45分、そのほか島内の各ビーチへ同5分〜1時間という位置にある。なお、バンコクからは飛行機で約1時間20〜30分。

日本からのアクセス 以前はあったが現在、日本からプーケットへの直行便は就航していない。基本的には羽田、成田、関西、中部(名古屋)、福岡などからの直行便でバンコクへ行き、バンコクからはスワンナプーム国際空港かドンムアン空港を利用し、プーケットへの国内便を利用する。

連絡先
プーケット国際空港 MAP p.166-A
☎076-327-230〜7
タイ国際航空
☎076-351-206、216(予約)
☎076-205-334、351-218(空港)

空港の施設 プーケット国際空港は、2018年に改修工事が終わり、従来の倍の広さになった。国際線・国内線のどちらで到着しても、案内板に従って進めば迷うことはない。バンコクのスワンナプーム国際空港経由

日本人観光客も多い

の場合、入国審査(パスポートのみのチェック)を受けた後に、プーケット行きの国内線へ乗り継ぐ。出発地でチェックイン時に預けた荷物(受託手荷物)はそのまま最終目的地に送られるので、飛行機から降りたら案内に従って進み、到着ホールで荷物を受け取り、到着ロビーに出る。空港には両替所、公衆電話、観光案内所、タクシー(リムジン)カウンター、レストランなどがあり、旅行者が必要とする施設はすべて揃っている。建物の出口は左右に2箇所あり、もしも再入場が必要な場合には、正面の専用入口でX線検査を受ける必要がある。出発フロアは2階になる。

空港使用税
プーケット空港の使用税は国際線700バーツ、国内線100バーツ。原則航空券購入時の料金に含まれているので別途支払う必要はない。

出国手続き
プーケットから日本へ帰る際、バンコク経由でも出国手続きはプーケット国際空港ですませることができる。

プーケット国際空港のターミナル

空港から市内へ 空港から島内各地へ向かうおもな交通手段は、エアポートバス、乗り合いミニバス、リムジンタクシー。ミニバスは定員が揃うまで待たなくてはならないため、客の少ない時期や客の少ないエリアに向かう場合には気長に待たなければならない。しかし、プーケットタウンまで20〜100B、パトン・ビーチまで150Bと料金が安いのは魅力的。リムジンタクシーはプーケットタウンまで500B〜、パトン・ビーチまで800B〜。また、ホテルやツアー会社によっては、マイクロバスなどでの送迎サービスを行なっている。ツアーならまず間違いなく送迎がある。個人旅行でも、ホテルを予約してある場合は、あらかじめ送迎の有無を確認しておこう。逆に空港へ行く場合は、例えばパトン・ビーチからトゥクトゥク利用の場合、空港までは約500B〜。パトン・ビーチの旅行会社などでは宿泊しているホテルまで来てくれる乗り合いのミニバスの予約を扱っている。パトン・ビーチ界隈のホテルを順次経由して空港まで1人130〜150B〜程度。

エアポートバス
エアポートバスはコースが決まっており、プーケットタウンで乗換えが必要だ。エアポートバス乗り場は出口を出て左側。朝6時30分から最終20時30分まで約1時間〜2時間30分に1本の割合で運行している。プーケットタウンまで100B。(http://www.airportbusphuket.com ☎076-351-111)

リムジンタクシーは空港からビーチへ行く最速の交通手段のひとつ

プーケット の楽しみは
見る・食べる・買う・遊ぶ
どのあたりにあるの❓

プーケットの拠点は西海岸のビーチが基本

プーケット島の魅力的な施設の大部分はビーチに位置している。ビーチを中心にプーケットを理解するのがわかりやすい。

島のしくみを知ろう！
プーケット・エリアマップ

世界中から訪れるリゾート客の大部分は、プーケット島の西海岸に位置するビーチに滞在する。賑わい度や規模で最大なのがパトン・ビーチだ。その他のビーチはパトンに比べると利便性で劣るが、静かさや美しさで各ビーチごとに特筆するような魅力が漂う。

A 自然を満喫できるビーチ
マイカオ・ビーチ～ナイトン・ビーチ

B 高級リゾートが集まる
ラグーナ周辺

C プーケット島の代名詞
パトン・ビーチ

F 島の行政、商業の中心地
プーケット・タウン

D バランスのとれたビーチ
カロン～カタ・ビーチ

E 島の南端に位置する
ナイハーン～ラワイ・ビーチ

マイカオ・ビーチ
プーケット国際空港
ナイヤン・ビーチ
ナイトン・ビーチ
ワット・プラー・トン
バンタオ・ビーチ
トン・サイ滝
スリン・ビーチ
レムシン・ビーチ
パトン・ビーチ
カロン・ビーチ
ワット・チャロン
カタヤイ・ビーチ
カタノイ・ビーチ
ナイハーン・ビーチ
ラワイ・ビーチ
プロンテープ岬
プーケット・タウン
パンガー湾
プーケット海
プーケット湾

6つのエリアの早わかりアドバイス

プーケット の楽しみを理解する

Ⓐ マイカオ・ビーチ〜ナイトン・ビーチ

賑わい ★
食＆買い物 ★
ナイトスポット ★

約20km以上ビーチが続く。北に高級リゾートのJWマリオットなど高級リゾートが並ぶ。経済的なバンガローやこぢんまりした屋台が点在。泳ぐには不適だが、のんびり砂浜で過ごすにはいい。

マイカオ・ビーチ

Ⓑ ラグーナ周辺

賑わい ★★
食＆買い物 ★★
ナイトスポット ★

通称「ラグーナ」。高級リゾートが集まり、目の前がバンタオ・ビーチ。食事やショッピングはリゾート内の施設を利用する。南部に隣接するエリアには世界的な豪華ホテル、アマンプリが立地。

Ⓒ パトン・ビーチ

島一番の規模と観光客が集中する。ホテルも多く、夕方以降はバー、レストラン、屋台に多くのリゾート客が繰り出す。巨大なショッピングモールも点在し、このエリア内で1日中過ごせる。

賑わい ★★★★★
食＆買い物 ★★★★★
ナイトスポット ★★★★

夜のパトン

Ⓓ カロン〜カタ・ビーチ

賑わい ★★★
食＆買い物 ★★★
ナイトスポット ★★★

広々としたカロン・ビーチやこぢんまりしたカタヤイ、カタノイ・ビーチではパラセイリング、ジェットスキーなどが楽しめる。ビーチ沿いは軒を連ねるほどの店の集中度はないが、おいしいレストランが点在する。

カロン・ビーチ

Ⓔ ナイハーン〜ラワイ・ビーチ

ナイハーン・ビーチ

賑わい ★★
食＆買い物 ★★
ナイトスポット ★★

夕日が美しい、島の最南端にあるビーチがナイハーン・ビーチで、ザ・ロイヤル・プーケット・ヨットクラブのリゾートがある程度。東海岸にあるラワイ・ビーチはほとんど地元の人だけで、泳ぎには適していない。

Ⓕ プーケット・タウン

風情あるタウンの建物

賑わい ★★★★★
食＆買い物 ★★★★★
ナイトスポット ★★★

島の行政、経済の中心地で一部のホテルを除き、基本は地元の人向けの街。その分、島の日常生活の雰囲気を味わえる。錫採掘で19世紀〜20世紀初頭に栄えた街の記憶がコロニアル様式の建物に残る。

タイ南部　プーケット島の楽しみ方

エリアの交通アドバイス

トゥクトゥク プーケットのトゥクトゥクは、バンコクなどで目にする3輪のものではなく、軽トラックを改造して後部に座席を設けたものを指す。タクシーを拾うのと同じように手で合図して停め、行き先を告げ、料金の交渉をする。料金のおよその目安は、ひとつのビーチ内の移動なら100〜200B、プーケットタウンからパトン・ビーチまで500B〜、プーケットタウンから空港まで500B〜といったところ。交渉により貸切も可能で目安は半日800B前後。時間帯や人数によって料金が変動することもある。

ソンテオ（ミニバス） プーケットタウンと各ビーチを結んで走る小型バス。ビーチとビーチを結ぶものがないことが不便だが、料金は安い。料金目安はプーケットタウンからパトン・ビーチまで約30〜50B、その他のビーチへもだいたい30〜50B。

タクシー パトン・ビーチなどを流しているタクシーはいわゆる白タクで、プーケットには公的機関が運営するタクシーはない。犯罪に巻き込まれることもあるので白タクは無視すること。

レンタカー＆レンタバイク パトン・ビーチなどでジープやバイクをレンタルしている。料金の目安はレンタカー1日1500〜3000B、レンタバイク1日200B〜。大半は無保険で、「キズを付けた付けない」などのトラブルもあるので、契約内容と乗る前の車の状態をしっかり確認しておくこと。ホテルや旅行会社で信頼できるレンタル屋を聞き出しておいたほうが無難だ。

車のチャーター 旅行会社やホテルに頼んで車をチャーターすることができる。料金の目安は1日2500B〜。

TAT（タイ国政府観光庁） MAP p.169-B ☎076-212-213、211-036 開8:00〜17:00困土・日曜、祝日 ＊地図や島内交通の料金目安表、宿泊情報などが入手できる

TATスタッフ一同

トゥクトゥク（左）は旅行者がよく利用する交通手段だが、プーケットタウンやパトン、カタ・ビーチ以外のエリアでは、流しのトゥクトゥクを拾うことは難しい。トゥクトゥクでビーチなどへ行く場合は、帰りの足をあらかじめ確保しておきたい。レンタカー（右）の保険は任意となるため、レンタル時には確認が必要

空路で南国を旅する
プーケット周辺エリア新情報
自然美に恵まれたリゾートの数々

タイの南部は有名なリゾート地がいくつかある。代表的なのがアンダマン海に面するプーケット島、タイ湾に浮かぶサムイ島など。また、現在注目を浴びているのがプーケット島の東約55kmに位置するクラビーだ。これらのリゾートは地図上ではかなり離れているように見えるが、近年クラビーに国際空港ができたことによりお互いのアクセスが格段にしやすくなった。とくにクラビーは、バンコクとの空路も開かれ、各々のリゾート地を周遊するのに都合が良くなった。

1999年7月にオープンしたクラビー国際空港は、現在はバンコク（スワンナブーム国際空港及びドンムアン空港）〜クラビーにタイ国際航空などが就航している。プーケット〜サムイ間にはバンコクエアウエイズが、バンコク〜プーケットにはタイ国際航空などが就航、とい

クラビー空港はクラビー・タウンから約13km

南国のイメージどおりのサムイ空港

う具合に空路網はかなり充実している。

前述した3つのリゾート地は、リゾート地としての性格や景観、魅力が異なるので、これらを組み合わせたスケジュールを組んでも充分に楽しめるはずだ。少ない日数で「マリンリゾート地のハシゴ旅」を計画することも夢ではない。なお、成田や関空からプーケットへの直行便は状況によって運休・運航を繰り返しているので注意したい。

クラビーは景勝地として有名

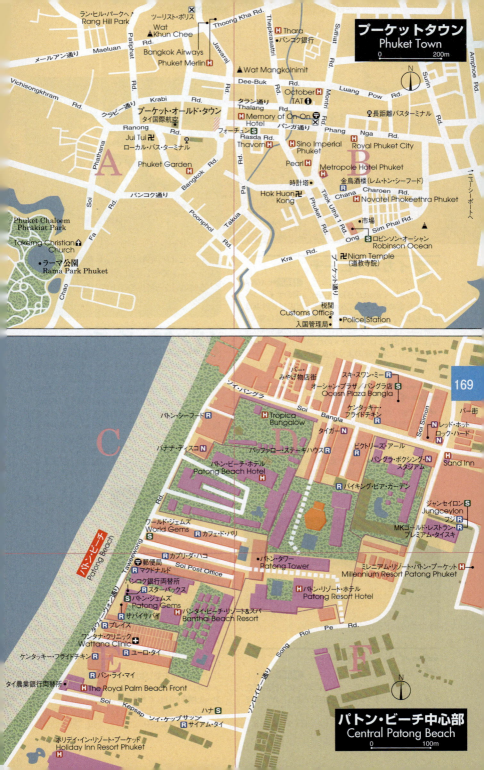

PHUKET Island ビーチガイド

モンスーンが吹く5〜10月は、ビーチでの遊泳が危険になる。またそれ以外のシーズンでも、浜に赤い旗が上がっている時は、遊泳禁止の印なので注意したい。

マイカオ・ビーチ
Mai Khao Beach
MAP p.166-A

きめの細かい砂浜が9kmも続く。南のナイヤン・ビーチを含めれば全長12km。延々と広がる砂浜は気持ちよく、力強い自然の海を感じる。波は荒く、遊泳には不向き。12〜2月はウミガメの産卵期だ。毎年4月13日にはウミガメの放流祭がある。浜の中央あたりに海の家のような食堂がある。

🚌プーケット空港→🚗10分、パトン・ビーチ→🚗50分

ナイヤン・ビーチ
Nai Yang Beach
MAP p.166-A

国立公園管理事務所前の砂浜が賑わっている程度の約3kmの素朴なビーチ。ナイヤン国立公園として保護され、地元の人もよく訪れる。ビーチには気軽な雰囲気のレストランや食堂があるほか、屋台も出ている。ビーチの北側には国立公園管理事務所とビジターセンターがあり、周辺のマップなどが用意されている。

🚌プーケット空港→🚗5分、パトン・ビーチ→🚗40分

ナイトン・ビーチ
Nai Thon Beach
MAP p.166-C

小さな岬をはさんで、1kmに満たない砂浜が2つある。最近はホテルや分譲住宅が建ち、かつてはどのんびりできない。

🚌プーケット空港→🚗15分、パトン・ビーチ→🚗35分

バンタオ・ビーチ
Bang Tao Beach
MAP p.166-B、C

1990年代に開発されたプーケット有数の高級リゾートエリア。ビーチ沿いに人工的な巨大ラグーンが造られ、周辺には高級リゾートホテルが配置されている。ビーチは白砂で約5kmの長さ。茫漠とした感じの風景だが、さまざまなマリンスポーツを体験できる。また、海のコンディションが悪い時でもラグーンでのウオータースポーツを楽しむことができるのはここならでは。最近は南のエリアに手頃な宿泊料のファミリー向けホテルも増えてきている。

🚌プーケット空港→🚗25分、パトン・ビーチ→🚗30分

スリン・ビーチ
Surin Beach
MAP p.166-C

ビーチの長さは数百m程度。駐車場、トイレもあり、食堂、屋台、アイスクリーム屋がヤシの下に並ぶ。パラソル、ビーチチェアが置かれ、ビーチマッサージも可能だ。以前は長期滞在の欧米人が利用するような穴場的ビーチであったが、ここ数年スリン・ビーチには高級感溢れるブティックリゾートが建ち並び始め、バンタオに次ぐおしゃれなエリアへと様変わりしてきている。

🚌プーケット空港→🚗30分、パトン・ビーチ→🚗25分

レムシン・ビーチ
Laem Sing Beach
MAP p.166-C

スリン・ビーチとカマラ・ビーチの間にある穴場のビーチ。道沿いの駐車スペースから急斜面を1分ほど下ると湾状の小さな砂浜に出る。樹木が背後、左右の斜面を埋め、秘密めいたビーチだ。欧米人が好む雰囲気で、実際くつろいでいるのはヨーロピアンばかり。ビーチチェア、パラソルが置かれ、簡易レストランもある。波が荒い時は砂の下の岩が露出する。シュノーケリングポイントでもある。

交 プーケット空港→🚗25分、パトン・ビーチ→🚗25分

カマラ・ビーチ
Kamala Beach
MAP p.166-C

1.5kmほどの静かなビーチ。何軒かのリゾート施設があり、わずかながらドリンクスタンドやレストランがビーチ沿いにある。

交 プーケット空港→🚗40分、パトン・ビーチ→🚗15分

パトン・ビーチ
Patong Beach
MAP p.166-E

3kmほどの長さの緩やかな弧を描いたビーチ。賑やかさ、利便性、混雑はプーケット島で一番で、さまざまなマリンアクティビティが揃っている。ビーチ沿いのタウィーウォン通りとその周辺地区はショップ、レストラン、ホテル、旅行会社、屋台、コンビニ、ナイトスポットがひしめき、夕方以降はめまいがするほどの人込みとなる。ビーチの北側からの、ダイヤモンド・クリフ・リゾート周辺をカリム・ビーチと呼ぶ場合もあるが、現在ではパトン・ビーチの範囲といえる。

交 プーケット空港→🚗40分

カロン・ビーチ
Karon Beach
MAP p.166-E

3kmほどの長さの直線状のビーチ。アメリカの西海岸的な明るい、開けた感じがする。ひととおりのマリンアクティビティが用意されている。ビーチの砂はきめ細かく、靴で歩くと足元でキュッキュッと音がする鳴き砂だ。ビーチ沿いに20軒ほどのホテルが余裕をもって建ち、レストランやショップなどもあるが、軒を連ねるほどの密集度はない。

交 プーケット空港→🚗50分、パトン・ビーチ→🚗10分

カタヤイ・ビーチ
Kata Yai Beach
MAP p.166-E

ヤイは大きいという意味。南のカタノイと比較した表現に過ぎず、ビーチの長さは1kmくらい。2つの小さな岬に挟まれ、沖合いに直径約300mのプー島が浮かぶ。景観に変化があり美しい。プーとはタイ語で蟹。確かに蟹を真横からみた感じがする。ビーチではパラセイリング、ジェット・スキー、ヨットもでき、パトン、カロンと並ぶプーケットの代表的ビーチだ。砂浜の端の岩場で初心者向けのビーチダイブも行なわれる。ビーチの南端のカタ・ビーチ・リゾートが位置する三叉路周辺にホテル、ショップ、レストラン、カフェなどもあり、落ち着いた雰囲気での街歩きは楽しめる。

交 プーケット空港→🚗1時間、パトン・ビーチ→🚗20分

カタノイ・ビーチ
Kata Noi Beach
MAP p.166-E

ノイは小さいという意味。ビーチは500～600m程度の長さだが、アクティビティは充実している。右手の岬の先にプー島が見える。カタ・タニ・プーケット・ビーチ・リゾート&スパは道路を挟むことなくビーチに面している。

交 プーケット空港→🚗1時間5分、パトン・ビーチ→🚗25分

ナイハーン・ビーチ
Nai Harn Beach
MAP p.166-E

長さは約500m。高級ホテルのザ・ロイヤル・プーケット・ヨット・クラブが建ち、国際的ヨットレースの開催地でもある。

交 プーケット空港→🚗1時間、パトン・ビーチ→🚗30分

ラワイ・ビーチ
Rawai Beach
MAP p.166-E

モンスーンシーズンの影響を受けにくい東海岸南端にある。シーフード素材を扱った屋台が多い。早い時期に開発されたビーチだが、現在は地元向けで旅行者は少ない。ビーチの幅は狭く、海の透明度は低い。周辺の島を結ぶ船がここから出る。

交 プーケット空港→🚗1時間、パトン・ビーチ→🚗30分

PHUKET Island
海 アクティビティ ガイド

カタヤイ・ビーチはパトンと並び、アクティビティが充実

ビーチで挑戦できるアクティビティはホテル直営かビーチ出店の業者が行なうパターンが多い。沖で海中散歩を楽しむダイビングは町のダイビングショップで申し込める。ビーチに出店する業者の料金は、交渉制が普通だ。

パラセイリング
Parasailing

パラセイリングはモーターボートにパラシュートをくくりつけ、ボートが引っ張ることによりパラシュートが風を受け、空中に上がる。ビーチから駆け出す一瞬は不安だが、一気に空に上がると視界は鳥と同じで気分は爽快だ。パトン、カタなどのビーチでチャレンジできる。1回800B程度。

スタッフ4〜5人で補助する

バナナボート
Banana boat

バナナの形状をした弾力のあるボートに馬乗りになる。それをモーターボートでひっぱるとバナナボートは海面を飛ぶように疾走。スリル満点だ。パトン、カロン、カタなど。1回約800B〜。

プーケットでは、ほとんどのビーチでアクティビティを楽しめるが、波が高い時やケガをしやすい岩場近くでのアクティビティには注意したい

本音でガイド

何かと問題もあるビーチボーイ 毅然とした態度で対応を

ビーチで、パラセイリングやバナナボートなどを手配しているのがビーチボーイだ。ビーチのアクティビティの申し込みは彼らを通すか、看板を出している出店で行なう。ビーチボーイの勧誘はしつこい場合もあるが、興味がなければ毅然と断ればいい。また、女性に言い寄るビーチボーイも多い。彼らの大部分は下心をもった、単なる遊びが目的。安易に付き合うのはリスクが高い。

アクティビティの料金はボードで提示されている場合もあるが、鵜呑みにせず交渉してみよう

水上バイク
Personal Watercraft

操縦者は原則的にライセンスが必要。2人乗りの後ろなら不要だ。方向転換は身体を傾けて体重移動で行なうのがコツ。人が多いビーチでは接触事故に充分注意したい。1回30分約1500B。

真横から波を受けると転倒しやすい。事故や環境問題で近々、禁止される可能性もある

ウインドサーフィン
Windsurfing

高級ホテルやダイビングショップで扱っているが数は少ない。1日500〜600B。また、宿泊者が対象だが、充実しているのはバンタオ地区の5つの高級ホテル群。海のコンディションが悪いときでもラグーンでなら楽しめる。

波のないラグーンなら初心者でも楽しめる

シュノーケリング
Snorkeling

レンタルはビーチの出店ではあまり見かけない。ダイビングショップならレンタルをしてくれる場合もあるが、初めてのビーチならインストラクターと一緒に楽しみたい。シュノーケリングを楽しむツアーに参加するのもいい。

最初は必ずインストラクターの指導で楽しみたい

プーケット周辺の海中はまさに海のパライダイス

ダイビング
Diving

プーケット島周辺は世界でも屈指のダイビングスポットといわれる。ダイビングをする環境が整っていて、機材のレンタルはもちろん、内容も充実している。初心者向けの体験ダイビング（1日約4000B〜）、ライセンス取得のためのライセンスコース（3〜4日約1万2000B前後）、本格的に楽しむファンダイブ（各種→p.181）などがある。体験ダイブは島内のビーチ、近海のコーラル島などで行なわれる。ファンダイブはラジャ島周辺などの海域がポイントだ。これらのプログラムはダイビングショップで用意されている。心強いのは日本人インストラクター常駐の店が島内にあることだ→p.181。英語やタイ語が得意でない人は必ず日本人インストラクターが付くプログラムに参加したい。危険な面もあるスポーツのため、保険の加入の有無も要チェック。また、ダイビングが目的の人は必ず事前に予約をしたい。到着後だと、ハイシーズンでは空きがない、ローシーズンでは対応できない、ということがあるからだ。

PHUKET Island
陸 アクティビティ ガイド

ビーチはもちろん、陸上でもアクティビティを楽しみたい。滞在中、贅沢にもビーチライフに飽きたら気分転換を兼ねて挑戦してみよう。ゴルフや乗馬は予約したほうがいい。言葉が不安ならば日本語対応の旅行会社を通じての予約もできる。

ミニゴルフ
Mini Golf

遊び心満点なのがダイノパーク・ミニゴルフ。コース内の巨大な恐竜キャラクターと効果的な音響で大人でも楽しめる。暑さがやわらぐ夜がおすすめ。
■ダイノパーク・ミニゴルフDino Park Mini Golf 交パトン・ビーチ→🚗10分☎076-330-625開10:00～23:00 料240B休なし　MAP p.168-D

ミニながら全18コース。夜はライトアップされる

高さは約50m。「頂上」からの景色を楽しむ余裕があれば達人

バンジージャンプ
Bungy Jump

「ジャングル・バンジージャンプ」は日本のタレントが挑戦したり、日本のCMに登場したことも多数。ジャンプ台からの眺望もすばらしい。欧米出身の経験豊かなスタッフが常駐している。保険も完備。
■ジャングル・バンジージャンプJungle Bungy Jump 交プーケット空港→🚗30分、パトン・ビーチ→🚗10分☎076-321-351開9:00～17:30 料2200B休なし　MAP p.166-E

ゴーカート
Go Kart

1周約750m。圧倒的なスピード感で本格的。
■パトン・ゴーカート・スピードウエイPatong Go-Kart Speed way 交プーケット空港→🚗35分、パトン・ビーチ→🚗0分☎076-321-949, 202-689開10:00～19:00 料15分850B～ 休なし(雨天を除く) MAP p.166-C

スタッフはプロフェッショナル

乗馬
Horse Riding

経験者はビーチなどへの遠乗りも可能。
■バンタオ・ビーチ乗馬クラブBangthao Beach Riding Club 交プーケット空港→🚗20分、パトン・ビーチ→🚗15分☎076-324-199開8:30～12:00、14:00～18:00 料1時間1200B～ 休なし　MAP p.166-B

初心者は乗馬場内で楽しむ

ヘアピンカーブが腕の見せどころ

シューティング
Shooting

日本ではできない体験が射撃。プーケット射撃場はピストルから軍用ライフルまである。
■プーケット射撃場Phuket Shooting Range 図パトン・ビーチ→🚗30分☎076-381-667~8 開9:00~18:00 料10発890B~ 困なし MAP p.166-E

経験豊富なインストラクターが指導してくれる

エレファント・トレッキング
Elephant Trekking

タイならではの体験をするならエレファント・トレッキング。象の背中に乗って、丘や海岸を歩く。長時間のトレッキングならツアーに参加→p.178。1時間以内のトレッキングは手軽に楽しめる。島内ではいくつかの場所で体験が可能だ。目印は、象のイラストボードやElephantと描かれた看板。敷地に何頭かの象が見えれば、間違いなく象に乗れる施設。どこも1時間1000B程度。

アジア象はおとなしく、調教師の指示を理解する
海沿いを歩いたり、林の中を歩いたり、エレファント・トレッキングは楽しい（実際は、砂浜は歩かない）

ゴルフ
Golf

島内にはいくつかの本格的ゴルフ場がある。プーケットの自然を生かしたコース設計が魅力だ。南国の気候が育むコースは1年中美しい。とくに冬、冬枯れした日本のコースでスイングしてきたゴルファーにとっては感激のプレー環境だ。キャディ・フィーは1ラウンド350~400Bくらい、2~3人のキャディを付けてまわることもできる。グリーン・フィーは18Hで3800~5500B前後、貸クラブ1500B前後~、貸シューズ300B~。地元の旅行会社を通して予約することも可能。メンバー制のクラブはメンバー同伴などの条件が付く。チップの目安はキャディ1人に付き400B程度。

■ブルーキャニオン・カントリークラブBlueCanyon Country Club 図プーケット空港→🚗5分、パトン・ビーチ→🚗50分☎076-328-088 ＊世界的に有名で国際トーナメントも開催可能なコース。ロッジが併設されていて、ゴルフを楽しみながら優雅なリゾートライフも満喫できる。MAPp.166-A

■ラグーナ・プーケット・ゴルフ・クラブLaguna Phuket Golf Club 図プーケット空港→🚗20分、パトン・ビーチ→🚗30分☎076-324-350、083-550-6373 ＊ラグーナ地区の高級ホテルの宿泊者優先。MAPp.166-B

■ロック・パーム・ゴルフ・クラブ Loch Palm Golf Club 図プーケット空港→🚗40分、パトン・ビーチ→🚗15分☎076-321-929~34 ＊ビギナー向き。MAP p.166-C

■プーケット・カントリークラブPhuket Country Club 図プーケット空港→🚗40分、パトン・ビーチ→🚗10分☎076-319-200~204 ＊島では老舗コース。MAP p.166-E

世界的名コースのブルーキャニオン・カントリークラブ

PHUKET Island
見る歩く GUIDE

ワット・プラー・トン MAP p.166-C
Wat Phra Thong

　地元の人々の信仰があつい寺院だが、有名なのは、地中から上半身のみを出している黄金仏像（プラー・トン）。伝承によれば、ある男の夢のお告げによって仏像が埋まっていることがわかった。しかし、不思議なことに誰が挑んでも全身を掘り出すことができなかったという。結局、仏像を囲むように堂を建て、お寺を建立したというわけだ。

図プーケット空港→🚗10分、パトン・ビーチ→🚗30分

トン・サイ滝 MAP p.166-C
Ton Sai Waterfall

　カオ・プラ・タエォ国立公園内にはいくつもの滝がある。日本の有名な滝と比べれば普通の滝だが、いくつもの段差から落ちる流れは意外に風情があり、涼感もたっぷり。滝壺周辺にはレストランやベンチが用意されている。

図プーケット空港→🚗20分、パトン・ビーチ→🚗40分

英雄姉妹像 MAP p.166-C
Heroines Monument

　空港～プーケットタウンの幹線道路の交差点、ロータリーの中央に立つ。1785年のビルマ軍侵攻のとき、勇敢に立ち向かったチャンとムックの姉妹を称えたモニュメント。

図プーケット空港→🚗15分、パトン・ビーチ→🚗40分

プーケット・オールド・タウン MAP p.169-A
Phuket Old Town

　かつての歴史を思い起こさせるオールド・タウンは、海やビーチだけではないプーケットのもうひとつの魅力。「シノ・ポルトギース様式」の建物が並ぶ街並みをカメラを片手に散策する観光客も多い。タラン通り、ヤワラー通り、クラビー通り、ディバック通り、パンガー通りなど、一歩路地を入ると旧邸宅を改装したカフェやひなびた中国寺院を発見することができる。タラン通りは毎週日曜日歩行者天国となり、サンデーマーケットが開催されている。

図プーケット空港→🚗45分、パトン・ビーチ→🚗30分

ドルフィンズベイ・ニモ・プーケット MAP p.166-F
Dolphins Bay NEMO Phuket

　2015年11月にオープンしたプーケット初のイルカショーを楽しめるエンターテインメント施設。島の南端、チャロン湾の近くに位置し、プーケット動物園からも近い。

図プーケット空港→🚗40分、パトン・ビーチ→🚗30分
☎076-374-300 営10:00～18:00（ショーは1日3回11:00、14:00、17:00に開催）料700B～（観覧席によって異なる）休月曜

ラン・ヒル・パーク MAP p.166-E
Rang Hill Park

　プーケットタウン北側の小高い丘に広がる公園。タウンと湾を一望できる。地元の人が訪れる憩いの場だ。公園の一角にあるトゥン・カ・カフェTunk-ka Cafeは眺めのいいカフェ＆レストラン。

図プーケット空港→🚗30分、パトン・ビーチ→🚗25分

プーケット水族館
Phuket Aquarium　MAP p.166-F

　海洋生物研究所の併設館として1983年に設立され、2005年4月に改装オープン。海の生物の公開、教育を目的にしているだけあり、サンゴや熱帯魚など数多くの種類の海洋生物を目にできる。10mほどのトンネル型水槽では、マンタなどが悠々と泳ぐ姿を間近に見ることができる。

交プーケット空港→🚗50分、パトン・ビーチ→🚗40分
☎076-391-126 開8:30～16:30 料180B 休なし

ワット・チャロン
Wat Chalong　MAP p.166-E

　プーケットでもっとも格式の高い寺院。建物はタイの寺院建築の様式をよく表している。本堂には3人の高僧、ルアンポーチェム、ルアンポーチュアン、ルアンポークルアンの像が安置されている。1870年代に起こった中国系移民による反乱を鎮めた僧としてあがめられている。

交プーケット空港→🚗50分、パトン・ビーチ→🚗30分

プーケット動物園
Phuket Zoo　MAP p.166-F

　4000頭以上のワニが飼育されているほか、トラ、象、ラクダなどがいる。呼び物はサル、ワニ、象がそれぞれに活躍するショーだ。
　ショーは各動物ごとに1日3～4回行なわれる。どのショーも1回30分程度。ショーの合間には象、トラ、ヘビ、ワニなどと一緒に記念撮影200～300Bができる。

交プーケット空港→🚗40分、パトン・ビーチ→🚗30分
☎076-381-227 開8:30～18:00 料1500B 休なし

モンキー・スクール
Monkey School　MAP p.166-E

　ココヤシが重要な産業のタイ南部では伝統的にサルに木登りをさせてココナッツ採りをする。つまりサルの調教はお手の物。ここではサルが自転車乗り、バスケット、算数などを披露する。人を小バカにしたようなサルの態度が観客に大うけする。

交プーケット空港→🚗50分、パトン・ビーチ→🚗30分
☎083-556-2242 Show 10:00～16:00（金曜12:00～14:00）
料500B 休なし

ビュー・ポイント
View Point　MAP p.166-E

　アンダマン海を見渡せるポイントとして整備されている。北に目を向けると、岬に区切られたカタノイ、カタヤイ、カロンの美しい浜が重なるように見える。

交プーケット空港→🚗1時間10分、パトン・ビーチ→🚗30分

プロンテップ岬
Cape Phromthep　MAP p.166-E

　島の最南に位置し、突端は恐竜の背中のような斜面がそのまま海に落ち込んでいる。ここからの落日は「プーケットで最高に美しい」という。落日の時刻は岬の掲示板によれば、12～2月18:07～18:34、3～7月18:37～18:47、8月からは時間が早くなり、8～9月18:19～18:36、10～11月18:04～18:06。日中なら岬にある灯台にあがれる。岬の展望地の脇に眺望が楽しめるレストランがある。

交プーケット空港→🚗1時間10分、パトン・ビーチ→🚗40分

タイ南部／プーケット島／見る歩く

PHUKET Island
オプショナルツアーガイド 島内

象に乗ってトレッキングしたり、マウンテンバイクで島内を走るなど、アドベンチャー指向のツアーが多い。現地の旅行会社で扱っている。英語ツアーがメインだが、日本語可能なツアーもある→ p.179。

島内観光バスツアー
Bus Tour

プロンテップ岬やビュー・ポイント、ワット・チャロン、プーケット水族館など、プーケット島内のおもな景勝地や観光ポイントをバスで巡る。半日程度のスケジュールで巡るパターンが多い。個人でレンタカーを借りて巡るよりも効率的で、経済的。

ハロー・プーケットなど、日本語対応の旅行会社を使えば言葉の心配はまったくない

景勝地のビュー・ポイントはバスツアーの定番ポイント。人数によるがバスはミニバスが主流

サファリツアー
Safari Tour

3 in 1、4 in 1の名称で呼ばれるツアー。ジャングルを冒険する気分をたっぷり味わえる、お得なツアーだ。半日〜1日程度の間に、象の背中に乗ってのトレッキング、シーカヌーでの川下り、ジープでのジャングル走破、モンキーショーの見学など、3〜4の人気アクティビティを組み合わせる。とくに象のトレッキングは、深い山道に分け入っていくので探検気分満点だ。

象使いが「操縦」する

タイの象は頭がよく、性格もおとなしい

マウンテン・バイクツアー
Mountain Bike Tour

体力派向きツアー。ココヤシが茂る森や水牛が歩く里、海が見える海岸線などをツアーガイドとともに走る。半日コースと1日コースがある。マウンテンバイクとヘルメットはもちろん、1日コースは昼食付き、喉を潤す水や果物も常備される。

とっておき情報

リゾート地でタイ料理の講習 時間があれば挑戦してみたい

タイ料理に興味があるなら、調理に挑戦してみよう。でも、本を見ただけではなかなか上手には作れない。プーケットでは、日本語受け付けOKの旅行会社に依頼すれば、料理教室のアレンジをしてくれるところもある。人数や内容を確認のうえ、興味のある人は問い合わせてみよう。

雨が降って、アウトドアでの楽しみが難しい時など、無駄に時間をつぶすなら料理にチャレンジするのもいい思い出になるかも。

オプショナルツアー問い合わせ先

- ●SPインターコンチネンタルSP Intercontinental ☎076-304-195 ＊ホテル・各種ツアー・挙式手配等を行なっている。日本人コーディネーターが、一人一人の要望に合せたツアーのアレンジを行なっている。www.sp-inter.com
- ●ハロー・プーケット・ツアーズHallo Phuket Tours ☎076-530-301〜2 ＊日本人常駐。プーケット有数の日本語ツアーの老舗。www.hallotours.com
- ●ウェンディツアー（S.M.I.）Wendy Tour ☎076-246-126 ＊タイ各地に支店がある日本語観光バスツアーのプーケット支店。各種オプショナルツアー、手配なども行なう。ネットでもツアー商品を紹介している。https://www.wendytour.com
- ●J＆RトラベルJ＆R Travel ☎076-344-093 ＊日本人常駐。各種オプショナルツアーの受付を行なう。MAP p.168-C

パトン界隈は歓楽街としても有名。プーケットの夜を歩いてみる

食物屋台も出ている。菓子屋台に人気がある

お金をかけて過ごすばかりがリゾートではない。一番の夜の楽しみとは、実は、ぶらぶら歩くことだ。何か目的があるわけでもなく、夜の街を歩くことが案外と楽しいのだ。

プーケットでは、パトン・ビーチが一番の街歩きスポット。夕方の6時頃になると路地という路地に明かりが灯り、みやげ物店やレストランは人でいっぱいになる。暗いところに行かず用心すれば、女性でも歩ける。ただし、1人で歩くのは避けよう。通りは露店がびっしり並ぶナイトバザール状態で、Tシャツ、時計、ベルト、アクセサリーなど何でもある。掘り出し物のおみやげを見つけられるかもしれない。売り子も熱心で、どんどん声をかけられる。値段交渉もゲーム感覚で行なってみよう。基本は言い値の3分の1から半分で交渉を始める。相手はわざとイヤな顔を見せたり、笑って拒否したり、いろいろな手で対抗してくるので、こちらも欲しそうな顔を見せずに交渉しよう。たいがいは電卓で値段を示してくるから、こちらもその電卓に数字を打ち込めば、意志の疎通はできる。何も買わないと、文句を言われることもあるが気にしない。そんな風に店をひやかして進むと、オープンエアのバーカウンターが連なる通りに出るだろう。ソイ・バングラという通りだ。ネオンの下に妖しげなお姉さんたち。通りのカウンターで100B前後のビールを飲む分には心配はいらない。周りにいるのはやけに元気な欧米人ばかり。通りを歩く国際色豊かな人たちを観察したりするのも、世界のリゾート地、プーケットらしい夜の過ごし方のひとつだ。

格安の水着も露店の店頭に。毎日替えてみる!?

トゥクトゥクが道路脇で客引きしている

ソイ・バングラ。北側はバーが多い

カウンターの中にいるのは女？ 男？

PHUKET Island
島外オプショナルツアーガイド

プーケット島を起点として島外のポイントへ向かうツアーにはダイビングツアーと観光ツアーがある。ダイビングは旅行会社を通す方法もあるがダイビングショップへの申し込みが一般的。その他はプーケットの旅行会社へ申し込めば手配してくれる。

シミラン諸島は世界中のダイバーが憧れる

コーラル島ツアー MAP p.166-E
Coral Island Tour

コーラル島は、プーケット最南端のプロンテップ岬から東南東へ約7kmほどの沖合にある。海の透明度が高く、シュノーケリングや水上バイク、シーウォーカーなどマリンスポーツもたっぷり楽しめる。送迎や食事も付いている。ツアーは8〜9時頃出発し、夕方4時頃戻る。島への乗船時間は片道20分ほどで、気軽な日帰り島外ツアーとして人気。※1450B〜（日本語ガイド）、800B〜（英語ガイド）

ツアーの内容によってさまざまな船が使われる

パンガー湾ツアー MAP p.166-B, F
Phang Nga Bay Tour

パンガー湾には石灰岩からなる小島が150以上も点在し、海から奇岩が突き出す奇妙な光景が見られる。鍾乳洞も多く、ここを巡るツアーは人気が高い。1日、半日コースのほか、サンセットツアーもある。ハイライトは、映画007シリーズの『黄金銃を持つ男』に登場したピン・カン島。今にも根元から折れそうな巨岩の姿には目を見張る。各ホテルと桟橋の往復は、バスによる送迎がある。1日コースは朝の7〜8時頃出発し、夕方4時頃戻る。※2900B〜（日本語ガイド）、1200B〜（英語ガイド）

ピーピー島ツアー MAP p.166-F
Phi Phi Island Tour

ピーピー島はプーケットから東に約50kmの海上に浮かぶ、6つの島からなる群島だ。真っ白な砂浜、エメラルドグリーンに輝く海。南国の楽園と呼ぶにふさわしい光景が広がる。できれば数日滞在したい島だが、日帰りツアーも充実している。プーケットの各ホテルを7〜8時頃出発し、夕方4〜5時頃に戻るコースが一般的だ。1時間30分ほどボートに揺られ、ピーピー・レ島の洞窟、バイキングケイブを見学。昼食後、ホワイトサンドのビーチなどでシュノーケリングを楽しむ。※2400B〜（日本語ガイド）、1200B〜（英語ガイド）

とっておき情報

1日中ビーチで過ごすことも可能

ビーチで1日中過ごしても不便はない。ただ美しい海を眺めて1日過ごすのもよし。小腹が空けば屋台があるし、タイ式マッサージもある。なぜか美容師もいて、南の島でヘアスタイルを変えるのもおもしろい。さらに、サマードレスを売る露店まである。

こんな即席ショップも出店

ヘアスタイルを変えてリフレッシュ

※ツアー料金は各ツアー会社の料金から平均をとった目安

シーカヌー
Sea Canoe

冒険気分を味わえるツアー。パンガー湾の奇岩奇勝が広がるカヌーポイントまで船で行き、スタッフが漕ぐカヌーに乗り換える。奇岩の下の洞窟を抜け、マングローブの森や静かなラグーンなどを巡る。朝7～8時出発し、夕方5時頃戻る。※2600B～（日本語ガイド）、1800B～（英語ガイド）

フィッシング
Fishing

万人向けのツアーとはいえないが、釣りファン向きなのがフィッシングツアー。ラチャ島やピーピー島周辺海域がポイント。船の規模はツアーによって異なる。※道具類や昼食、ドリンク込みで1日3750B（日本語ガイド）、3250B（英語ガイド）

シーウォーカー
Sea Walker

酸素が送り込まれるヘルメットをかぶり、海底を歩く。ライセンスや特別な技術は不要。スタッフが付くので泳ぎが苦手な人も安心だ。手軽に海中散歩が楽しめる。サンゴ礁が美しいコーラル島で実施。ポイントまでの送迎含め約5時間。※1500B～

ダイビングツアー
Diving Tour

本格的にダイビングするなら、ダイビング・ツアーに参加しよう。基本的にはライセンスが必要だが、ライセンスを取得するためのツアーもある。まったくの初心者には体験ツアーもあり、簡単な講習を受けてから、インストラクターと一緒にもぐる。日本人常駐のショップが数軒あるので安心だ。プーケットのベストシーズンは天候が安定している11～4月の乾季。水温は28度前後だ。ツアーの内容は各ショップやどこをポイントにするかで異なるが、以下を目安にしてほしい。英語ツアーは日本語ツアーより若干安いが、どうしても会話が必要なので、日本人や日本語がわかるインストラクターがいるツアーを選びたい。平均的な内容は次のとおり。

1．ラチャ島周辺ファンダイブ（1日ツアー2ダイブ）約4500B～／2．ピーピー島周辺体験ダイブ（1日ツアー3ダイブ）約4500B～／3．シミラン諸島ツアー（1泊2日）約1万8600B～
■日本人常駐の主なダイビング・ショップ
●カタ・ダイビング・サービスKata Diving Service
☎076-330-392 F076-330-393 MAP p.168-D

カタ・ダイビング・サービス

プーケット島よりさらに透明度が高い周辺の島

周辺の海はスポーツフィッシングを楽しむのにも適している

奇岩奇勝を巡るツアーも人気が高い

シミラン諸島の海中。息をのむ美しさだ

スパやマッサージでリフレッシュしよう
プーケットで ボディ・ケア

ダイヤモンド・スパの豪華な個室

フット＆タイ式マッサージでリフレッシュ

　タイの伝統的な医術にタイ式または古式マッサージがある。その技はなかなか奥が深い。揉んだり、筋を伸ばしたり、血の流れを一瞬止めたりと、伝統医学に基づいたものだ。ホテルのエステ、スパ施設、街中の店で行なわれる。設備の違いはあるが、基本的な技術は同じ。また、ビーチでも受けられるのは、マリンリゾートならでは。街中の料金を参考にあげれば、2時間300〜500B程度。一方、フット（足ツボ）マッサージは激痛がある中国式ではなくタイ式。ツボをグリグリ押すというよりは凝りを流すようなもの。範囲は足裏だけではなく膝下まで及ぶ。

スパでリフレッシュ

　スパは美容やリラクゼーションを目的とした施設。プーケットでスパ施設をもつリゾートホテルは、いずれも高級タイプ。また、ジャクジーやサウナがないところもあるが、本格的なマッサージ施設を完備しているホテルはかなりある。ホテル以外では森のような敷地の中に建物を配置し、リラックス気分を高める施設が多い。ホテルではゴージャス感を、ホテル以外ではのんびり気分を味わうといった使い方も可能だ。スパは基本的には予約が必要。ハイシーズンは数週間前に予約をしないと利用できないところもあるほどだ。必ず利用したい人は、早めの予約をしておきたい。

フット＆タイ式マッサージ施設

タイ式マッサージ1時間200B。フットマッサージ1時間300B

通常のマッサージ以外にアロマオイルマッサージ1時間500Bなどもある

ハッピーライフ・スパ＆マッサージ
Happy Life Spa & Massage　MAP p.168-C
　比較的物価の高いパトン・ビーチ内でも手頃な値段で気軽に利用できる。部屋も清潔で気持ち良い。日本人による経営なので日本人の好みを把握してくれるサービスは安心感がある。
住135/9, 10 Paradise complex, Rat-U-tid Rd.☎081-970-5668 営10:00〜24:00 休なし

スパ施設

ザ・ナカレイ・スパ

フェイシャル・ケアで美しく

リゾートホテル内
ダイヤモンド・スパ
Diamond Spa　MAP p.168-A

フェイシャル・マッサージ、ボディ・トリートメントなどメニューは20種類を揃えている。1メニューの所要時間は30分～1時間30分。アロマテラピーなどを含むパッケージがお得。サウナやリラックス・ルームも使用可。
住Diamond Cliff Resort & Spa→p.199 ☎076-380-050 開10:00～21:00 休なし ＊パッケージ（2時間～）2900B～。要予約。

カップルでの利用も可

高級スパならではの凝った造りの豪華なジャクジー

リゾートホテル内
アンサナ・スパ
Angsana Spa　MAP p.166-B

アンサナ・スパは、デュシタニとアンサナ・ラグーナ・プーケットなどで受けられるスパプログラム。すべてが洗練されたスパ施設。
●住Dusit Thani Laguna Phuket→p.197 ☎076-362-999 開10:00～21:00 休なし ＊アンサナマッサージフルボディ60分3000B～。
●住Angsana Laguna Phuket→p.197 ☎076-324-101 開10:00～22:00 休なし

アイランド・ハーブ＆スパ
Island Herb & Spa　MAP p.166-E

フットマッサージは1時間～。セットマッサージが中心で、ハーブのスチームサウナ、全身オイルマッサージ、フェイスエステマッサージ、シャンプー、マニキュア、ネイルアートなどを組み合わせている。日本人スタッフもいるので言葉の心配もない。
住1/1 Moo 3, Vichit, Phuket ☎076-281-437～9 開10:00～20:00 休なし ＊スペシャルコース（4時間30分）4800B、要予約。

日本人の利用者が多いアイランド・ハーブ＆スパ

バンヤンツリー・スパ

リゾートホテル内
バンヤンツリー・スパ
Banyan Tree Spa　MAP p.166-B

メニューは50種類以上。1メニューの所要時間は15分～1時間45分。伝統のタイ式だけでなく、ハワイ式やスウェーデン式などの手法でも行っている。一般的なマッサージやトリートメントのほかに、髪や爪の手入れ、ヨガ、エアロビクス、ヘルシー料理など、総合的なケアが受けられる。
住Banyan Tree Phuket→p.196 ☎076-372-400 開10:00～22:00 休なし ＊パッケージ（150分）7900B～、期間限定、利用は原則として宿泊者優先。要予約。

リゾートホテル内
チャン・ウェルネス・スパ
Chann Wellness Spa　MAP p.166-C

ターボン・ビーチ・ビレッジ＆スパ内にある。タイ建築様式の建物にスパ設備がある。スパのプログラムは20種以上と充実している。
住Thavorn Beach Village & Spa→p.199 ☎076-217-231 開10:00～翌1:00 休なし ＊シグネチャーマッサージ60分2500B～、タイ式マッサージ60分2500B～。スパ・パッケージ150分3850B～。

優雅な雰囲気のザ・ナカレイ・スパ

リゾートホテル内
マンダラ・スパ
Mandara Spa　MAP p.166-A

JWマリオット内にある、マンダラ・スパは太平洋地域に展開する高級スパ・チェーン。このプログラムでもっとも人気があるのがアロマテラピーマッサージとディープクレンズフェイシャルを施すコースなど。
住JW Marriott Phuket Resort & Spa→p.196
☎076-338-000
開10:00～22:00 休なし ＊パッケージ（2時間コース）6000B～。

マンダラ・スパで至福の時を過ごす

タイ南部　プーケット島／ボディ・ケア

スコー・カルチャラル・スパ&ウェルネス
Suuko Caltural Spa&Welness

MAP p.166-E

12エーカーもの自然に囲まれた広大な敷地に独自のスパ養成コースやプロダクトを作り出し、プーケット内のローカルスパの中でも今や1、2の座を争うスコー・スパグループ。スパトリートメントのみに留まらず、フィットネスやアクティビティなどを楽しめるクラブハウス＆プール、ヘルシー料理のレストラン、写真スタジオを含むサロンなど、プーケット有数の規模のスパ・コンプレックスだ。

🏠5/10 Moo 3, Chaofa Rd.
☎076-530-456
🕙10:00～22:00
休なし
🌐www.suukowellness.com
＊フェイシャルトリートメント（60分）3800B～、2時間コース 3700B～

ムックダー・スパ・プーケット
Mookda Spa Phuket

MAP p.166-E

パトン・ビーチから車で15分のカトゥー地区に位置し、プーケットならではの真珠やツバメの巣を使用したトリートメントのほか、アロマオイル、ボディスクラブなども店独自のハーブなどオリジナルメニューが特徴。タイのハーブを使ったオリジナル製品を開発、販売しており購入も可能。日本人スタッフ常駐でホテルからの送迎もある。スパに併設したカフェがあり、スパ終了後に食事も可能。

🏠75/18 Moo6 Vichitsongkram Rd., Kathu
☎087-2791177（日本語スタッフ）
🕙9:00～22:00 休なし
＊ムックダーシロダラーコース（3時間30分）4300B、ムックダースパ（3時間コース）3000B

バライ・スパ
The Baray Spa

MAP p.168-D

カロン・ビーチ、サワディービレッジ（ホテル）内のスパ。装飾や調度品、灯りの演出など、日常空間を離れたエキゾチックな雰囲気。頭に暖かい油を流すインド式の「ケサリリースマッサージ」や、温冷シャワーを交互にかける「ヴィシーシャワー」といった個性的なメニューが人気。メニューが豊富でキッズパッケージや併設レストランでの食事付きパッケージもある。

🏠Sawasdee Village, 38 Katekwan Rc., T.Karon
☎076-330-979
🕙10:00～22:00 休なし
🌐http://www.phuketsawasdee.com/the-baray-spa
＊アロマテラピーマッサージ（90分）2600B～、ナチュラル・タイ・フェイシャル（50分）1850B～、ザ・バライ・リバランス（3時間）4000B

オアシス・スパ
Oasis Spa

MAP p.166-B

チェンマイを基点にバンコク、パタヤーにも店をかまえ、タイのデイ・スパの中でもカリスマ的存在。トリートメントには厳選された北タイのハーブを中心としたオリジナル製品を採用。スタッフのきめ細やかな応対にも定評がある。ラグーンを見渡す東屋（サラ）でのトリートメントで、優雅な時間を過ごせる。客室はわずか6室なので予約は必須。

🏠29 Moo 4 Srisoonthorn Rd., Choeng Thale ☎076-337-777 🕙10:00～22:00 休なし
🌐https://www.oasisspa.net/ ＊タイ・マッサージ（120分）1700B～、アユールヴェイディック・ボディ・マッサージ（60分）2300B～、フェイシャルトリートメント（60分）1400B～、スパ・パッケージ（2時間）2700B～

チップについて
セラピスト（施術者）への感謝の気持ちとしてのチップは手渡したい。例えば、庶民的マッサージ店でのマッサージ2時間なら約50～100B。スパ施設で1000B以上のトリートメントなら100～200Bくらいのチップが相場。

庶民店か高級店か
庶民的マッサージ店ではセラピストがマッサージ中にトイレにいったり、携帯電話で話をするのはよく聞く話。こんな時はチップを少なくしたり、無理に渡す必要はない。高級店は料金は高いがその分、快適に過ごせるはず。

目的は？
スパは施術だけでなく、内装、香り、サービスなど心と身体をトータルでリフレッシュするもの。一方、マッサージ店は、疲れた身体のリフレッシュが目的といえる。気分に合わせて使いたい。

ターンタラ・スパ
Tarn Tara Spa

MAP p.166-E

ロビーの向こうには国立公園の美しい湖の景色が広がるヒーリング感たっぷりの環境が自慢。自然の素材を生かしたトリートメントやプーケット内でも数少ないシロダーラー（オイルドロップ）やイヤーキャンドルなどのトリートメントが受けられる。タイクッキングクラスやタイマッサージレッスンなどのアクティビティもあり、スパ以外の楽しみもある。ミャンマー産のハーブで作られたチャンアカと呼ばれるスクラブは肌の活性化に効果的。
住58/11 Moo 6 Chao Fa 42 Rd.
☎089-724-9563
営10:00～19:00
休なし
HPhttp://www.tarntaraspa.com
＊タイ・ヨガ・マッサージ90分1500B、アロマセラピー・ボディ・マッサージ90分1800B、ロイヤル・シルク・フェイシャル45分1800B

カナスィア・スパ
Cannaceae Spa

MAP p.166-E

プーケットタウンの郊外に位置し、緑に囲まれローカル感溢れるこぢんまりとしたスパ。広々感や、豪華さ、華やかさにはやや欠けるが、昔からマッサージ技術には定評があり、またお手頃な値段で、地元の人々や長期滞在の旅行者には知られ、数多くのリピーターを持つ。通には人気のスパ。
住51/17 Soi Thepanus-rn Chaofa-noak Rd.
☎076-264-429
営9:00～21:30
休なし
＊アロマセラピー・オイルマッサージ（60分）800B～、2時間30分のコース（アラカルトより2種類選択）1700B、ホットコンプレスパッケージ（3時間）1900B～

本音でガイド

スパの利用ガイド
ホテルで、街中で、キレイになる

●予約

ホテルのスパでも、街中にあるスパでも基本的には要予約。スパによっては、その受けるサービスによって、専用のセラピストがいるため、コースの内容も予約時に伝えておく必要もある。英語に自信のない人は、ホテルによっては日本人が常駐しているので日本人スタッフに頼むといい。日本人がいない場合はツアーの現地ガイドに通訳を依頼しよう。

●チップ

ホテル内の施設は、料金にサービス料と税金（10％＋7％）が加算される。また、習慣としてチップを渡すのは普通。100～200Bくらいが相場。高級スパでは寛大な気分でチップを渡したい。

●気持ちよくサービスを受けるために

高級ホテルのセラピストは英語が通じるので、細かい指示も可能。ホテルのセラピストは、何も指示しなければ、弱めのマッサージをする事が多いので、強めが好みの人は「強くして下さい」と最初に言おう。庶民的なスパでも身ぶり手ぶりでけっこう何とかなる場合が多い。

●その他

近年、ほとんどのスパは男性でも受けられる。とくにカップルで利用する人も少なくない。男性の利用に適したプログラムが何か、施設に問い合わせたうえで利用するのがいい。

レストランカタログ
食べる

シーフードをはじめ豊富な食材にグルメも大満足

土地柄、シーフードと景色が自慢の店が多い。西海岸の海に臨んだ店なら、夕暮れ時のロマンチックなシチュエーションが期待できる。有名な観光地だけに料理の種類も豊富で、日本料理のレストランも何軒かある。

各国 パトンビーチ MAP p.168-A

ジョーズ・ダウンステアーズ
Joe's Downstairs

サンセットビューが美しい

パトン・ビーチの北側の外れ、砂浜が岩場となり、道が小高い丘に向かうあたりに建つバー＆レストラン。プーケット島の西側に位置するこの海沿いは、昔から夕日を眺めるのに適した場所として知られている。店内は白を基調としたスッキリとした造り。テラス席から広々としたプーケットの海を眺めながらの食事は、よりいっそうおいしく感じる。

住223/3 Prabaramee Rd., Patong Beach ☎063-078-5887
営12:00〜23:00 休月曜
＊パスタ695B〜、ハンバーガー595B〜、夜の目安1200B〜

オープンエアのテラス席

各国 パトン MAP p.169-E

バン・ライ・マイ
Baan Lai Mai

ビーチ沿いのオープンテラス

広い敷地に客席がズラリと並んでいて、大人数のグループでも気軽に入れる店。店先には新鮮な魚介類が列をなして並び、そのシーフードをふんだんに使ったタイの伝統料理が人気だ。トムヤム・クンやカオ・パットなどの代表的タイ料理は比較的辛さをおさえた味付けで、日本人向きといえる。周辺にはショッピングセンターやおみやげ屋も多く、買物ついでに利用できる。

住66 Taweewong Rd., Patong Beach ☎076-340-460 営11:00〜翌1:00 休なし ＊ピザ320B〜、ステーキ各種490Bなど、西洋料理のメニューも豊富。予算の目安は1人約600B〜

島近海の海で獲れた魚も並ぶ

タイ パトン MAP p.169-D

MK・ゴールド・レストラン・プレミアム・タイスキ
MK GOLD RESTAURANT Premiun Thai Suki

優雅なタイスキを味わう

全国展開する「MKタイスキ」のプレミアム店。ちょっと豪華な雰囲気でタイスキを楽しむのがコンセプト。食器やサービスなどもワンランク上だ。飲茶メニューや特製のロースト・ダックもおすすめ。

住181 Rat-U-Thit 200 Pee Rd.
☎076-600-165
営11:00〜22:00 休なし
＊タイスキセット699B〜、点心53B〜、ローストダック345B〜。予算800B〜

タイ パトン MAP p.168-A

バーン・リム・パ
Baan Rim Pa

新感覚のタイ料理を堪能

木をふんだんに使った内装、洗練された雰囲気はフランス料理店風。海沿いにあり、夜の照明はロウソクだけで、カップルには最高の演出だ。料理は美しく盛られ、ひと皿ずつ運ばれてくる。

住223 Prabaramee Rd., Patong ☎076-340-789
営12:00〜22:30 休なし
＊セットメニュー1265B〜、パイナップル入り炒飯295B〜。客席からの海の眺めもいい。週末は予約を入れたい。予算目安1人約2000B〜

日日本人スタッフ常駐　日日本語が通じる　日日本語メニュー　英英語が通じる　英英語メニュー　写写真メニュー　予要予約

タイ・海鮮 チャロン MAP p.166-E

ガンエン・シーフード・アット・チャロンピア
Kanenag Seafood @ Chalong Pier

地元の人がすすめる有名店

いけすから取りあげたばかりの素材は新鮮そのもの。ロブスターは100gあたり350B〜。エビを日本の天ぷら風に揚げたディープ・フライド・シュリンプは60B〜。パイナップルの皮を器にしたフライド・ライス・ベイクド・イン・パイナップル70B〜は、日本人にも人気のタイ料理のひとつだ。カニのボイルも1匹100g90B〜程度で味わえる。

新鮮だからこそ味わえるロブスターの刺身

店は波打ち際にある。スタッフもフレンドリー

9/3 Moo 9 Chaofa Tawan Aok Rd., Chatong Bay
076-381-323、694
10:00〜22:00
困なし
＊ワインセラーも完備、最大収容約1000人。料理は200種以上。スタッフに聞きながら注文しよう

料理と南の島の雰囲気が楽しめる

とっておき情報

レストランの上手な利用法

プーケットはシーフード料理がおいしいので、滞在中一度は試してみたい。世界中から観光客が訪れるので、各国の料理を扱うレストランが狭い地域にあるのも魅力だ。一番集中しているのはパトン・ビーチ界隈。どこの店も基本的には店頭にメニュー表を掲げているので、それをじっくり見てから決めよう。観光客が利用するような店は英語メニューが必ずある。また、写真付きのメニューを用意しているところもある。海外でのレストラン利用に慣れていない人は、最初はホテルのレストランを使うのも手。日本人客が多いのでソツなく対応してくれるハズだ。不安な人は、日本語ツアーガイドの会社に予約や送迎の依頼をするのもいい。ホテルから離れた店に行くときにはとくに利用価値がある。

いかにも南国らしく、パイナップルを器にした料理

生け簀があるような店は、新鮮な魚介類が楽しめる

| 各国 | カタ・ビーチ MAP p.168-F |

ボートハウス・ワイン&グリル
The Boathouse Wine & Grill

雰囲気、お酒、料理が揃う

タイの有名建築家がオーナーのリゾート「ボートハウス」→p.203にある。充実した料理以外にワイン雑誌にも紹介されるほどワインが豊富。海に臨む抜群の雰囲気を楽しむにも最適な場所だ。

英美予

⊞182 Koktanode Rd., Kata Beach
☎076-330-015
営6:30～24:00（23:00LO）
困なし
＊予算の目安1200B～

店にはワインセラーがあり、数百種のワインが管理されている

| タイ | カロン MAP p.168-D |

オン・ザ・ロック
On The Rock

雰囲気最高のレストラン

カロン・ビーチを一望できる岩場にある。豪華な造りではないが、とにかく南国らしさを満喫できる立地が申し分ない。料理の値段も150B～程度と、ホテル施設としては経済的だ。

英美予

⊞47 Karon Rd., Karon Beach
☎076-330-625 営6:30～11:00（朝食）、12:00～24:00 困なし
＊マリーナ・プーケット・リゾートの敷地内にある。ディナーはできれば予約した方が無難。欧風料理もある

| タイ | カロン MAP p.166-E |

オールド・サイアム
Old Siam

日英英写予

住Thavorn Beach
Villageat Nakalay
Beach
☎076-290-334
営18:00〜22:30
困なし
＊予算の目安は1人
1000Bくらいから。ブ
ッフェのみの日もあり

伝統を生かしてタイの王様の食卓を再現
タイの伝統建築の建物は一見の価値がある。客席から眺める海の景色もすばらしく、夜にはパトン・ビーチの明かりを海ごしに眺められる。タイの宮廷で昔から食べられてきた料理を再現した前菜の盛り合わせがおすすめだ。盛りつけの美しさにも注目したい。また、曜日によっては店内で古典舞踊のアトラクションも催される。

| 各国 | パンワ岬 MAP p.166-F |

ババ・レストラン
BABA Restaurant

英英

気分と好みでいろいろ選べる
プーケット島の南東、パンワ岬に位置するリゾート「スリ・パンワ」→p.203のレストランで、コンセプトが異なるスペースが各種ある。Baba Diningはエキゾチックでスタイリッシュな装い、Baba Pool Clubは広大なプール脇で食事やエンターテインメントが楽しめ、さらにBabaQはバーベキューや寿司を味わえる。食事も楽しめる充実したクッキングスクールのプログラムも人気が高い。

住88 moo 8, Sakdidej Rd., Vichit
☎076-371-000
営7:00〜23:00
困なし
＊料理目安 前菜300B〜、メインコース600B〜

さまざまな料理を味わいたい

| 中国 | プーケットタウン MAP p.169-B |

金鳥酒楼 レム・トン・シーフード
Laemthong Seafood

日英英写

タウンでも老舗の名店
店内にはいくつもの円卓がデンと置かれ、風格が漂う。どの料理も火のとおり具合が絶妙で、味付けにも満足できる。写真付きのメニューがあるのは便利。チャーハンのようなシンプルな料理もおいしい。

住31-39Chan Charden Rd.
☎076-224-349営11:00〜
14:00、17:00〜22:00困なし
＊フカヒレ・スープ400B、ワタリガニの唐揚げ180B、カニチャーハン150B、アワビのあんかけ380B。いずれも目安。週末は予約した方がいい

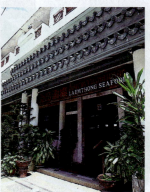

中国 | パトン | MAP p.168-C

ザ・ロイヤル・キッチン
The Royal Kitchen

眺望もたっぷり楽しめる

アンダマン海に沈む夕日を眺めながらの、ロマンチックなサンセット・ディナーがカップルに人気。おすすめはシーフード。とくにフカヒレやアワビは香港などで食べるよりはグッと格安だ。

日英写予

住The Royal Paradise Hotel&Spa、パラダイス・ウイング2階☎076-340-666
営11:00～14:00、18:00～23:00休なし ＊パトンで本格的中華風海鮮料理が食べられることで人気がある。予約した方がいい。ペキンダック1250B～

各国 | パトン | MAP p.166-C

パラッゾ・シアターレストラン
Palazzo Theatre and Restaurant

本格的シアターレストラン

サーカスのテント風の劇場兼レストランの中で、世界のエンターテインメントのパフォーマンスを楽しみながら食事できる。オペラ歌手、バレエダンサー、中国雑技、マジシャンなど、次々と登場するパフォーマーの質は高く、テーブルに近い場所で、迫力があるテクニックを見せられる観客は拍手喝さい。コメディ風な演技もあり、盛り上がりは満点だ。食事は数種類のコース設定で、寿司、スモークサーモンの春巻き、ローストダック、レモン風味の海老添えヌードルなどさまざまなジャンルの料理が提供される。

英写予

住86/3 Moo 6, Vichidsongkram Rd.
☎076-202-277
営19:00～22:00
休日・火曜
＊営業日は火～金曜のみ。料金はショー観賞と食事込みで1500B～

とっておき情報

気軽な休息ポイントはパトン・ビーチ

気軽に入れる店がパトン・ビーチ沿いに急増している。とくにファストフード店の集中度はタイで一番かも。マクドナルド、ケンタッキー・フライド・チキン、スターバックス、ハーゲンダッツなどがほとんど軒を並べている状態だ。主要なメニューは日本にある店と同じだが、微妙に違う点もある。マックではアップルパイのかわりにコーンパイやパイナップルパイがある。スターバックスのスイーツ類はタイ人の味覚を反映してか「まったりした甘さ」。店の構えは同じでも、日本とちょっと違う点を発見するのも楽しい。

広々としたテラス席で南国を味わうのもいい

各国 | パトン | MAP p.168-A

ダ・マウリツィオ
Da Maurizic

本格的なイタリア料理を楽しみながら海に沈む素晴らしい夕日を眺めよう

店のすぐ裏手が海、予約の際に「海沿いの席を」とリクエストしておいたほうがいい。料理は正統派のイタリア料理で、ワインも上質のものばかり。パスタ料理を中心にしたセットメニューもある。

テーブルからは感動的な夕景を楽しめる

英英予

住223/2 Prabaramee Rd.,Patong
☎076-344-079、276
営12:00～22:30
休なし
＊要予約。ランチの予算目安約500B、ディナーの予算目安2000B～。セットメニュー2000B～

日日本人スタッフ常駐 日日本語が通じる 日日本語メニュー 英英語が通じる 英英語メニュー 写写真メニュー 予要予約

本音でガイド

予算を極力抑えてタイの味を思いきり楽しみたい人は屋台へ

フードセンターはプリペイドカード制で残金は返金してくれる

ラーメン風から総菜風までいろいろ。さして注文すれば、指でわかってくれる

タイの庶民的な味を楽しみたいならやはり屋台料理。ちょっとした空地や人通りが多い道の脇などに屋台が出ている。夕方以降に店を構える屋台も多い。ぶっかけ飯風のタイ料理や炒め物料理がひと皿50B前後からと、格安でおなかいっぱい食べられる。旅慣れたヨーロピアンや地元の人に混じって、庶民の味に挑戦してみたい。

屋外の屋台料理は苦手という人は、デパートの中のフードセンターがいい。衛生面でもキチンとしているうえ、プリペイドカード制なので言葉の心配もない。デパートやショッピングモールなどにある。

日本 パトン MAP p.168-C

フジ FUJI

タイの有名和食チェーン

プーケットではジャンセイロンとセントラル・フェスティバルの大型複合店に出店。各国の旅行者が訪れる人気店で、定食メニューが充実しており、価格もお手頃。ファミレス感覚で利用できる。

住ジャンセイロン内/181 Rat-U-thit 200 Pee Rd.
☎076-600-056～7
営11:00～21:30困なし
*刺身単品250B～、寿司（2カン）90B～、天ぷらセット200B、寿司セット200B～、刺身盛り合わせ720B

各国 パトン MAP p.168-A

ナインス・フロア 9th Floor

予約して窓際の席を

窓側の席からはパトン・ビーチが一望。スイス料理など厳選された各国料理が揃い、人気の一品はチーズ・フォンデュ。カクテルのほかワインの品揃えは世界メジャー産地から150種類と充実。

住47 Rat-U-Thid Rd.Sky Inn Condotel 9階
☎076-344-311
営18:00～24:00困なし
*サン・ドライ・トマト＆海老のリゾット690B、クラシック・スイス・フォンデュ200g890B

とっておき情報

日本人常駐の旅行会社にいろいろ依頼してみよう

現地で積極的に利用したいのが日本人常駐の旅行会社→p.179。例えば、プーケット島はどこへ行くにも車がないと自由に行動するのは無理だが、そんな時、車とドライバーのレンタルを依頼しよう。料金は8時間2000～3000B程度。名所やショッピングスポット、ナイトスポットなど自分の都合に合わせたルート設定ができる。また、スパやレストランなどの予約で言葉が不安な場合、電話での予約を依頼するのもいい。その他、旅のアレンジやチケット予約など利用価値は高い。

プロンテップ岬

プーケット・ファンタ・シー

セントラル・フェスティバル

ナイトスポットカタログ
夜遊び

パトン・ビーチの夜は更け、賑わいはさらに加速

ナイトライフはやはりパトン・ビーチが中心。ニューハーフショー、ムエタイ、ディスコ。集中度からみればバンコク以上だ。カマラ・ビーチにあるプーケット・ファンタ・シーはナイトライフの定番。

カマラ MAP p.166-C

プーケット・ファンタ・シー
Phuket Fanta Sea

日 英 予

プーケットの夜の定番スポット

プーケットを代表する巨大テーマパーク。約55万㎡の広大な敷地内には、劇場、レストラン、ショップが並ぶ。ファンタジー・オブ・ア・キングダムでは、カマラ王国の物語をモチーフにした劇やタイ各地の伝統舞踊など、多彩なショーが上演される。ザ・ゴールデン・キンナリーは4000席の座席数を誇るレストラン。豪華絢爛な雰囲気のなか、世界各地の料理がブッフェ・スタイルで楽しめる。おみやげを探すならザ・キャラクターズ・ショップスかフェスティバル・ビレッジへ。Tシャツやぬいぐるみなど、パーク内で出会えるユニークなキャラクターたちのグッズを販売している。

住99 Moo 3, Kamala Beach ☎076-385-000
時17:30～23:30 料ショー＆ブッフェディナー2200B、ショーのみ1800B、ブッフェディナーのみ1000B、送迎（片道）350B
休原則木曜 Eメールinfo@phuket-fantasea.com
URLwww.phuket-fantasea.com

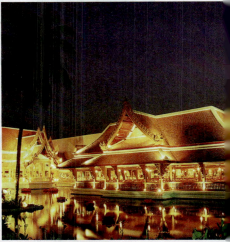
王様の館のような建物は巨大なレストラン

屋台やバースタンドが出て、縁日のような楽しさ

創作パフォーマンス、カマラ王国の物語は迫力満点

多くの旅行者が訪れる

劇場の入口はまるで神殿のよう

日本人スタッフ常駐　日日本語が通じる　英英語が通じる　予要予約

サイモン・キャバレー
Simon Cabaret

パトン MAP p.168-E

誰でも楽しめるニューハーフショー

　「おかまショー」などという差別的な意識はショーを見れば吹っ飛んでしまう。タイではすでに確立されたエンターテインメントなのだ。70人以上の美女？を擁するこのショーは、本場バンコクよりも質が上と評価する通もいる。コメディあり、古典舞踊あり、観光客向けのご当地ソングありと、内容はギッシリ。家族連れでもカップルでも気軽に楽しめる。

100/6-8 Moo 4, Patong-Karon Rd., Patong Beach
076-342-114 ステージ1日3回／18:00、19:30、21:00
普通席700B、VIP席800B、ともに1ドリンク付
なし
＊上演時間は約1時間30分

予想を裏切るおもしろさがある

バングラ・ボクシング・スタジアム
Bangla Boxing Stadium

パトン MAP p.169-D

熱く燃える本場タイの格闘技

　一流クラスとはいえないが、なかなか本格的な試合を手軽に見ることができるのがパトン地区のバングラロード入口にあるムエタイスタジアム。ピンクの建物でよく目立ち、開催日には入口付近で呼び込みが出ていて、周辺は明るいざわめきに満ちている。試合は週3回（水・金・日曜、シーズンにより変更の可能性あり）。子どもから大人までの試合（全9試合）を観戦することができる。

198/4 Rat-u-thit 200 pee Rd., Patong, Kathu 089-726-111 21:00〜23:30 月・水・木・土曜（シーズンによって変更あり） リングサイド(vip)2500B、一般席1700B

本場で見る格闘技は迫力満点

本音でガイド
ディスコで踊るなら"バナナ"で

　プーケット島でディスコを楽しむならパトン・ビーチだ。とくにソイ・バングラ周辺に多くある。現地で入手できるフリーペーパーなどで紹介されているディスコなら問題はない。老舗ディスコとして有名なのがバナナ・ディスコ。「地元の不良が観光客をナンパするスポット」という辛辣な意見もあるが、その気がないならハッキリと断ればいいことだ。どこのディスコも欧米人が多く、インターナショナルな盛り上がりが楽しめる。ライブなど特別の催しがなければ料金は手頃。

●バナナ・ディスコ MAP p.169-C
Banana Discotheque 076-340-304〜6
22:00〜翌2:00 入場200B（1ドリンク付）
＊シーズンによって変更あり

ツーリストに人気のバナナ・ディスコ

ショップカタログ
買う

スズ製品や貝殻を加工したものがプーケットの特産品

気軽に買えるみやげや雑貨など、チープな物が目当てならパトン・ビーチの屋台や路地沿いの店がいい。タイシルクなどの高級品は、幹線道路沿いにある大型みやげ物店かホテルのショップ、プーケットタウンの専門店へ。

バンタオ MAP p.166-B

カナル・ビレッジ A
Canal Village

高級ショップがズラリの買い物天国 英

バンタオのラグーナ地区の高級ショッピングゾーン。タイシルク商品で有名なジム・トンプソンなど約30店が並ぶ。

営ショップにより営業時間は異なる。大部分は10:00〜24:00 休なし　*プーケットでのジム・トンプソンはここ以外にル・メリディアン→p.201、カタ・タニ・ビーチ・リゾート→p.203などにある

思わず散歩したくなるような整備された敷地

プーケットタウン MAP p.166-C、E

セラミックス・オブ・プーケット B
Ceramics of Phuket

陶器製品の工房＆直売店 英

島内の多くの有名ホテルやスパ、レストランでも使用されていて、高水準の技術とセンス良いデザインが好評。アウトレット商品は通常よりお得な価格で購入できる。

住71/3 Vichitsongkram Rd., kathu ☎076-319-186-7 営8:00-17:00 休日曜、祝日 URLwww.ceramicsofphuket.com

コーヒーカップ＆ソーサー類は400B〜。オーダーメイドも2つから可能（完成まで約1カ月、配送サービスあり）

プーケットタウン近郊 MAP p.166-E

ビッグ・シー C
Big C

庶民派の大型スーパーマーケット 英

郊外型の大規模スーパー。品揃えは庶民的で、生活用品や食料品などが充実している。民芸品などもあり、義理みやげをたくさん購入する人はチェックしてみたい。

住72 Moo 5, T.Wichit ☎076-249-444〜58
営9:00〜23:00 休なし

日用雑貨が多い

プーケットタウン MAP p.169-B

フォーチュン D
Fortune

プーケットタウンでみやげ探しはココ 日

こぢんまりした店だが、タウンでみやげ物を買うなら都合がいい。タイシルク製品、スズ製品、アクセサリーなど品揃えはひと通りある。日本語を話すスタッフもいる。

住8/12 Radsada Rd., ☎076-224-288
営9:30〜19:00 休土・日曜

銀のブレスレット400〜2000B、象がひとつのネックレス3000B、象が連なったものが1500B〜

プーケットタウン近郊 MAP p.166-C

プレミアム・アウトレット・プーケット E
Premium Outlet Phuket

近年オープンのアウトレットモール 英

広大な敷地に10棟の建物が並び、タイ国内ブランドのほかにナイキやアディダスといった国際的ブランドのアウトレット店も入店。フードコート、カフェもある。

住888 Moo 2, T. Koh Kaew ☎076-350-500
営10:00〜21:00 休なし

日本のアウトレット店と変わらない雰囲気

日本人スタッフ常駐　日日本語が通じる　英英語が通じる

ハート型石鹸60B〜、ルームフレグランス150B〜など。スリン・ビーチやラワイ・ビーチにも出店している

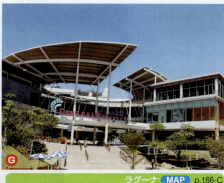

| | ラグーナ | MAP | p.166-C |

レモングラスハウス
Lemon Glass House

スパ用のアロマグッズがいっぱい

アロマグッズ製品を中心に販売している。アマンプリなど高級ホテルのスパやバンコクのデパートにも卸をしている人気商品もあり、直営の店ならではの手頃価格。

住10/2 Moo1, Cherngtalay, Thalang ☎076-325-501
営9:00-20:00 休なし
URLwww.lemongrasshouse.com

| | プーケットタウン近郊 | MAP | p.166-E |

セントラル・フェスティバル
Central Festival

巨大な高級ショッピングモール

テナント形式で多くの高級店が入店。タイシルクの有名店ジム・トンプソンも店を構える。映画館や銀行、気軽に利用できるフードコートやレストランなども完備。

住74-75 Moo 6, Wichitsongkran Rd. ☎076-291-111
営10:30-22:00 休なし

| | ラワイ | MAP | p.166-E |

プーケット・シーシェル
Phuket Seashell

貝の魅力とアイデアがいっぱい

貝殻を使った商品の専門店。風鈴やルームライトは気が利いた一品。また、併設された貝の博物館のコレクションは世界的レベル。なかでも今まで世界で2つしか発見されてない、オキナエビス貝の「左巻き」形状の貝殻は、評価額が400万B以上にのぼるとか。

住12/2 Moo 2 Viset Rd., Rawai Beach ☎076-613-777
営9:00〜17:30 休なし ＊貝殻の博物館料200B

| | パトン | MAP | p.169-D |

ジャンセイロン
Jungceylon

一見の価値があるスポット

200以上のテナント、デパート、スーパーマーケットが入る、パトン・ビーチ最大規模のショッピングモール。飲食エリア、エンターテインメント＆レジャーエリアも兼ね備え、観光施設感覚で訪れても楽しい。毎晩、屋外スペースでは音と光の演出によるショーが行なわれる。

住181 Rat-U-Thit 200 Pee Rd. ☎076-600-111 営11:00〜23:00
休なし URLhttps://www.jungceylon.com

ホテルカタログ
泊まる
★★★★★

世界的なリゾートから気軽なホテルまで

ホテルにゆっくり滞在することがおもな目的なら、バンタオ・ビーチのようなプライベートビーチの前に建つ高級クラスのリゾートへ。一方、宿代を抑えて夜も街歩きしたいならパトン・ビーチあたりの経済的ホテルを選ぼう。

高級　　　マイカオ　MAP p.166-A

JWマリオット・プーケット・リゾート＆スパ
JW Marriott Phuket Resort & Spa

近年注目のリゾート
マリオットグループの最高級ブランドホテル。高級感ある広々とした客室にはバルコニーかテラスが付く。すべてがゴージャスな仕様。併設されたマンダラ・スパは世界的にも有名で評判。

住231 Moo 3, Mai Khao
☎076-338-000 FAX076-348-348
料S・T/3115B〜
室265 問p.292-MR.
URLhttps://www.marriott.co.jp
＊24時間のルームサービス。1日2回のベッドメイキングがある

中級　　　ナイヤン　MAP p.166-A

ザ・スレート
The Slate

公園のように感じるリゾート
国立公園の砂浜に隣接し、13万㎡を超える広大な敷地に、タイ風の宿泊棟が配されていて環境はいい。アクティビティ施設やスパ、ヨガ、クッキングクラスなどのプログラムも充実。

住Nai Yang Beach 116 Moo 1
☎076-327-006 FAX076-304-338
料S・T/4770B〜 室185
URLhttps://www.theslatephuket.com
＊以前のインディゴ・パールが大規模改装を行ない、現在のホテルに移行した

豪華　　　バンタオ　MAP p.166-B

バンヤンツリー・プーケット
Banyan Tree Phuket

アジア第一級の高級リゾート
リラックス度満点の施設
庭付き、屋外ジャクジー付き、プール付きの各ヴィラが敷地に点在する。すべての客室が一棟形式。客室ごとに白い塀に囲まれ、タイ風デザインが一分の隙なく施されたヴィラは完全に独立している。プライバシーも守られ、ゴージャスな別荘にいる気分になること間違いなし。ここのリゾートで有名なのがスパ＆ボディトリートメントのプログラム→p.183。この種の先駆けでもあり、女性宿泊客にたいへんな人気だ。スポーツ派は隣設のゴルフ場でのプレーを楽しみに訪れる人が多い→p.175。

住33,33/27 Moo 4, Srisoonthorn Rd. Cherngtalay, Amphur Talang
☎076-372-400 FAX076-325-552
料バニヤン・プール・ヴィラ/1万795B〜 室173
問p.292-BT.
URLhttps://www.banyantree.com

シックなインテリア

日本人常駐 和食店 フィットネス スパ マッサージ NHK ネット接続 プール バスタブ無しの部屋あり

| 高級 | バンタオ MAP p.166-B |

アンサナ・ラグーナ・プーケット
Angsana Laguna Phuket

バンタオ・ビーチでもトップクラス

ラグーンの水面が涼しさを誘う。チェックイン時にボートで送迎する客室があるほか、テラスから直接プールに入れる部屋もあるなど、遊び心にも満ちている。ウインドサーフィンなどマリンアクティビティは大半が無料だ。トップライトが入るバスルームで浴びるシャワーは爽快そのもの。スパ&ボディトリートメント施設は人気が高い。ファミリーが楽しめるように託児所(チルドレンセンター)も用意されている。

⊠10 Moo 4, Srisoonthorn Rd. Cherng Talay, Talang ☎076-324-101 ⅎ076-324-108
S・T/2450B〜 409
https://www.angsana.com
＊メゾネットタイプの客室もある

ラグーンは専用のボートで移動する

| 高級 | バンタオ MAP p.166-B |

デュシタニ・ラグーナ・プーケット
Dusit Thani Laguna Phuket

コロニアル調の装いで統一

ロビー棟の左右に客室棟を配置したオーソドックスな構成。ロビーでは生演奏による古典楽器キムの調べが流れ、格調高いムード。建物全体はコロニアル調の造りで、低層階の客室棟と樹木の緑との調和も美しく、古き良き時代のリゾートを演出している。ボードセイリング、カヌー、ウインドサーフィンなど、マリンアクティビティが充実している。

⊠390 Srisoonthorn Rd., Cherngtalay, Amphur Talang
☎076-362-999 ⅎ076-362-900
S・T/2380B〜
253 p.292-DU.
https://www.dusit.com/dusitthani/lagunaphuket

上品な色づかいの客室

| 高級 | バンタオ MAP p.166-B |

アウトリガー・ラグーナ・ビーチ・リゾート・プーケット
Outrigger Laguna Beach Resort Phuket

凝ったデザインのプールも人気

客室はシックな色調。庭のプールは広いだけではなく、バリ風のデザインを施したり、水の流れをオブジェのように表現したりと、変化に富んでいるのが楽しい。スポーツアクティビティも充実していて、ダイビング、ウインドサーフィンなどが利用できる。ファミリー旅行者にうれしいのが子ども向けのプログラムだ。スタッフが子どもと遊んでくれる。

⊠323 Moo 2 Srisoonthorn Rd., Cherngtalay, Talang, Bangtao Bay
☎076-360-600 ⅎ076-360-670
S・T/2499B〜
255
https://jp.outrigger.com/

ビーチも近いがプールも魅力だ

| 豪華 | ナイトン MAP p.166-C |

トリサラ
TRISARA

極上の休日が過ごせる

島内有数の豪華さを誇る。各ヴィラのプールからはアンダマン海が見渡せる素晴らしいロケーションだ。ヴィラはタイの伝統的なエッセンスを加えたスタイリッシュでモダンな装い。

⊠60/1 Moo 6, Srisoonthorn Rd.
☎076-310-100
ⅎ076-310-300
S・T/US$578〜
ヴィラ39棟
https://trisara.com

197 プーケット島/ホテル タイ南部

| 高級 | | パンシー | MAP p.166-C |

ザ・スリン・プーケット
The Surin Phuket

南国情緒に浸れるゲストルーム

ビーチに落ち込むような斜面にヤシが茂り、コテージ・タイプの客室が程よい間隔で建てられている。室内は機能的ながら落ち着いた造り。テラスから海を眺め、日頃の疲れを癒すには最適の環境だ。

住118 Moo 3, Choeng Talay, Talang District
☎076-316-400 FAX076-621-590
料S・T/4933B～ 室103
URL https://www.thesurinphuket.com　＊設計はアマンプリと同じデザイナーによる

| 豪華 | | パンシー | MAP p.166-C |

アマンプリ
Amanpuri

世界中の著名人も宿泊
客室を出ることなく過ごせる

豪華、ゴージャスという表現とは異なるシンプルで上質な贅沢感が漂う。過剰な装飾は排され、必要なものすべてが控えめに存在している。それを象徴するのがアマンプリのシンボル、ブラックタイルプールだ。南国の熱を吸い取りそうなクールなデザインはその斬新な発想で建築界でも話題になった。客室はヴィラ、パビリオン（2人用）と呼ばれる棟建て形式。とくにヴィラにはプライベートプールが付き、最高級のサービスが提供される。ひとつのヴィラから2～5棟のベッドルーム棟とひとつのリビング棟、そしてキッチン専用の棟があり、専用のメイドが料理を作る。世界中の富豪がファミリーで何週間も滞在するのも珍しくない。

専用のライブラリーで優雅に読書したい

目の前のビーチ

調度品を含めすべてがオリエンタル調

エントランスを抜けるとブラックタイルプールのお出迎え

住Panseea Beach ☎076-324-333 FAX076-324-100
料パビリオン2万4630B～、ヴィラ8万8054B～
室41（パビリオン）、30（ヴィラ）
URL https://www.aman.com

ヴィラのプールはプライベートとは思えない広さ

豪華　カマラ　MAP p.166-C

ザ・ナカ・プーケット
The Naka Phuket

スタイリッシュなデザイン

アンダマン海を見下ろす丘の斜面に沿い、海に突き出た奇抜なプールヴィラなどがある。内装はスタイリッシュで、豪華な造り。ガラス張りのベッドルームからいつでも海を眺めることができる。

住1/18, 1/20 Moo 6 Kamala, Kathu
☎076-337-999
F076-337-990
料S/T/9396B〜　室95
HPwww.thenakaphuket.com

中級　ナカレイ　MAP p.166-C

ターボン・ビーチ・ビレッジ＆スパ
Thavorn Beach Village & Spa

バルコニーからの眺望が魅力

ビーチから少し離れた場所にあり、喧噪とは無縁の環境。広々とした敷地には南国の木々が繁り、斜面にはケーブルカーを設置。客室はバンガローとヴィラの2タイプ。充実したスパ施設は人気がある。

住6/2 Moo 6,Nakalay Bay/Patong
☎076-618-217〜23　F076-618-224　料S・T/1836B〜　室191
HPwww.thavornbeachvillage.com
＊プールテラスヴィラは部屋から直接プールにとび込める

高級　パトン　MAP p.168-A

ダイヤモンド・クリフ・リゾート＆スパ
Diamond Cliff Resort & Spa

パックツアーでもよく利用される人気ホテル

常に3人前後の日本人スタッフがいて、日本語の案内や日本の新聞、雑誌が置かれ、日本食レストランも完備されるなど日本人を意識したサービスが安心できる。7タイプの客室ヴィラがあり、パックツアーでよく使われるのがデラックス。バルコニー付きで、小ぶりながらダイニングテーブルがある。宿泊客のみ利用できるダイヤモンド・スパ→p.183も人気。

バスから海を眺めることができる客室も

住284 Prabaramee Rd., Patong Beach
☎076-380-050　F076-380-056
料S・T/4694B〜　室322
HPhttps://www.diamondcliff.com　＊ハネムーナーや女性のためのプランが充実している。

中級　パトン　MAP p.168-A

ノボテル・プーケット・リゾート
Novotel Phuket Resort

ビーチが一望の好立地が自慢

パトン・ビーチの北端の丘の途中に位置するリゾートホテル。高台にあってビーチの眺望も素晴らしく、客室のそれぞれにプライベート・バルコニーが付いている。館内施設も充実している。

住282 Prabaramee Rd., Patong Kathu ☎076-342-777
F076-341-145　料S・T/1896B〜　室215B　p.292-AC.　HPhttps://www.accorhotels.com
＊階段状に設置された3つのプールも楽しめる施設

高級　パトン　MAP p.168-C

ラ・フローラ・リゾート・パトン
La Flora Resort Patong

最高の立地で楽しめる

パトン・ビーチの中では希少なオンザビーチのホテル。バングラ通り周辺の施設へも徒歩圏内。昼はビーチ、夜はショッピングやマッサージ、ナイトライフを満喫したい人におすすめ。

住39 Thaweewong Road., Patong Beach
☎076-344-241
F076-344-251
料S/T/6090B〜
室67
HPhttps://www.laflorapatong.com/

日本人常駐　和食店　フィットネス　スパ　マッサージ　NHK　ネット接続　プール　バスタブ無しの部屋あり

中級　パトン　MAP p.168-E

ドュアンジット・リゾート＆スパ
Duangjitt Resort & Spa

設備のバランスが良いホテル

36エーカーというパトン地域で最大級の敷地にホテル棟、ヴィラ、バンガローが配置され、ゆったりした3つのプールやトロピカルな植物が南国ムードを漂わせる。客室、館内ともに充実した設備。

住 18 Prachanukroh Rd., Patong Beach
☎076-366-333
FAX 076-366-321
料 S・T/2790B～
室 482
URL https://www.duangjittresort-spa.com/

中級　パトン　MAP p.168-C

インピアナ・リゾート・パトン・プーケット
Impiana Resort Patong Phuket

ビーチもタウンも目と鼻の先

プーケットでも指折りの老舗リゾートホテル。賑やかさで知られるパトン・ビーチの中心近くにありながら、閑静な雰囲気が保たれている。コテージ中心の客室も、南国情緒満点。

住 41 Taweewong Rd., Patong Beach
☎076-340-138 FAX 076-340-178
料 S・T/3488B～
室 71（すべてコテージ形式）
URL https://phukethotels.impiana.com.my

経済的　パトン　MAP p.168-C

ザ・ロイヤル・パラダイス・ホテル＆スパ
The Royal Paradise Hotel & Supa

パトン・ビーチ随一の高層建築

最上階にある中国料理レストラン「ロイヤル・キッチン」が人気。ビーチからは少し離れるが、周辺にはレストランやバーなどが多く、夜の街歩きにも向いている。客室からの眺望もまた素晴らしい。

住 135/23,123/15-16 Rat-U-Thit 200 Pee Rd., Patong, Kathu
☎076-340-666 FAX 076-340-565
料 S・T/1611B～ 室 350
URL https://www.royalparadise.com
＊タワー（旧館）隣接の新館はかわいらしい内装で女性に人気

経済的　パトン　MAP p.169-F

ミレニアム・リゾート・パトン・プーケット
Millennium Resort Patong Phuket

パトンを遊びつくせる立地

ショッピングモール「ジャンクセイロン」→p.195に隣接し、パトンの夜遊びエリアにも近く、どこに行くにも便利な立地。プールや中庭を囲むように並ぶ客室は明るく使い勝手が良い。

住 199, Rat-Uthit 200 Pee Rd., Patong
☎076-601-999 FAX 076-601-986
料 S・T/2175B～ 室 418
URL https://www.millenniumhotels.com/ja/phuket/millennium-resort-patong-phuket/

中級　パトン　MAP p.169-D

パトン・ビーチ・ホテル
Patong Beach Hotel

パトン・ビーチの中心にある

ビーチやタウンに近く、観光の基地として利用するのに便利なホテル。また、サンセット・ウイングと名付けられた客室棟からは、アンダマン海の感動的な夕景が眺められる。

住 124 Taweewong Rd., Patong Beach
☎076-340-301 FAX 076-340-541
料 S・T/1610B～
室 245
URL www.patongbeachhotel-online.com

経済的　パトン　MAP p.169-F

パトン・リゾート・ホテル
Patong Resort Hotel

レジャーやショッピングには便利

パトン・ビーチの中心近くにあり、どこへ行くにも便利。しかも、場所のわりには静かな環境を保っている。館内には日本食レストラン「ゆり」もあり、そばや天ぷらなども味わうことができる。

住 208 Raj-Uthit 200 Pee Rd., Patong Beach
☎076-340-551～4 FAX 076-340-189 料 S・T/1520B～ 室 325
URL https://www.patongresorthotel.com/
＊最上階にある展望レストランも人気

日本人常駐　和食店　フィットネス　スパ　マッサージ　N NHK　ネット接続　プール　バスタブ無しの部屋あり

中級　パトン　MAP p.169-E

バンタイ・ビーチ・リゾート&スパ
Banthai Beach Resort&Spa

ビーチの中心。夜遊び派にも便利

3つのプールを取り囲むように建てられた客室棟はこぢんまりとした部屋ながら、過ごしやすい設備が整い日本人客にも好評。ビーチ沿いのレストランは毎晩バンド演奏があり、盛り上がっている。

94 Thaveewong Rd., Patong Beach
076-340-850〜4 076-340-330 S・T/4069B〜 290
https://www.banthaiphuket.com
＊シーフード・レストランやタイ料理のレストランなどが充実

中級　パトン　MAP p.169-E

ホリデイ・イン・リゾート・プーケット
Holiday Inn Resort Phuket

施設、サービスともに充実

スタッフの細やかなサービスには定評がある。シンプルなインテリアにも好感が持てる。広大な敷地内ではプールやレストランのほかキッズルームも充実した内容で家族連れにも人気。

52 Taweewong Rd., Patong Beach
076-370-200 076-349-999
S・T/2907B〜
397 p.292-IC.
https://www.phuket.holidayinnresorts.com

中級　パトン　MAP p.168-E

パトン・メルリン・ホテル
Patong Merlin Hotel

パトン最大級、約1万坪の敷地

敷地内には3カ所のプールがあり、ゆったりとくつろげる。ヤシの繁る庭園での散歩も楽しい。日本人スタッフが常駐していて、日本語の案内も用意されているので心強い。

44 Thaveewong Rd., Patong Beach
076-292-218 076-349-887
S・T/2528B〜 448 https://www.merlinpatong.com
＊アクティブ志向の人にはフィットネスクラブやテニスコートなどの施設もおすすめ

高級　パトン　MAP p.168-A

プーケット・グレースランド・リゾート&スパ
Phuket Graceland Resort & Spa

設備充実のデラックスホテル

喧噪から離れたパトン・ビーチの北側に位置。各種設備が整い、快適感が高い。サウナ設置のスイートルームや館内にはビリヤード室や8レーンのボーリング場など、他のホテルにはない特徴も。

190 Thaveewong Rd.
076-370-500
076-370-550
S・T/3200B〜 600
www.phuketgraceland.com

中級　パトン　MAP p.166-E

アマリ・プーケット
Amari Phuket

海を見下ろす高台、絶景が自慢

パトン・ビーチのはずれ、豊かな自然環境と閑寂な雰囲気がウリ。高台にあり、開放されたロビーや客室からは感動的な海の眺望が楽しめる。全室がオーシャン・ビューになっているのも大きな魅力。

2 Meun Ngern Rd., Patong Beach
076-340-106〜114 076-340-115
S・T/3697B〜 386
https://www.amari.com/phuket/

高級　カロンノイ　MAP p.166-E

ル・メリディアン・プーケット・ビーチ・リゾート
Le Meridien Phuket Beach Resort

タイの王族も御用達のホテル

パトン・ビーチに隣接して小さなビーチがあり、それを囲むようにしてこの巨大ホテルが建てられている。プライベートビーチの感覚でくつろげる。レストランやショップ、他の施設も充実。

29 Soi Karon Nui, Karon
076-370-100 076-340-479
S・T/3200B〜 470
p.292-MD. https://www.marriott.co.jp
＊タイ・日本・イタリアなど、数種類のレストランがある

201 タイ南部　プーケット島／ホテル

中級　トライトラン　MAP p.166-E
プーケット・マリオット・リゾート&スパ、メルリン・ビーチ
Phuket Marriott Resort & Spa, Merlin Beach
快適な大型リゾート

目の前のビーチはほとんどプライベートビーチ感覚で利用できる。3つあるプールは曲線を活かし、周囲にはヤシが配され、南国情緒は満点。調理方法まで指定できるシーフードレストランが人気だ。

住99 Muen Ngoen Rd.,Tri Trang Beach
☎076-294-300 Fax076-294-310
料S・T/2880B〜
室414 地p.292-MR.
URLhttps://www.marriott.co.jp
＊スパ施設のザ・メルリンスパは各種プログラムが用意されている

中級　カロン　MAP p.168-B
ムーベンピック・リゾート&スパ　カロンビーチ・プーケット
Moevenpick Resort & Spa Karon Beach Phuket
眺望も魅力的なリゾート

眺望のいいホテル棟と緑の敷地に建ち並ぶコテージがあり、好みや予算によって選べる客室バリエーションも多い。種類豊富なトリートメントのあるスパや島内最大のキッズクラブなどがある。

住509 Patak Rd.
☎076-396-139 Fax076-396-122
料S・T/2542B〜
室364
URLhttps://www.moevenpick.com
＊ウイングは7階建て、窓外にアンダマン海のパノラマが展開

中級　カロン　MAP p.168-B
センタラ・カロン・リゾート・プーケット
Centara Karon Resort, Phuket
使い勝手のよい機能的ホテル

高層ビルのスーペリアルームはシンプル&モダンな客室で、バスタブこそないが機能的な設備が整う。ハネムーン用、家族利用など各々に最適なステューディオやヴィラタイプの魅力的な客室もある。

住502/3 Patak Road, Karon Beach
☎076-396-200
Fax076-396-491
料S・T/1890B〜
室335
URLhttps://www.centarahotels resorts.com/

中級　カロン　MAP p.168-B
ヒルトン・プーケット・アルカディア・リゾート&スパ
Hilton Phuket Arcadia Resort & Spa
プーケット最大のホテル

日本語が堪能な従業員が多い。プーケットには少ない全棟高層タイプのホテルで、全体の規模は島内でも最大級。広々とした巨大プールのほかパットゴルフ場なども敷地内にある。

住333 Patak Rd., Karon Beach
☎076-396-433
Fax076-396-136
料S・T/2840B〜
室665
地p.292-HL.
URLhttps://www.hilton.com

中級　カロン　MAP p.168-B
ターボン・パーム・ビーチ・リゾート
Thavorn Palm Beach Resort
バルコニーからの眺望が魅力

全室が広いバルコニー付きになっていて、素晴らしいサンセットの眺めが楽しめる。また、3カ所あるレストランでは、タイの伝統料理はもちろんのこと、各国の料理が味わえる。

住311 Patak Rd., Karon Beach
☎076-396-090〜3 Fax076-396-555 料S・T/1952B〜 室198
URLhttps://www.thavornpalm beach.com
＊コネクティング・ルームが多く、グループにも向く

中級　カロン　MAP p.168-D
バイヨン・リゾート・カロン
Beyond Resort Karon
客室のすぐ目の前がビーチ

白い砂浜の広がるビーチのすぐ前、全部で81室の比較的小規模なホテル。アットホームな雰囲気ときめの細かいサービスが魅力だ。客室はゆったり広めで、長期滞在にも向いている。

住51 Karon Rd., Karon
☎076-330-006
Fax076-330-529
料S・T/3295B〜
室80
URLhttps://www.beyondresort karon.com

日本人常駐　和食店　フィットネス　スパ　マッサージ　NHK　ネット接続　プール　バスタブ無しの部屋あり

中級　カタヤイ　MAP p.168-F

ビヨンド・リゾート・カタ
Beyond Resort Kata

カタ・ビーチの海に隣接のホテル

ホテルの敷地を出るとすぐ海、建物やプールはビーチに隣接している。また、客室はオーシャンビューがほとんど、全室にバルコニーも完備されている。吹き抜けロビーの開放感も素晴らしい。

住 1 Pakbang Rd., Kata Beach, Karon
☎ 076-360-300　F 076-360-399
料 S・T/2587B〜　室 275
URL https://www.beyondresortkata.com
＊近年に客室やスパの改装を行ないハイグレードな部屋も増設

高級　カタヤイ　MAP p.168-F

ボートハウス
Boathouse

穴場的な人気の小規模リゾート

ヨーロピアンが多く、日本人客は少ない穴場。35室と小規模だが、大型リゾートにはない質の高いサービスが得られる。外観などのデザインも印象的で、木目調のクラシカルな雰囲気。

住 182 Koktanode Rd., Kata Beach
☎ 076-330-015　F 076-330-561
料 S・T/4211B〜　室 38
URL https://www.boathouse-phuket.com　＊料理とワインの味にも定評がある

中級　カタノイ　MAP p.168-F

カタ・タニ・プーケット・ビーチ・リゾート＆スパ
Kata Thani Phuket Beach Resort & Spa

まるでプライベートビーチ!!

周辺にホテルはここ1軒だけ、静かさを好む向きには理想的環境だ。建物はカタノイ・ビーチを囲むようにしてある。6つあるレストランでは、アジアン料理をはじめ各国の料理がそろっている。

住 14 Kata Noi Rd., Karon
☎ 076-330-124　F 076-330-426
料 S・T/4680B〜
室 518
URL https://www.katathani.com
＊よく手入れされた庭園も美しい

高級　ナイハーン　MAP p.166-E

ザ・ナイハーン・プーケット
The Nai Harn Phuket

最南端ビーチに建つ老舗リゾート

プーケットでもトップクラスの格式を誇るホテル。全室にミニバーや45㎡の広いテラスを完備。夕日の名所のナイハーン湾やプロンティプ岬の眺望も、客室から楽しめる。

住 23/3 Moo1, Vises Rd., Rawai
☎ 076-380-200　F 076-380-211
料 S・T/3443B〜　室 120
URL https://www.thenaiharn.com
＊ホテル周辺はプライベート・タイムにふさわしい静かな環境

豪華　パンワ岬　MAP p.166-F

スリ・パンワ
Sri Panwa

本格的な豪華リゾート

パンワ岬の丘陵に建ち眺望抜群。ジャグジー付きのプライベートプール、プールサイドの東屋、サンデッキなどが完備された客室もある。スタッフが海、陸のアクティビティの案内をしてくれる。

住 88 Moo 8 Sakdidej Rd., Vichit
☎ 076-371-000　F 076-371-004
料 S・T/1万403B〜
室 95（すべてヴィラタイプ）
URL https://www.sripanwa.com/ja

中級　パンワ岬　MAP p.166-F

ケープ・パンワ・ホテル
Cape Panwa Hotel

東海岸に建つ味のあるリゾート

19世紀コロニアル様式の建物がレストハウスとして使われ、役割を終えた昔の灯台がパブに明かりを灯し、リゾートライフに豊かな味わいを加える。客室、各種設備とも高級クラスに近い。

住 27, 27/2 Moo 8, Sakdidej Rd., Cape Panwa
☎ 076-391-123〜5　F 076-391-177　料 S・T/4116B〜　室 205
URL https://www.capepanwa.com
＊コテージ・タイプの棟もある

本音でガイド 拡大版

クラビーでリゾートライフ
Krabi
静かで豊かな南国の楽園

MAP p.161-C

自然のままのビーチが残る

陸の孤島と呼ばれていたクラビーに、1999年、空港が完成し、バンコクから空路（約1時間15〜25分）で直接アクセスできるようになった。クラビーから各ビーチまでは車で1時間以内だ。空港からはシャトルバスを利用して各ビーチに向かうのが一般的。ツーリストの拠点となるアオナン・ビーチまでは約60分で150Bほど。

自然のままのアオナン・ビーチ

クラビーの最大の魅力は、なんといっても変化に富んだ景観と人の手が入っていないビーチだ。もちろんリゾートホテルやバンガローなどの建物はあるが、変に開発されていない。エンジンを使うマリンアクティビティはなく、ビーチパラソルを浜に置くことすら禁止されている。クラビーに来たら、あくせく見て回るのではなく、大自然の中でのんびり過ごしてみたい。

アオナン・ビーチ沿いの道

宿泊施設は、アオナン・ビーチに面する通り周辺に集中していて、パビリオン・クイーンズ・ベイ・クラビーPavilion Queen's Bay Krabi（☎075-637-611）やチャダ・クラビー・タイ・ビレッジ・リゾートChada Krabi Thai Village Resort（☎075-637-710）をはじめ、パックツアーで利用されるパカサイ・リゾートPakasai Resort（☎075-637-777）やクラビー・リゾートKrabi Resort（☎075-637-030〜5）など。バンガローなど安宿もこの地区にある。レストランやダイブショップ、旅行会社、インターネットを利用できるショップなどが、小規模ながら揃っているので、ひとところで用事が済ませられる。また、近年では、アオナン・ビーチから西側のエリアにプーレイ・ベイ・ア・リッツカールトン・リザーブPhulay Bay, A Ritz-Carlton Reserve（☎075-628-111）などの世界的高級リゾートも進出している。

島影が鶏に見えるチキン島

プラナン・ビーチの東端にあるプラナン洞窟

景観を楽しみ、ビーチでのんびり

クラビーは、アオナン・ビーチを拠点として楽しむのが一般的だ。ビーチ通りの中心にツーリストセンターがあるのでここで情報を入手しよう。美しいビーチはプラナン・ビーチ、ライレイ・ビーチ、ナパラット・タラ・ビーチなど。

とくにプラナン・ビーチはクラビーの地形の特質をよく示す石灰岩の奇岩や洞窟があるほか、沖合いには島影が鶏の形をしたチキン島が浮かび、景観も楽しめる。このビーチに面した超高級リゾートがラヤバディRayavadee（☎075-817-630）。石灰岩の絶壁に阻まれた陸の孤島といえる場所にあり、送迎も専用のボートで行なう。

宿泊者以外がプラナン・ビーチに行く場合

貝の化石（左）とワット・タムスア（右）

は、アオナン・ビーチから船（乗合約50B、チャーター約500〜600B）で行く。高級リゾートではクラビータウンにあるマリタイム・パーク&スパ・リゾートMaritime Park & Spa Resort（☎075-620-028〜35）が有名。

見どころとしては、世界的にも貴重な岩盤状の貝の化石（スサン・ホイ）やワット・タムスアがある。

ラヤバディ

クラビー・タイ・ビレッジ・リゾート

マリタイム・パーク&スパ・リゾート

カオラック
Khao Lak MAP p.161-C

注目の美しいビーチリゾート

国立公園があるビーチリゾート

プーケット島の北端、サラシン橋から車で約70分80kmの位置にカオラックのリゾートが広がる。アンダマン海に臨む長く美しいビーチが特徴だ。ビーチに立つと雄大で素朴な海岸に感動するほどの景観。かつては、シミラン諸島やスリン諸島へのダイバーが利用する程度の場所だったが、現在は高級リゾートが次々と建設され、注目度は高い。

周辺にはカオラック・ラムルー国立公園があり、トレッキングには最適。また、宿泊自体を楽しめるJWマリオット・カオラック・リゾート&スパやル・メリディアン・カオラックビーチ&スパリゾート、ラ・フローラ・リゾート&スパ・カオラックなどの高級リゾートや気軽なゲストハウスなど宿泊の選択肢も多く、旅のスタイルに合わせて過ごせる。

大自然を感じるビーチとリゾートホテル（ラ・フローラリゾート&スパ・カオラック）

リゾートホテルも次々と進出している（JWマリオット・カオラック・リゾート&スパ）

KO SAMUI
サムイ島

南国の楽園と呼ぶにふさわしい島

MAP p.161-B

チャウエン・ビーチの南側を眺める

街のしくみ 楽しみ方

ヤシの木陰に建つバンガロー 心休まる休暇を期待できる

バンコクから南へ約500km。タイ湾の洋上に浮かぶサムイ島はプーケット島と並ぶ人気のビーチリゾート。本格的な観光開発は1990年代初めからで、一部のビーチをのぞけば素朴な南の島の雰囲気が残っている。豊かな自然と白い砂浜が美しい。景観を守るためにヤシの木より高い建物の建造は原則禁止されていて、そのためリゾート施設の大半が低層のバンガロー形式。涼しげなヤシの葉の下に「隠れ家」のごとく建つリゾートは魅力的だ。

サムイ島のベストシーズンは3～5月。雨が降ることはあまりなく、マリンスポーツには最適の時期。6～10月は台風が来なければ、気候は比較的安定している。10月後半から12月中頃までは雨期。12月中頃～2月まではスコールが降るくらいだが、モンスーン気候の影響で風が強いときは海が荒れる。

ビーチリゾートは島の東側と北側に集中しているが、とくに賑やかなのは東海岸のチャウエン・ビーチだ。夕方以降、町歩きを楽しめるのはラマイ・ビーチとこのビーチ沿いの通りのみ。サムイ唯一の「町」と呼べるナトンは島の西側にある。船が接岸すると、町は明るいざわめきに満ちる。地元の人の暮らしぶりを肌で感じるなら市場をのぞいてみたい。

歩き方のヒント サムイ島

楽しみ
- 自然景観 ★★★
- リゾート ★★★
- ビーチ ★★★★

交通手段
- タクシー ★・・・
- ソンテオ ★★★

エリアの広さ
島は東西21km、南北25km。247km²の面積があり、タイの島では3番目の大きさ。車を利用すれば3～4時間で1周できる。おもな見どころを車で回るなら半日もあれば充分。

ACCESS & INFORMATION

飛行機■バンコク→バンコク・エアウェイズ（約1時間5～30分）→サムイ島＜1日26便前後、片道約2880B～＞

バス■バンコク南バスターミナル→バス（エアコンバス、約7時間）→スラーターニーバスターミナル＜VIP約508B～＞

鉄道■バンコク中央駅→快速・急行・特急・寝台列車（10～12時間）→スラーターニー駅＜1日約12本、3等快速217B～1等特急1379B＞

船■スラーターニー→船（約45分～2時間）→サムイ島（ナトン桟橋、トンヤン桟橋）＜高速船1日3便・片道600B、フェリー（ドンサク港）1日約27便・スラーターニー（中心部）から230B＞　＊船の種類、便、時刻の変更が多いので注意。バンコクの旅行会社では、バスまたは鉄道、船を組み合わせたジョイントチケット（目安は700～1800B）を扱っている。

サムイ空港

役立ちマメ知識

サムイでは、手軽な足としてレンタバイクを利用する人も多い。必ず国外運転免許証を提示し、保険に加入して利用すること。免許がなくても貸すショップが多いが、事故にあった場合、無免許では何の補償もない。

エリアの交通アドバイス

道はすべりやすいので運転には注意

空港からホテルへ エアポートミニバスがあり、空港のカウンターでバスチケット（チャウエンまでは130B）を購入して利用する。各ビーチ、ホテルを回りながら乗客を降ろしていく。高級ホテルなら無料送迎がある。

タクシー 台数が少なく、メータータクシーもあるが実際は交渉制のようなもの。チャウエン～ナトン700Bなら交渉は成功といえる。

ソンテオ ほかと比較すれば、いちばん手頃な乗物。→p.214

レンタカー&レンタバイク レンタカーはおもにジープ。「キズを付けた付けない」などのトラブルも多い。利用するときはホテルや旅行会社などで信用できる店を聞いたほうが無難。高級ホテルでは、ホテル所有の車をレンタルしている。バイクは法律でヘルメットの着用が義務づけられているので、忘れずに借りること。1日保険付きで、目安はレンタカー1500～2500B～、レンタバイク200～350B。無免許罰金2000B。

ホテル、旅行会社 チャウエン以外に立地するホテルは、チャウエン・ビーチ行きのバスやタクシーを運行させている。また、現地の旅行会社→p.211に車を依頼する方法もある。ドライバー、ガイド、保険付き5～6時間で2000～3000B程度。ガイド付きなので観光にも便利だ。とくに2～3人以上の女性グループなら料金的にも安全面でもすすめられる。

タクシーはホテルで呼び出してもらう方法が一般的。流しの場合は人を見てから値段を決めるドライバーが多い

TAT（タイ国政府観光庁）
☎077-420-504 圃8:00～17:00 困土・日曜、祝日 ※地図や島内交通の料金目安表、宿泊情報などが入手できる。MAP p.207-A

サムイ島 Ko Samui

チャウエン・ビーチから北を望む

SAMUI Island
ビーチガイド

島内のビーチの大部分は自然が残り、のんびりとした風景。そんななかでもリゾート施設が多く建ち、賑やかさを感じるのは東側と北側のビーチ。それらに比べて西側と南側のビーチは閑散としている。

チャウエン・ビーチ
Chaweng Beach
MAP p.207-B、p.209

東海岸の中央部にある約4kmのビーチ。ホワイトサンドで、海は遠浅だ。活気は島いちばん。ホテルやバンガローが数多く並んでいて、ビーチに面してそれらの宿泊施設が密集している。ビーチサイド向きにホテルのレストランやバーがあり、1日中ビーチにいても不便さは感じない。一方、ビーチ沿いの通りは100mほど内陸側になる。夕方以降も賑わう通りは島内ではラマイ・ビーチとここだけ。露店が出て、オープンエアの開放的なレストランが軒を並べ、祭りのような熱気がある。約2.5kmある通りのメインはチャウエン・ブリ・リゾートあたりからの北側約800m。南側は北側ほど密集していない。幹線道路を除き、島内の道路は大部分が未舗装だが、チャウエンの通りはほとんど舗装された。賑やかな北側は夜でも人通りが多く、女性だけで歩くグループもいるなど比較的治安がいい。ただし、単独行動をしたり脇道や暗がりには入らないこと。

図サムイ空港→🚗15分

ラマイ・ビーチ
Lamai Beach
MAP p.207-B

チャウエンの南に位置する約2kmのビーチ。チャウエンと肩を並べる活気あふれるビーチだ。宿泊施設は多いが、低料金のバンガローが主流で、ヨーロピアンの長期滞在者が好んで利用している。チャウエンと同様に近年、舗装された通りにはレストランやショップ、旅行会社などが並んでいる。オープンエアのバーも多く、夜になるとビール数本で経済的に夜を過ごしたいヨーロピアンの憩いの場、といった雰囲気になる。

図サムイ空港→🚗45分、チャウエン→🚗30分

メナム・ビーチ
Mae Nam Beach
MAP p.207-A、B

島の北側の中央に位置する約4kmのビーチ。ビーチの砂は少し黄色がかり、夕暮れには独特の色合いを見せる。サンティブリ・ビーチリゾート・ゴルフ＆スパ前のビーチはよく整備され高級感が漂う。波は穏やかで、ウインドサーフィンを楽しむには適当だ。

図サムイ空港→🚗30分、チャウエン→🚗20分

ボプット・ビーチ
Bo Phud Beach
MAP p.207-B

パンガン島などへのダイビングボート発着の桟橋がある。サムイ島のなかでは早い時期に人々が定着した土地のひとつで、古い建物が歴史を語っている。ビーチ自体は約2kmの長さがあり、中級クラスのリゾート施設やバンガローが多い。

図サムイ空港→🚗15分、チャウエン→🚗15分

ボプット・ビーチ

208

ラマイ・ビーチ

ビッグ・ブッダ・ビーチ
Big Buddha Beach　MAP p.207-B

ビッグ・ブッダ→p.212を遠望できる約2kmの湾状のビーチ。こぢんまりした経済的なバンガローが点在するのみで、静かで落ち着いている。

✈サムイ空港→🚗10分、チャウエン→🚗15分

チョーンモン・ビーチ
Choeng Mon Beach　MAP p.207-B

島の北東にある静寂感漂うビーチ。砂浜は小さな岬でいくつかに分かれていて、ビーチ沿いを歩くことはできない。ザ・トンサイ・ベイなど数軒のリゾート施設が地形を生かし、ほとんどプライベートビーチ感覚で利用している。

✈サムイ空港→🚗20分、チャウエン→🚗15分

西海岸・南海岸のビーチ
West & South Coast Beaches　MAP p.207-A

西海岸・南海岸のビーチの大部分は岩や石が多く、ビーチへつながる幹線道路からの道も少なく、アクセスはよくない。そのため一部分を除いて宿泊施設はわずかだ。景観に魅力があるのは西海岸の中央にある、チョンクラム岬北側のチョンクラム・ビーチChon Khram Beachだ。人影のほとんどない砂浜から望む夕景が美しい。チョンクラム岬の南に位置するタリンガム・ビーチTaling Ngam Beachはビーチの幅があまりなく、高級リゾートのインターコンチネンタル・サムイ・バーン・タリンガム・リゾート→p.223の宿泊者が利用する程度だ。

✈サムイ空港・チャウエン→🚗60分（西海岸）、→🚗60分（南海岸）

209

SAMUI Island
アクティビティ&オプショナルツアーガイド

サムイはビーチでのんびり過ごす人が多いが、マリンアクティビティもひととおり揃っている。離島へ向かうオプショナルツアーは時間があれば参加してみたい。

アクティビティ

陸 エレファント・トレッキングはターザンになった気分

エレファント・トレッキング●象トレッキングをサムイでは通常エレファント・サファリと呼ぶ。時間は30分～1時間ほど。象の背中は高く、見晴らしがいい。トレッキングルートによっては滝の近くを歩いたり、高台を歩いたりする。トレッキングは約30分で700～800B、約1時間で1200B前後。象トレッキングを行なう施設はいくつかある。おもなものは以下の施設。
■**ナムアン・ウォーターフォール・エレファント・トレッキング**Namuang Waterfall Elephant Trekking図サムイ空港→🚗1時間、チャウエン→🚗50分☎077-424-098困なし／MAP p.207-A
ゴーカート●本格ゴーカートコースがポプットにある。コース全長約500m、カートは3種類あり、スピードカートは時速100kmを超える。
■**サムイ・ゴーカート**Samui Go Kart図サムイ空港→🚗15分、チャウエン→🚗25分☎077-427-194圏9:00～21:00圏10分600B～困なし／MAP p.207-B

海 自然に優しいマリンスポーツが主流

シュノーケリングSnorkeling●中級以上のホテルなら用具は用意されている。チャウエン・ビーチの沖合い、リーフの外側はポイントとして有名。島の南側のソー岬やチャウエンとラマイの間のコーラル・コーブあたりも美しい。本格的に楽しみたい人には島外へのツアーもある。
ダイビングDiving●サムイ島近海のスポットでダイブするツアーに人気がある。場所によるがジンベイザメやマンタが海中を漂い、ブラック・コーラルやイソギンチャクの大群生を目にでき、初心者からベテランまで楽しめる。おもなスポットは、1.タオ島周辺 2.アントーン諸島国立海洋公園北端 3.パンガン島とタオ島の中間海域の3カ所。ツアーアレンジの内容によって異なるが、ツアー料金の目安は、ビーチダイブ1000～2000B、1日ボートツアー(体験ダイブ3500B～)、PADIライセンス取得コース(オープン・ウォーター・ダイバー3～4日、1万1000B～)。日帰りのタオ島ファンダイブツアー(ランチ付き約4300B～)。
その他●近年、サムイ島ではモーター付きのマリンスポーツに規制を加えている。事故や騒音を防ぐのが目的だが、制限に一貫性がなく、堂々と営業しているビーチもあり、ルール整備の過渡期といえる。そのため旅行者にはわかりにくい状況だ。本書ではビーチで実際に用意され、利用できるマリンスポーツをとりあげた。不安な人は現地のダイブショップや旅行会社に、現状を確認してから利用してほしい。

モーター付きのスポーツで遊べるビーチは、おもにチャウエンとラマイ。水上バイクは30分2000B。ウインドサーフィンはチャウエン、チョーンモン、ラマイにレンタルショップがある。チャウエンとラマイではそのほか、バナナボート300～500B程度、カタマランヨット(双胴船)1時間30分2000B～。

ウインドサーフィンを楽

オプショナルツアー

島内 手軽に利用できる観光ツアーが中心

ビッグ・ブッダ寺院など島の観光ポイントを巡るツアーは半日コースが手軽で人気。交通機関が整備されていないサムイでは利用価値は高い。夜間ツアーとして、ディナーにディスコやタイボクシング、タイ式マッサージなどをセットしたツアーもある。自分たちだけで夜の街にくり出すのが不安な人にはすすめられる。

象に乗ってココヤシが茂る森を進むエレファント・トレッキング

タオ島北西の海中にある通称チュンポン・ピナクルの巨大な岩場

島外 環境抜群の海や砂浜でリフレッシュできる

タオ島ツアー●朝8時頃出発。スピードボートで約70海上を疾走すればホワイトサンドの美しいタオ島に到着。シュノーケリングや海水浴、魚の餌付けなどが楽しめる。島周辺はコーラルリーフが鮮やかなうえ、熱帯の魚も間近で見ることができる。昼食付き。夕方5時頃にサムイ島に戻る。

タン島ツアー●サムイ島から船でわずか20分のタン島でシュノーケリング、のんびりランチや海水浴を楽しむツアー。タン島の別名はコーラル島。名前のとおりサンゴ礁がよく発達し、シュノーケリングには最適な場所。午前9時頃出発し、午後3時頃には戻る。昼食付き。

アントーン諸島国立海洋公園観光●サムイ島から約30kmの場所に位置するアントーン諸島までクルージング。大小41の島が点在する海洋の景観は見ごたえがある。島のひとつ、ウォーターラップ島に上陸し、展望台からじっくり海洋公園を眺め、昼食後はサンゴの美しいメコ島のビーチで海水浴やシュノーケリングを満喫する。午前8時頃出発し、午後5〜6時頃戻る。

ナン・ユアン島はダイバーの天国

オプショナルツアー問い合わせ先

●ハロー・プーケット・ツアーズ・サムイ営業所
Hallo Phuket Tours Samui ☎077-230-744 ＊日本人常駐。各種オプショナルツアー、ガイドの手配、ドライバー付き車の手配などツアー全般を扱う。

●サムイ・ダイビング・サービス・アット・コ・タオ
Samui Diving Service@Koh Tao／タオ島内
☎081-931-4207 ✉info@samuidiving.net 🏠http://samuidiving.net ＊日本人常駐。各種ツアーダイブ、ビーチダイブ、ライセンス取得ダイブのアレンジ。ホームページでは情報の発信も行なっている。

●ほうぼう屋HOBO-YA／MAP p.209-B ☎077-422-645 FAX 077-422-646 🏠https://houbou-ya.com
＊日本人のスタッフが常駐。各種ツアーダイブのアレンジ。

サムイ島周辺の島々には美しい景観が広がる

離島ガイド

透きとおった海に感動

アントーン諸島国立海洋公園 MAP p.161-B■
サムイ島の西約30kmの海洋に浮かぶ、40ほどの群島全体が国立海洋公園。どの島も樹木に覆われ、ラクダのこぶや坊主頭を連想する形状だ。この景観を楽しむ島巡りがおすすめ。海の透明度は本土に近いため少し落ちるがシュノーケリングで熱帯魚と戯れることができる。宿泊施設はほとんどない。日帰りのツアーで訪れるのが一般的だ。ウォーターラップ島には国立公園事務所がある。また、メコ島にはひっそりとした風情の塩水湖が存在している。浜から湖までのトレッキングコースを歩けば、南海の孤島で、ジャングル探検している気分になる。サムイ島からオプショナルツアーがでている。

タオ島 MAP p.161-B■サムイ島から約70kmの北に浮かぶ、ダイバーズアイランド。この島を訪れるのは圧倒的にダイバー。南北8km、東西3kmの細長い島でサムイ群島では3番目の大きさだ。島内人口は800人程度で漁業とココヤシ栽培がおもな産業だったが、近年は観光業が盛んだ。島の中心地は西海岸にあるバーン・メー・ハート。ダイブショップ、両替所、みやげ物屋、郵便局、交番、バンガローが建ち、フェリーの船着き場もここにある。タオ島の北西700mほどの沖合いにあるナン・ユアン島は海の地形に変化があり、サンゴ礁も多く、ダイバーが集まるスポット。各種のツアーが用意されている。

パンガン島 MAP p.161-B■サムイ島から北へ約15kmの素朴な島。サムイ群島ではサムイに次ぐ2番目の大きさ。1泊500B以下の質素なバンガローを拠点にビーチでのんびりする欧米人が多い。島の中心は船が発着するトン・サラ。南東部のハード・リンにも船着き場があり、バンガロー、レストラン、ショップが多い。島の海域はダイビング向きのスポットではないため、ダイバーは訪れない。今のところ、夜な夜な参加者自由のビーチパーティで盛り上がるのがこの島の最大の楽しみだ。マリファナの吸引をすすめられ、それがもとで逮捕される人も少なくないので注意したい。サムイ島からはビッグ・ブッダ・ビーチの桟橋〜ハード・リンの間を1日4回程度運航。片道約45分、150〜250B。
＊各島へは発着場所、船の種類が各種あり、時刻の変更も多いので現地の旅行会社やTATで確認したい。旅行会社によっては予約手配、乗船チケットの発券も可能だ。

SAMUI Island
見る歩く GUIDE

ビッグ・ブッダ寺院 MAP p.207-B
Big Buddha Temple (Wat Phra Yai)

　鎮座するブッダの高さは約15m。橋で繋がった小島の小高い丘の上にあり、遠くの浜辺からもよくわかる。スコータイにあるワット・スィーチュムのアチャナ仏を模して1972年に建立された。ブッダの膝元近くまで行けるが、靴を脱ぐことを忘れずに。ブッダの安置されている基壇には回廊があり、吊された鐘を順に突くと御利益があるといわれている。ここからはビッグ・ブッダ・ビーチやサムイ島の北に位置するパンガン島が一望できる。
交サムイ空港→🚗10分、チャウエン→🚗20分。

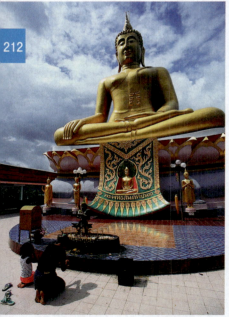

寺院の境内にはみやげ物屋がある

ナムアン・サファリパーク MAP p.207-A
Na Muang Safari Park

　サムイ島の重要な産業、ココナッツの出荷を助けるサルのココナッツ落としや象の妙技、ワニと人との危険なパフォーマンスなど盛りだくさんのショーが人気。ショーだけでなく、エレファント・トレッキング、ジャングル・トレッキング、4輪バギーといったアクティビティも充実している。トラやヒョウに触りながら写真を撮れるサービス（300B〜）もある。ショーは10:30と13:30の1日2回。
交サムイ空港→🚗45分、チャウエン→🚗45分 ☎077-424-663 営9:00〜17:00 料700B 休なし

サルが巧みにココナッツを落とす

ワット・クーナラム MAP p.209-C
Wat Khunaram

　サムイ島南部、国道4169号沿いにあるワット・クーナラムは、高僧のミイラを安置していることで知られる。日本の山形に点在する即身仏を思わせるが、こちらはサングラスをかけ、朱の法衣をまといポップな感じがする。
交サムイ空港→🚗45分、チャウエン→🚗35分

チャウエン・ビュー・ポイント MAP p.209-C
Chaweng View Point

　チャウエンからラマイへの道沿いに建つ展望小屋が目印。断崖の上にあり、チャウエンの白浜や青々としたタイ湾、サムイ空港上空を飛ぶ飛行機などがよく見える。
交サムイ空港→🚗20分、チャウエン→🚗5分

眼下にチャウエン・ビーチを一望できる、絶好の写真撮影ポイント

ヒンター・ヒンヤイ
Hinta Hinyai
MAP p.207-B

ラマイ・ビーチの南端にある奇岩。ヒンターはおじいさんという意味で男性のシンボルにそっくり。ヒンヤイはおばあさんで女性の象徴。派手さはないが、時間がある人は必ず立ち寄るサムイの観光名所だ。海の眺めもいい。岩場までの小道にはみやげ物屋が軒を連ねている。シンボルを模した灰皿は、この場所ならではの笑いを誘う、ちょっとヘンな品だ。

こちらがおばあさんの岩

交サムイ空港→🚗35分、チャウエン→🚗25分

おじいさんの岩は遠くからでもわかる

パラダイス・パーク・ファーム
Paradice Park Farm
MAP p.207-A

サムイ島のほぼ中央、最高峰の南麓に広がる野趣あふれる観光牧場。ファーム内ではウサギやシカ、インコやオウムが自然のまま放し飼いされ、餌やりなどの触れあいが楽しい。展望プールやレストランがあり、家族連れには最適。

交サムイ空港→🚗1時間、チャウエン→🚗50分
☎08-1255-1222 営9:00〜17:00 料400B 休なし

サムイ・スネーク・ファーム
Samui Snake Farm
MAP p.207-A

ヘビやサソリを手慣れた様子で扱う11:00と14:00からのショーが見もの。強力な毒を持つコブラを挑発したり、親しげに戯れたりする姿に驚く。

交サムイ空港→🚗40分、チャウエン→🚗30分 ☎077-424-020 営11:00〜18:00 Show11:00から17:30まで1時間毎に開催 料500B 休なし *ショーの時間は時期によって変更することもある

土の色が混じり、水は褐色。地元の人はおかまいなく滝壺で泳いでいる

ナムアンの滝
Na Muang Waterfall
MAP p.207-A

高さ18mほどの巨大な岩肌の上から水がいきおいよく落ちる。季節によって流れる量は極端に変わるが、雨が降った後などは豪快な水しぶきが涼しげだ。滝の近くまで車で行くことができるので訪れる人が多い。道沿いにはみやげ物や食べものの屋台がでて、週末は地元の人でいっぱい。

交サムイ空港→🚗1時間、チャウエン→🚗50分

ナトン・タウン
Nathon Town
MAP p.207-A

ナトン・タウンは島内で唯一、役所や市場、銀行、商店が並んでいる町。観光案内所のTATが港の北側にあり、情報収集を兼ねて町に来る観光客も多い。見たこともない魚、野菜などが積まれた市場や、人々が行き交う桟橋付近が散策のスポット。観光客相手の街ではなく、夜は店が早目に閉店となるのでナイトライフには向かない。

交サムイ空港→🚗40分、チャウエン→🚗50分

昼は賑やかだが、夕方以降に開いている店は少ない

タイ南部 213 サムイ島／見る歩く

街角ワンショット

島内唯一の「夜の街」チャウエンの過ごし方

チャウエンで夜を過ごす人のパターンを街角で観察するとこんな感じだ。1.道沿いに掲げてあるメニューをじっくり眺め、味も雰囲気もよさそうなオープンエアのレストランを選び、ゆっくり食事する。2.食後は、みやげ物屋などをひやかしながらのブラブラ歩き。3.ディスコ派はバーで時間をつぶして、盛り上がる深夜に「いざ出動！」4.健全派は、昼の疲れを伝統的タイ式マッサージ店で解消。

活気が少しひいた夜9時頃のチャウエンの通り

車体にあるルートをまず確認

サムイ島内移動術
ソンテオを乗りこなそう！

タイならではのお気楽な乗り物

サムイ島の交通機関の顔といえばソンテオ。ピックアップトラックを改造した乗合バスのことで、島の住民の重要な足だ。乗り方のコツさえわかれば旅行者でも利用できる。

ソンテオとは何か？

ソンとはタイ語の数字の2。テオとは「平行」「並んでいる」というような意味。なぞ解きすれば、2つの座席が平行に並んでいる、車という意味になる。タイの地方では庶民の日常の交通機関で、サムイではピックアップトラックの荷台に座席を平行に並べたスタイル。最初は戸惑うが、1回乗れば要領はわかる。ソンテオを利用し、島内での活動範囲を広げてみよう。

ナトン・タウンの桟橋前には、いつも多くのソンテオが集まる

乗り方はどうするの？

■**バス停** バス停は場所によってはあるが、現実には使われていない。ソンテオはどこでも乗り降りできるため、バス停はいらないのだ。ただし、ナトン・タウンから利用する場合はナトン桟橋前が事実上の出発点になっていることは覚えておこう。

■**ルートと行き先** おもな起点、終点、経由地はナトン、ラマイ、チャウエン。北回りがナトン→メナム→ボプット（一部ビッグ・ブッダ経由）→チャウエン→ラマイ。逆回りもある。南回りはナトンとラマイを往復するが、利用者は地元の人が中心。また、ラマイ～チャウエンなどの2区間往復型もある。行き先や区間は車体の前や横に付いているボードで確認するが、書いてある通りとは限らないので聞くのが確実だ。

■**乗車と降車の合図** 乗りたいときは手を斜め前、道側にさし出せば停まってくれる。とりあえず行き先を聞いてみること。出入口は後ろにあり、10人ほど座れる。席がいっぱいのときにはしゃがむしかない。降車は、天井などにある紐を引っ張るか、ボタンがあればそれを押す。運転席の後ろのガラスを軽く叩いてもいい。初めて行く場所は降りる地点がわからないので、最初に運転手に伝えておこう。とりあえず近くのホテルの名前を言って、そこから歩いていくといい。発音して、身ぶり手振りで伝えれば、外国人慣れした運転手が多いのでだいたいは理解してくれる。

■**料金** 朝8時から夕方6時は原則「路線バス」として動き、料金は決まっているはずなのだが、現実には旅行者は交渉制と思ったほうがいい。ソンテオが停まったら運転手と料金交渉をする。料金は降りた後に払うが、相場は各ビーチ間は60B～、ナトンからチャウエンは60B～（本来の規定料金50B）。夕方以降、チャウエンでは通りを行ったり来たりしているビーチ内の往復型のソンテオが数多く走りだす。この場合は20～40Bが相場。

利用者は、ほとんど地元の人

本音でガイド

ソンテオが利用できない場合は？

ソンテオが利用できないルート外の場所は、タクシー、レンタカー、ホテルや旅行会社の車を利用するしかない。ソンテオによっては暇なときや夕方以降は交渉次第でチャーターが可能。ただし、1時間300～500Bは請求される。

レストランカタログ
食べる

オープンエアのレストランで楽しく味わう

タイ、各種西洋料理などレストランが集まっているのはチャウエンだ。気軽に入れるオープンエアの店も多い。しゃれた気分で食事したいときはホテルがいい。日本料理店もチャウエンにある。

タイ チャウエン MAP p.209-A

トゥリートップ・スカイダイニング
Tree Tops Sky Dining

リゾート感満点の雰囲気

木の上にいるような感覚を味わえるダイニング専用スペースが7つ用意されている。夕暮れのタイ湾を眺めながらのディナーはここならでは。シーフードを中心とした創作料理が提供されている。

住92/1 Moo 2, Bophut（Anantara Lawana Koh Samui Resort内）☎077-960-333
営18:00～20:45、21:00～24:00 休なし
＊ディナーは18:00～と21:00～の2回制、予約がおすすめ

各国 チャウエン他 MAP p.209-B

ウィル・ウエイト
Will Wait

朝、昼の軽い食事にピッタリ

手作りの焼きたてパンの香ばしさが道まで漂ってくる。ベーカリーを兼ねたレストランはヨーロピアンには絶大な人気だ。メニューには西欧料理のほかタイ料理もある。パンのみの購入も可。

住チャウエン北側店、4/33 Moo 2, Chaweng Beach Rd.
☎077-231-152
営9:00～24:30 休なし
＊パン50B前後。同店はチャウエン、ナトンなど島内に数店舗あり、いずれもほぼ同様の内容

各国 チャウエン MAP p.209-C

サムイ・ベイビューベストウエスタン
Samui Bay View Best Western

晴天の日の食事におすすめ

チャウエン・ビーチを望む高台にあり、開放的な雰囲気。シーフード、パスタ、タイ料理のほかに、変わり種としてサメ料理のシャークステーキ300Bがある。さっぱりした味で思いのほかクセはない。

住104 Moo 3, Bo Phut（Chaweng Noi）
☎448-560 営6:00～23:00 休なし
＊シーフード類300～400B、パスタ類250～300B、タイ料理150B～

とっておき情報

サムイ島の庶民の味を楽しむには

滞在中に一度は地元の人が利用する食堂や市場を訪れたい。おすすめは島唯一の町、ナトン・タウン。庶民的な市場がある。150Bもあれば、食べきれないほどの南国のフルーツを買える。食堂は、宿泊しているホテルのスタッフに尋ねてみよう。喜んでお気に入りの食堂を教えてくれるはずだ。

果物がいっぱい

日日本人スタッフ常駐　日日本語が通じる　日日本語メニュー　英英語が通じる　英英語メニュー　写写真メニュー　予要予約

各国　　　　　　　　　　　　　　　　　　　　ナトン　MAP p.207-A

サンセット・レストラン
Sunset Restaurant

タイ料理を味わい夕日を眺める

ナトンにある港のはずれだが、海を前面にした場所にあり、屋外のテーブルから眺める落日の風景は南国情緒満点。タイ料理のほか和食、コンチネンタル料理もあり、どれも気軽に注文できる値段だ。

- 175/3 Moo 3, Angthong
- ☎077-421-244
- 10:00～22:00
- 困なし
- ＊予算100B～

日本　　　　　　　　　　　　　　　　　　　　チャウエン　MAP p.209-B

フジ・レストラン
Fuji Restaurant

日本食が恋しくなったら

タイの日本料理チェーンのチャウエン店。サムイで手軽に日本食が食べられる数少ない店だ。バンコクを中心にタイ全土で展開していて、欧米人の利用も多い。寿司から餃子までメニューも豊富。

- Central Festtival Samui 1F, Bophut
- ☎077-410-401～2　10:00～21:30　困なし
- ＊餃子ラーメンセット190B、サーモン照焼きセット250B、フジ弁当セット320B、天ざるそば170B。寿司セット200B～

日本人スタッフ常肆　　日本語が通じる　　日本語メニュー　　英語が通じる　　英語メニュー　　写真メニュー　　要予約

とっておき情報

ホテルのレストランを探索

滞在地区以外にあるホテルのレストランにも行ってみたい。中高級クラス以上のホテルには味も雰囲気もいいレストランがある。豪華クラスにはレストラン施設が何カ所もあり「ホテル探検」を兼ねてお好みのダイニングを探すのも楽しい。もちろん宿泊していなくてもレストランなどのパブリック施設は利用できる。

チャウエンではビーチに面するホテルがおすすめ。海を眺めながらのテラス席で、リゾート感満点で味わう食事は楽しい。メナム・ビーチのサンティブリ・ビーチリゾート・ゴルフ＆スパ→p.223にあるサラ・タイ Sala Thai（タイ宮廷料理）は堅苦しくない程度の格調があり、カップルで食事するのにちょうどよい。チョーンモン・ビーチのザ・トンサイ・ベイ→p.222のポーラッド・ビーチ・ビストロ＆バー Po-Lad Beach Bistro & Bar Gallery（タイ・西洋料理）はビーチ前にあり明るい雰囲気。サービスが細やかでカップルでもグループでも気持ちよく食事できる。フォーシーズンズ・リゾート・コ・サムイ→p.221では、シーフード料理のプラ・プラ Pla Pla やタイ南部の料理がメインのコ・タイ・キッチン Koh Thai Kitchen がおすすめ。

島内最大のプール脇にあるサラ・タイ

ポーラッド・ビーチ・ビストロ＆バー

どのホテルもビーチやプールなど、開放的で気持ちよい場所に面してレストランがある

チャウエンで楽しむ南国サムイ ナイトライフ

ナイトライフを楽しめるのはチャウエンだけだ。ディスコは21時頃〜翌朝2時頃まで営業。スペシャルデーを除けばどこも入場は無料だ。100B程度のドリンク類を注文すればOK。ムエタイ観戦もタイらしい楽しみ。何を楽しむにせよ帰りの足の確保は忘れずに。

レゲエ・パブ

ザ・グリーン・マンゴー・クラブ

レゲエ・パブ&レストラン
Reggae Pub & Restaurant／MAP p.209-B
　老舗のディスコ。ジャングルに建っていても違和感がないと思うほどの野趣あふれる建物。選曲は基本的にレゲエのみ。

ザ・グリーン・マンゴー・クラブ
The Green Mango Club／MAP p.209-B
　チャウエンの最も賑わう通りから少し入った場所にある。レゲエ・パブと人気を二分する。トレンドを意識した選曲が多い。

ムエタイ
Muai Thai／MAP p.209-B
　リゾート客向けに週1〜2回、チャウエン・スタジアムで試合がある。日程や内容はチャウエン通りで頻繁に配られるビラで確認を。

夜遊びの翌日はスパでリフレッシュ

タマリンド・スプリングス・フォレストスパ
Tamarind Retreat Springs Forest Spa
　丘の斜面にある巨大な天然石がここのシンボル。南国の大自然の雰囲気が人気。メニューはパッケージのみ。スペシャルは4時間5500B。
圍205/7 T. Takian☎08-0569-6654（要予約）圏9:00〜20:00困なし
囲https://www.tamarindsprings.com MAP p.207-B

ナチュラル・ウイング・ハウス・スパ&リゾート
Natural Wing House Spa & Resort
　タイ式マッサージから全身オイルマッサージ、ペディキュアやネイルケアなど総合的なエステサービスを提供。約3時間のコース3500B〜。その他各種コースあり。
圍11/5 Moo 6 Bang Po Beach☎077-602-111（要予約）圏10:00〜20:00困なし囲https://www.naturalwing.com　MAP p.207-A

宿泊施設やレストランも併設

ショップカタログ
買う

高級品はホテル、義理みやげはチャウエン・ビーチで

義理みやげならチャウエンの屋台でアクセサリーやサムイの名が入った南国調のTシャツなどを探してみよう。本格的なみやげなら高級クラスのホテルのショップで質やデザインが優れたシルクやコットン製品がねらい目。

チャウエン MAP p.209-B
セントラル・フェスティバル・サムイ
Central Festival Samui

みやげも何でもここでOK

チャウエン・ビーチ・ロードの中心地にあるサムイ有数の大型ショッピングモール。オープンは2014年。地下駐車場完備の2階建てで、オープンエアの通路を挟んでさまざまなジャンルの店舗が軒を連ねている。150以上の専門店が入り、タイみやげコーナーもあるので観光の合間に立ち寄るのにも適している。

住209/3 Moo 2, Chaweng Beach Rd.
☎077-962-777 営11:00〜23:00 休なし

チャウエン MAP p.209-B
ジム・トンプソン
Jim Thompson

タイシルクの高品質ブランドで有名

タイの高品質のブランド品といえばジム・トンプソンで決まりだ。タイシルク素材を使った服やスカーフはあまりにも有名。デザイン性もあり、高品質のおみやげを考えている人は寄ってみる価値がある。本店はバンコクにある→p.119。

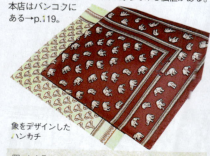

象をデザインしたハンカチ

住セントラル・フェスティバル・サムイ→p.218
営11:00〜23:00 休なし

日本人スタッフ常駐　日本語が通じる　英語が通じる

ボプット MAP p.207-B
テスコ・ロータス・サムイ
Tesco Lotus Samui

サムイの生活感に触れられる

日用品や食料品、フードコート、専門店、ボウリングセンターなど、何でも揃う大型スーパー。

住1/7 Moo 6, Bophut
☎077-245-400 営10:00〜22:00 休なし

チャウエン MAP p.209-B
ネイチャー・アート・ギャラリー
Nature Art Gallery

南国らしいアクセサリー

ハンドメイドのアクセサリー類が評判の店。南国の島らしい貝殻を細工した指輪やピアスが人気。

住Chaweng-Choengmon Rd.
☎077-422-594 営10:00〜23:30 休なし

とっておき情報

サムイのリゾートライフを充実させるコツ

サムイはビーチリゾートなのだからビーチの選択は大事だ。ホテル選びもどんなビーチに建っているかよく考えてから決めたい。夜遊び派はチャウエン以外に宿泊するときは移動の足をよく考えた方がいい。高級ホテルはだいたいシャトルバスを出しているが、念のため予約時に確認を。食事は、夜は危ないからダメだが、昼間ならビーチをぶらぶら歩いて、オープンエアの良さそうなレストランを探すというのがサムイ流。ディナーの下見を兼ねるのが賢い。ビーチ側のレストランはほとんどがホテル併設だ。海に面しているのがあたり前で、穴場のレストランもある。道側を歩いたら何もわからないので注意しよう。みやげはTシャツやアクセサリー程度しかない。残念だけどサムイ特産のものはない。

ホテルのビーチバーやレストランを活用しよう

ホテルカタログ
泊まる
*****

別荘感覚で利用できるリゾートが魅力

島内でもっとも宿泊施設が集まっているのはチャウエン・ビーチ。個性的な高級ホテルはチャウエン以外にも点在している。客室はバンガローやコテージの一棟形式も多く、別荘感覚でリゾートライフを楽しむことができる。

中級　　チャウエン　MAP p.209-B

バナナ・ファンシー・リゾート
Banana FanSea Resort

使い勝手が良い小規模ホテル

ショッピングエリアへのアクセスは徒歩でOK。バンガロー形式の独立した客室がメインで、小規模ホテルらしく部屋からビーチやプールへも近く、利便性の良さからリピーターも多い。

住201 Moo2, Chaweng Beach
☎077-413-483〜6
FAX 077-413-487
料S/T 3548B〜
室77
URLhttps://www.bananafansea.com/

高級　　チャウエン　MAP p.209-A

アマリ・コ・サムイ
Amari Koh Samui

グループでのバンガロー利用も

2016年4月1日より名称を変更。大規模な改装後にリニューアルオープン。以前はタイ風だった内装も白を基調としたデザインと、使い勝手の良いモダンな雰囲気に一新。デラックスファミリールームのカテゴリーとしてメゾネットタイプの部屋が24あり、3〜4人で利用するにも充分な広さ。ファミリーやグループで利用するには最適だ。

涼しさを感じるデザイン

住14/3 Chaweng Beach Rd., Bophut
☎077-300-306〜9 FAX 077-300-311
料S・T/3870B〜
室197
✉ホームページから
URLhttps://www.amari.com
＊ベビーシッターサービスもある

高級　　チャウエン　MAP p.209-B

チャウエン・リージェント・ビーチ・リゾート
Chaweng Regent Beach Resort

施設とサービスの充実ぶりが魅力

空港から車で約10分。チャウエン・ビーチの賑わう場所にあり、ナイトライフを楽しむにも絶好。バンガロー形式とビルディング形式の客室はどちらも高級ホテルらしい佇まいだ。「チョム・タレイ・レストラン」ではタイ舞踊を鑑賞しながらのタイ料理ブッフェ（水曜）が評判。タイ料理教室などもあり、ゲストを飽きさせない工夫がある。

プールサイドのバーも利用したい

住155/4 Chaweng Beach
☎077-300-500 FAX 077-300-205
料S・T/4300B〜 室155
✉admin@chawengregent.com　＊2つのプール、サウナ付きフィットネスセンター、スパなどが完備され、充実した施設が自慢
URLhttps://www.chawengregent.com

中級　　チャウエン　MAP p.209-B

チャウエン・ブリ・リゾート
Chaweng Buri Resort

サムイらしいコテージ型が魅力

チャウエン・ビーチのほぼ中心にあり、どこに行くにも便利だ。客室はすべて戸建てのバンガロー形式。ひと昔前だったら当たり前のサムイらしい素朴な造りで、南国ムードが味わえる。

住14/4,14/6 Chaweng Beach
☎077-300-693〜4、7 FAX 077-300-557 料S・T/3290B〜 室117
✉bookingchawengburi@gmail.com
URLhttps://www.chawengburi.com
＊各客室にはダブルベッドとシングルベッドを1つずつ設置

日本人常駐　和食店　フィットネス　スパ　マッサージ　NHK　ネット接続　プール　バスタブ無しの部屋あり

中級　　チャウエン　MAP p.209-B

バーン・サムイ・リゾート
Baan Samui Resort

スタイルは高級アパート風

中庭に面した客室棟の壁は渋いピンク色。センスある装飾や色使いも含めて、スペインの高級アパートメント風だ。客室にはラジオや電気ポットが置かれ、自分の部屋のようにくつろげる。

14/7 Moo 2, Chaweng Beach
☎077-950-551～6 FAX 077-300-569 料 S・T/2050B～ 室79
URL baansamuiresort-online.com
＊レストランのムーン・ダンスやカウンターバーのムーン・ウォークはビジターも訪れる人気の店

中級　　チャウエン　MAP p.209-A

ノラ・ビーチ・リゾート＆スパ
Nora Beach Resort & Spa

ヴィラタイプの客室が評判

チャウエン・ビーチ北側の斜面に位置し、静かな環境。広々としたヴィラタイプの客室はトロピカルガーデンや滝を望むテラスがあり、優雅な気分にひたれる。ビーチフロントスパを併設している。

222 Moo 2,Chaweng Beach
☎077-429-400 FAX 077-429-498
料 S・T/3678B～ 室113
Email reservation@norabeachresort.com
URL https://www.norabeachresort.com

高級　　チャウエン　MAP p.209-B

センタラ・グランド・ビーチ・リゾート・サムイ
Centara Grand Beach Resort Samui

飲食やアクティビティも充実、サムイを代表する大規模ホテル

本格的ビルディング形式のリゾートで、サムイ島随一の規模を誇る。庭には青々とした芝生やヤシが茂り、開放的な明るさが漂う。飲食関係の施設は7つ、そのほか2つのプール、2面のテニスコート、フィットネスセンター、サウナ、ジャクジー、ビューティーサロン、タイ式マッサージ、キッズルーム、図書ルームなど、設備は充実している。毎日、さまざまなスポーツレッスン、レクリエーションプログラムを無料で楽しめる。

38/2 Moo 3, Tambol Bo Phud, Chaweng Beach
☎077-230-500
FAX 077-422-385 料 S・T/7300B～ 室205
URL http://www.centralhotelsresorts.com
＊全室オーシャンビュー、バルコニー付き

客室のバルコニーでくつろぐのもいい

高級　　チャウエン　MAP p.209-C

ポピーズ・サムイ
Poppies Samui

女性からの評価が高いリゾート

部屋はすべてコテージ式で、特徴あるタイ風デザインの屋根が目を引く。こぢんまりした規模の部類で比較すれば、サムイでも指折りの洗練されたリゾートだ。4室がツイン、20室がダブルの構成で、カップルを意識した造りになっている。トップライトが入り、観葉植物が置かれたバスルームはすがすがしい。ビーチを望む屋外レストランやバティックなどが置かれたショップもある。

P. O. BOX1, Chaweng Beach
☎077-422-419 FAX 077-422-420
料 S・T/7125B～ 室24
URL https://www.poppiessamui.com
＊ポピーズレストランはタイ料理や各国料理のメニューがあり、一品195B～

スポットライトが客室の雰囲気を盛り上げる

高級　　　　　　　　　　　　　　　ラマイ　MAP p.207-B
ルネッサンス・コ・サムイ・リゾート&スパ
Renaissance Koh Samui Resort & Spa
空間を贅沢に利用
　客室はオリエンタル調のスタイルで、とく人気なのがプライベートプール付きのヴィラ。デラックスルームにも全室バルコニーとジャクジーがあり、開放感と隠れ家的なプライベート感も同時に楽しめる。

住208/1 Moo 4,Malet,Lamai Beach
☎077-429-300 F077-429-333
料S・T/4273B〜
客78 回p.292-MR.
URLhttps://www.marriott.com
＊子ども用プールやベビーシッターのサービスも用意されている

高級　　　　　　　　　　　　　　　ナン岬　MAP p.207-B
バンヤンツリー・サムイ
Banyan Tree Samui
タイ発祥の世界有数のリゾート
　美しい海岸線に立地するヴィラ形式のリゾートで、高評価のスパを併設。全室サムイ最大級のプライベートプール付き。バンコクやプーケットにも展開し、世界のセレブが利用するのにふさわしい環境だ。

住99/9 Moo 4,Maret, Lamai Beach
☎077-915-333
F077-915-388
料S・T/1万4465B〜
客78 回p.292-BT
URLhttps://www.banyantree.com

中級　　　　　　　　　　　　　　チョーンモン　MAP p.207-B
ホワイト・ハウス・ビーチリゾート&スパ
White House Beach Resort & Spa
爽やかな気品と清潔感がある
　客室は棟形式でタイ様式の外観。室内はオフホワイトを基調にした清潔感あふれる造りだ。気持ちよく手入れされた樹木や従業員のマナーなど、すべての面で気配りと品の良さが感じられる。

住59/3 Moo 5, Chengmon Beach, Bo Phud
☎077-332-648
F077-332-650 料S・T/1031B〜
客40
URLhttps://www.samuithewhitehouse.com
＊バスタブ付きの客室はない

高級　　　　　　　　　　　　　チョーンモン　MAP p.207-A
フォーシーズンズ・リゾート・コ・サムイ
Four Seasons Resort Koh Samui
世界的な高級リゾートで
充実したマリンライフを満喫
　世界的な評価を得ているホテルグループが2007年サムイ島にオープンした。チョーンモン・ビーチを見下ろす丘陵斜面の頂上に位置し、美しい眺望が広がる。すべての場所で品のある贅沢感が漂い、高級リゾートらしい休暇を過ごせるはず。客室はヴィラ60室とレジデンス14室で構成され、各々には屋外にリビングスペースがある。ココヤシが茂る中を青いシャム湾を眺めながら、サムイの大自然を堪能できる。スパ施設はもちろんヨガのプログラムも用意。ダイニングでは各種料理が楽しめる。

南国情緒が高まるデザインだ

住219 Moo 5, Angthong
☎077-243-000 F077-243-002
料S・T/2万2780B〜 客74 回p.292-FS.
URLhttps://www.fourseasons.com/kohsamui
＊天然木材でデザインされたダイニングでは毎日イブニングカクテルを用意

タイ南部　221　サムイ島／ホテル

高級　チョーンモン　MAP p.207-B

シックスセンシス・サムイ
Six Senses Samui

朝日と夕日の両方を眺める

チョーンモン・ビーチのエリアにあるサムロン岬の先端に2004年オープンした高級リゾート。客室はすべて独立したヴィラ形式。大海原を望むすばらしい見晴らしを誇る立地で、朝日の見える側と夕日が見える側と、好みで客室を選べる。客室は、竹や木材、麻など天然素材を極力使い、自然に調和した環境に心が休まる。

- 9/10 Moo 5, Baan Plai, Laem Bo Phut
- ☎077-245-678 F077-245-671
- S・T/1万7784B〜
- 66
- reservations-samui@sixsenses.com
- https://www.sixsenses.com
- ＊24時間対応のバトラーサービスがある

高級　チョーンモン　MAP p.207-B

ザ・トンサイ・ベイ
The Tongsai Bay

バルコニー・リゾートライフ そんな言葉が似合うリゾート

緩やかな海ぎわの斜面に位置し、リゾート地にふさわしい環境。戸建てとビルディングタイプの客室がある。すべての客室の広さは一般的ホテルのスイートクラス以上でバルコニー付き。さらにバルコニーに専用のバスタブを設置。もちろんプライバシーは確保されている。広さ135㎡のグランド・トンサイ・コテージのバルコニーにはバスタブ以外にサマーベッド、デッキチェアー、屋根付きの本格的寝台まで置かれている。本格的なスパも完備されている。

- 84 Moo 5, Bophut
- ☎077-913-750 F077-425-462
- S・T/7700B〜
- 83
- info@tongsaibay.co.th
- www.tongsaibay.co.th
- ＊スパ施設の「プラナ・スパ」はカップルでの利用も可

落ち着いた装飾の客室が多い

高級　チョーンモン　MAP p.207-B

インペリアル・ボート・ハウス・ビーチリゾート・チョーンモン
The Imperial Boat House Beach Resort Choeng Mon

クルージングしている気分になる

ここの最大の特徴はチーク材で建造された34棟ある船型の客室（ボート・スイート）。1階建てが6棟、2階建てが28棟ある。実際にバンコクのチャオプラヤー川を行き来していた木造船を改造したものだ。客室はヨットのキャビンにいるような感覚。2階建は、1階がベッドルーム、天窓付きのバス、デスクスペースなど、2階がリビングとデッキ風テラスだ。テラス部分が入口になっている。

船型の客室は三方から光が入り、明るい

- 83 Moo 5, Tambol Bo Phud
- ☎077-425-041 F077-425-460
- S・T/us$51〜 210 icsamu.rsvn@ihg.com https://imperial-boat-house-beach-resort.hotelinsamui.com/en/
- ＊近年、中庭や客室棟が改装されリフレッシュした

高級　　　　　　　　　　　　　タリンガム　MAP p.207-A
インターコンチネンタル・サムイ・バーン・タリンガム・リゾート
InterContinental Baan Taling Ngam Resort

西海岸の美しい景勝地に建つ優雅で豪華な高級リゾート

　サムイで3本の指に入る豪華リゾート。ヤシの森と海を見渡すビーチ際の斜面に建ち、ロケーションは群を抜く。とくにプールからの眺めは世界中のリゾート関係者から注目を浴びた景観だ。ヴィラタイプの客室はチーク材をふんだんに使い、優雅な造り。本格的フィットネスセンター、個室のタイ式マッサージルーム、サウナルームやビューティーサロンなど設備のグレードも高い。部屋から眺める、真っ赤に海を染める落日の風景はここならではの感動のひととき。

　プール脇にはドリンク・バーがあるホテルの部屋というより豪邸にいるようだ

〒295 Moo 3,Taling Ngam Beach
☎077-429-100 FAX077-423-220
料S・T/6688B〜 全79室 p.292-IC.
Eメールicsamui.rsvn@ihg.com
URLhttps://www.ihg.com/intercontinental/hotels/jp/ja/koh-samui/usmks/hoteldetail
＊チャウエン、ナトンへ定時運行のシャトルバスあり

目の前の海でさまざまなアクティビティを楽しめる

高級　　　　　　　　　　　　　メナム　MAP p.207-A
サンティブリ・ビーチリゾート・ゴルフ＆スパ
Santiburi Beach Resort Golf & Spa

風格たっぷりの豪華な造り、散歩したくなるほどの広さ

　サムイ最大の敷地をもつトップクラスのリゾート。敷地の中に川が流れ、優雅なヴィラ形式の客室がゆったり配置されている。50m幅の楕円形プール、テニスコート、スカッシュルーム、ビーチでのマリンプログラムなど、アクティビティは大充実。疲れはマッサージルームで解消できる。ビーチの景観が美しいレストランの「ビーチ・ハウス」は新鮮なシーフード料理が自慢。ルームサービスで注文すれば、ヴィラのテラスでバーベキューを楽しむことも可能だ。

〒12/12 Moo 1,Tambol Mae Nam
☎077-425-031 FAX077-425-040
料S・T/5968B〜
全96室
URLhttps://www.santiburisamui.com
＊2014年にリニューアル

島内一の規模を誇る池のようなプール

■日本人常駐　■和食店　■フィットネス　■スパ　■マッサージ　N NHK　■ネット接続　■プール　■バスタブ無しの部屋あり

タイ南部の街　アクセスガイド

SURAT THANI　MAP p.161-C
スラーターニー
川のほとりの港町

　スラーターニーはバンコクから南へ約650kmに位置する、タイ湾に面した港町で、タイ南部の玄関口だ。駅と市街は離れており、バスを利用する。活気ある市街はターピー川に沿って広がるが、繁華街は港を中心に、徒歩で回れる範囲。この港からは、サムイ島やパンガン島へのフェリーが出る。バスターミナルから港へは、西方向へ約500m。

ACCESS & INFORMATION

飛行機■スワンナブーム空港→タイ国際航空（約1時間15分）→スラーターニー空港＜1日2便、片道1500B～＞バス■バンコク北バスターミナル→エアコンバス（南へ約668Km、約7時間）→スラーターニーバスターミナル＜1日約14本（途中下車含む）、304B＞鉄道■バンコク中央駅→快速・急行・特急・寝台列車（南へ651km、9～12時間）→スラーターニー駅＜1日約12本、3等快速217B～＞観光案内所■TAT（タイ国政府観光庁）囧5 Thalad Mai Rd. ☎077-288-817～9開8:00～17:00囧土・日曜、祝日

NAKHON SI THAMMARAT　MAP p.161-D
ナコーン・スィー・タマラート
南タイの古都、古代の海路が通る町

　中国唐代の文献にも記録されているという歴史をもち、海運の拠点として古くから栄えていた。現在の町は、鉄道駅の東側周辺が繁華街。南北に走る幹線道路に沿って市街地は南方向へと大きく広がっている。

ACCESS & INFORMATION

飛行機■ドンムアン空港→ノックエア（約1時間10分）→ナコーン・スィー・タマラート空港＜1日4～5便、1100B～＞バス■バンコク南バスターミナル→エアコンバス（南へ約805km、約11～13時間）→ナコーン・スィー・タマラートバスターミナル＜1日約10本（途中下車含む）、599B＞鉄道■バンコク中央駅→快速・急行・寝台列車（南へ約832km、約5時間30分～16時間20分）→ナコーン・スィー・タマラート駅＜1日2本、3等快速243B～＞観光案内所■TAT（タイ国政府観光庁）囧Sanamnamueang, Ratchadamnoen Rd. ☎075-346-515開8:00～17:00囧土・日曜、祝日

SONG KHLA　MAP p.161-F
ソンクラー
国際色豊かな南部の文化都市

　タイ湾に面した美しい海岸と、広大な淡水湖のあるソンクラー。ハジャイを中心に交易に沸くこの一帯にあって、県庁所在地ソンクラーは南部の文化都市として、のどかな佇まいを見せている。バスターミナルを中心に、半径約500mが市の中心部。

ACCESS & INFORMATION

バス■バンコク南バスターミナル→エアコンバス（南へ約995km、約13～14時間）→ソンクラーバスターミナル＜1日約6本、678B～＞　＊ハジャイからは東北へ約30km、所要約60分。ハジャイの空港や鉄道駅にはタクシーもあり、ソンクラーへの移動に便利。観光案内所■TAT（タイ国政府観光庁）はハジャイにある

HAT YAI　MAP p.161-F
ハジャイ
交易に沸く国際商業都市

　マレーシアとの交易をバネに近代的な商業都市となった。鉄道駅の東側に市街が広がり、3本のニパット・ウティットNiphat Uthit通り沿いが繁華街となっている。

ACCESS & INFORMATION

飛行機■スワンナブーム空港→タイ・スマイル（約1時間25～30分）→ハジャイ空港＜1日6便、片道1500B～＞バス■バンコク北バスターミナル→エアコンバス（南へ約954km、約12～13時間）→ハジャイバスターミナル＜1日約6本（途中下車含む）、535B～＞鉄道■バンコク中央駅→快速・特急・寝台列車（南へ約945km、14～17時間）→ハジャイ駅＜1日5本、3等快速259B～＞観光案内所■TAT（タイ国政府観光庁）囧1/1 Niphatuthit 3rd Rd. ☎074-231-055、238-5818開8:00～17:00囧土・日曜、祝日
＊ソンクラーの資料はここにある

写真（上）…サムイ島行きボート。写真（下）…ハジャイのワット・ハジャイ　ナイ

タイ北部

- ●チェンマイ　p.228
- ●チェンラーイ　p.258
- ●メーサイ　p.260
- ●ゴールデン・トライアングル　p.261
- ●チェンセーン　p.263
- ●メーホンソーン　p.264
- ●ピサヌローク　p.266
- ●スコータイ　p.268
- ●スィー・サッチャナライ　p.272
- ●ガンペーン・ペット　p.274

Northern Thailand

タイ北部　　旅のアドバイス

タイ北部は山が多く、平野部とは気候や風土が異なる。平野のバンコクでは気温の低い季節といっても「暑さがやわらぐ」程度だが、同じ頃の北部では朝晩にかなり冷え込むことがある。人々の顔立ちや気質も違う。「チェンマイに美人が多い」は、多くの民族の血が混じり合っているからといわれる。かつてチェンマイにはラーンナータイ王国が築かれた。現王朝とは異なる歴史を歩んだタイ北部は独自の文化圏を形成し、興味深い習慣や遺跡が多い。

見る歩く Point

タイ北部には、ラーンナータイ王国として栄えた歴史や、現王朝に繋がるスコータイ王朝が開かれた歴史がある。そのため古い寺院や遺跡が多いのが特徴だ。とくに、スコータイとタイ第2の文化都市といわれるチェンマイには注目したい。この2つの都市を拠点に遺跡巡りをするツアーが多い。また、山間部に暮らしながら独自の生活様式を守っている山岳民族がいて、彼らの村を訪ねるツアーもチェンマイのハイライト。さらに、タイ、ラオス、ミャンマーの3国が境を接するゴールデン・トライアングルも観光名所としてよく知られている。

買いもの Point

ショッピングでもっとも楽しめる都市といえばチェンマイ。というのも、チェンマイでは昔から手工芸品の生産が盛んで、タイの全国各地のみやげ物屋で売られている民芸品は、その多くがチェンマイ産の伝統工芸品だからだ。産地直売だけに、基本的に値段も安いし、質や量の点でも大いに期待できる。繊細な銀製品、シルク製品、木彫り、漆器や陶磁器などは、まさに「匠の技」だ。

食べもの Point

タイ北部の有名な郷土料理、カントーク・ディナーはパッケージツアーにもしばしば組み込まれている。もとは宮廷料理からはじまって宴席用の料理となり、今ではタイ舞踊や山岳民族の踊りを鑑賞しながら食べる観光用の料理としても定着した。メニューはカレー、鶏の唐揚げ、サラダなど数種類。本来は北部独特の味だったが、観光用の味つけなら外国人でも気軽に食べられる。

アクティビティ Point

北部で体験したいアクティビティは、象に乗ってのトレッキングだ。象の背中に乗って30分から1時間ほど周遊する。自分で操るわけではなくスタッフまかせ（象まかせ？）とはいえ、タイならではの印象的な思い出を刻むことができる。筏での川下りをセットにしたツアーもあり、北部山岳地帯の大自然を舞台に冒険気分を満喫できる。

タイ北部への交通

空路

バンコクからチェンマイへは、1日20～24便、所要約1時間10～20分。チェンマイはタイ北部の中心都市としての機能をもち、ここから各主要都市（チェンラーイ、メーホンソーン、ピサヌロークなど）への便もある。そのほかバンコクから各都市へ直行の便は、チェンラーイへ1日5～6便、所要約1時間20～30分、ピサヌロークへ1日7～8便、所要約55～60分。

陸路

バンコクからチェンマイへ通じる鉄道があり、その途中にピサヌロークがある。ピサヌロークまで4時間30分～8時間30分、チェンマイまで11時間～14時間30分。

バスだとピサヌロークまで約6時間30分、チェンマイまで10～13時間。チェンマイからピサヌロークへはバスで約5時間30分。そのほかバスでは、バンコクからスコータイへ約7～8時間、チェンマイからスコータイへ5～6時間、ピサヌロークからスコータイへ約1時間、バンコクからメーホンソーンへ約14～16時間、チェンマイからメーホンソーンへ約6時間など。ゴールデン・トライアングルのチェンセーンやメーサイへは、チェンラーイからバスで約1時間30分。

テーマ別 POINT

タイ北部はお祭り好きにとっても興味深い土地だ。有名なのはチェンマイ。行事が多く、規模も大きい。2月の花祭り、4月のソンクラーン（別名、水かけ祭り）は、いずれもタイ各地で催されるものだが、とくにチェンマイのものは華やかだ。11月のロイカートンはスコータイが有名（開催日は年によって異なるのでTATなどで要確認）。日程次第では、これらの祭りに出合うことができる。

CHIANG MAI
チェンマイ

タイの「京都」、北タイ文化の中心地

MAP p.227-D

往年の城塞を伝える濠と壁

街のしくみ 楽しみ方

しっとりと落ち着いた古都特有のたたずまいが魅力的

チェンマイはタイ北部の中心都市で、訪れる旅行者の数も多い。

日本でいう京都のような古都の風情が魅力だ。バンコクに比べると人口は1割以下だが、独特の歴史と文化をもつ。また、農業や手工芸などの伝統産業が活発で、ホテルや寺院史跡など観光基盤も充実している。市内だけでなく郊外にも見どころがあり、メーホンソーンやチェンラーイ、ランプーン、ランパーンといった都市へ行く際の拠点にもなっている。

チェンマイは、アユタヤー〜バンコクと続く中央部とは異なる文化を維持しているが、その理由は、スコータイの平野にタイ族の王国が誕生した頃までさかのぼる。同じ時期、北部山岳地帯でもタイ族は勢力を伸ばしていて、先住民モン族の拠点であるランプーンを攻略したメンライ王は、13世紀の末、ピン川のほとりの盆地に王国を建設する。それが、今日のチェンマイ（新しい城都）の出発点だ。国はラーンナータイ（百万の水田）と呼ばれ、以来、19世紀後半にバンコク王朝に併合されるまで、チェンマイは王国の首都として、政治・文化・産業の中心だった。街には今でも、かつての王都としての気風と気概が残っている。

歩き方のヒント チェンマイ

楽しみ
- 見どころ ★★★★★
- 買いもの ★★★★
- 食べ歩き ★★★

交通手段
- トゥクトゥク ★★★★★
- シーロー ★★★★
- 徒歩 ★★★

エリアの広さ＆交通ガイド

約1.6km四方の濠に囲まれた旧市街を中心に、新市街は東西南北へと大きく広がる。ホテルやレストラン、見どころは、大河チャオプラヤーに注ぎ込む4大支流のひとつであるピン川から、旧市街のターペー門のある通りにかけての南東部、およそ1km四方のエリアに集中している。また、郊外の北西部など広いエリアにも観光ポイントが点在している。

ACCESS & INFORMATION

飛行機■バンコク→タイ国際航空（約1時間10分）→チェンマイ空港＜1日20〜24便、片道1230B〜＞ ＊チェンマイとタイ北部の各主要都市を結ぶ便もある

鉄道■バンコク中央駅→快速・急行・特急・寝台列車（北へ約751km、11時間〜14時間30分）→チェンマイ駅＜1日5本、2等寝台特急771〜841B＞

バス■バンコク北バスターミナル→エアコンバス（北へ約713km、約10〜13時間）→チェンマイバスターミナル＜ほぼ30〜60分おきに運行、約529B〜＞

旧市街の東門にあたるターペー門

エリアの交通アドバイス

市内　空港から旧市街へは、エアポートタクシーで150B〜、約15分。スマート・バス（右欄参照）なら20B。市内から空港へはトゥクトゥクで80Bくらい。旧市街の散策には徒歩がいい。市内の移動なら、トゥクトゥクやソンテオ（→p.320）が頻繁に走っていて便利だ。新市街と旧市街の移動に利用しよう。ソンテオはチェンマイでは「シーロー（四輪）」と呼ばれ、カラフルに色分けされている。赤いシーローが市内専用で、料金20B〜と旅行者も利用しやすい。ただし、市内には複雑に入り組んだ一方通行が多く、乗合の乗客にあわせて巡回するので、かえって遠回りになる場合もある。メータータクシーも随分増えてきた。これを利用する手もある。電話での呼び出しにも対応している。☎053-279-291 営7:00〜24:00 休なし

郊外　赤色以外のシーローは、いずれも市内と郊外を結ぶルートを運行する。ルートにあわせて発着所がそれぞれ異なり、車体の色もそれぞれ異なる。市民には不可欠の移動手段だが、旅行者の利用は難しい。トゥクトゥクは市内には数多いが、郊外ではあまり見かけない。往復チャーターすれば問題ないが、長距離・長時間の利用なら、主要ホテルのツアーデスクか旅行会社などでタクシーをチャーターする方が便利だ（料金目安3000B／日）。ターペー門界隈には、ジープやバイクのレンタル業者が並んでいる。欧米人には自由に動き回る旅行者も多いが、市内は複雑な道路事情に加えてバンコク並みに渋滞し、郊外では長距離便などの乱暴な運転も見かけられ、慣れない人にはかえって苦痛。シーローを利用する場合は右欄を参考に。

本音でガイド

チェンマイでの重要な足、シーローをうまく乗りこなすには

　赤いシーローに乗る際は運転手に行き先を告げ、うなずいたら後ろに乗り込む。観光客と見ると値を上げる運転手もいる。1人で乗るとチャーターとなり高くつく。ホテル名を出すと高くいわれるので、ホテル近くの学校や市場などの名前で交渉してみよう。できれば、市内の一方通行を覚えておきたい。たとえば旧市街の濠の内側は左回り、外側は右回りになっていて、流れと反対側で待っていても断られるばかり。郊外へ向かうシーローはルートごとにそれぞれ組合があって、その組合に入ったものしかルート上では客を乗せたり降ろしたりできない。車体の色の違いはその組合の違いだ。あらかじめホテルで、どの色のシーローに乗ればよいのか確認しておけば、郊外へも自由自在だ。ちなみに赤いシーローは市内専用で料金は20〜30B。

四輪車がシーロー、三輪車がトゥクトゥク

TAT（タイ国政府観光庁）　105/1 Chiangmai-Lamphun Rd. ☎053-248-604〜5 営8:00〜17:00 休土・日曜、祝日　MAP p.235-L　＊北部各都市の資料・情報はここにある

チェンマイ空港はタイ北部の空の玄関

チェンマイ駅は中心街から車で約5分

チェンマイ・スマート・バス（RTC）

　市内の公共交通システムが不毛だったチェンマイで、2018年4月から公共バスが運行を開始。路線はいずれも循環型の5路線が運行。うち2路線がチェンマイ国際空港と市内を循環している。旅行者に利用価値が高いのは、この空港からの2路線、R3黄色（チェンマイ国際空港→ウアライ通り→ナイトバザール→旧市街→ニマンヘミン通り→チェンマイ国際空港）と、R3赤色（チェンマイ国際空港→ニマンヘミン通り→旧市街→ワロロット市場ナイトバザール→チェンマイ門→チェンマイ国際空港）。運行時間は早朝6:00〜23:30。運賃は一律20B、現金もしくはラビットカードで。運行間隔が25分〜1時間と空きすぎているのが難点。

ホテルスタッフを利用

　運転手との交渉が不安な場合は、ホテルのドアマンを即席の通訳に仕立てて、ホテル前あたりを流す運転手に交渉を依頼するのもいい。気持ちのいい対応なら多少のチップ（50B程度）をドアマンに渡すのがスマートだ。

チェンマイ の楽しみは
どのあたりにあるの❓

見る・食べる・買う・遊ぶ

理解の基本は城壁との位置関係を覚える

どの地図を見てもチェンマイは城壁がまん中に表示されている。この街を把握するにも城壁を中心として、位置関係を考えると理解しやすい。

街の中心に城壁が残るチェンマイ。この城壁一辺の端から端まで約1.2km。歩けば約20〜25分だ。地図を見るとき、その距離と時間を目安にして移動しよう。季節的に涼しい時期（12月〜2月）なら日本にいる感覚で街を歩いての移動も可能だ。観光客が利用するエリアは、郊外を除き大雑把に4つのエリア（A〜D）に分けられる。郊外は効率的に回るためにもオプショナルツアーに参加するのがおすすめ。

街のしくみを知ろう！
チェンマイ・エリアマップ

- **E** オプショナルツアーで **郊外** 行きたい
- **D** アジア雑貨の有名店が並ぶ **ニマンヘミン通り**
- **B** 夕方以降は熱気充満 **チャン・クラン通り周辺**
- **C** 雰囲気のいい店が点在 **チャルンラート通り**
- **A** 市内屈指の歴史的街区 **城壁（旧市街）周辺**

ワット・ジェットヨート
旧アマリ・リンカム・ホテル
ワット・クータオ
ワット・スアンドーク
ワット・チェンマン
ワット・プラシン
ワット・チェディールアン
ターペー通り
ナイトバザール
デュシットプリンセス・チェンマイ
チェンマイ国際空港
ピン川
チャルンラート通り
チェンマイ駅

230

5つのエリアの早わかりアドバイス

チェンマイの楽しみを理解する

A 城壁（旧市街）周辺

見る歩く	★★★★
ショッピング	★★
食べ歩き	★★

四方を濠と堅牢な壁に囲まれた城壁内部とその周辺は、チェンマイの街の歴史そのもの。由緒ある寺院が存在感を示していて、その周辺の路地には古い家並みが残る。観光客向けの店舗は少ない。

城壁周辺には歴史ある寺院が多い

B チャン・クラン通り周辺

見る歩く	★★★
ショッピング	★★★★★
食べ歩き	★★★★

老舗ホテルのデュシット・プリンセス前の通りは、夜になると露店が通りにひしめき大変な賑わい。チェンマイ名物のナイトバザールで、隣接した市場も広大。庶民的なレストランも多く集まる。

ナイトバザール

C チャルンラート通り

見る歩く	★★
ショッピング	★★★★
食べ歩き	★★★★

チェンマイを縦断するピン川の東側、川に沿うように通る道で、栄華を極めた時代の家屋を改造した雰囲気のいいショップが点在する。川を眺めながら食事できる有名な人気レストランも数軒ある。

高品質の民芸品が並ぶ

D ニマンヘミン通り

見る歩く	★
ショッピング	★★★★★
食べ歩き	★

幅が広いこの道は街の外周を走る幹線道路で車の通りが多く、風情はない。ただし、旧アマリ・リンカム・ホテルの南側と東に延びるソイ19の通りにはチェンマイを代表する雑貨店が点在している。

センスあるアジア雑貨店が多い

E 郊外

見る歩く	★★★★★
ショッピング	★★★
食べ歩き	★★

観光ポイントは郊外にも多く、旧市街から北西部へ車で40分ほどのステープ山にあるワット・プラタート・ドイ・ステープは代表格。東部には工芸品産地で有名なボーサン、サンカンペーンがある。また、象調教センターではタイならではのエレファント・トレッキングに挑戦できる。

ワット・プラタート・ドイ・ステープ

郊外でエレファント・トレッキングにトライ

ワット・ジェットヨート

チェンマイを多角的に楽しむ
モデルコース

チェンマイ市街（左）、エレファント・トレッキング（右）

「タイの京都」と呼ばれる歴史の街がチェンマイ。訪れたい場所は歴史ある寺院や郊外の美しい自然郷。移動範囲が広いので計画的にコース設定したい。

モデルコースを参考にして
自分なりのプランを立ててみよう

チェンマイには、バンコクほど何パターンもの楽しみ方があるわけではないが、北部独特の文化や、独自の歴史を背景とする多くの観光ポイントがあり、それなりにバリエーションがある。ここでは、1日、2日、3日と滞在日数別に、おもな見どころを巡るプランを紹介しよう。これはあくまで目安で、このプランには含まれていないポイントもある。これを材料に自分なりのプランを考えよう。とくに、慣れないとあれこれ詰め込みすぎるので、注意したい。夜の過ごし方についてはここでは触れないが、国内屈指の賑わいを見せるナイトバザール→p.245や、北部独特の料理と踊りをともに楽しむカントーク・ディナー→p.242は、一度は行きたい。

自分の興味やテーマ（歴史、山岳民族、食事など）にこだわったプランにするなら、右のモデルプランとはだいぶ違ったものになる。歴史に興味があるなら、チェンマイから足を延ばして行けるランプーンとランパーン→p.241もおすすめだ。山岳民族の村へはアクセスにそれなりの時間がかかるので、旅行者に人気のトレッキングは1日では無理。旅行会社に相談して、2泊3日のトレッキングツアーに参加すれば、醍醐味を味わえる。市内のショッピング中心のコースはp.252を参照。

山岳民族のモン族

ワット・スアンドーク

1日コース

ワット・プラタート・ドイ・ステープ → **ワット・チェンマン**

チェンマイを代表する名刹。海抜約1000mの山腹にあり、境内の裏手から市内を一望できる。→p.238　（40分）

チェンマイ創都時からある寺院。本堂の裏手にある、15頭の象の半身像に支えられた仏塔は必見。→p.236　（15分）

2日コース

1日目 ワット・プラタート・ドイ・ステープ

チェンマイの守護寺院を参拝する。朝から参拝客の姿が絶えることはない北部屈指の観光名所。→p.238

2日目 メーサーエレファント・キャンプ → **メーサー渓谷**

数十頭の象を飼育・訓練し、その成果が曲芸ショーとしてお披露目される。象に乗ることもできる。→p.238　（10分）

8段の滝がある国立公園が中心地。時間的には慌ただしいが、ちょっと寄って涼むのもいい。→p.238　（10分）

3日コース

1日目 ワット・チェンマン → **ワット・チェディールアン**

チェンマイ創都時にできた寺院。ラーンナータイの建国者メンライ王が宮殿内に建立したものという。→p.236　（約10分）

ワット・プラシンと同格とされる名刹。象や蛇神の像などに往時の姿を留める見事な装飾がある。→p.236　（10分）

2日目 メーサーエレファント・キャンプ → **メーサー渓谷**

数十頭の象を飼育・訓練し、芸達者な象たちがショーを披露する。象たちの水浴び風景もさわやかだ。→p.238　（10分）

美しい自然と渓流の涼やかさでピクニックに絶好のスポット。ランチボックスを用意して行こう。→p.238　（10分）

3日目 ワット・スアンドーク → **サンカンペーン**

朝霧に包まれた山並みを背景に、朝日をあびて大小の白い仏塔が光り輝く姿には一見の価値がある。→p.237　（35分）

店の工房で伝統工芸の作業を見学しながら、おみやげも探せる。何時間いても飽きない特産地。→p.248

本音でガイド

オプショナルツアーを活用しよう

チェンマイには、オプショナルツアーがたくさんある。英語のツアーは町じゅうにある旅行会社で申し込めるが、信用できないところもあるので、主要ホテルのツアーデスクを利用するとよい。ツアーは、市内巡りから本格的なトレッキングまでさまざまだが、旅行会社による違いは少ない。時間と体力があるなら、2泊3日の少数民族の村を訪ねるトレッキングに参加してみたい。エレファント・トレッキングやラフティングもセットになっており、貴重な体験ができる。以下のものが主なツアーの内容だ。
●山中をエレファント・トレッキング●市内の寺院巡り●メオ族などの少数民族の村を訪ねる●2〜3日の本格的なトレッキング■日本語ツアー専門の会社もある。ウェンディツアー（S.M.I Travel）☎02-216-2201（バンコクオフィス）など日本語ガイドが付くツアーなら、言葉の心配もなく安心できる。

ワット・チェディールアン
旧市街の中央にある、ワット・プラシンと同格とされる寺院。本堂の裏にそびえる巨大な仏塔が有名。→p.236

→ 10分 **ワット・プラシン**
北部で最高の格式を誇る寺院。礼拝堂には寺名の由来である黄金のプラシン仏像が納められている。→p.236

→ 30分 **サンカンペーン**
市内の東へ延びるサンカンペーン通りは、ラーンナータイ王朝以来の伝統工芸を今に伝える「匠の道」。→p.248

→ 10分 **ボーサン**
郊外にある、傘の特産地として知られる町。色鮮やかな日傘はチェンマイみやげの代表格だ。→p.248

→ **プイ山麓、モン族の村**
山岳民族の村へも車で気軽に行ける。観光地化されてはいるが、細々と独自の風習も守られている。→p.238

→ 40分 **ワット・スアン・ドーク**
ラーンナータイ王家の花園（スアン・ドーク）があった寺院。国内屈指の大きさを誇る仏像がある。→p.237

→ 80分 **ワット・ジェットヨート**
ジェットヨート（7つの尖塔）という名のとおり、6つの低い塔が中央の高い塔を囲んでいる。→p.237

→ 5分 **チェンマイ国立博物館**
北部地方の美術品や発掘品、生活道具などが展示されている。建物自体も見事なラーンナー様式。→p.237

→ **メーレームラン園**
国内屈指のランの栽培・即売所。タイ名産のランはみやげとして人気。施設の奥には蝶の飼育場もある。→p.238

→ 40分 **ワット・チェンマン**
チェンマイ創建時にできた古い寺院。「悪霊を払い、雨をもたらす」とされる2体の仏像がある。→p.236

→ 15分 **ワット・チェディールアン**
ワット・プラシンと同格とされる名刹。約450年前の地震で崩壊し、当時の建物は一部が残るのみ。→p.236

→ 10分 **ワット・プラシン**
北部で最高の格式を誇る寺院。有名なプラシン仏像の姿は4月の水かけ祭りの際に見ることができる。→p.236

→ **ワット・プラシン**
北部で最高の格式を誇る寺院。時の権力者の手を渡り歩き、数奇な運命を辿ったプラシン仏像が有名。→p.236

→ 15分 **ワット・ジェットヨート**
15世紀、ラーンナータイ王朝の最盛期にティロカラート王が建立した寺院。同王の遺骨を安置する。→p.237

→ 5分 **チェンマイ国立博物館**
北部地方の美術品などが展示されている。異なる時代の仏像に見られる様式の違いなどが興味深い。→p.237

→ 40分 **ワット・プラタート・ドイ・ステープ**
境内裏手からは北部山岳地帯の山並みが一望のもとに見渡せる。1日の疲れも吹き飛ぶだろう。→p.238

→ **メーレームラン園**
国内屈指の蘭の栽培・即売所。カトレアなど多くの蘭が咲き、奥では熱帯の蝶が優雅に舞っている。→p.238

→ 10分 **ボーサン**
チェンマイの郊外東にある、傘の特産地として知られる町。工房で伝統の技を見ることもできる。→p.248

→ 30分 **サンカンペーン天然温泉**
チェンマイ郊外にある硫黄泉質の温泉。公営の温泉公園などがあり、旅の疲れを癒すのに最適。→p.238

タイ北部／チェンマイ／モデルコース

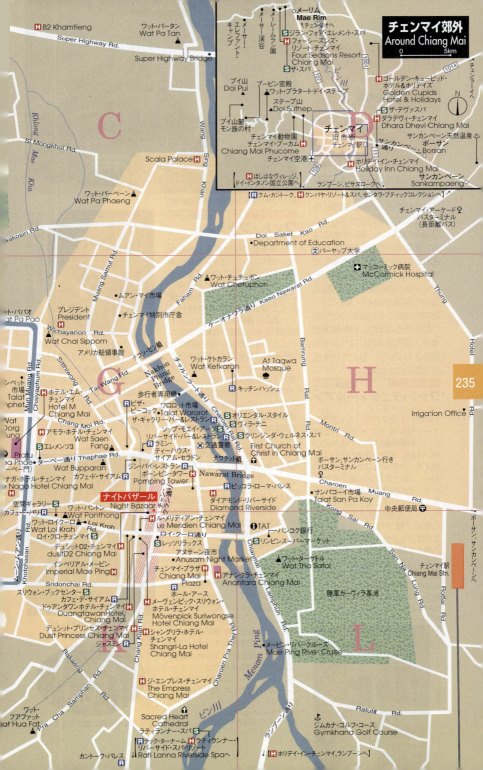

CHIANG MAI 市内
城壁内部
見る歩く GUIDE

濠に囲まれた旧市街は、端から端まで約1.6kmのエリアの中に、歴史のある寺院が随所に点在していて、歩きながらじっくり巡るのがよい。狭い路地には古い家並みがあり、情緒もたっぷりなので、ぶらぶらと歩くだけでも楽しく、往年の城塞都市、チェンマイの名残を満喫できる。日中の猛暑でのどが渇いても、路地のあちこちには飲み物や食べ物を売る古めかしい雑貨屋がある。店先の木陰にはベンチが用意されていて、ひと休みするのに困ることはない。

歴史を感じさせる北部伝統の建築様式

見る歩く　MAP p.234-F
ワット・チェディールアン
Wat Chedi Luang

現在バンコクのワット・プラケオ→p.58にあるエメラルド仏像が、一時期奉納されていた格式の高い寺院。本堂の背後にそびえる煉瓦造りの巨大な仏塔は、高さ約60m、1545年の大地震で半壊したが、その後現在の姿に修復し現在に至っている。もとは、ラーンナータイ王朝が最盛期を迎えた15世紀、第12代ティロカラート王が建立した寺。建立当時は90mの高さを誇っていたという。蛇神のナークや象の半身像などに、往時の勇姿を留める見事な装飾もあるので見のがせない。

交ターペー門→徒10分　住103 Pra Pokklao Rd.　開8:00〜17:00　料無料　休なし

夜はライトアップされる

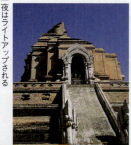

見る歩く　MAP p.234-F
ワット・プラシン
Wat Phra Sing

北部最高の格式を誇る中心寺院。寺院の名はプラシン仏像が奉納されていることに由来する。セイロン（現スリランカ）から来たこの仏像は、霊験あらたかな仏像として時の権力者の手を移り渡り、数奇な運命をたどったことで知られるが、盗難の危機に直面したことがあったため現在は残念ながら一般には非公開。毎年4月のソンクラーン（水かけ祭り）の時だけその姿を人前に見せ、パレードの中心として庶民から盛大に水を浴びている。境内では正面の大きな御堂に目を奪われがちだが、裏手には木造の小さな旧本堂がひ

外壁の金塗り、内壁の壁画など北部屈指の重要文化財

っそりと建ち、プラシン仏像の複製品が守護神のごとく収められている。内壁の壁画や外壁の彫刻、入口の扉など、いずれもラーンナー美術の最高傑作といわれている装飾の数々は必見。

交ターペー門→徒10分　住Singha Rat Rd.　開6:00〜17:00　料無料　休なし

見る歩く　MAP p.234-F
ワット・チェンマン
Wat Chiang Man

ラーンナータイ王国を建国したメンライ王が、宮殿内に建立したといわれる市内最古の重要寺院だが、宮殿の正確な場所は定かではない。本堂の裏手には、象の半身像に囲まれたラーンナー初期様式の美しい金色の仏塔がある。これは往時の仏塔を復元したもので、微風が吹くと尖塔の金飾りが涼しげな音色を奏で、心地よい。正面右手の御堂には「悪霊を払い、雨をもたらす」と庶民の信仰が篤い2体の小さな仏像が奉納されていて、一般に公開されている。これは水晶と大理石から作られた貴重な仏像で、毎年4月のソンクラーンには、プラシン仏像とともにパレードの主役として市内を回る。

交ターペー門→徒10分　住207 Ratchapakhinai Rd.　開8:00〜17:00　料無料　休なし

メンライ王が建国と同時に建立した歴史ある寺院

金色の塔を15頭の象が支えている

CHIANG MAI 市内
城壁外部
見る歩く GUIDE

朝霧に包まれた山並みを背景に、朝日をあびて白い仏塔が光り輝く姿は必見だ

旧市街の外にも寺院は点在している。すべて回るとかなり広範囲になるので、乗物の利用が不可欠だ。寺院の中には単に古い歴史を感じさせるだけでなく、ビルマ（ミャンマー）文化の影響を受けた寺院や仏像などもあり、タイ中央部ではなく、常に北方を意識したチェンマイ固有の歴史をも感じとれることだろう。街道を車で10分ほど南下したところには、ビルマとの戦い以降、しばらく廃墟のまま放置されていた町、**ヴィエン・クムカム**などもある。

見る歩く
ワット・ジェットヨート
Wat Chet Yot

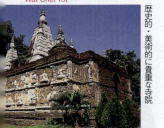
歴史的・美術的に貴重な寺院

ラーンナータイ王朝の最盛期を築いた第12代ティロカラート王が15世紀に建立した寺院で、王の遺骨が安置されている。7つの尖塔（ジェットヨート）が印象的だ。仏陀が悟りを開いたブッダガヤで修行したという技師による建築で、タイの美術史上では珍しい、インド・ガンダーラ様式の天女や守護仏が本堂を囲む壁を飾っている。1455年には、仏暦2000年を記念した仏教経典編纂会議がこの寺院で開催され、世界中の仏教指導者たちがタイに集結した。

図旧市街→🚗15分🚌Super Highway 圏8:00〜17:00 囲無料 困なし

見る歩く MAP p.234-E
ワット・スアンドーク
Wat Suan Dok

ラーンナータイ王家の庭園があった寺院。そこから「花園（スアンドーク）」の名で呼ばれるようになった。本堂に安置されている座仏像が本尊だが、それと背中合わせに、手に稲の束を持っている立仏像もある。どちらも北部随一の大きさを誇る仏像だ。これらの仏像は、ビルマの影響を受ける以前の初期ラーンナー様式（チェンセーン様式ともいう）の傑作。ま

本堂の巨大さにふさわしい、大きな仏像が安置されている

た、境内にある大仏塔には、ワット・プラタート・ドイ・ステープ→p.238にあった仏舎利を運んできた時、箱の中で増えていたといわれる仏舎利が納められている。

図旧市街→🚗5分🚌139 Suthep Rd. 圏8:00〜17:00 囲無料 困なし

見る歩く MAP p.234-B
ワット・クータオ
Wat Ku Tao

饅頭を5つ積み重ねたひょうたんのような形の珍妙な仏塔が目を引く寺院。16〜17世紀にチェンマイを包囲したビルマ軍が建てたから滑稽になった、というのが一般的な通説だが、かつてのビルマとの戦争体験から複雑な感情をもつタイ人は多く、そこから生まれた逸話とも思える。緑豊かな境内には、仏教的な規範が書かれた札が樹木にかかり、涼を求める人々に、道徳的な憩いの場を提供している。

図旧市街→🚗5分🚌Sanamkila Rd. 圏7:00〜17:00 囲無料 困なし

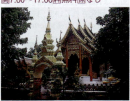
旅行者は少ないが、不思議なひょうたん型仏塔には一見の価値あり

見る歩く MAP p.234-A
チェンマイ国立博物館
Chiang Mai National Museum

北部地方独特の貴重な美術品や発掘品、生活道具などを展示。建物自体も見事なラーンナー様式の建築だ。初期ラーンナー様式の仏像の頭部が一番の見どころで、ビルマの影響を受けた16世紀以降の仏像もあり、見比べると文化の違いがよくわかる。大規模な増改築が最近終了し、北部地方の先史時代から現在までの歴史が、ひと目でわかるように整備された。

図旧市街→🚗15分☎053-221-308 圏Super Highway 開9:00〜16:00 囲100B 困月曜、年末年始とソンクラーン

ラーンナータイ王朝初期の様式の美術品も数多く収蔵されている

タイ北部 / チェンマイ / 見る歩く
237

CHIANG MAI 近郊
見る歩く GUIDE

ハイライトは山の中腹にあるワット・プラタート・ドイ・ステープ。この寺院へ続く山道は、元住職の呼びかけで何万人もの北部の庶民が奉仕に駆けつけ、数ヵ月で開通したといわれる。元住職の功績をたたえる記念碑が山麓の入口に建てられていて、信心深いタイの旅行者は必ずここで参拝してから寺院に向かう。市内からのびる沿道には、緑豊かなチェンマイ大学のキャンパスが山麓に広がる景色も目に入り、眺めているだけで豊かな気分になれる。

見る歩く　MAP p.235-D
ワット・プラタート・ドイ・ステープ
Wat Phra That Doi Suthep

市街の北西にそびえる聖なる山、ステープ山。標高約1700m、海抜1080mの山腹に、この街の守護寺院がある。参道は300段ほどの階段で、龍神ナークの像に導かれるように登り、門をくぐると金色に輝く黄金の大仏塔がある。仏塔には白象の背で運ばれたという仏舎利が奉納されている。仏陀の生涯が描かれた、回廊の壁画も見逃せない。境内の裏手からはチェンマイ市街を見渡すことができる。

交旧市街→🚗40分 住Huay Kaeo Rd. 開6:00～18:00 料30B 休なし *ケーブルカー 料片道20B ドレスコードあり

境内は土足厳禁。足を突っつく鶏が目を光らせていた人気の避暑地かつては不信心者の

見る歩く　MAP p.235-D
プーピン宮殿
Phu Phing Palace

王室が利用する現役の夏離宮で、標高約1300mの高台にある。近くには専用ヘリポートもあり、山道もここまではよく整備されている。4～5月の猛暑の時期でも朝夕には心地よい涼風がそよぎ、手入れが行き届いた庭園には、南国の草花がたくさん咲いていて美しい。

交旧市街→🚗1時間 住Huay Kaeo Rd. 開8:30～11:30、13:00～15:30 料50B 休平日（未使用時の週末のみ一般公開）

見る歩く　MAP p.235-D
プイ山麓、モン族の村
Doi Pu Tribal Village

夏離宮を建設した時に、ステープ・プイ国立公園内に点々と暮らしていた山岳民族を集め、それまでのアヘン栽培から高原野菜の栽培に転換させるというプロジェクトで作られた村。現在では観光地化されている。メオ族ともいうが、自らに誇り高くモン族と呼ぶ。

交旧市街→🚗1時間20分 住Huay Kaeo Rd.

市内からも車で気軽に行ける

見る歩く　MAP p.235-D
メーサー渓谷
Mae Sa Valley

自然が美しい渓谷には、植物園、ランの花や蝶の飼育場、象の訓練所やしゃれたリゾートなど観光スポットが点在する。十数kmに渡り8段の滝がある国立公園（料入園料200B）が中心で、涼を求めるタイ人に人気が高い。広大な植物園には700種以上の熱帯の植物が保存・研究されていて、興味深い。

交旧市街→🚗30分 住Maerim 開8:00～17:00

滝の周辺はひんやりとして人気の避暑地

見る歩く　MAP p.235-D
メーサー・エレファント・キャンプ
Mae Sa Elephant Camp

よく調教された象たちの曲芸ショーが楽しめる。ショーの前にはすべての象がいっせいに川で水浴びを楽しむ。柵の中に囲い込まれた象とは違い、大自然の中でのびのび水浴びする姿が印象的だ。

交旧市街→🚗30分 住Maerim ☎053-206-247 開8:00～15:30 Show 8:00、9:40、13:30 料250B 休なし ※象トレッキング15分800B～

自然に囲まれ、生き生きとしている

見る歩く　MAP p.235-D
メーレームラン園
Mae Rem Orchid Nursery

みやげ物としても人気があるタイ名産のランの花が色とりどりに栽培されている。奥には熱帯の蝶がひらひらと優雅に舞い、楽園のような雰囲気だ。検疫済みのランを購入することもできる。メーサー渓谷一帯には同様の施設がほかにもあるが、象の調教センターに近いので、立ち寄るならここが便利。

交旧市街→🚗30分 住Maerim ☎053-298-801 開7:00～17:00 料40B 休土・日曜

暑い国にふさわしい蘭の花、種類も数も多く、見ごたえ充分

見る歩く　MAP p.235-D
サンカンペーン天然温泉
Samkamphaeng Hot Spring

公営の温泉公園など2ヵ所の温泉場がある。温泉特有の硫黄の香りが漂い、間欠泉が勢いよく吹き上がる。公園入口手前の売店で卵を買えば温泉卵も楽しめる。

交旧市街→🚗45分 住8 Moo 7, baansahakom ☎053-929-077（公営）開8:30～18:00 料入園料100B、入浴料30B、マッサージ200B 休なし

もうひとつのタイ王朝

北部タイの歴史

北部タイの王朝、ラーンナータイ

タイ民族の起源については諸説あり、いまだに不明な点も多いが、10世紀前後に今の中国雲南省のあたりからメコン川に沿って南下してきた、という説が有力だ。

ひと口にタイ民族といっても、いろいろな系統の部族がある。中国の山水画を思わせる険しい山岳地帯を南下したタイ系の諸民族は、その後、メコン川に沿ってさらに南下し、ラオスの古都ルアンプラバーン周辺に定着した部族、ビルマ（ミャンマー）のサルウィン川に沿って西進し、シャン州地方に定着した部族など、北部山岳地方一帯に散らばった。

タイ北部には、山地を縫うようにして小さな盆地が点在する。「ゴールデン・トライアングル」の名で知られるチェンセーンの盆地は、定住の場を求めて厳しい山をいくつも越えてきたタイ人の祖先が、最初に目にした大地だったことだろう。12世紀頃までに、こうした盆地のいくつかに有力部族が小さな首長国を作っていった。

13世紀に入るとチェンマーンに現れたメンライ王が、これらの首長国を次々に従えながら、当時ランプーンの地に栄えていたモン族のハリプンチャイ王国を征服。さらに北の盆地、チェンマイに入って都に定め、「百万の水田」を意味する「ラーンナータイ」の建国を宣言した。

同じ13世紀、タイ系の別の一部族が、タイ北部の山麓を源流とするチャオプラヤー川の支流を伝って、中央の平原部まで南下した。この部族は、カンボジアのクメール王朝の衰退に乗じてスコータイ王朝を建国する。ラーンナータイ王朝は北方の中国元朝と対抗するため、スコータイとは友好関係を保った。14世紀に南方のアユタヤーに新王朝が成立する

と、衰退したスコータイをアユタヤーと奪い合うほどに、ラーンナータイ王朝の勢力は増していった。

ラーンナータイ王朝の最盛期、第12代ティロカラート王の治世だった15世紀には、ついにスコータイを奪取し、東はラオスのルアンプラバーン、西はビルマのシャン州地方、北は遠く中国雲南省の一部にまで勢力を広げていたらしい。しかし、やがて16世紀に入ると衰退期を迎える。

まず、大地震が首都チェンマイを襲い、国力が落ちたところを日の出の勢いのビルマ・トゥングー朝の大軍が攻め入った。ラーンナータイは王朝の滅亡は免れながらも、ビルマ軍に屈服せざるをえなかった。ビルマ軍は破竹の進軍でアユタヤーをも陥落させ、以来18世紀後半まで200年以上に渡り、タイ北部はビルマの属国となる。この間、タイ北部にはビルマからさまざまな文化が流入し、ラーンナー文化に多大な影響を及ぼした。

今に伝わるタイ北部特有の文化

ビルマとの抗争を繰り返したアユタヤー王朝もやがて滅亡するが、兵力を蓄えたタクシン王がビルマ軍を撃退すると、北部でも国を取り戻す動きが活発になり、ビルマ軍を駆逐。北部タイは独立を取り戻した。

ラーンナータイ王朝は、タクシン、ラタナコーシン（現王朝）と続く中央部の王朝に従いながらも、国の主権を回復した。以来、ラーマ5世によって現在のタイに事実上併合されるまで、ラーンナータイは国として存続。第2次世界大戦の頃に完全に併合されたが、今も王家は地元の名士として残っている。

ラーンナータイ王朝の歴史上、併合したラオス王朝の王族も王位を継承している。こうしてタイ北部の文化には、ビルマやラオス、さらには中国南西部の影響が深く根づき、中央部の文化とはかなり趣を異にする。タイ系諸民族の南進以降も、さまざまな民族がこの北部山岳地帯に流れ込み、今も山岳民族として健在だ。俗説ではタイ北部は美人の産地とされるが、それは種々の民族の血が混ざり合った結果かもしれない。それを念頭に置いて、タイ北部特有の文化に触れてみよう。言語、食生活、身の処し方など、随所に息づく伝統が見えてくるはずだ。

CHIANG MAI 郊外
見る歩く GUIDE

チェンマイの郊外には北部山岳地帯の険しい山並みが連なり、大自然の景観が魅力となっている。地元の旅行会社が主催するトレッキングに参加すれば、思う存分に満喫できる。それだけの時間や体力がないという場合は、象の背に揺られて散策したり、筏で川下りをするツアーに参加するだけでも、雄大で厳しい大自然の一端を体験できるだろう。このあたりは火山帯なので温泉も随所に湧いている。温泉リゾートもあるので、疲れた身体を休めることもできる。

象の背に揺られてダイナミックな山歩きも楽しめる→下のコラム

見る歩く　MAP p.227-B
チェンダオ象調教センター
Chiang Dao Elephant Training Centre

今や象の曲芸ショーを売り物にする観光地は全国にあるが、その先駆け的存在となったのがこの調教所。かつて、北部の森において象は材木の運搬役として活躍していた。ところが、森林の伐採禁止によって象たちは行き場を失い、彼らの多くがここに集められている。以来、象が林業で果たしてきた役割を実演しており、サーカスの曲芸とは趣が異なる。また、水量の少ない乾季にはここから筏下りも楽しめる。

交旧市街→🚗 1時間　住108/1 Moo 9, T. Intakhin, A.Mae Tang ☎053-298-553 開 9:00～12:00 Show 10:30～ 料100B 休なし

本音でガイド
涼風吹き渡るピン川の風景を楽しむメーピン・リバークルーズ

ピン川沿いののどかな風景を楽しむ船旅。なかでも陽が西に傾いてからの夕涼みは情緒があり人気が高い。船頭が歌う民謡を聞きながら、釣りや水浴びをする庶民の姿が見られることもある。夜には大きな船で、心地よい川風をうけながら食事が楽しめる。
☎053-274-822～3 開 昼9:00～17:00随時、夜18:30出発550B 休なし　＊夜は要予約

片道約8kmのコースで所要時間は約1時間30分（昼）

見る歩く　MAP p.227-A、B
チェンダオ、ファーン
Chiang Dao, Fang

チェンダオとファーンは県北の中心郡。チェンダオにはリゾート風の宿泊施設がいくつもあり、ファーンは川下りの拠点としてバックパッカーが多く訪れる。ファーン郡にあるタートン（Tha Thon）という町から船に乗り込み、コック川を伝ってチェンラーイまで行ける（約3時間、2500B）。

交旧市街→🚗 1時間10分～2時間30分

見る歩く　MAP p.227-C
ドイ・インタノン国立公園
Doi Inthanon National Park

ピン川の源流、インタノン山はタイ最高峰（標高2565m）。水源や大自然の景観、動植物を保護するために国立公園として整備されている。モン族やカレン族など、居住が許された山岳民族の集落もある。乾季の朝夕は冷えこむので上着を忘れずに。

交旧市街→🚗 1時間30分 着 Chom Thong 開 5:30～18:30 料 300B 休なし

見る歩く　MAP p.227-B
チェンダオ洞窟
Chiang Dao Cave

チェンダオ山麓にある鍾乳洞で、伝説によれば7世紀末からあるという。モン族ハリプンチャイ様式の仏塔や、ビルマの軍勢が奉納した仏像などがある。ランプを携帯するガイド（料チップ目安100B）が奇怪な鍾乳石のアダ名を冗談まじりに教えてくれる。

交旧市街→🚗 1時間10分 着 Chiang Dao 開 7:00～17:00 料 40B 休なし

とっておき情報
タイならではの体験になるエレファント・トレッキングにトライ

メーサー・エレファント・キャンプ→p.238やチェンダオ象調教センター（上記）では、象の背に揺られながらの体験トレッキングが楽しめる。メーサーは緩やかな渓谷地帯で、調教所の象に乗って周辺を歩くコースが用意され、一般旅行者も気軽に参加できる。30分 料 500B～、60分 料 1200Bコースがある。チェンダオの方には、約60分で山の急斜面を上り下りしながら1周するダイナミックなコースが時期によってあるが、体力が必要なのでそれなりの覚悟がいる。とくに下る時には断崖絶壁から飛び降りるような思いをする。前方よりも周囲の景色に目を向けよう。通常のコースは60分 料 600B。象の周囲には絶えず大量の虫がたかるので、気になる人は布で顔を覆えるように準備しておくとよい。

一般旅行者も手軽にトレッキングが体験できる

ランプーン/ランパーン LAMPHUN/LAMPHANG を歩く

北部の文化を色濃く残す歴史の町

MAP p.227-C, D

ランプーン Lamphun
ハリプンチャイ王国の「城下町」

　チェンマイから南へ約26km、箱根の杉並木街道を思わせるチェンマイ～ランプーンの旧街道には、涼しげなヤーグ（フタバガキ科）の大木がしばらく続く。この大木が途切れたら、モン族が王国を築いた歴史のある町ランプーンに入る。道行く人の顔つきも、どことなくチェンマイとは異なるような気がする。市場に行けば、おじいさんやおばあさんが昔ながらにバナナの葉や朴の葉にもち米やお菓子を包んでくれる。

　伝承によれば7世紀、中央部のロッブリー周辺からモン族の王女チャーマテーウィーがランプーンに招かれ、ハリプンチャイ王国を建国した。市内には今も、モン族特有の楕円形をした濠の一部が残されている。市内の中心部には北部を代表する重要寺院のひとつ、**ワット・プラタート・ハリプンチャイ** Wat Phra That Hariphunchai（交チェンマイ→🚌30分 🕒市内中心部 開9:00～16:00 料博物館30B 休博物館は月・火曜）の黄金仏塔がそびえている。11世紀に建立されたハリプンチャイ様式後期の傑作で、その後この王国を滅ぼしたラーンナータイ王朝の守護寺院であるワット・プラタート・ドイ・ステープの黄金仏塔にも多大な影響をおよぼした。

ランパーン Lamphang
清楚な古都のたたずまいを残す町

　ランパーンはバンコクと北部を結ぶ交通の要衝で、チェンマイの南東約90kmにある。市内を流れるワン川の北岸にはチーク造りの清楚な古い家屋が立ち並び、古都のたたずまいを残している。100年以上前に建てられた、地元の名士の木造家屋である**バーン・サオナック** Baan Saonak（交チェンマイ→🚌2時間 🕒Rasadon-Watanar Rd. 開10:00～17:00 料50B 休不定）は、民俗資料館として一般公開されていて、古い書物や家具、食器など、調度品の数々が展示されている。

　ランパーンの町は古代ハリプンチャイ王国のもとで築かれ、今もそれを伝える遺跡が残る。その後ラーンナータイ王朝の時代になると、ラーンナー様式の寺院が多く建てられた。さらにビルマの影響下に入ると、今度はビルマ風の建物が建てられる。代表的な寺院が**ワット・プラケオ・ドーンタオ** Wat Phra Kaeo Don Tao（交チェンマイ→🚌2時間 🕒ワン川北岸 開8:00～17:00 料無料 休なし）で、モン族による建立と伝えられている。高さ約50mの仏塔はハリプンチャイ様式で、本堂はラーンナー様式、仏塔前の小さな御堂はビルマ風の木造建築と、この地に交錯した文化の歴史を絵に描いたようで興味深い。

タイ北部 241 チェンマイ／見る歩く

ランプーンのワット・プラタート・ハリプンチャイは、モン族の高度な仏教美術を代表する傑作

ランパーンのバーン・サオナック。骨董品の展示もある

歴史を感じさせるランパーンのワット・プラケオ・ドーンタオ

チェンマイ文化をより深く知る

チェンマイの夜のハイライト
カントーク・ディナーを味わう

タイ北部の伝統料理と古典舞踊をともに楽しむユニークなディナー

　北部の伝統料理だけでなく、伝統的な古典舞踊が同時に楽しめることから、カントーク・ディナーの人気は高い。

　カントークとは、ラーンナータイ王朝初期から始まった習慣で、結婚式や新築祝いなど祝いの席で出される北部タイの伝統料理のこと。もともとはそれらの宴席で使われる背の低い円形状の食膳のことを指している。この食膳には2種類あり、ひとつはおもに北部タイ族が使うチーク製のもので、もうひとつは東北部やラオス、北部の山岳民族の村などで使われる、竹と藤で編まれたもの。チークで作られた食膳はずしりと重いが、竹と藤で編んだ食膳は軽いので、食事が終われば壁に掛けておくこともでき機能的だ。

　旅行者が気軽に参加できるカントーク・ディナーでは、チーク製の食膳が使われる。

　食膳の上には小さなお碗がいくつも並ぶ。場所によって料理には多少の違いはあるが、小さなお碗を花弁のように並べて出すのはどこでも同じ。お碗にはいずれも、おかずが少しずつ盛られている。おかずやご飯は、なくなる頃合を見計らって給仕が継ぎ足してくれるが、断るまでいつまでも継ぎ足すのがいか

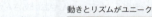
動きとリズムがユニーク

踊りの鑑賞も儀式の一部

ガイド1 バンコクとはひと味違う古典舞踊を見ながら味わう料理

注文すれば普通の白米も出る

　席に着くと、カントークの食膳が出される前に、スープと、バナナか芋の揚げ物が出されるのが普通で、ここで一緒に飲物を注文するとよい。しばらくするとカントークが目の前に運ばれてくる。膳に並んだお碗の中は、鳥の唐揚げ・北タイ風ポークカレー・野菜の炒め物か茹で物・ナムプリック（唐辛子ソース）・豚皮の唐揚げ・生野菜・甘辛味の焼きビーフン麺など。

　旅行者が食べやすいように、ナムプリックは本来のものでなくトマトソースなどが出ることが多い。しかし、一般的なタイのもてなしでは、各家庭秘伝のナムプリックが用意され、とびあがるほど辛い。もち米（カーオ・ニャオ）が竹の容器で出される。このもち米はひと口サイズ分つまみ、おかずと一緒に口に運ぶのがコツ。デザートには、丸く平たくして干した米を揚げた煎餅のようなものが出てくる。

飲み物は別に注文する

最後は踊り子が観客を誘って一緒に踊るのが一般的

ガイド 2 繊細な指の動きが特徴のダンスを楽しむ

通常は、古典舞踊はどの店でも爪の舞から始まるのが習慣になっている。親指以外の両手8本の指先に長く尖った金の爪飾りをつけて舞うタイ北部独特の踊りで、爪飾り自体が先端に近くなるにつれて反り返っているが、踊る時はさらに指全体を手の甲側へ反り返す。踊りの名手には手の甲につくまで指を反らす人もいる。

爪の舞は北部の人々が誇りにしている伝統舞踊で、空港に降り立つ国賓客の前などでも披露される。ゆったりとしたリズムの舞は、チェンマイ方言の穏やかな口調にも似ている。爪の舞に続いては、タイの古式剣道から発展した剣の舞や、ろうそくの舞、シャン族やタイ・ルー族など山岳民族の舞などが、場所ごとにそれぞれの順序で披露され、最後にはラムウォンと呼ばれるいわば盆踊りのような舞で幕を閉じる。

にもタイ北部らしいもてなしだ（料理の内容は前頁の「ガイド1」を参照）。

外国人の一般旅行者をタイ北部地方への賓客としてもてなすようになったのは、まだつい最近のことである。もともとは格式高い伝統儀式で、食事が進むと美しく着飾った踊り子たちの舞が披露されるのも、古くから伝わる儀式の再現だ（舞踊の内容は右上の「ガイド2」を参照）。仲間と座して食膳を囲み、食事をしながら語り合うひとときには、あたかもかつてのラーンナータイ王朝の賓客としてもてなされているかのような贅沢な気分を味わえるだろう。

料理と舞踊を楽しんだあとには、山岳民族の舞踊が披露されたり、刺繍や銀細工などみやげ用の民芸品を売り歩く人がいたり、場所や時期によっては花火や浮き灯籠と呼ばれる灯籠が夜空に舞うなど、さまざまな余興が用意されているのが普通なので、時間に余裕を持って、ゆったりと余韻を楽しんでいくとよい。

タイ北部に独自の文化が根づいていることがわかる

カントーク・ディナーを味わえる場所

オールド・チェンマイ・カルチュラル・センター　MAP p.234-J
Old Chiang Mai Cultural Center
住185/3 Wualai Rd.
☎053-202-993〜5
営18:45〜21:30
料570B（飲物別）　困なし
＊要予約。第一部は雨季は室内で開かれることが多い。常に室外で開かれる第二部の山岳民族の舞も必見

カントーク・パレス　MAP p.235-K
Kantoke Palace
住288/19 Changklan Rd.
☎053-272-757　営19:00〜21:00
料予算450B〜（飲物別）
困なし＊要予約

クム・カントーク　MAP p.235-D外
Khum Khantoke
住139 Moo 4, Nongprakung, Muang
☎053-244-141　営18:30〜21:00
料予算600B〜（飲物別）
困なし　＊要予約

レストランカタログ
食べる

旅行者向け、地元向け、各種ある

旅行者用のレストランは種類が豊富で便利だが、味付けはマイルド。時には地元の人の活気に触れながら、郷土料理も味わいたい。北部の郷土料理には薬草が多く使われていて、ヘルシー志向を先取りした健康料理ともいえる。

北東

ザ・ギャラリー・バー&レストラン
The Gallery Bar & Restaurant

MAP p.235-G

エレガントに伝統料理

リバーサイドの商館を改造した店で、米大統領夫人などVIPが訪れたことでも有名。伝統的な絵画や骨董品が展示・販売されていて、古美術館を思わせる。料理は控えめの辛さで、河畔のテラスが心地よい。

- 25-29 Charoen Raj Rd.
- 053-248-601
- 12:00～23:00
- 休なし 予カントーク・ディナーセット450B、タイセット390B
- *混雑期のテラス席は要予約

北東

リバーサイド・バー&レストラン
Riverside Bar & Restaurant

MAP p.235-G

若者のプレイスポット

ピン川畔にはおしゃれなバーが数多く、夜になると生バンドの演奏や、カラフルな電飾が幻想的に浮かび上がり、リバーサイドの雰囲気を盛り上げる。地元の若者たちで辺り一帯は連夜賑わうが、この店が草分けだ。

- 9-11 Charoen Raj Rd.
- 053-243-239
- 10:00～翌1:00
- 休なし おすすめはガイ・トゥーイ Deep Fried Chicken In Panda Leaf 170B

南東

ラック・ターナーム
Rak Thanam

MAP p.235-K外

北部伝統の真髄を体感

川畔にある庭園風の店舗は、古い民家数軒を改築して建てた貴重な存在。テーブルや椅子など調度品の細部まで凝っている。夜には北部伝統音楽の生演奏が行なわれ、伝統料理の味は地元の庶民にも好評だ。

- 168 Moo 2 ChangKlan Rd.
- 053-275-125
- 11:00～23:00 休なし
- チキンウイングス唐あげ 180B～
- *混雑期のテラスは要予約

南東

ホール・アース
The Whole Earth Restaurant

MAP p.235-K

美しい庭に建つ

肉や魚料理のほか、野菜や豆腐などを利用したベジタリアンメニューも揃う。豆腐を使用したサテーやグリーンカレーは、ヘルシーな上に味わい豊か。自家製ヨーグルトを使ったラッシーもおいしい。

- 88 Th.Sridonchai
- 053-282-463
- 11:00～22:00
- 休なし
- セット料理 471B～

北東

キッチンハッシュ
Kitchen Hush

MAP p.235-H

家庭的な和食が嬉しい

仕事でチェンマイに来た藤田夫妻が、会社をやめ、一念発起して始めた日本料理店。夫婦とも調理師の資格をもち、広々とした店内で家庭の味が楽しめる。市内で料理を教えていた奥様の腕前は折り紙付きだ。

- 4 Sci 2 Kaeo Nawarat Rd.
- 053-247-731
- 11:40(日曜11:30)～14:00、18:00～22:00 休水曜 予算 250B～

日本人スタッフ常駐 ／ 日本語が通じる ／ 日本語メニュー ／ 英語が通じる ／ 英語メニュー ／ 写真メニュー ／ 要予約

ショップカタログ
買う

チェンマイはタイ民芸品のふるさと

伝統的に手工芸が盛んな土地柄で、全国の観光地に並ぶ民芸品の多くは、今も近郊で生産される。芸術的な風土も強く、若い芸術家の卵が全国から集まり、伝統工芸品にも最近はしゃれたデザインが増えている。

北西
セントラル・カート・スアン・ケーオ
Central Kad Suan Kaew

MAP p.234-E

トレンディースポット

北部最大の総合ショッピングセンター。アミューズメント施設も多く、地元の若者が日夜集う人気スポットだ。カジュアルなブティックや民芸品などの露天商が並ぶモールがあるので、みやげ探しにも都合がいい。

住99/4 Huay Kaew ☎053-224-999
営11:00～21:00 (10:00～土・日曜)
休なし＊テナント総数約500店舗、映画館、劇場、銀行、ホテル、ファストフードなどがある

北西
ニマン・プロムナード
Nimman Promenade

MAP p.234-E

北部流行の発信基地

近年、急速な発展が目覚しいニマンヘミン地域のほぼ中央に立地する商店街。流行を先導するアジア雑貨の専門店などが数多く入居する。周辺には若者が集まる店やスパなどが相次ぎ誕生しており、要注目だ。

住14 Nimmanhaeminda Rd.
＊テナント総数約40軒。電話番号や営業時間、定休日などは店舗により異なるが、午前中は営業していない店舗が多い

とっておき情報

怪しげな品から掘り出し物まで、何でもありのナイトバザール **MAP** p.235-G

ピン川の西岸、ターペー門から徒歩10分ほどのチャン・クラン通り一帯は、毎日夕方から深夜にかけて、規模と内容でタイ随一を誇るナイトバザールの舞台となる。日が暮れる頃になると歩道を露天商が埋め尽くし、夕食時を過ぎた頃には旅行者と売り子で往来もままならない。チェンマイ特産の工芸品や山岳民族の民芸品から、怪しげなバッタ物、しゃれたアクセサリーや衣類まで、あらゆるみやげ物がひしめくように陳列され、まばゆい電飾が旅行者を引きつける。ツーリストポリスの詰め所が中心部の目印になるので、グループ行動なら迷子に注意して集合場所を決めておこう。詰め所前のショッピングモールには小粋なブティックや骨董品店などがあり、写真館ではラーンナーの衣装に着替え、昔の領主や王女の格好で記念写真が撮影できる。通りの東側の奥にはフードセンターがあり、北部の伝統舞踊も楽しめる。買い物をせずとも、雰囲気を味わうだけでも充分に楽しめる。とはいえ、日本語を少し話せるアカ族の売り子が多いので、何も買わずに散策するには、強い意志も必要になるだろう。

手ぶらで来ても帰路には「みやげ満載」という旅行者は多い

おみやげの宝庫

絹や麻などの製品はチェンマイの特産品

ごった返す人波で歩く余地もないほどだ

スパやマッサージでリフレッシュしよう
チェンマイでボディ・ケア

スパででリフレッシュ

バンコクやプーケットなどと同様に、チェンマイのスパも近年は充実してきた。上位の一流ホテルにはスパ施設が導入され、北部タイらしい、きめ細やかな配慮のプログラムも見逃せない。予約方法や注意点などは、バンコク→p.74やプーケット→p.182と基本的には変わらない。

タイ式マッサージでリフレッシュ

マッサージ店は、ナイトバザールが立つチャンクラン通りなど各所に点在。屋外にイスを出し、フットマッサージを行う店もある。こちらも基本的にはバンコクやプーケットなどと同様に利用方法は変わらないが、温かい石（ホットストーン）を利用してのツボ押しなどを取り入れた店もある。

スパ施設

リゾートホテル内
ラティランナー・スパ
Rati Lanna Spa
MAP p.235-K外

シンガポールを本拠地とし、アジア全域で展開するスパ。チェンマイ支店となるここは北タイらしいイメージを大切にした内装だ。メニューにはタイマッサージ、タイハーブを用いたものもあるが、北タイには珍しい、インドネシアのメニューも並ぶ。お手頃なタイマッサージ1400B（1時間）もプログラムに用意されている。
住Rati Lanna Riverside Spa Resort→p.254
☎053-999-333
開10:00～22:00 休なし
＊ラティランナー・スパ・ジャニーズ2400B～

一流店らしいアスパラの装い

リゾートホテル内
ザ・デヴァスパ
The Dheva Spa
MAP p.235-D

チェンマイで最高級の設備とサービスを誇る。ミャンマーの王宮をイメージしたというスパ・パビリオンはそれだけで芸術品。門をくぐるだけで胸が高鳴る。インドのアーユルヴェーダのメニューが豊富で、本格的な施術を受けることができる。また、木のスティックで身体のツボを刺激するトックセンという北タイならではのマッサージメニューもあり、是非試したい。
住Dhara Dhevi Chiangmai→p.253
☎053-888-888
開9:00～22:00
休なし
URLhttps://www.dharadhevi.com/jp/
＊アーユルヴェーダメニュー（3500B～）、ランナーマッサージ（トックセン）1500B～

最高の施設でスパを堪能

木のスティックでツボを刺激するザ・ディヴァスパ

リゾートホテル内
ザ・スパ
The Spa
MAP p.235-D

アジア地区スパでベストに選ばれたことも数多い、サービス、技術、施設ともに最高級のスパ。ランナーの寺院を模した建物や内装はしっとりと落ちついており、北タイならでは。メニューも豊富で、目移りするほどだ。パッケージコースを選んでゆったりと過ごしたい。宿泊ゲスト優先のため、外部ゲストは利用できないこともある。早めに予約したい。スチーム、マッサージ、フェイシャルのパッケージが9700B～。
住Fourseasons Resort Chiang mai→p.253
☎053-298-181 開9:00～23:00 休なし
URLhttp://www.fourseasons.com/jp/chiangmai/spa
＊スチーム、マッサージ、フェイシャル・パッケージ2時間30分9700B～

優雅な時間を過ごせる

フット&マッサージ タイ式マッサージ施設

レッツリラックス
Let's Relax MAP p.235-K

ナイトバザールのマクドナルドと同じ建物にあるのでわかりやすい。明るく清潔な店内でマッサージ初心者でも入りやすい雰囲気。じっくりタイ古式マッサージを受けるも良し、買い物のついでに足マッサージを簡単に受けるのも良し。夜遅くまで開いているのもうれしい。

住Chiangmai Pavilion, 145/27 Changklan Rd.☎053-818-498 営10:00~23:00休なし ＊タイマッサージ1200B（2時間）

ノーザンオールドタイ・メディスン・トラディッショナル・ホスピタル
The Northern Old Thai Medicine Traditional Hospital MAP p.234-J

北タイ流タイマッサージの総本山ともいえるマッサージ学校に併設している。ホスピタルとある通りあくまでマッサージ治療の病院であり、地元の人も大勢訪れる。技術は高く、値段も良心的だ。時間無制限のハーブサウナも併設しており、いつも地元の人で賑わっている。

住238/8 Wualai Rd. Haiya☎053-275-085営8:30~16:00休なし ＊タイマッサージ 1時間250B、2時間400B、フットマッサージ1時間200B、ホットハーブボール1時間400B、ハーブサウナ1回100B、いずれも目安

ロイ・クロ・チェンマイ
Loi Kroh Chiangmai MAP p.235-K

こぢんまりとサロン風のマッサージ店。こちらも学校を併設しており、講師もマッサージ師もこなすので手抜きがないと評判。片言の日本語のできる従業員も多いので安心。ホットストーンマッサージ（2時間／1200B）もはじめた。タイマッサージ1.5時間500B、タイハーバルマッサージ2時間700Bなどメニュー多数。

住1/3 Loikroh Rd. soi3☎053-274-631営9:00~18:00休日曜 ＊タイマッサージ2時間600B、オイルマッサージ2時間800Bなどメニュー多数

ジラン・フォア・エレメント・スパ
Jirung Four Element Spa MAP p.235-D
リゾートホテル内

郊外メーリム地区の高台にある、宿泊施設も備えたスパ。スパ室は景色の良い6階と池のほとりのスパヴィラに分かれる。タイ伝統の考えに従い、自分の誕生日から火、水、風、土の4つのエレメントのうち自分がどこに属するのかを知り、使用オイルなどを決めるのが興味深い。おすすめは、4エレメントマッサージ、ハーブコンプレスなどが含まれたエターナルセンシュアル（3500B~、2時間30分）。

住Jirung Health Resort内 99 Moo7 Rim Tai, Mae Rim☎053-861-511営10:00~19:00休なし 休https://www.jirunghealthvillage.com

オアシス・スパ
Oasis Spa MAP p.234-F

"街の中のオアシス"を目標にしているだけあって、街中にあるのにゆったりとした雰囲気がある。2人のセラピストがマッサージする4ハンドマッサージ（1時間2500B~）、アーユルヴェーダメニューがおすすめ。スタッフの物腰も柔らかく、癒される。チェンマイには6店舗、バンコク、パタヤ、プーケットにも支店がある。

●ランナー店Lanna住4 Samlan Rd., Prasing●チェンマイ店Chiang Mai住102 Sirimuangklajan Rd., Suthep●アット・ニマン店At Nimman住11 Nimmana Haeminda Rd Lane 7, Suthep●オリエンタル・シークレット・スパ店住35 Rattanakosin Rd.☎053-920-111営10:00~22:00 休http://www.oasisspa.net

ラリンジンダ・ウェルネス・スパ
Rarinjinda Wellness Spa MAP p.235-H

ピン川沿いに建ち、3階屋上にあるジャクジーをそなえたプライベートルームからは河を行き交う船の様子が望める。大きなハイドロプールなど水治療施設も充実しており、高級スパの装いだが、1,000B代のパッケージも多く、良心的。宿泊施設やスパ料理を出すレストランも併設している。

住14 Charoenraj Rd. Wat Kate☎053-247-000、303-030営9:00~24:00休なし 休http://www.rarinjinda.com

環境の良い施設

旅の疲れを癒すにも最適

明るく清潔な店内

使用する各種のオイル

心身ともに癒される

ピン川を望む立地

チェンマイ文化をより深く知る
ボーサン&サンカンペーンでみやげ物を探す

MAP p.235-D

銀製品
チェンマイは銀製品の産地としても有名だ。工房からは絶えず、銀板に精巧な細工を打ち込む小気味のよい音が聞こえてくる。最近まで山岳民族の間では銀が通貨として流通していたこともあり、この地には昔から多くの銀が集まり、銀細工に伝統工芸として今に残っている。

ラーンナータイ王朝の庇護もあり、昔から手工芸品の生産が盛んな地域。郊外東部へ向かうチェンマイ～サンカンペーン通りは、伝統の技を伝える「匠の道」だ。道中には手工芸品の専門店が並び、ボーサンは日傘や扇子の特産地。

ピー・コレクション 〈銀製品〉
P. Collection
入口付近には宝飾品やガラス細工が陳列されているが、奥に銀製品の特別室がある。店内には見ているだけでもうっとりしてしまうほどの高級感が漂っている。

住120/33 Moo3 Chiangmai-Sankampaeng Rd. ☎053-339-351 営8:00～17:50 休なし

傘
和紙の製法が採り入れられた「サー」という紙を傘に張る。紙の制作工程も見学できる。傘に鮮やかな絵柄を色付けする作業には、職人気質の老人に混じり子供たちも参加していて、伝統工芸が受け継がれていく様子がうかがえる。

漆
チェンマイの漆器は見た目の色鮮やかさが魅力だ。その一方、耐水・耐熱・耐薬品性に優れている点でも名高く、ラーンナータイ王朝の時代には、日本へもその技法が伝授されたといわれている。

チェンマイ・オートップセンター 〈特産品〉
Chiangmai OTOP Center
「一村一品運動」(OTOP) の施設。シルバー、ジュエリー、刺繍、シルク、青磁、家具、漆器、木彫り、傘などの工芸品以外に食品なども扱い、良心的な価格。

住25 Moo 6 Sankamphaeng ☎053-330-100 営10:00～18:00（土曜～21:00）休なし

ピアンクソル・シルク&コットン 〈シルク〉
Piankusol Silk & Cotton
コットンも扱う老舗の織物店。陶器など民芸品が豊富に揃い、みやげのまとめ買いに便利だ。織物や陶器の工房を併設している。

住56/3 Sanklang, Chiang Mai-Sankampaseng Rd. ☎053-338-040～6 営8:00～17:00 休土・日曜

マリカ・ファニチャー・アンド・カーヴィングス 〈家具〉
Mallika furniture and carvings
チェンマイでも最大規模のチーク材を使用したテーブルやベッドなどの大型家具から、美しい彫刻の壁掛けなど、さまざまなスタイルの商品を取り揃えている。

住199-200 M.3 Tonpao Sankampaeng ☎080-120-3040 営9:00～17:00 休なし

シルク

タイみやげの代表、タイシルクはサンカンペーンの主要特産品のひとつ。蚕からの製造過程の展示や機織り作業の実演も興味深い。コットンを揃えた店も多く、観光地のみやげ屋より割安な店が多いのも魅力となっている。

陶磁器

サンカンペーン通りには焼物を製造販売する店も多い。きらびやかなベンジャロン焼、落ち着いた感じのセラドン焼、素焼きに近い素朴なものなど、さまざまだ。飽きのこないデザインの食器類が人気の品。

家具

洗練されたデザインのワインボードや、折畳式で広くなる食卓など、使ってみたいものがたくさんある。重厚感のあるチーク材製品もいい。店によってはいろいろなオーダーメイドや日本への配達にも応じてくれる。

木彫り

木材製品では家具だけでなく、木彫り細工の小物も特産品。象の置物などはいかにもタイ北部らしい人気の品。店の裏手が工房になっていて、木彫り作業をしている職人の様子が見学できる店もある。

タイ北部

249

チェンマイ／ボーサン＆サンカンペーン

アンブレラ・メイキング・センター 傘
Umbrella Making Centre

チェンマイ名物日傘の産地、ボーサンへの入口に立つ老舗。職人が鮮やかな絵柄を傘に描き込む作業工程を敷地内の工房で見学できる。

住111/2 Moo 3 Bosang-Doisaket Rd. ☎053-338-195 営8:15～17:00 休なし

シナワトラ シルク
Shinawatra

タイシルクの老舗グループの系列店。日本語の案内書や片言の日本語を話す店員もいて、オーダーメイドにも不安はない。織物だけでなく、民芸品の種類も豊富。

住145/1-2 Chiang Mai-Sankampaeng Rd. ☎053-221-076 営8:30～17:30 休なし

サイアム・セラドン 陶磁器
Siam Celadon Tonpao

オリジナルグリーンのセラドンのほか、少し明るいグリーン、ブルーの3色。シンプルで、日常使いにできる製品がところ狭しと並ぶ。工房の見学も可。

住38 Moo10 Chiang Mai-Sankampaeng Rd. ☎053-331-526 営8:15～17:00 休なし

チェンマイ文化をより深く知る

アジアの雑貨をチェック！

チェンマイは、銀製品、漆製品、木彫りなどの伝統工芸が昔から盛んだった。近年、その手先の器用さと、若いデザイナーの新しい感覚が組み合わさり、センスのある雑貨が数多く生み出されている。

ニマンヘミン通り
Nimmanhaemin Rd.

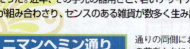

通りの両側におしゃれなカフェやショッピングスペースが並び、地元の若者たちに人気のエリア。このなかでも、旧アマリ・リンカムホテル前と横の小路に個性的で品質の高い雑貨店が固まっている。

竹やラタンの家具
ジェラードコレクション
Gerad Collection　MAP p.234-A
住 30 Nimmanhaemin Rd. Soi 1 & 3
☎ 088-259-1547　営 9:00～18:00、9:00～17:00（日曜）休 なし

竹やラタンでつくられた家具の人気が高い。しっかりした作りで、竹の感触が涼しげ。家具のほかには、竹編みのバッグなどが手頃。家具はオーダーメイド、配送サービスあり。

シルバー
シップソンパンナー
Sipsongpanna　MAP p.234-A
住 6/19 Nimmanhaemin Rd.
☎ 053-216-096　営 10:30～18:00
休 水曜

チェンマイの特産品、銀製品の有名店。近くの工房で、手作業でつくられており、繊細なものから重厚感のあるものまで、幅広く揃う。銀の純度など、品質は折り紙付き。

インテリア雑貨
タワンデコール
Tawang Decor　MAP p.234-A
住 1 Nimmanhaemin Soi 1.
☎ 053-894-941　営 10:00～20:00
休 月曜

マンゴーや竹など、地元に育つ木とガラスやシルバーを組み合わせたボックスやキャンドル立てなど。デザインもユニークで、何より木の温かみが心和む。

オリジナル雑貨
リビングスペース
Living Space　MAP p.234-A
住 6/9-10 Nimmanhaemin Rd.
☎ 053-215-166　営 9:00～18:00
休 日曜

オーナーの西洋人女性がデザインする、カラフルな漆塗りのボックスやプレートなどがおもしろい。そのほか、オーナーがセレクトした雑貨も、他では見ないものばかり。

アンティークとシルクの洋服
パオトン
Paothong's　MAP p.234-E
住 4 Soi1 Nimmanhaemin
☎ 053-217-715　営 9:30～18:30
休 月曜

中国テイストが強い品揃え。オリジナルのシルクの洋服は、ちょっとしたパーティーなどにぴったり。タイ、中国、ミャンマーなどで揃えたアンティーク製品もおもしろい。

小物
シルバーバーチ
Silver Birch　MAP p.234-E
住 28 Soi 1 Nimmanhaemin Rd.
☎ 053-227-474　営 10:30～19:00
休 なし

マンゴーなどの柔らかな木で作られた動物がモチーフの、キーホルダー、カードクリップ、モビールなどが並ぶ店内は、まるで動物園。値段も手頃で、つい買いすぎてしまいそう。

オリジナル雑貨とギャラリー
ゴンディーギャラリー
Gongdee Gallery　MAP p.234-E
住 30 Soi Gongdee 1 Nimmanhaemin Rd. ☎ 053-225-032　営 8:00～20:00
休 なし

金、銀、赤を大胆にペイントした花器やボックスなど。アジアを強く感じさせるデザインのものが多い。ギャラリー（月替わり展示）のほかにタイ料理レストラン、カフェも併設。

チャルンラート通り
Charoenrat Rd.

高品質で洗練された雑貨を取り揃えた店が多い。この通りは、かつて商業の中心地だったので、その名残の古い商家の建物を活かした店舗が多い。商品と一緒に、ぜひ建物も楽しんでほしい。

インテリアシルク製品

ヴィラ・チニ
VILA CINI　MAP p.235-H
住30,32,34 Charoenrat Rd.
☎053-246-246　営8:30〜22:30
休なし

カラフルでありながら、シックなシルク製品が揃う。クッションカバー、ランチョンマット、ナプキンなど、色違いやデザイン違いで揃えたい。築100年以上の建物も美しい。

オリジナル雑貨

オリエンタル・スタイル
Oriental Style　MAP p.235-H
住36 Charoenraj Rd.
☎053-243-156　営8:30〜21:30
休なし

セパタクローの球や象などをモチーフにした雑貨がおもしろく、ひとつあるとお部屋の雰囲気が変わりそう。隣のヴィラ・チニとは姉妹店で、中庭でつながっている。

カレン族のテキスタイルと雑貨

ソップ・モエイ・アーツ
Sop Moei Arts　MAP p.235-G
住150/10 Charoenraj Rd.
☎052-001-279　営10:00〜18:00
休土曜

ソップ・モエイ村のカレン族の人達が日常用いているカゴや布などをアレジしている。製品は洗練されており、プレゼントなどにもぴったり。店内のレイアウトも勉強になる。

チェンマイ
Chiang Mai

城壁内部

ターペー通り
ロイ・クーロ通
ナイトバザール
チャルンラート通り

→ ボーサン、サンカンペーンへ

ターペー通り
Thaphae Rd.

街の中心となる通りだが、雑貨となるとみやげ物店の域を超えない店が多かった。だが、最近では洗練された店も見かけるようになっており、これからの発展が楽しみな通り。

インドシナ半島の雑貨全般

エレメンツ
Elements　MAP p.235-G
住400-402 Thapae Rd.
☎053-251-750　営9:30-21:30
休なし

北タイの銀アクセサリー、ラオスのシルクショール、ベトナムの刺繍バッグなど、インドシナ半島の雑貨を集めた店。ターペー通りに3店舗あり、少しずつ品揃えが違う。

ロイ・クーロ通り
Loi Kroh Rd.

ナイトバザールエリアへ続く道だからか、手頃なアクセサリーや洋服など、旅行者向けの店が多く並ぶ。品質などはいまいちだが、よく見て歩くと、良い物を置く店に出合ったりする。

テキスタイル

空間ギャラリー
Kukwan Gallery　MAP p.235-G
住37 Loi Kroh Rd.
☎053-206-747　営10:00〜19:00
休日曜

北部や東北タイで作られた、自然染めにこだわったコットンやシルク製品が揃う。ランチョンマットやショールなど、日常生活にどんどん使えそう。女性には特に人気が高いお店。

タイ北部　チェンマイ／アジアの雑貨をチェック！

お気に入りの おみやげ を見つける！
「アジア雑貨」
発見の最適スケジュール >>>

チェンマイのアジア雑貨が集中するエリアをまる1日かけて探す旅。徒歩や車を使い、効率よく動けるコーススケジュールの提案！

① AM9:00～AM11:30　ボーサン&サンカンペーン

朝一番、チェンマイ中心部から東へ車で約30分のサンカンペーン通りとボーサン村へ。日本語ガイドツアー会社に車とガイドのリクエストを出して、午前中回る。ツアーに参加するのもいい。ほとんどは団体客目当ての店だが、製造直売の店ばかりで、市価より安く購入できる可能性が高い。製造工程を見学できる店もある。午前中は寺院観光をするなど、時間がない人はこの1をカットして次の2からスタートするのもOKだ。※車利用の方法→p.229。

② PM12:00～PM1:30　チャルンラート通り（食事）

12時頃にチャルンラート通りのザ・ギャラリー・バー&レストラン→p244あたりを予約しておき、ピン川沿いのテラス席で優雅に昼食。ここまで車で送ってもらう。ツアー会社へのリクエストはここまで。レストラン予約もツアー会社にしてもらうといい。

③ PM1:30～PM2:30　チャルンラート通り（買い物）

昼食後は、すぐ近くにあるアジア雑貨の高品質セレクトショップのオリエンタル・スタイルやヴィラ・チニなどをチェック→p.251。

④ PM2:30～PM4:00　ピン川～ターペー通り

3の後、徒歩でピン川に架かるのんびりした歩行者専用橋を渡り、町最大のワロロット市場の活気を楽しみ、ターペー通り方面へ。このあたりで洒落たカフェで休憩→下記参照。休息後、トゥクトゥクを拾い、ニマンヘミン通りへ移動。

⑤ PM4:00～PM5:30　ニマンヘミン通り

チェンマイで最もアジア雑貨のセレクトショップが集まっているのがニマンヘミン通り→p.250。

⑥ PM5:30～PM7:30　ナイトバザール

ニマンヘミン通りから再びトゥクトゥクを拾い、チャン・クラン通りへ。ここは、夕方以降にビッシリ露店が連なるナイトバザールで有名。義理みやげならここで買うのがベストだ。バザールは夜11時までなので、興味に合わせて楽しみたい。

☕ ターペー通りのカフェ

カフェ・ド・サイアム　　ラミン・ティーハウス・サイアム・セラドン

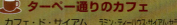

ワロロット市場

オリエンタル・スタイルの庭

ピン川

ホテルカタログ
泊まる

北部の中心都市にふさわしい充実度

宿泊施設は充実しているが、大きな祭りの際は満室になる恐れがあるので早めの予約を。雨季には数年に一度、ピン川が氾濫して洪水を起こすことがあり、川沿いのホテルには休業状態になるところもある。

豪華 　　　　　　　　　　　　　　　　　**郊外**

フォーシーズンズ・リゾート・チェンマイ
Four Seasons Resort Chiang Mai

MAP p.235-D

北部の魅力を満載、アジア有数の高級ガーデンリゾートで、懐かしい自然が満喫できる

　メーサー渓谷に近い丘陵地帯の斜面に、ラーンナー様式の古風なコテージが点在している。バルコニーからは眼下にのどかな田園風景が広がり、敷地内ではラーンナータイ王朝時代の技法で水牛が水田を耕している。よく手入れされた田園には草花も自然な感覚で配置され、耳を澄ませば小鳥のさえずりやコオロギ、カエルの鳴き声、水のせせらぎまでもが聞こえてくる。豪華な客室には世界のVIPが宿泊してきた実績があり、北部の伝統ともいえるサービス精神は従業員の応対など細部にまで行き渡っている。のんびりくつろぐためのリゾートだ。

眺めが美しいプール

🏠502 Moo 1 Mae Rim-Samoeng Old Rd.
☎053-298-181
📠053-298-189
S・T/1万3175B〜
76室
p.292-FS.
https://www.fourseasons.com/jp/
＊古式豊かな最高級スパ（The Spa）→p.246が大人気。要予約

豪華 　　　　　　　　　　　　　　　　　**郊外**

ダラデヴィ・チェンマイ
Dhara Dhevi Chiang Mai

世界レベルのガーデンリゾート

MAP p.235-D

　チェンマイの中心地から、車で10分ほどの郊外にある自然豊かなリゾートホテル。60エーカーの広大な敷地を持ち、端から端まで歩くと30分はかかりそうな敷地に棚田や蓮池が広がる。その間を縫うように、北部伝統様式の建築群が絶妙のバランスで配置されている。田園を含むこの土地すべてがホテルの所有地だ。
　敷地には、戸建てのパビリオン、ヴィラ、ホテル棟、図書館、レストラン、ショッピングヴィレッジが点在し、ヴィラは農家の納屋風で、懐かしい田園の点景のようにも見えるが、どの建物内も完全な設備とデザインセンスにあふれている。

北部タイらしいデザインが随所に見られる

優雅なヴィラの寝室

🏠51/4 Moo 1,Chiang Mai-Sankamphang Rd. ☎053-888-888
📠053-888-999
S・T/1万2078B〜 123室 p.292-MD.
✉enquiry@dharadhevi.com
https://www.dharadhevi.com/jp/
＊寺院建築風の最高級スパにも要注目

田園のように見える敷地。ゲストが利用するヴィラの外観は農家の納屋風だが内部は豪華そのものだ。ヴィラによってはテラスやプールがある

日本人常駐　和食店　フィットネス　スパ　マッサージ　NHK　ネット接続　プール　バスタブ無しの部屋あり

高級　南東
シャングリラ・ホテル・チェンマイ
Shangri-La Hotel Chiangmai

MAP p.235-K

高品質の高級ホテル
北部タイ寺院独特のラーンナータイ様式をモチーフにした装飾と現代的デザインが融合した大型ホテル。広大な庭園や定評あるスパ施設がハイグレードのホテルらしい雰囲気。

- 89/8 Chang Klan Rd.
- ☎053-253-888
- F053-253-800
- S・T/3200B～
- 281BIp.292-SL.
- slcm@shangri-la.com
- https://www.shangri-la.com/jp/chiangmai/shangrila

高級　南東
ル・メリディアン・チェンマイ
Le Méridien Chiang Mai

MAP p.235-K

夜の外出に好立地
繁華街やナイトバザールに隣接した抜群の立地と世界的ホテルチェーンの名に恥じない設備。明るく、ゆったりした客室には最新のAV機器が完備され、快適な滞在が期待できる。

- 108 Chang Klan Rd.
- ☎053-253-666
- F053-253-618 S/2829B～、T/2329B～ 384Blp.292-MD.
- lemeridien.chiangmai@lemeridien.com
- https://le-meridien.marriott.com/

高級　北東
クンパヤ・リゾート&スパ、セントラ・ブティックコレクション
Khum Phaya Resort and Spa, Centara Boutique Collection

MAP p.235-D外

北タイの雰囲気が漂う
2009年オープンの比較的新しいホテル。2階低層型。浴室にはバスタブ以外にシャワーブースを設置。多くの調度品や装飾はチーク材で、エキゾチックなタイらしさが漂う。

- 137 Moo 5 Tambon Nongpaklang Amphur Muang
- ☎053-415-555
- F053-415-599
- S・T/3800B～
- 85
- https://www.centarahotelsresorts.com

高級　南東
アナンタラ・チェンマイ
Anantara Chiang Mai Resort & Spa

MAP p.235-K

館内の雰囲気が秀逸
素っ気無い外観とは裏腹に館内は白を基調にしたリゾート空間が広がり、客室はどこか日本式旅館を思わせる落ち着いた雰囲気。旧イギリス領事館の古い建物を利用したレストランも人気。

- 123-123/1 Charoen Prathet Rd.
- ☎053-253-333
- F053-253-352
- S・T/6726B～
- 84
- https://chiang-mai.anantara.jp/
- ＊ホテル内のスパも人気

高級　南東
デュシットD2・チェンマイ
dusit D2 Chiang mai

MAP p.235-K

夜の散策にも最適
ナイトバザールに隣接の便利な立地。オレンジ色を基調にした内装が特徴のデザインホテルだ。ウェルカムギフトなど、随所にサプライズが隠され、滞在を楽しいものにしてくれる。

- 100 ChangKlan Rd.
- ☎053-999-999
- F053-999-900
- S・T/1755B～ 131
- p.292-DU.
- https://www.dusitd2chiangmai.dusit.com
- ＊テワランスパが入っている

高級　南東
ラティランナー・リバーサイド・スパ・リゾート
Rati Lanna Riverside Spa Resort

MAP p.235-K外

ピン川の流れを望む
ピン川を望む、ゆったりサイズのプールを囲むように客室が配置されており、どの部屋からも川面を眺めることができる。客室を含め、全館がランナー風を意識したデザインだ。

- 33 Chang Klan Rd.
- ☎053-999-333
- F053-999-332
- S・T/6000B～
- 75
- info@ratilannachiangmai.com
- www.ratilarnachiangmai.com

高級	南東

ホリデイ・イン・チェンマイ
Holiday Inn Chiang Mai

MAP p.235-D

リバーサイドでエグゼクティブムードも満点

ピン川畔にそびえる高層タワーホテル。繁華街からは少し離れるが、充実の設備を誇り、ビジネス利用客の支持も高い。西洋風のモダンな機能美と、ラーンナー風の優雅さとが絶妙なバランスで調和を保ち、広々とした客室はゆったりとくつろげる。

25階建ての高層ホテル

- 318/1 Chiangmai-Lamphun Rd.
- ☎053-275-300 FAX053-275-299
- S・T/1029B〜
- 室526 p.292-IC.
- www.holidayinn.com/chiangmai
- ＊ランチブッフェ、ティールーム、中国料理も評判

高級感のあるロビー

とっておき情報

トレッキングやバードウォッチングには絶好のロケーション

アンカーン・ネイチャー・リゾートは山岳民族の自立を支援する王室プロジェクトの敷地に隣接し、自然環境が最大の魅力だ。トレッキングを楽しみながら、南国の鳥や草花なども満喫できる。王室プロジェクトで栽培された日本や欧州の野菜、果物などを使った料理も好評だ。

● Angkhang Nature Resort 住1/1 Moo 5 Baan Koom, Mae Ngon, Fang ☎053-450-110 FAX053-450-120 S・T/2800B〜 室74 angkhang@amari.com https://www.amari.com ※2019年現在休業中

市内からは車で3時間、ミャンマー国境までは約4km

タイ北部 チェンマイ／ホテル

255

高級	南東

デュシット・プリンセス・チェンマイ
Dusit Princess Chiang Mai

MAP p.235-K

古来伝統的な接客が嬉しい

タイ流儀のもてなしに定評があるデュシット系列の高級ホテルで、ナイトバザール→p.245の正面という好立地が特徴だ。館内はラーンナー様式の豪華な装飾で統一されている。

- 112 Chang Klan Rd.
- ☎053-253-900 FAX053-281-044
- S・T/1258B〜 室198
- https://www.dusit.com
- ＊新設のタイ式マッサージは大人気なので要予約。日本料理の味は日本人駐在員の折り紙付き

高級	南東

インペリアル・メーピン
Imperial Mae Ping

MAP p.235-K

日本人に馴染みが深い

ナイトバザール→p.245へは徒歩5分という便利な立地で、古くから日本人の利用実績が抜群に高いことでも知られる。タイ国際航空クルー定宿としての格式を誇る高級ホテルだ。

- 153 Sridonchai Rd.
- ☎053-283-900
- FAX053-270-181
- S・T/2000B〜
- 室370
- https://www.imperialmaeping.com
- ＊リニューアルのため休業中

高級	北西

チェンマイ・オーキッド
Chiang Mai Orchid

MAP p.234-E

老舗の風格を感じさせる

日本の皇族をはじめ世界各国の要人が利用した伝統と格式を誇る高級ホテルで、好感度の高いサービスが受けられる。隣接して巨大なデパートがあり、新しい繁華街になっている。

- 23 Huay Kaew Rd.
- ☎053-222-099
- FAX053-221-625
- S・T/700B〜
- 室266
- www.chiangmaiorchid.com
- ＊セントラル・カート・スアン・ケーオ→p.245に隣接

高級　　　　　　南東	準高級　　　　　　南東	中・高級　　　　　　北西
チェンマイ・プラザ Chiang Mai Plaza	**ドゥアンタワン ホテル・チェンマイ** Duangtawan Hotel, Chiang Mai	**デ・ナガ・ホテル・チェンマイ** De Naga Hotel Chiang Mai
MAP p.235-K	**MAP** p.235-K	**MAP** p.235-G
広々としたロビーが開放的 ピン川に近く、比較的閑静な環境。ナイトバザール→p.245へも徒歩圏内の好立地だ。広い敷地には各種のダイニングだけでなく、大きなホールを備えていて地元客の利用も多い。	**改装でアップグレード** ナイトバザール→p.245至近距離にある高層ホテルで、どこへ行くにも使い勝手が良い。近年、全面的にアップグレードされ、とくに各種の施設が大幅に充実した。	**古都の雰囲気を味わえる** ターペー門近く、北部様式のラーンナースタイルのこの土地らしいデザイン。観光名所のナイトバザールにも近い立地ながら、敷地の広さから客室は静かで喧騒から離れて安らげる。
住92 Sridorchai Rd. ☎053-273-960 F053-279-457 料S・T/1200B〜 室445 URLwww.hotelmarketing-jp.com/chiangmai *メーピン・リバークルーズ→p.240の船着き場にも近い	住132 Chang Klan Rd. ☎053-905-000 F053-275-429 料S・T/1200B〜 室512 URLhttps://www.duangtawanhotelchiangmai.com	住21 Soi 2 Ratchamanka, Moon Muang Rd. ☎053-209-030 F053-208-598 料S・T/3400B〜 室55 URLhttps://www.denagahotel.com/

中・高級　　　　　　北西	中・高級　　　　　　南東	中・高級　　　　　　北西
メルキュール・ホテル・チェンマイ Mercure Hotel Chiang Mai	**ジ・エンプレス・チェンマイ** The Empress Chiang Mai	**ロータスホテル・パンスワン・ケーオ** Lotus Hotel Pang Suan Kaew
MAP p.234-B	**MAP** p.235-K	**MAP** p.234-E
庶民の活気を実感できる フランス系のホテル。客室は機能的でモダンな造り。一帯はバスターミナルやスーパーマーケットなどがあり、庶民的な賑わいのある環境で、活気を肌で感じられる。	**地元名士の社交場** ガラス張りの高層タワーが目を引く。客室をはじめ館内施設はラーンナータイ王朝風の装飾で統一されていて感じがよい。欧米人の利用が多く、ホールでは地元名士の結婚式も多い。	**流行の発信基地** 北部の流行の発信基地、セントラル・カート・スアン・ケーオ→p.245に隣接するシティホテル。中央が大きな吹き抜けで、開放的な館内には洗練された都会的な雰囲気が満ちている。
住183 Changpuak Rd.,Sri Poom ☎053-225-500 F053-225-505 料S・T/960B〜 室159 Ep.294-AC. URLwww.mercurechiangmai.com *ナイトバザール→p.245へ行く人のためにシャトルバスを運行	住199/42 Chang Klan Rd. ☎053-253-199 F053-272-469 料S・T/1925B〜 室375 URLwww.empresshotels.com/theEmpressChiangMaiHotel *中国料理のパンダ・パレスが人気	住21 Huay Kaew Rd. ☎053-224-333 F053-224-493 料S・T/1223B〜 室420 URLwww.lotuspskhotel.com *客室はこぢんまりとしているが機能的

中級・経済的ホテル

Diamond Riverside
ダイアモンド・リバーサイド
MAP p.235-G 中・高級 南東

リバーサイドを代表する老舗ホテル。歴史を誇る旧館とそびえたつ新館がある。
- 33/10-11 Charoen Prathet Rd.
- ☎053-818-955 / FAX 053-271-482
- S・T/600B～ 室288
- ＊河畔のガーデンでは涼風が心地よい。ナイトバザール→p.245へも徒歩圏内

Chiang Mai Hill 2000 Hotel
チェンマイ・ヒル・2000・ホテル
MAP p.234-A 中・高級 北西

ステープ山に連なる山麓にあり、市街の喧噪から離れた閑静な立地でくつろげる。
- 211 Huay Kaew Rd.
- ☎053-218-960～3
- FAX 053-218-964
- S・T/700B～ 室249
- https://www.chianamaihillhotel.com

Mövenpick suriwongse Hotel Chiang Mai
メーヴェンピック・スリウォン・ホテル・チェンマイ
MAP p.235-K 中級 南東

バザールに面した好立地の老舗で、チーク造りのロビーには風格が感じられる。
- 110 Chang Klan Rd.
- ☎053-270-051～7
- FAX 053-270-063
- S・T/1865B～ 室166
- https://www.movenpick.com

Amora Hotel Chiang Mai
アモラ・ホテル・チェンマイ
MAP p.235-G 中・高級 南東

旧市街の濠に面した新しいホテル。ターペー門の近くで、散策には便利な立地だ。
- 22 Chaiyaphum Rd.
- ☎053-251-531
- FAX 053-251-465
- S・T/1500B～ 室204
- https://www.amorahotels.com

Pornping Tower
ポーンピン・タワー
MAP p.235-G 中級 南東

ナイトバザール→p.245とピン川に挟まれた好立地にそびえ立つ、高層ホテル。
- 46-48 Charoen Phrathet Rd.
- ☎053-270-099
- FAX 053-270-119
- S/1700B～、T/1700B～ 室325
- https://www.pornpinghotelchiangmai.com
- ＊リニューアルのため休業中

BP Chiang Mai City Hotel
BPチェンマイ・シティ・ホテル
MAP p.234-F 経済的 中央

旧市街の内部にある数少ないホテルのひとつで、寺院の散策に最適。
- 154 Rachmanka Rd.
- ☎053-270-710～6
- FAX 053-270-709 S/675B～、T/725B～ 室134
- https://www.bpchiangmai.com

Hotel M Chaing Mai
ホテル・エム・チェンマイ
MAP p.235-G 経済的 南東

旧市街の起点となるターペー門の西側にあるホテル。欧米人の利用が目立つ。
- 2-6 Ratchadamnoen Rd.
- ☎053-211-070
- FAX 053-217-416
- S・T/1440B～ 室79
- https://www.hotelmchiangmai.com

Tarin Hotel Chaing Mai
タリン・ホテル・チェンマイ
MAP p.234-A 経済的 北西

スーパーハイウェイ沿いのホテルで、西側の窓からはステープ山を間近に望む。
- 10/7 Moo 2, Super High way
- ☎053-400-131～9 FAX 053-400-140
- 950B～ 室170
- https://www.tarinhotel.com

Chiang Mai Phucome
チェンマイ・プーカム
MAP p.235-D 経済的 北西

市内では最大規模の客室数を誇るホテルで、政府官公庁などの利用も多い。
- 2 Khanklong Chonprathan Rd.
- ☎053-211-026～31
- FAX 053-216-422
- S・T/900B～ 室663
- www.phucome.com

Holiday Garden Resort Chianag Mai
ホリデーガーデン・リゾート・チェンマイ
MAP p.234-A 経済的 北西

ステープ山麓に近い隠れ家的な風情が特徴。高層の新館と低層の旧館がある。
- 16/16 Huay Kaew Rd.
- ☎053-211-333
- FAX 053-210-905
- S・T/750B～ 室165
- https://www.holidaygardenhotel.com/

Golden Cupids Hotel & Holidays
ゴールデン・キューピッド・ホテル＆ホリデイズ
MAP p.235-D 中級 郊外

市内から車で約15分。チェンマイでは珍しい手頃なクラスのリゾート型ホテル。
- 21/2 Moo 7, Tumbon Nomgchom, Sansai District
- ☎053-844-503
- S・T/2800B～ 室11
- https://www.goldencupids.com/
- ※ロングステイ特別料金あり

とっておき情報

映画『プール』の舞台となった宿

小林聡美主演による映画『プール』(2009)の舞台になったチェンマイ郊外の宿。チェンマイの観光施設はほとんど登場しないが、主人公が働くゲストハウスがまさにチェンマイらしい北タイの爽やかな空気感を醸し出している。

この宿泊施設はHIV感染孤児のための生活施設の運営費を支援するために寄付されたもの。中心の運営者は日本人で、宿泊費がその支援にもなっている。

●ほしはなヴィレッジ (hoshihana Village) 246 Moo 3 T.Namprae, A.Hangdong, Chiangmai
☎063-158-4126 (9:00～17:00) https://www.hoshihana-village.com
MAP p.235-D外

ゲストハウスのプール

タイ北部 チェンマイ／ホテル

CHIANG RAI
チェンラーイ

タイ最北県、異文化の交錯地

MAP p.227-B

メンライ大王記念像（右上）

遠くヒマラヤ・チベットに端を発するタイ北部の山並みの、その最北の地に位置するチェンラーイは、大部分を山に囲まれた緑豊かな土地。ここには古くから多くの民族が流入した。中国南部から移動したタイ民族が、初めて自分の国を建てたのもチェンラーイ北部の盆地だ。山の谷間に散らばる山岳民族にも、同じく南下してきた歴史があり、中国内戦に敗れて逃走した国民党軍の残党も、最後はこの地にたどり着き、今やすっかり定着した。ミャンマーやラオスと国境を接するチェンラーイは、こうして多様な文化が混ざり合い、さながら文化の博物館といった様相だ。

街のしくみ 楽しみ方

歩き方のヒント チェンラーイ

楽しみ	交通手段
トレッキング★★★★★	徒歩★★★・・
自然景観★★★・・	トゥクトゥク★★★・・
くつろぎ★★★★・	自転車★・・・・

エリアの広さ＆交通ガイド

市街地はコック川の南岸に広がり、バンコクから続く国道1号線（パホンヨティン Phahon Yothin通り）沿い、およそ1km四方のエリアが中心街。おもな見どころだけなら徒歩でも充分回れるが、人力サムローに加えて、最近ではトゥクトゥクが増えており、歩き疲れた時にも不便はない（料金目安1乗車40～60B）。

ACCESS & INFORMATION

飛行機■バンコク→タイ国際航空〔約1時間20～30分〕→チェンラーイ空港＜1日5～7便、片道1560B～＞　＊チェンマイからの航空便は運休がちなので要事前確認
バス■バンコク北バスターミナル→エアコンバス（北へ801km、12～13時間）→チェンラーイバスターミナル＜586B～＞　＊チェンマイからは北へ182km、所要約3時間30分
観光案内所■TAT（タイ国政府観光庁）住448 /16 Singchaklai Rd.☎053-717-433 開8:00～17:00 休土・日曜、祝日　MAP p.259
＊メーサイ→p.260やチェンセーン→p.263の資料はここにある。とくに地図が便利で必携だ

見る歩く　MAP p.259
メンライ大王記念像
King Mengrai The Great Monument

ラーンナータイ王国の始祖メンライ王の輝かしい業績は、この地にチェンラーイ国を建国することから始まった。この記念像には連日、花や線香を捧げる庶民の姿が絶えない。周囲は公園として整備され、夕刻には多くの屋台も出て、市民の憩いの場になっている。
交繁華街→徒10分 Super Highway

見る歩く　MAP p.259
ワット・プラケオ
Wat Phra Kaeo

数奇な運命をたどったことで知られるエメラルド仏像は、この寺院の仏塔で発見されたと言い伝えられている。現在仏像が奉納されているバンコクのワット・プラケオ→p.58や一時期安置されたカンペーン・ペットの王室守護寺院→p.274は、同じ名称だ。
交繁華街→徒10分 住19 Trirat Rd.時6:00～17:00 料無料休なし

見る歩く　MAP p.259
ワット・プラシン
Wat Phra Sing

現在チェンマイの同名寺院→p.236にあるプラシン仏像が、かつて奉納されていた由緒ある寺院。ラーンナー様式の建築が美しい本堂は、入口の木彫扉など、しばし見とれてしまうほどの秀逸品。北部を代表する建築だ。
交繁華街→徒10分 住Singha Rd.時6:00～19:00 料無料 休なし

本堂のナーク（竜神）も必見
寺院として庶民の信望が厚い

修復が繰り返されている

見る歩く　MAP p.259
山岳民族博物館
Hill Tribe Museum & Education Center

タイ最大のNGOが山岳民族を支援するために設立、山の民の知恵が詰まった生活道具などを展示する。民芸品販売などの収益金は、教育センターの運営など、彼らの生活支援に当てられる。

図繁華街→5分 住620/25 Thanalai Rd. ☎053-719-167 開9:00～18:00（土・日曜10:00～）料50B 休なし

山岳民族のスライド上映（20分）も

見る歩く　MAP p.259-外
ワット・ローン・クン
Wat Rong Khun

チェンラーイ中心部から南西、チェンマイ方面の途中に位置する寺院。タイの伝統的な寺院とは異なる装飾で知られ、前衛的なデザインやモチーフが随所に施されている。チェンラーイ出身の芸術家チャルーンチャイ・コーシピパット氏の手による1997年の創建。

図繁華街→車25分 住Phahon Yothin Rd. 開8:00～1700 料50B 休なし

白で統一された"芸術的寺院"

泊まる　MAP p.259
ザ・リヴェリエ・バイ・カタタニ
The Riverie by Katathani

コック川の中州という贅沢な立地に1990年にオープンした旧デュシット・アイランド・リゾートが、カタタニ・コレクションに参加してリニューアル・オープン。

住1129 Kraisorasit Rd. ☎053-607-999 F053-715-801 料S・T/2583B～ 室271
✉booking@theriverie.com
web https://www.theriverie.com

サウナも好評

泊まる　MAP p.259
ウィアン・インドラ・リバーサイド・リゾート
Wiang Indra Riverside Resort

コック川のほとりにあるリゾートホテル。ジョギングコースを備える緑豊かな敷地に、ラーンナー様式の建築が映えて美しい。客室にも木造建築が生かされている。

住6 Moo 4 Maekok Rd. ☎053-798-555 F053-715-859 料S/T19500B～ 室256
✉rsbn.riverside@wiangindre.com
web wiangindra.com

伝統的な様式をイメージした外観

泊まる　MAP p.259
ウィエン・イン
Wiang Inn

繁華街にある老舗ホテルで、改築され設備が一新された。地階のラウンジなどをはじめ、地元紳士の社交場的な性格を漂わせる。

住893 Phaholyothin Rd. ☎053-711-533 F053-711-877 料S・T/2400B～ 室260
✉info@wiang.inn.com
web www.wianginn.com

信頼できる老舗の風格

レストラン
キャベッジ＆コンドーム
Cabbages & Condoms　MAP p.259

山岳民族博物館の近くにあるレストラン。キャベツは山岳民族の換金作物を、コンドームは財団の推進するエイズ撲滅運動を意味している。コンドーム・サラダなるタイ風サラダが定番メニュー。

住620/1 Thanalai Rd. ☎053-740-657 開10:00～24:00 休なし

泊まる　MAP p.259
ワン・カム
Wang Come

市内では一番の老舗ホテルで、繁華街のランドマーク的な存在。ロビーには風格が漂い、周辺には旅行会社やレンタカー業者などがあって、便利がよい。

住869/90 Wieng, Pemawibhata Rd. ☎053-711-800 F053-712-973 料S・T/1450B～ 室200
✉info@wangcome.com
web フェイスブックあり

タイ北部　チェンラーイ

MAE SAI
メーサイ

タイ最北端の国境の町

MAP p.227-B

メーサイの町中の通り（右上）

街のしくみ 楽しみ方

メーサイはミャンマーと接する国境の町だ。はるかバンコクから北へ延びた国道1号線は、最後にここで国境を越えミャンマーへ向かう。両国を隔てる小さなメーサイ川には橋が架かり、国境のゲートもあるが、地元民は日常的にここを行き来し、交易が盛んだ。橋を渡れば、そこは言葉や風習が異なる別の国。30分の時差もある。丘の高台の寺院ワット・ドイ・ワオWat Doi Wao（■国境の橋→🚶20分）の境内からは、住民が小舟で川を渡るのどかな様子が眺められる。橋の両側には露天商が多く並ぶが、ミャンマー側は特産物の卸売市場、タイ側は観光地のみやげ物屋街といった風情で、タイ側でも売り子の大半はミャンマー人。女性は頬に白粉を塗り、英国領時代の名残か、英語を話す人が多い。国境が閉まる夕刻には、いっせいに店じまいをし、橋を渡ってミャンマー側へ帰っていく。国境の町らしい風景だ。

歩き方のヒント
メーサイ

楽しみ	交通手段
国境 ★★★★	徒歩 ★★★★
少数民族 ★★	ソンテオ ★★
バザール ★★★	人力サムロー ★★

エリアの広さ&交通ガイド
東西に流れるメーサイ川に架かる国境の橋のたもとから南へ約1kmほどが市街地。観光ポイントは橋のそばに集中し、ミャンマー側のターキーレックの町を含めても、徒歩がもっとも便利だ。人力サムローも多いので、歩き疲れた時に利用しよう（1乗車約40〜60B）。

ACCESS & INFORMATION

バス■バンコク北バスターミナル→エアコンバス（北へ約857km、約12時間）→メーサイバスターミナル＜581B〜＞　＊チェンラーイからは北へ62km、所要時間1時間30分。チェンセーンからは西へ約36km、所要50分
観光案内所■TAT（タイ国政府観光庁）はチェンラーイ→p.258にある

民族衣装の少女たちと記念撮影をすれば、よい思い出になるだろう

泊まる
ワン・トーン
Wang Thong

市内一のホテルだが、おもに国内の商人が利用する。国境特有の雰囲気を存分に楽しむなら、1泊はしたいところだが、旅行者が宿泊する姿はあまり見られない。周辺には民芸品や宝石を扱う高級店も並ぶので、食事や休憩に利用するとよいだろう。
🏠299 Phahon Yothin Rd.
☎053-733-388 F 053-733-399
💴S・T/1000B〜 🛏150

買う
スィアオ・リン
Seaw Ling

橋のたもとに並ぶ民芸品店のひとつ。英領ビルマ時代の遺品である英国調の骨董品が店内を埋め尽くす。古い受話器や扇風機など、大英帝国の名残を伝えるアンティークを陳列していることもある。
🏠47 Phahon Yothin Rd.
☎053-732-070 ⏰8:00〜18:00 休なし

ミャンマーを代表する民芸品は操り人形

見る歩く
ターキーレック市場
Tachilek Market

MAP p.262

ミャンマー側の橋のたもとにある市場。ミャンマー特産のチーク材の木彫品やルビー・翡翠などの宝飾品、中国産の珍しい漢方薬や安価な衣類にあやしげな家電製品、野菜・果物など雑多な品揃え。
■国境の橋→🚶すぐ ⏰6:00〜18:00（国境が開いている時間）休なし

国境が閉まる時刻に要注意！

本音でガイド

ミャンマーへ足を踏み入れる国境の越え方アドバイス

緊張する間もなく、国境が越えられる

両岸の住人だけには国境パスが発給されているが、実際にはほとんどが顔パス。乾季には川を泳いで渡る人の姿も見られるというのどかな国境だ。これまで日本人の場合、国境の通過には観光ビザ代わりになるエントリーパーミット方式の観光ビザが必要であったが、2018年10月から1年間、15日間の短期滞在者に限り、不要となった。これはあくまで暫定的な措置だが、この結果、これまで、ミャンマーに入国する際に取得していた許可書や入国税も必要がなく、ごく普通にパスポートを見せ、印を押してもらうだけで行けるようになった。単なる通関手続きだけが付随することになる。この措置は、さらに今後も延長される見込みで、これまでの国境越えの煩わしさが嘘のように思える。

ミャンマー側では国境から5km以内までしか入国が許されていないので、あやしげなガイドに連れていかれないように気をつけたい。ターキーレック市場はこの範囲内にあり自由に散策できる。

時差があるため、タイ側の国境が閉まる時間はミャンマーより30分早い（園8:00～17:00）。夕刻には要注意だ。ミャンマーからタイへは通常、地元の人たちと同様にただ橋を渡ればよいが、タイへの再入国者は原則として通関手続が必要になる。市場で宝石などの高価な買い物をした人は注意。

なお、状況によっては出入国の手続きが変わることもあるので、ガイドやツアー会社に確認を。

この国境は情勢の変化に応じて、突然閉鎖されることがある。かつて麻薬の密造・密売組織が、白昼堂々とターキーレックの町を攻撃し死傷者を出した事件もあるなど、平和なように見えてはいても、国境の町は、いまだ突然戦場と化す可能性があるのが現状だ。

麻薬の温床だったかつての秘境

ゴールデントライアングルを歩く
GOLDEN TRIANGLE

MAP p.227-B, p.262

かつては悪名高い三角地帯

メコン川を挟んでミャンマーとラオスが国境を接し、さらにタイが加わって3カ国が交わるこの地域では、かつて大量のアヘンが生産され、ゴールデン・トライアングル（黄金の三角地帯）の悪名を世界にとどろかせていた。

このいわば暗黒の歴史を収蔵した**アヘン博物館 212 House of Opium**（住Wang, Chiang Saen ☎053-784-060 圏7:00～19:00 園50B 困なし）が近年、新たにオープンしたので、旅行者には必見だ。

メーサイから流れ込むメーサイ川がメコン川に合流する地点には、ゴールデン・トライアングルの碑が立つ展望所（交チェンセーン→10分、メーサイ→40分）があり、3つの国を一度に見渡せ、記念撮影の好スポットになっている。

3つの国を見ながら思う過去と現在

一望できる3つの国は、2つの川に挟まれて中洲のように見えるミャンマー、メコン川の東岸にラオス、そして手前の西岸にタイ。近くの小高い丘にある寺院**ワット・プラタート・プーカオ** Wat Phra That Phu Khao（住Moo1 Chiangsaen-Maesai Rd. 圏7:00～18:00 園無料 困なし）の境内も、見晴らしのよい展望台で、晴天なら北方の山並みがはるか彼方まで見渡せる。この地に、麻薬王と呼ばれた者たちの欲望渦巻く世界が築かれたわ

国境地帯の川岸にゴールデン・トライアングルの碑が立つ

➡前ページから

けだが、それも過去のこと。少なくともタイ側では、露店や茶店が並ぶ観光地へと変貌した。今のタイにとってのこの地は、チェンライを拠点とする中国・ミャンマー観光の最前線基地で、高級リゾートも出現している。

未来の発展を期待させる
国境地帯ならではの活力

川岸には観光ボートが常に待機していて、大河メコンの遊覧も気軽に楽しめる（料金目安、30分400B）。ラオス側では上遊びに興じる子どもや水牛の姿が牧歌的で、岸辺に浮かぶいかだ状の民芸品店では、特産のラオスビールが喉をうるおしてくれる。

一方、ミャンマー側にはカジノ、ゴルフ場等を含む巨大なリゾートが誕生した。タイ版バブルの崩壊で一時期頓挫していたが、中国、ラオス、ミャンマーとのメコン河航行自由化政策がいよいよ本格化し、現在、周辺各国との交易や観光が振興されている。このエリアの活気はよみがえり、メコン川を中国雲南省までさかのぼるボートトリップも再び計画されるようになってきた。

度重なる民族の悲劇や支配者たちの暗闘、いくつもの野望が渦巻いたこの地には、人々を挑戦へと駆り立てる雰囲気があって、さらなる新たな展開を期待したくなる不思議な魅力に満ちている。

ワット・プラタート・プーカオは小高い丘の上にある寺院。その境内は、ゴールデン・トライアングルを一望する好展望地となっている

ゴールデン・トライアングル宿泊情報
秘境のリゾートを思わせる高級ホテル

1990年代の初め、ゴールデン・トライアングルを見下ろす山間部の高台に、高級リゾートホテルが2軒オープンした。インペリアル・ゴールデン・トライアングル・リゾート（The Imperial Golden Triangle Resort☎053-784-001 图74 困https://www.imperialhotels.com）は、観光開発の気運を呼ぶ役目を果たした存在で、プレジデンシャルスイートは特筆もの。もう1軒のアナンタラ・リゾート・ゴールデントライアングル（Anantara Resort Golden Triangle☎053-784-084 图90 困https://www.anantara.com）

は、広大な山並みの斜面にラーンナー様式の建築が映え、みごとな景観だ。客室からの眺めも美しい。

さらに注目される宿泊施設が出現した。世界的ホテルのフォーシーズンズがゴールデントライアングルのまさにジャングルの中にテント形式のリゾートを作った。それがフォーシーズンズ・テンティッド・キャンプ・ゴールデントライアングル（Four Seasons Tented Camp Golden Triangle, Thailand☎053-910-200 图15テント 回p.292-FS. 困https://www.fourseasons.com/jp/goldentriangle/）。テントといってもバスからインターネットの利用まで高級ホテルと快適さは変わらない設備。大自然の中で、アクセス、食事、スパ、アクティビティなどすべてが用意された贅沢な「キャンプ体験」ができる。

豪華なインペリアル

アナンタラ・リゾートからの眺望はとくに素晴らしい

CHIANG SAEN
チェンセーン

北部タイ民族の故郷

MAP p.227-B

一般的には、ゴールデン・トライアングルの碑が立つ観光地として知られているが、この町には歴史的な見どころも少なくない。

市街地を囲む城壁の内外には、百数十の遺跡が半ば廃墟と化して森林の中に埋もれている。中国の文献によれば、8世紀に中国雲南省を出発したタイ族の一派は、大河メコンの流れに沿って南下を続け、最後はこの地にたどり着く。まもなく国が造られ、現在のタイ国土内に興った史上初のタイ民族による国家となった。ラーンナータイ王国を建国したメンライ大王もこの地で生まれている。13世紀に北部諸国を次々に征服・統一したその偉業の第一歩は、この地から始まった。

市内北西部にある小高い丘の上に建つ**ワット・プラタート・チョームキティ** Wat Phra That Chom Kitti（囡市内→🚗5分）は10世紀の建立で、街並みや大河メコンの流れだけでなく、ゴールデン・トライアングルの山並みまで見下ろせる。

歩き方のヒント
チェンセーン

楽しみ	交通手段
国境 ★★★	徒歩 ★★★
少数民族 ★★	ソンテオ ★★★
バザール ★★	ボート ★★★

エリアの広さ&交通ガイド
南北に流れる大河メコンの西岸にあり、ラオスに面している小さな町。三方を古い城壁に囲まれていて、城壁内だけなら徒歩でも楽に回れる。ゴールデン・トライアングルの観光ポイントまでは、メコン川に沿って北へ8kmほどあり、ソンテオ（片道40〜50B）かボート（同500B）の利用が便利だ。

ACCESS & INFORMATION

バス■バンコク北バスターミナル→エアコンバス（北へ約875〜910km、約12〜13時間）→チェンセーンバスターミナル（約529〜632B） ＊チェンライからは北へ59km、所要約1時間30分。メーサイからは東へ36km、所要約50分。

観光案内所■TAT（タイ国政府観光庁）はチェンライ→p.258市内にあるが、チェンセーンでは国立博物館の向かいに案内窓口があり、ここでも簡単な英語の案内が受けられる。

見る歩く
パーサック歴史公園
Pa Sak Historical Park

城壁の西に広がる緑豊かな公園で、遺跡の大半はすでに全壊に近い状態だが、入口付近のワット・パーサックは健在だ。チェンセーンが誕生して間もない9世紀頃の建立といわれている。

囡バスターミナル→🚗10分 圀城壁の西側 ☎053-650-803 圃8:30〜16:30 囲50B 闲月・火曜

先住民モン族の影響が色濃く残っている

見る歩く
ワット・チェディ・ルアン
Wat Chedi Luang

ラーンナータイ王国の王が14世紀頃に建てたといわれる、町の中心寺院。八角形の台座の上に建てられている仏塔は18mあり、王国内でも当時一番の高さを誇っていた。今もなお威風堂々としてそびえたち、地元の住人たちからの信望も篤い。

囡バスターミナル→🚗7分 圀城壁内部 圃日出〜日没 囲無料 闲なし

均整のとれた美しさを今も保つ、8層の塔

見る歩く
チェンセーン国立博物館
Chiang Saen National Museum

ラーンナータイ時代初期の美術様式はチェンセーン様式と呼ばれ、それを代表する美術品の数々が展示されている。周辺遺跡から発掘された古代の出土品もあり、この町の歴史が見えてくる。

囡バスターミナル→🚗8分 圀城壁内部 ☎053-777-102 圃8:30〜16:30 囲100B 闲月・火曜、祝日

収蔵品が町の歴史の古さを語る

MAE HONG SON
メーホンソーン

霧に霞む雲上の別世界

MAP p.227-A

 街のしくみ 楽しみ方

ミャンマーと国境を接する深い山あいの谷間に、ひっそりとあるこの町は、標高が高く、早朝はいつも霧に包まれることから、「雲上の別世界」と呼ばれている。町を流れるパーイ川が、チャオプラヤー川ではなく、ミャンマーのサルウィン川に注ぎ込むのも象徴的だが、この町には隅々にまで隣国ビルマ文化の影響が見られる。両国の国境をまたいで生活していた山岳民族が県内総人口の半数以上を占め、中国の国共内戦で敗走した国民党の一派が流れてきた歴史もあり、ほかでは見られない独特の風情を醸し出している。こうして異民族・異文化が平和に共存する姿にも、桃源郷を連想させるものがあるようだ。

 歩き方のヒント メーホンソーン

楽しみ		交通手段	
トレッキング	★★★★	徒歩	★★★★
自然景観	★★★	ソンテオ	★★★
くつろぎ	★★★★	自転車	★★

エリアの広さ&交通ガイド

四方を山に囲まれた盆地状の小さな町で、市内を南北に縦断する目抜き通りKhunlumpraphat Rd.の一帯から空港にかけてが中心部。涼しいので市内は徒歩で回った方が気持ちいい。バイクや自転車のレンタルも便利だが、坂道が多いことを覚悟しておこう。ソンテオはまだ数が少なく、郊外の見どころへはツアーへの参加が無難だ。

ACCESS & INFORMATION

飛行機■チェンマイ→バンコク・エアウェイズ約45分→メーホンソーン空港＜1日1便、片道約1220B〜＞
バス■バンコク北バスターミナル→エアコンバス（北へ約928km、約16〜17時間）→メーホンソーンバスターミナル＜約575〜1000B＞ ＊チェンマイからはパーイ経由の北回りが245km、所要約7時間。同じくメー・サリアン経由の南回りが349km、所要約9時間。チェンマイからはバス（1日4本）のほか、北回りコースにバンも走っている。
観光案内所■TAT（タイ国政府観光庁）囲4 Ratchathamphithak Rd.,T. Chong Kham ☎053-612-982〜3 圓8:00〜17:00休土・日曜、祝日 MAP p.265-B

見る歩く

MAP p.265-B

**ワット・チョーン・カムと
ワット・チョーン・クラン**
Wat Chong Kham & Wat Chong Klang

池のほとりに並び建つ双子の寺院。朝霧に包まれて水面にその姿を映しながら浮かぶ様子は、幻想的なメーホンソーンを象徴する絶景だ。どちらも18世紀末にタイヤイ族の技師の手により造られた。
囲市内中心 圓Pradit Chong Kham Rd. 圓早朝〜18:00 囲無料休なし
好対象を描くワット・チョーン・カム（銀色）とワット・チョーン・クラン（金色）

見る歩く

MAP p.265-B

ワット・プラタート・ドーイコンムー
Wat Phra That Doi Kong Mu

小高い山の頂上にあり、町のどこからも目に入る。境内からも小さな街並みが一望のもとに見渡せる。町全体が朝霧にすっぽりと覆われる早朝の景色が、とくに幻想的で美しい。
囲市内中心→🚗15分 圓Padungmoveito Rd. 圓早朝〜18:00 囲無料休なし

ワット・プラタート・ドーイコンムー

見る歩く

MAP p.265-A

ワット・プラノーン
Wat Phra Non

ビルマ様式の大きな涅槃仏があり、メーホンソーン代々の首長が眠る。本堂脇には旧日本軍人の慰霊塔が建っている。インパール作戦で敗走し、傷ついた多くの日本軍人がこの寺院で助けられた。
囲市内中心→🚶5分 圓Padungmoveito Rd. 圓早朝〜18:00 囲無料休なし

日本軍の戦没者慰霊塔

見る歩く
首長カレン族の村
Long-Necked Karen (Pa Dong) Village

女性が真鍮の線を首に輪のように巻いていることから、首長族として知られるカレン族。メーホンソーンには、首長カレン族の村が郊外にいくつかあるが、観光客が訪れる村は、ビルマ（ミャンマー）から逃れてきた難民の村だ。寂しい山間で標識もなく、個人で訪れるのは難しい。ホテルや旅行会社でツアーに参加するのがよいだろう。象の背に揺られて行くコースや、パーイ川の筏下りとセットになったものなど、大自然を満喫できるコースがおすすめだ。

彼女たちの首の線は、6歳の時から3年ごとに6回巻きかえられ、そのたび線を太くしたり長くしたりして徐々に首輪を長くして行く。6回目の巻き替えのあとは、一生はずすことはない。

村の入口で入場料をとられるが、難民として、タイでは働けない彼らの貴重な生活資金となっている。単なる物珍しさだけではなく、山岳民族の人たちの、複雑な事情も頭に入れて訪れたい。

見る歩く
朝市
Morning Market MAP p.265-B

夜も明け切らないうちから、朝靄の中を縫うように、山の幸を抱えて降りてくる山岳民族の人々で市場は静かに賑わう。終日開かれている市だが、朝市が必見だ。
交市内中心←→5分 Niwee pisaan Rd. 開6:00～9:00頃
見ごろは早朝から朝8時ころまでだ

屈託のない表情が印象的なカレン族

食べる
バイ・フーン
Bai Fern Restaurant MAP p.265-A

タイヤイ族の料理を中心に、メーホンソーンの郷土料理が味わえる。店名にあるフーン葉の入る料理は、この店自慢の名物料理。入口は小さいが、地元では有名な店だ。
住87 Khunlumpraphat Rd. ☎053-611-374 営10:30～22:00 休なし

メーホンソーン宿泊情報
のんびりできるリゾートホテルと手頃な中級ホテル

●ジ・インペリアル・メーホンソーン・リゾート　広大な敷地に建つ美しい木造の建物。周囲は緑が多く、設備が整った高級リゾート。☎053-684-444 MAP p.265-A外
●メーホンソーン・マウンテン・イン　館内には必要な設備が用意された中級ホテル。☎053-611-802～3 MAP p.265-A

ジ・インペリアル・メーホンソーン・リゾート

●ガムター・ホテル　☎053-612-794 ほぼ町の中心にあるプチホテル風造り。MAP p.265-A

タイ北部

265

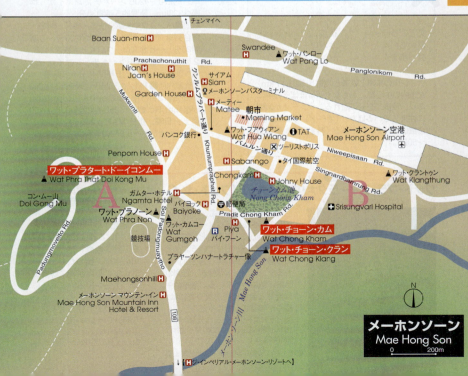

メーホンソーン
Mae Hong Son
0　　200m

PHITSANULOK
ピサヌローク

スコータイ王都への玄関口

MAP p.227-F

ワット・チュラマニーに隣接する本堂（右上）

街のしくみ 楽しみ方

バンコクとチェンマイのほぼ中間地点に当たるこの町は、交通の要衝として賑わう北部第2の都市である。商業都市として活気に沸き立ち、空港やホテルなどの観光設備も現代的だ。スコータイ→p.268やスィー・サッチャナライ→p.272など、旅行者にはとくに周辺遺跡観光への玄関口として位置づけられる。

アユタヤー王朝時代にビルマとの戦闘で武勇を馳せたナレースワン大王は、この町で生まれ育ち、王都がのちに一時期、ここに移されたという歴史がある。欧米列強がアジアに進出した混乱期にも独立を守り通したタイの歴史の中で、唯一その独立を脅かしたのがビルマだ。そこへ逆に攻め入った大王は、今も偉大な英雄としてすべてのタイ国民に慕われている。生誕地を記念した御堂には大王の黒い座像が安置され、参詣者の姿が常に絶えない。タイの人たちの信愛ぶりがよくわかる。芸術的な仏像をいくつも擁したことで知られるワット・プラ・スィーラタナ・マハータートもこの町の誇りで、その美しい仏像はバンコク各地の主要な寺院に移されている。仏像鋳造は今もこの町に根づき、町を代表する伝統工芸となっている。

歩き方のヒント ピサヌローク

楽しみ
- 見どころ ★★★
- 買いもの ★★
- 食べ歩き ★★

交通手段
- 徒歩 ★★★★
- サムロー ★★★
- ソンテオ ★★★

エリアの広さ＆交通ガイド
ナーン川の東岸と鉄道との間（南北約1km）が市内の中心部。おもな名所はほぼその中にあり、徒歩で充分に回れる。ソンテオが頻繁に往来しているほか、（オート）サムローが台数はまだ少ないがある（料金目安1乗車30～50B）。

ACCESS & INFORMATION

飛行機■バンコク→ノックエアなど3社（約60～65分）→ピサヌローク空港＜1日8～9便、片道約600B～＞

バス■バンコク北バスターミナル→エアコンバス（北へ約368km、約4～5時間）→ピサヌロークバスターミナル＜1時間に1～2本、約270～420B＞ ＊チェンマイからは南へ333km、所要約5時間30分

鉄道■バンコク中央駅→快速・急行・特急・寝台列車（北へ389km、4時間30分～8時間30分）→ピサヌローク駅＜3等快速248B、2等寝台特急768B＞ ＊チェンマイからは南へ362km、所要約5時間45分～8時間

観光案内所■TAT（タイ国政府観光庁） 图209/7-8 Surasi Trade Centre, Boromtrailokkanat Rd. ☎055-252-742 開8:00～17:00 休土・日曜、祝日 MAP p.267 ＊スィー・サッチャナライ→p.272の資料はここにある

見る歩く

ワット・プラ・スィーラタナ・マハータート（ワット・ヤイ）
Wat Phra Si Rattana Mahathat(Wat Yai)

MAP p.267

1357年建立の寺院。北部では一番の高さを誇るクメール様式の仏塔を中心に、東西南北の四方にそれぞれ仏殿がのびている。タイの仏像では最高の美しさと称賛されるチンナラート仏像が、西側の仏殿に納められている。薄暗い中に燦然と金色の光を放つ姿には、誰もが神聖さを感じるだろう。

図ピサヌローク駅→10分 開6:30～18:00（博物館9:00～17:00、月・火曜休） 料40B 休なし

毎年1月に祭典が開かれ、信者が集まる

名物料理
空飛ぶ野菜炒め

MAP p.267

青菜炒め→p.25を鍋から皿に投げる妙技で有名な「空飛ぶ野菜炒め」が、ナーン川の東岸、橋のたもとの南側に集まる屋台街で味わえる。ナーン川沿いにさらに南へと進むとナイトバザールが続いており、散策がてら覗いてみるのも悪くない。

图Nan Riverside, Phutta Bucha Rd. 開18:00～翌2:00 休なし

見る歩く　MAP p.267
チャータウィー民族博物館と仏像鋳造工房
Thawee Folk Museum & Buranathai Buddha Image Foundry

地域周辺の生活用具が展示され、実物の高床式家屋で北部の一般家庭の会話をテープで聞くなど、庶民生活の様子がリアルに伝わる。博物館の向かいには仏像鋳造工房があり、ピサヌロークの伝統工芸、仏像の鋳造技術を見学できる。

図ピサヌローク駅→🚗5分 住26/43 Wisut Kasat Rd. ☎055-212-749 開8:00～16:30 料50B 休なし

見る歩く　MAP p.267
ナレースワン大王堂
Shrine Of King Naresuan The Great

スコータイ王朝のラーマカムヘン大王、現王朝のラタナコーシン王朝のチュラロンコーン大王（ラーマ5世）とともに、三大名君として名高いナレースワン大王の生誕地であり、偉業を記念した御堂が建っている。街の楽しみ方も参照。

図ピサヌローク駅→🚗5分 住T. Nai Mueang, Amphoe Museang 開6:00～20:00 料無料 休なし

全国から参拝者が絶えない大王堂

泊まる　MAP p.267
トップランド・ホテル
Topland Hotel

市内中心部にある高級ホテルで、市内随一の大ショッピングセンターに隣接する。中国料理やディスコ、カラオケなど、施設はいずれも市内最高級との折り紙付きだ。

住68/33 Akathodsarod Rd. ☎055-247-800 F055-247-815 料S・T/1500B～ 室253 休www.toplandhotel.com

泊まる　MAP p.267外
アマリン・ラグーン・ホテル
Amarin Lagoon Hotel

市街地のはずれにあり、商業都市の活気は味わえないが、客室をはじめ市内では最高級の設備が自慢。周辺遺跡への観光拠点と割り切る人なら利用価値は高い。

住52/299 Praongkhao Rd. ☎055-220-999 F055-220-944 料S・T/810B～ 室301 ✉rsvn@amarinlagoonhotel.com 休https://www.amarinlagoonhotel.com

泊まる　MAP p.267
パイリン・ピサヌローク・ホテル
Pailyn Phitsanulok Hotel

ナーン川のほとりにたつ老舗で、最近増えた高級ホテルと比較するとビジネスホテル的だが、客室からの眺めは素晴らしい。

住38 Borommatrai Lokkanat Rd. ☎055-252-411 F055-252-412 料S/850B～、T/950B～ 室260

民俗博物館には、色鮮やかな草花が植えられた美しいタイ風の庭園もある

仏像鋳造には小さい像で1ヵ月かかる

地元の若者が集まるトップランド

見る歩く　MAP p.267外
ワット・チュラマニー
Wat Chulamani

市内最古の寺院で、この地域がクメール王国の支配下にあった時代の遺跡が現存する。アユタヤー時代の一時期、この町に王都を移したトライローカナート王が、国王の身分のままに、この寺院で出家したことでも知られる。

図ピサヌローク駅→🚗20分 開8:00～17:00 料無料 休なし

クメール様式の仏塔は崩壊の跡が明瞭だ

タイ北部

267

歴史の流れを感じさせる遺跡

SUKHOTHAI
スコータイ
タイ民族の統一国家、発祥の地

MAP p.227-F

ワット・マハータートの境内に並ぶ仏像の数々（右上）

街のしくみ 楽しみ方

アユタヤーと並ぶ歴史の町、スコータイ。中国雲南から南下したタイ族の祖先は、険しい山並みをいくつも越えて、広大なスコータイ平野に辿り着く。そこでは当時、インドシナ半島の全域に版図を広げたクメール民族のアンコール王朝が待ち受けていた。タイ族は最初、この王朝の支配下に組み込まれてしまう。13世紀になるとアンコール王朝は衰退し始め、ついに1238年、タイ族の首長は独立国家を建国。「幸福の夜明け」を意味するスコータイの名を冠した王国の誕生を高らかに宣言した。王朝は第3代ラームカムヘン大王の時代に最盛期を迎える。支配領域を最大限に広げるだけでなく、セイロン（現スリランカ）から仏教を取り入れて国教としたり、国王自ら庶民の直訴に耳を傾けるなど、現在にいたるまでタイ国家の基盤となるものが、この大王のもとで築かれた。タイ文字が考案されたのもこの頃で、「田には米あり、水に魚あり」とうたわれる大王碑文からも、その繁栄がうかがえる。ちょうどこの頃、日の出の勢いで領土を拡張していた中国元朝の脅威に備えるために大王はラーンナータイなど北方のタイ族諸王国と同盟関係を締結した。スコータイがタイ民族最初の統一国家と呼ばれている理由はここにある。1世紀半という短い歴史で幕を閉じるが、スコータイは今も多くの人から理想郷として崇められている。

ワット・マハータートの仏像

歩き方のヒント
スコータイ

楽しみ
- 遺跡 ★★★★★
- 歴史浪漫 ★★★
- くつろぎ ★★

交通手段
- 徒歩 ★★★★
- ソンテオ ★★
- 自転車 ★★★

エリアの広さ＆交通ガイド

現在のスコータイの新市街は、大河チャオプラヤーに注ぎ込む四大支流のひとつであるヨム川の東岸に広がる。バスターミナル近くのロータリーを中心として、およそ500m四方が中心の小さな町だ。市内ではトゥクトゥクやソンテオが走っている姿も見られるが、中心街は徒歩でも回れる広さ。

スコータイ歴史公園のある旧市街「ムアン・ガオ」は、新市街から西へ12kmほど行ったところにある。旧市街へはバスも運行しているが、バイクタクシーやソンテオの方が便利（料金ソンテオ30B〜、バイクタクシー100B〜）。南北約2km、東西約1.6kmの城壁跡に囲まれた内部が、スコータイ歴史公園の中心部にあたる。城壁内にある主要な遺跡だけなら歩いて回れる広さだが、城壁外の広い範囲に点在する遺跡を見学するなら、市内からの乗り物をそのままチャーターするとよい（料金は時間・距離に応じて交渉制）。また、新市街から城壁内部へ向かうと入口付近に貸し自転車屋が並んでいる。のんびりと自転車をこぎながらの遺跡見学も、牧歌的な風情があって楽しめる（料金目安1日30〜50B）。

ACCESS & INFORMATION

飛行機■バンコク（スワンナプーム）→バンコク・エアウェイズ（約1時間20分）→スコータイ空港＜1日1便、片道1530B＞

バス■バンコク北バスターミナル→エアコンバス（北へ約440km、約7時間）→スコータイバスターミナル＜1日約40本、約248〜319B＞ ＊ピサヌロークからは北西へ58km、所要約1時間。チェンマイからは南東へ298km、所要5〜6時間

観光案内所■TAT（タイ国政府観光庁）圃200 Charo Withi Thong Rd.☎055-616-228〜9圃8:0C〜17:00困土・日曜、祝日 ＊新市街プラルアン橋付近、タイ農民銀行の向かいにある。そのほか、歴史公園内では城壁の北側、ワット・プラ・パーイルアンの向かいに公園事務所の案内窓口がある。☎055-697-241圃8:30〜16:30困なし MAP p.269-B

SUKHOTHAI
スコータイ史跡公園
城壁内部
見る歩く GUIDE

ユネスコの世界遺産に登録されている歴史公園の中心は、三重に囲まれた城壁の内部だ。宮殿や王室寺院など35の重要遺跡があり、ここがスコータイ王朝の中枢をなしていた。ユネスコの協力できれいに整備された公園は、廃墟と化した遺跡群とは絶妙のコントラストを描いている。

遺跡群の特徴は、古くから伝わるクメール様式と、新しく導入されたセイロン様式などが混在し、さらにスコータイ独自の創意工夫が織り込まれている点にある。それぞれの建築様式を見比べてみると面白い。城壁の内部だけなら徒歩でも回れる広さだが、駆け足で見て最低半日、できれば1日はほしいところで、ゆっくり時間をかけて巡りたい。毎年11月の満月の日には、タイ全土で「ロイカートン（灯籠流し）」の祭典が開かれるが、その発祥地はスコータイ。城壁内部には特設会場が設置され、主要な遺跡が照明をあびて浮かび上がる幻想的なムードの中、伝統的な舞が踊られ、花火が盛大に打ち上げられる。

スコータイ歴史公園 交新市街 → 🚌20分 場Muang Kao
☎055-697-310 開6:30〜18:00（土曜ライトアップ〜21:00）
料城壁内部共通券100B 困なし

1991年には世界遺産に登録された

見る歩く
ラームカムヘン国立博物館
The Ramkhamhaeng National Museum
MAP p.269-B

スコータイはもちろん、スィー・サッチャナライ、ガンペーン・ペットなど、王朝時代の主要都市・重要遺跡からの出土品は、ほぼすべてがここに集められている。スコータイ独特の遊行仏像など、美術的にも貴重なものが遺跡から運び出され、ここに展示されている。遺跡には複製品が残されていることも多く、スコータイ美術の真髄に触れるには、この博物館をおいてほかにない。遺跡巡りの前後か合間に時間をとって、一度は訪れたい。

場歴史公園入口 ☎055-697-367
開9:00〜16:30 料150B 困なし

スコータイ時代の出土品が一堂に会す

タイ北部

269

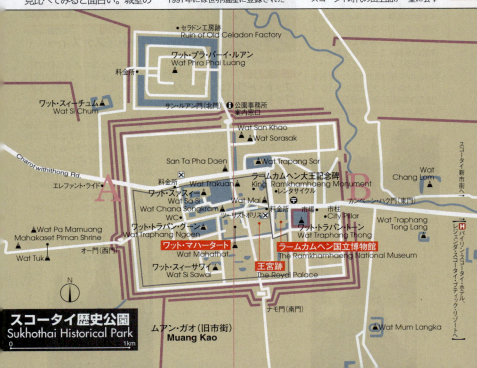

ワット・マハータートの仏塔群の基壇には125体の遊行仏像が彫り込まれている

見る歩く　MAP p.269-A, B
王宮跡と
ワット・マハータート
The Royal Palace & Wat Mahathat

ワット・マハータートはバンコクのワット・プラケオ、アユタヤーのワット・マハータートに比肩するスコータイの王室守護寺院。堀に囲まれた境内の中央にそびえる大仏塔は、蓮蕾型をしたスコータイ独自の様式で、これをクメールやセイロン、ラーンナー様式の仏塔が取り囲み、当時の世界観を表現していることに注目したい。巨大な柱のみを残す本堂には、スコータイ芸術を代表する美しい仏像が鎮座しているが、これは複製品。現ラタナコーシン王朝のラーマ1世が崩壊の度を深める遺跡を危惧して、バンコクのワット・スタット→p.63に実物を移送した。寺院の東側に王宮の跡地があり、今や基部しか残されていないが、約400m四方の敷地からは、有名なラームカムヘン大王碑文（バンコク国立博物館所蔵）が発見された。

交公園入口→徒8分　開史跡公園の中心　料30B

銀の池に浮かぶトラパン・グーン

ワット・トラパン・グーンと対をなすワット・トラパン・トーン

見る歩く　MAP p.269-A
ワット・スィーサワイ
Wat Si Sawai

中央に3塔並ぶクメール様式の仏塔が象徴的な、アンコール時代のクメール遺跡。アンコール王朝の支配下にヒンドゥー寺院として建立され、ここの遺跡では珍しくこの寺院は南向き（ほかは東向き）。その後スコータイ時代に仏堂が建て加えられるなど、次第に仏教寺院へと変貌した。アユタヤー時代に修復されており、仏塔には見事な彫刻装飾が今も健在だ。

交ワット・マハータート→徒5分

神々が躍動的に彫り込まれている

見る歩く　MAP p.269-A, B
ワット・トラパン・グーンと
ワット・トラパン・トーン
Wat Traphang Ngoen & Wat Traphang Thong

スコータイ王朝の中枢をなしていた王宮、および王室寺院のワット・マハータート。それらを中心として、西に「銀（グーン）の池」、東に「金（トーン）の池」があり、京都の金閣、銀閣のように、トラパン・グーンとトラパン・トーンの2つの寺院が対をなしている。どちらも遺跡自体の見どころは少ないが、それぞれが池の小島の上にあり、水面に浮かぶようにたたずむ姿が美しい。金の池には蓮の花が見事に咲き乱れ、銀の池にある中州からは、スコータイ随一の絶景といわれるワット・マハータートの眺望が楽しめる。

交それぞれワット・マハータート→徒5分

見る歩く　MAP p.269-B
ラームカムヘン大王記念碑
King Ramkhamhaeng Monument

今も多くのタイ人から理想的な君主として崇拝されている大王の偉業をたたえる記念碑だ。タイ文字で書かれた最初の碑文として有名なラームカムヘン大王碑文は、三宮跡で発見され、現在はバンコク国立博物館に所蔵されている。記念碑にはその複製品があり、古式ゆかしい字体で、「田には米あり、水に魚あり」と栄華を謳歌していた当時の様子がうたわれている。アイデンティティを確認するという意味では、タイ人にとってまさに聖地とも呼べそうな神聖な場所であり、歴史公園を訪れるタイの人は必ず一番最初に参詣するのが慣習だ。

交ワット・マハータート→徒5分

数々の偉業を為し遂げたことで、大王として名高い

見る歩く　MAP p.269-A
ワット・サスィー
Wat Sa Si

池の中の小島にある仏教寺院。鈎鐘型をしたセイロン様式の大仏塔を中心に、大小の仏塔が9基、微妙なコントラストで配置されている。境内の南側には、スコータイ美術の最高峰とされる遊行仏像が優雅な物腰でたたずむが、これは複製品。実物はラームカムヘン博物館に展示されていて、こちらの方も必見。タイ人気質の源流を垣間見るような、そんな気分にもさせる一級の芸術作品だ。

交ワット・マハータート→徒5分　料30B

美術史上でも名を知られているワット・サスィー

SUKHOTHAI スコータイ歴史公園
城壁外部
見る歩く GUIDE

城壁の北部はアンコール王朝の支配下におかれていた時代の中心地。また、西部に広がる丘陵地帯には、修行僧のために建てられた寺院の跡が点在する。かなり広範囲におよぶので徒歩では無理。公園の入口付近で自転車を借りるなど、乗り物を利用した方が効率がよい。

🕗8:30～17:00 🎫北部エリア、中央部エリア、西部エリア共通券各100B 🚫なし

アンコール王朝時代の中心地

見る歩く　　MAP p.269-A
ワット・スィーチュム
Wat Si Chum

高さ14.7m、幅11.3mという大仏座像が、巨大な石堂に納められている寺院跡。仏像を包むように囲っている壁には約3mの厚みがあり、壁には仏教説話が彫り込まれている。壁に囲われている分、その巨大さがいっそう印象に残る。仏像の頭部に当たる高みには国王専用の部屋があり、歴代の国王はここからあたかも仏像が話しかけるようにして、御神託を下していたという。石堂の入口は縦に細長く切り込まれた形で扉が開き、威圧的な迫力で正面を凝視する大仏を、当時の一般庶民は外部から拝観していた。迫力の大仏像は降魔像として描かれている。組み上げた右足の上に右手を置き、指を下に向けた右手の形が特徴で、「大地が裂け、そこに悪魔が吸い込まれていった」ことを意味しており、悟りを開いた仏の姿を描写するスタイルとされている。

🚗城壁北門→ 🚙5分 🎫30B

迫力の降魔像からは御神託が下された（ワット・スィーチュム大仏座像）

見る歩く　　MAP p.269-A
ワット・プラ・パーイ・ルアン
Wat Phra Phai Luang

クメール民族のアンコール王朝がスコータイ平野を支配していた当時は、この神殿跡を中心に都がおかれていた。クメール様式の3つの塔や大きな堀、溜め池など、アンコール遺跡に顕著な特徴を備え、クメール的な宇宙観を表現している。スコータイ王朝時代になって仏教寺院へと徐々に改築された。大部分は崩壊したものの、中央神殿の3塔のうち北側の塔は現存し、当時のクメール彫刻もかすかに見える。

🚗城壁北門→ 🚙5分

見る歩く　　MAP p.269-A外
ワット・サパーンヒン
Wat Saphan Hin

城壁の西部にはゆるやかな丘陵地帯が広がり、修行僧のための寺院の跡が広範囲に点在する。この寺院跡がその代表だ。ラーマカムヘン大王によって建立され、大王自身も一時期ここで修行したとされている。丘陵地のふもとから高さ約200mの丘の頂上まで石畳が続き、これを登りつめると、約12.5mの大仏立像が右手を挙げて待っている。頂上からは、木々に埋もれた遺跡群や、遠くスコータイ市内を流れるヨム川、さらに晴天ならスィー・サッチャナライの山並みまでもが見渡せる。

🚗城壁内→ 🚙15分、ふもと→ 🚶10分

ワット・サパーンヒンの仏像

歴史公園周辺の休憩スポット
休憩できる場所で、ひと息入れておく

広大な歴史公園内には手洗い所が少なく、外国人旅行者が休憩できそうな場所は多くはない。国立博物館の前に小食堂、ワット・トラパン・グーン近くに集合屋台（民芸品なども売っている）がある程度。市内側へ少し戻れば、宿泊施設も整ったレジェンダ・スコータイ・ブティック・リゾートがあり、ここならゆっくり落ち着ける。

Legendha Sukhothai Boutique Resort
🏠214 Moo 3, Mueang Kao
☎055-697-249 MAP p.269-B外

スコータイ宿泊情報　　MAP p.269-B外
パイリン・スコータイ・ホテル
Pailyn Sukhothai Hotel

新市街と旧市街のほぼ中間に位置するリゾート風の高級ホテル。客室に囲まれた広い中庭が、開放的な感じがして心地よい。

🏠10/2 Moo 1 Charotwithithong Rd.
☎055-613-310 📠055-613-317 💰S・T／1700B～ 🛏230

皇室関係者も利用した実績がある

タイ北部 スコータイ／見る歩く

SI SATCHANALAI
スィー・サッチャナライ

スコータイ時代の副都市

MAP p.227-F

街のしくみ 楽しみ方

スコータイから北へ約50km、北部山岳地帯へと連なる緩やかな丘陵地帯の狭間を流れるヨム川は、遥か南方で大河チャオプラヤーと合流するが、このヨム川の西岸にはスコータイ時代、軍事・交易上の重要拠点として大きな都が築かれた。当時北方にはラーンナータイ王国を筆頭に、同族タイ系の王国・公国が群雄割拠する状態で、スコータイ王都の北の守りを固めるために、この都は代々の王子によって直轄統治されていた。初代の王子は後にラームカムヘン大王となる人物だ。大王はこの頃から中国の陶芸技術を導入するのに熱心で、中国元朝から陶芸師が大勢この地に招かれている。周辺には中国とインドを結ぶ通商路のひとつがあったともいわれており、日本へも「宋胡録焼」の名で伝わるスコータイ陶器はその昔、ここから世界中に伝播した。

歩き方のヒント スィー・サッチャナライ

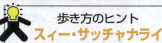

楽しみ		交通手段	
遺跡	★★★★	徒歩	★★★
歴史浪漫	★★★	ソンテオ	★★
くつろぎ	★★	自転車	★★

エリアの広さ&交通ガイド

歴史公園の城壁内（約1km四方）は徒歩で回れる。郊外の遺跡へはレンタサイクルが便利だが、自転車が古いのは覚悟しよう（料金目安1日30～50B）。レンタル屋は公園の中心から離れた幹線道路沿いにあり、スコータイからのバスなら近くで降ろしてくれる。

ACCESS & INFORMATION

バス■バンコク北バスターミナル→エアコンバス（北へ約508km、約8時間）→スィー・サッチャナライバスターミナル＜1日3～4本、約250B～＞ ＊スコータイからは北へ55km、所要約1時間。歴史公園へはムアン・ガオ（旧市街）で途中下車する
観光案内所■TAT（タイ国政府観光庁）はピサヌローク→p.266にある。 ＊城壁入口から左へ少し歩いたところに、案内窓口がある。
☎055-679-211 開8:00～16:30 休なし

見る歩く
ワット・チェディー・ジェットテーオ
Wat Chedi Chet Thaeo
MAP p.273-A

7つの大きな仏塔と26の小さな仏塔からなる寺院跡で、中央に高くそびえる仏塔はスコータイ様式が美しい蓮蕾型の仏塔だ。その周囲の大仏塔もそれぞれが様式を異にし、ラーンナー、セイロン、クメールなど、当時の世界観がこれらの仏塔に映し出されていて興味深い。小仏塔群には、スコータイ王家の親族でこの土地に縁のある有力者の遺骨が奉納されている。
場歴史公園・城壁内部

当時の世界観がよくわかる

見る歩く
ワット・チャーン・ロム
Wat Chang Lom
MAP p.273-A

ラームカムヘン大王の命でセイロンよりもたらされた仏舎利が奉納されているという城壁内の中心寺院。「象が囲む」という意味の名称どおり、セイロン様式の大仏塔の基壇には、39体の象の彫像が美しく装飾されている。
場歴史公園・城壁内部

ワット・チャーン・ロムでは象に乗っての遺跡見学も可能

スィー・サッチャナライ歴史公園
Si Satchanalai Historical Park
MAP p.273

総数200以上の遺跡が点在する歴史公園。中心は約1km四方の城壁に囲まれた内部。
交スコータイ市内→🚗1時間
場Muang Kao, Si Satchanalai
開8:30～17:00 料100～220B 休なし

見る歩く ワット・ナーンパヤー
Wat Nang Phaya　MAP p.273-A

セイロン様式の仏塔が目を引く寺院だが、ここの見どころは御堂の壁に施された美しい漆喰彫刻。アユタヤ時代に建て加えられたものだが、7室あったという御堂も今では蔓模様の浮かび上がる1室の壁面を残すのみで、あとはほぼ完全に崩壊している。

交城壁 → 10分 開8:30〜16:30 料20B 困なし
場歴史公園・城壁内部

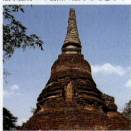
崩壊部分には自然の厳しさを感じる

見る歩く ワット・プラ・スィーラタナ・マハータート
Wat Phra Si Rattana Mahathat　MAP p.273-B

アンコール王朝の支配期には、この寺院を中心にチャリヤン(Chaliang)と呼ばれる都があった。中央の仏舎利塔には、随所にクメール様式の建築も残されている。

交城壁 → 10分 開8:30〜16:30 料20B 困なし

遊行仏像とクメール様式の仏塔

見る歩く ワット・カーオ・スワンキリーとワット・カーオ・パノムプルーン
Wat Khao Suwankhiri & Wat Khao Phanom Phloeng　MAP p.273-A

城壁内部の北側には、西方から緩やかに丘陵地帯が流れ込み、丘の上には2つの寺院が並び建つ。とくに西側のスワンキリー寺院は、ラームカムヘン大王の命による建立で、眺望も素晴らしい。

場歴史公園・城壁内部（ワット・チャーン・ローム→🚶15分）

のどかな雰囲気に包まれる

スワンカローク焼き

セラドン窯跡兼研究保存センター
Celadon Kiln Site Study & Conservation Center
MAP p.273-A外

地中深くから発掘された窯跡が保存されている研究所で、展示資料からは当時、かなり広範な地域で陶器が焼かれていた様子がよくわかる。この地域で生産された陶器は日本へも伝わり、「宋胡録（すんころく）焼」として日本の茶人たちに重宝されるが、この名前は当時、港のあった南方のスワンカロークの地名に由来する。

交城壁 → 10分 Baan Ko Noi 開9:00〜16:00 料100B 困なし

このエリアの休憩ポイント

城壁内への入口には集合屋台がある。城壁の東側には川畔のレストラン2軒、ワンヨム（Wang Yom）とゲーンサック（Kang Sak）があり、ゆったりくつろげる。

タイ北部

273

スィー・サッチャナライ歴史公園
Si Satchanalai Historical Park

KAMPHAENG PHET
ガンペーン・ペット

スコータイ王朝、南西の防壁都市

MAP p.227-F

ワット・プラケオ（右上）

街のしくみ 楽しみ方

スコータイ王都の南西方角では当時、のちにビルマ全土を支配するモン族の勢力が強く、その防壁堤として北方のチェンマイから流れ込むピン川の北岸にあるこの地にも、城壁（ガンペーン）が築かれた。スィー・サッチャナライと同様に、歴代王子が直轄統治したスコータイ王朝の重要な副都市だ。都の中心部は二重の城壁に囲まれて建つ王室寺院で、北西部の森林には修行僧のための寺院が多く、この都の宮廷が仏教の保護に尽力していた様子がうかがえる。

どの遺跡も自然の浸食による破壊がすさまじく、今や朽ち果てた姿だけが強く脳裏に焼き付けられるが、修復跡が明瞭な遺跡よりもかえって、数百年の時の流れに思いを馳せることができるだろう。

歩き方のヒント ガンペーン・ペット

楽しみ	交通手段
遺跡 ★★★	徒歩 ★★
歴史浪漫 ★★★	ソンテオ ★★
くつろぎ ★	

エリアの広さ&交通ガイド

市内はピン川の北岸。東側は新市街、西側の城壁に囲まれた一角が旧市街。旧市街だけなら歩いて回れる。城壁の北西部にある遺跡を見学するならソンテオ（→p.320）の利用が便利だが、市内にもソンテオはまだ少なく、往復のチャーターが無難だ（料金目安1時間200B）。

ACCESS & INFORMATION

バス■バンコク北バスターミナル→エアコンバス（北へ358km、約5～6時間）→ガンペーン・ペットバスターミナル＜1日約8本、約204～263B＞ ＊スコータイからは南西へ約80km、所要約1時間30分、約70B
＊博物館や公園の入口に英語の案内がある

見る歩く
ガンペーン・ペット国立博物館
Kamphaeng Phet National Museum

スコータイ王朝所縁の出土品は、大部分がスコータイの博物館に展示されているが、隣接する祠から出土した見事なシヴァ神（プラ・イスワン）像はここにある。
圏歴史公園内（城壁入口からすぐ）開9:00～16:00 料100B 休月・火曜、祝日

見る歩く
ガンペーン・ペット歴史公園
Kamphaeng Phet Historical Park

ピン川の南北両岸に点在する遺跡群で、ユネスコの世界遺産に登録された歴史公園だ。おもな遺跡は北岸にあり、城壁の内部が歴史公園の中心部。宮殿や王室守護寺院の跡がかすかに残されている。
開8:00～17:00 料100B 休なし

見る歩く
ワット・プラケオ
Wat Phra Kaew

史跡公園の中心寺院で、バンコクの王室守護寺院と同じ名前だ。数奇な運命をたどったエメラルド仏像も、一時期ここにも奉納されていた。隣のワット・プラタートとともに、2重の城壁に囲まれている。内壁の外側、北西部には、かつての宮殿跡が静かに残り、この周辺がガンペーン・ペット宮廷の中枢をなしていた。
圏歴史公園内（城壁内部の中心）

城壁の北西部にある遺跡群

市街の北西部にある遺跡群は深い森林の中に埋もれている。大自然による浸食の痕跡はよりいっそう鮮明だ。森林公園のようなたたずまいを見せる一角で、熱帯の樹木に埋もれた遺跡は、複製品や修復の跡とは無縁の世界。往年の息吹がそのままの迫力で、全身の五感を揺るがせる。時間があれば、足をのばしてゆっくり散策してみよう。

●ワット・チャーンローブ（Wat Chang Rob） 小高い丘にそびえるセイロン様式の仏塔は、尖塔部分は跡形もないが、基壇を支える象の彫刻68体は、比較的よく保存されている。
●ワット・プラシー・イリヤーボット（Wat Phra Si Iriyaabot） 崩壊した仏堂跡の背後、4面の塔の各側面には、巨大な立仏像が今も残っている。
●ワット・プラノーン（Wat Phra Non） かつては巨大な涅槃仏が横たわっていたが、今はその仏堂だけが大きな抜け殻のように残されている。
●ワット・アワートヤイ（Wat Awart Yai） 珍しい8角形の仏塔を中心に、さまざまな時代様式の建物が混在する。往年の迫力が伝わってくる

どの仏像も朝日が昇る東を向いている

タイ東北部

- ●ナコン・ラーチャシーマー　p.278
- ●ピマーイ　p.282
- ●ウボン・ラージャターニー　p.283
- ●ノンカーイ　p.284
- ●ウドンタニー　p.285

North-Eastern Thailand

タイ東北部　旅のアドバイス

タイ東北部のことを「イサーン」と呼ぶ。ラオス、カンボジアと国境を接し、民族的にも歴史的にも両国の影響が大きい。東北部は高級米の産地である一方、潅漑用水の整備などが遅れ、全体に貧しい。バンコクへの出稼ぎ者が多いのもそこに理由がある。バンコクっ子は「イサーン人」を独特の視点で眺めている。歴史的にはクメール帝国の重要都市が造られた土地で、クメールの遺跡を訪れる旅行者は多い。

見る歩くPoint

カンボジアにアンコールワットを残したクメール帝国。タイ東北部はかつてその帝国の重要な領土だった地域であり、歴史好きの人にとっては興味深い。ナコン・ラーチャシーマーやピマーイなどには、クメール帝国に関わりの深い遺跡が数多く残されている。また、観光ポイントとしては、「国境の町」にも人気がある。東北部の中では北端に近いノンカーイは、ラオスの首都ビエンチャンの目と鼻の先である。国境でもあるメコン川には、1994年、タイ・ラオス友好橋が建設され、橋の中央部まで歩いていって越境気分を味わうことも可能になった。タイの中でもっとも東にあるウボン・ラージャターニーも、ラオスと国境を接する地であり、新しい観光ポイントとなりつつある。

買いものPoint

ナコン・ラーチャシーマーは「イサーンへの玄関口」と呼ばれ、タイの東北部と中央部を結ぶ拠点となっている。デパートや商店街があってショッピングの客で賑わっている。その賑わいが典型的にあらわれるのが、ナイトバザールだ。小さな通りに屋台がずらりと軒を連ね、雑多な品がところ狭しと並べられる。いかにも東南アジア的なエネルギーを感じる風景。また、陶器の町ダーン・クウィアン、高級タイシルクの産地パーク・トン・チャイがナコン・ラーチャシーマーの郊外にあり、足をのばすのもいい。職人の技を見学することもできる。

食べものPoint

タイ東北部には、旅行者が求めて食べにいくようなしゃれたレストランや、バンコクにあるような高級店は少ない。しかし、日本人や欧米人の舌にあった料理にこだわらなければ、地元ならではの「おいしい」料理を味わえるはずだ。土地の人が入る、いわゆる普通の食べもの屋に行けば「イサーンの味」に出合うことができる。その代表格は、イサーン人の主食、蒸したカーオ・ニャオ（もち米）。また、タレに漬け込んだ鶏肉を炭火で焼いたガイ・ヤーン、パパイヤを使ったサラダの一種ソムタムもポピュラー。鶏の内臓の串焼きなども一緒に売っていることが多い。

タイ東北部への交通

空路

バンコクからナコン・ラーチャシーマーへの便は休止中。バンコクからウドンタニーへは1日3～4便、所要約1時間5分。ウボン・ラージャターニーへは1日2～3便、所要約1時間5分。

陸路

バンコクからナコン・ラーチャシーマーへは鉄道で4～6時間30分、バスで約4時間30分。ウドンタニーへは鉄道で約8時間30分～11時間、バスで約9時間。ノンカーイへは鉄道で9～11時間、バスで約10時間。ウドンタニーからノンカーイへはバスで約1時間。バンコクからウボン・ラージャターニーへは鉄道で8～12時間、バスで10～11時間。ナコン・ラーチャシーマーからウボン・ラージャターニーへは鉄道、バスともに約5～6時間。

耳より情報

近年、カオ・プラ・ウィハーンというクメール遺跡が、観光スポットとして注目されている。タイ国内のクメール遺跡といえば、ピマーイのものが有名だが、カオ・プラ・ウィハーンはそれに匹敵するといわれるほどのもの。この遺跡はタイとカンボジアの国境上に位置し、戦略的な要地にもあたる。遺跡の本殿部分はカンボジア側にあるが、その足下のカンボジア領は断崖絶壁。逆に、本殿へ登るための参道はタイ領にある。そうした複雑さのために、カンボジアの内戦などが影響して長く閉鎖されていた。カンボジアの安定と両国の関係正常化により1998年にようやく一般公開が許され、一躍、注目を浴びる存在になった。だが、それもつかのま2011年には両国の武力衝突が発生し、遺跡の領有権をめぐる紛争がおきている。
→p.281

NAKHON RATCHASIMA (KHORATコラート)
ナコン・ラーチャシーマ

イサーン（東北タイ）への玄関口

MAP p.277-C

街のしくみ 楽しみ方

この町は、昔からイサーン（東北タイ）地方の交通の要衝として栄え、通称「コラート（高原）」の名で呼び親しまれている。

イサーンはその昔、アンコール王朝の版図に組み込まれていたため、高原の随所にクメール遺跡が点在している。アンコール王朝後のアユタヤ王朝の時代に、現在の町の基礎は築かれた。濠に囲まれた旧市街に当時の面影があり、東西南北4つの城門や、朽ちかけた城壁の跡などが残されている。

19世紀前半、英国の東南アジア進出に揺れ動くタイに対して、当時属国だったラオスのビエンチャン王朝は、反旗を翻してコラートを制圧。この時、副知事の夫人であったヤー・モー女史は、酒を振る舞い敵軍の将兵を泥酔させる機転を利かせてラオス軍を駆逐する。女史はフランスのジャンヌ・ダルクにも例えられ、タオ・スラナリーの称号を授かった。彼女への地元住民の信望は今なお篤く、旧市街の入口には記念像がある。1981年のクーデター騒動でも、政府は王室とともにこの街に待避して反乱勢力を鎮圧した。

今や全国で2番目の規模の人口を誇り、名実ともにイサーン最大の都市として東北部に君臨する。バンコクからイサーン地方へと延びる道路や鉄道は、いずれもここで北と東へ分岐する。市内には、イサーン観光の拠点として、充実した施設が揃っている。

タオ・スラナリー記念像
Monument Of Thao Suranari

歩き方のヒント ナコン・ラーチャシーマー

楽しみ	交通手段
見どころ ★★★★	サムロー ★★★★
買いもの ★★	ソンテオ ★★★
食べ歩き ★★	バス ★

エリアの広さ＆交通ガイド

ナコン・ラーチャシーマーの市内観光の中心エリアは、東西約1km、南北約500mの濠に囲まれた旧市街。発展の著しい新市街はそこから郊外へと大きく広がっていて、鉄道駅やバスターミナルなども市内の各所に点在している。

旧市街の中は、徒歩でも楽に回れる。また、旧市街への移動には、市バスやソンテオ（→p.320）などの交通機関は整備されてはいるものの、慣れない旅行者が利用するのは難しい。新市街に宿泊し、旧市街へ出かける場合などは、サムロー（→p.320）の利用が便利だ（料金目安1乗車約70～100B）。

また、近隣諸県も含めた広い範囲にも見どころがある。交通の拠点として近郊へのバスの発着はかなり頻繁だが、行き先ごとに乗り場が異なるため、旅行者には少しわかりづらい。これら近郊の見どころへは、市内の主要なホテルや旅行会社でタクシーをチャーターするか（料金目安1日約1500～2000B経費別）、ツアーに参加したほうが便利だ。

ACCESS & INFORMATION

飛行機■バンコク→（約50分）→コラート空港　運航休止中

バス■バンコク北バスターミナル→エアコンバス（東北へ約256km、約4時間30分）→コラートバスターミナル＜ほぼ30分おきに運行、VIP約260B＞

鉄道■バンコク中央駅→快速・急行・特急・寝台列車（東北へ約264km、4時間15分～6時間15分）→コラート駅＜1日10本、2等165B～＞　＊鉄道でもバスでも、ウボン・ラーチャターニー行きやウドンタニー行きなど、東北方面へ行く車両またはバスに乗り込み、途中下車することでナコン・ラーチャシーマーに行くことができる。もちろん、さらに北上することも可能だ

観光案内所■TAT（タイ国政府観光庁）　国2102-4 M traphap Rd. ☎044-213-666、030圏8:00～17:00休土・日曜、祝日　＊ピマーイ→p.282の資料はここにある

パノム・ルン史跡公園（右上）

NAKHON RATCHASIMA 近郊 見る歩く GUIDE

この町を拠点とする見どころは、市街の近郊や近隣の諸県も含めて、広範なエリアに分布する。古代のクメール遺跡が最大の見どころだが、近郊には絹織物と焼物の特産地などもある。遠くへ行くほどレストランなどの施設は少なくなるが、のどかな田園の風景と人々のあたたかさに、イサーンらしい魅力を満喫できるに違いない。

見る歩く　MAP p.280-A
ダーン・クウィアン
Dan Kwian

ナコン・ラーチャシーマーの南14kmにある小さな町。この町で陶芸が始まったのは、今から250年ほど前のこと。高度な文明を築いた先住民のモン族が、この地に移住してからのことである。焼物作りに長けた彼らは、このあたりの良質な土と、近くを流れるムーン川の水質に目を付けた。今や焼物の町として全国的に有名になり、街道筋の両側には、陶磁器の店が所狭しと並んでいる。歴史と伝統を誇るこの町の陶芸技術は、店の裏手にある工房で見学できる。牛車ばかりを展示する珍しい博物館もあり、国内各地から仕入れにきた商人や、みやげ品を探す旅行者などが訪れる。

図市内→🚗15分　🚌Nakhon Ratchasima-Chok Chai Rd. ＊営業時間・休日は店により異なる

見る歩く　MAP p.280-A
パーク・トン・チャイ
Pak Thong Chai

タイシルクの特産地として全国にその名を知られている町。ここからはバンコクをはじめ各県へも大量に、シルク製品が出荷されている。町の中心には、この伝統工芸を後世に伝えるための博物館があり、街道脇の小道には、ジム・トンプソンをはじめ大小さまざまなタイシルクの専門店が軒を連ねている。産地直売なので一般の観光地よりも割安だ。工場を抱えている大きな店では、機織り作業などの工程も見学できる。また、近隣の農村では、今も伝統的に高床式の農家の軒下で織られている様子が見られるので、旅行会社で個人ツアーをアレンジするなら、ついでに連れていってもらうとよいだろう。

図市内→🚗40分　🚌K.M.107-108 Highway 304 ＊営業時間・休日は店により異なる

市場を見る
ナイトバザール
Night Bazaar

MAP p.280-A

旧市街のほぼ中心を南北に走るマナット通りには毎日、夕刻になると民芸品や衣料品などを山積みした露天商が集結し、ナイトバザールの市がたつ。もともとは地元の人の胃袋を満たす食堂街だったので、イサーン特有の味を楽しめる屋台が多いことが特徴だ。とくに夕食時には連日、仕事を終えて帰宅途中の人たちで往来もままならない。陶磁器やタイシルクなど地域特産のみやげもの屋も数多く、旅行者にとっても、市内では唯一最大の見どころといえそうだ。

図タオ・スラナリー記念像→🚶10分　🚌Manat Rd.　開18:00〜23:00 休なし

ダーン・クウィアン。店先に積まれた焼物

絹の町、パーク・トン・チャイ

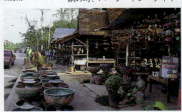

伝統の陶芸技術の見学もできるダーン・クウィアン

ナコン・ラーチャシーマー宿泊情報
イサーン観光の中心拠点

ナイトバザールの正面にあるチョムスランChomsurang（囲2701/2 Mahadthai Rd. ☎044-257-080。MAP p.280-A）をはじめ、旧市街には中級ホテルやゲストハウスがある一方、新市街にはモダンな設備を誇る高級ホテルがオープンしている。シマ・タニーSima Thani（囲2112/2 Mittraphap Rd. ☎044-213-100。MAP p.280-A）は市内最高級のホテルで、ショッピングモールなど多彩な施設を揃えている。デュシット・プリンセス・コラートDusit Princess Khorat（囲1137 Suranarai Rd. ☎044-256-629。MAP p.280-A）はデュシット・グループの系列で、タイ流儀のもてなしには定評がある。新市街のホテルはいずれも旧市街からは遠いが、専用シャトルバスがあるので不便はない。

シマ・タニー。乾季には野外レストランで伝統舞踊が楽しめる

タイ東北部　ナコン・ラーチャシーマー

見る歩く　MAP p.280-A
バーン・プラサート 古代遺跡発掘跡
Ban Prasat Archaeological Site

古代遺跡の発掘跡が保存されている。古いもので約3000年前、中間でドヴァーラヴァティー時代、新しいものはクメール時代と推定される人骨や土器がここから出土した。異なる時代の出土品が同一現場から出た、学術的に貴重な発掘跡が3カ所あり、案内所の近くにある第1現場が最大だ。

図市内→🚗45分、ピマーイ→🚗20分
住Ban Prasat Moo 7 Tarn Pra Sat
☎044-213-030 圏8:00～16:30 料無料 困なし

見る歩く　MAP p.280-A
パノム・ワン遺跡
Prasat Hin Phanom Wan

イサーンには数多くのクメール遺跡が点在するが、市内から最も近いのがここ。この遺跡は11世紀、有名なピマーイ遺跡よりも先に建てられたといわれる古い神殿で、最初はヒンドゥー教のシヴァ神を祀っていた。アユタヤー王朝の時代になり仏教寺院へと改宗されるが、王朝が凋落して以後、長期間放置され、自然による破壊の程度はかなり激しい。1990年代に修復されたが、今や回廊壁は一重にしかすかに残り、中央祠堂も上

朝日を向いて東向きに建っている部が失われた状態で、クメール様式の彫刻などもほとんどが消滅している。が、修復により完全な崩壊はくい止められた。こまかな装飾はともかく、崩れた姿ではあってもその規模の巨大さに、かつての威容が感じられる。

図市内→🚗30分、ピマーイ→🚗50分
住Ban Makha Khorat-Kon kaen Rd. 圏7:00～18:00 料無料 困なし

深さにしたがって出土品は古くなるが、地層が異なる様子も顕著で、古くから人類がここで生活を営んでいたことが実感できる

長い間風雨にさらされて傷んでいるが、規模の大きさは指折り

ナコン・ラーチャシーマー周辺
Nakhon Ratchasima

0　　30km

- バーン・プラサート古代遺跡発掘跡 / Ban Prasat Archaeological Site
- タクロ / Takhro
- ピマーイ国立博物館 / Phimai National Museum
- ピマーイ歴史公園 / Phimai Historical Park
- サトゥーク / Satuk
- ノンタイ / Non Thai
- タラートカエ / Thalat Khae
- ピマーイ / Phi Mai
- ドンワイ / Don Wai
- パノム・ワン遺跡 / Prasat Hin Phanom Wan
- ナコン・ラーチャシーマー / Nakhon Ratchasima
- ブリラム / Buri Ram
- スリン / Surin
- ナイトバザール
- チョムスラン / Chomsurang
- シマ・タニー / Sima Thani
- ダーン・クウィアン / Dan Kwian
- ドゥシット・プリンセス・コラート / Dusit Princess Khorat
- バンノンドン / Ban Nong Don
- クラサーン / Krasang
- チョクチャイ / Chok Chai
- パーク・トン・チャイ / Pak Thong Chai
- ノンキ / Nong Ki
- ナンロン / Nang Rong
- パノム・ルン歴史公園 / Phanom Rung Historical Park
- プラコーンチャイ / Prakhon Chai
- プラサート / Prasat
- コンブリー / Khon Buri
- サダオ / Sadao
- ムアン・タム遺跡 / Prasat Hin Muang Tam
- バンプラカーン / Ban Prakham

パノム・ルン歴史公園
Phanom Rung Histirical Park

MAP p.280-B

タイ国内のクメール遺跡ではピマーイ遺跡と肩を並べ、「最高峰の建築物」と称賛される石造神殿がここにある。推定の建設時期は12世紀の初頭で、ピマーイ以降、アンコールワットの直前頃といわれている。いくたびもの試行錯誤が繰り返されたピマーイ遺跡の建築を受け継いでいるだけに、高度な技術が採用されている。この遺跡の完成を受けて、ようやくアンコールワットの巨大な石造建築が開花することになるわけだ。朝日を向いて東向きに建つ中央祠堂の内部には、ヒンドゥー教のシヴァ神が乗るための聖なる牛像が奉納され、祠堂の上部には、貴重な「踊るシヴァ神」が躍動感たっぷりに彫り込まれている。この神殿が、破壊と創造を司るシヴァ神を祀るために建てられたことを物語るものだ。大平原にたたずむ小高い丘の上に建ち、ナーク(蛇神·龍神)に導かれるように石畳の長い参道を登り詰めれば、祠堂のある頂上部では心地よい風がそよぐ。ひと息いれて眼下を見下ろせば、見渡すかぎり水田ばかりが広がり、晴れた日には遠くカンボジア国境の山並みへと続く眺望が開けている。

クメール王国の隆盛ぶりを伝える、パノム・ルン遺跡の堂々たる姿

パノム・ルン遺跡を飾る緻密な彫刻

図市内→🚗2時間10分 Ta Pek, Chaloem Phra Kiat, Buri Ram ☎044-631-746 開6:00〜18:00 料100B(ムアン・タム遺跡との共通券150B) 困なし

ムアン・タム遺跡
Prasat Hin Muang Tam

MAP p.280-B

パノム・ルンの丘のふもとにあるクメール遺跡。建設時期は11世紀の初頭と推定。石造りの4つの池には精緻な細工が施され、すでに高い技術が完成されていたことがうかがえる。二重の回廊壁の中心には、祠堂が4つ均等な大きさで建っているが、意味するものはいまだに謎。1998年にようやく修復が完了したが、長く放置され続けてきたために傷みが激しく、回廊壁は歪み、祠堂も傾く。民家の集落の中にあるので、子供たちが遺跡で遊びまわる光景が日常で、牧歌的な印象が強く残る。

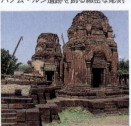

大きな仏塔が並ぶムアン・タム遺跡

図パノム・ルン歴史公園→🚗10分 Chorakhe Mak, Prakhon Chai, Chang Wat Buri Ram 開6:00〜18:00 料100B 困なし

とっておき情報

MAP p.277-D

幻のクメール遺跡
カオ・プラ・ウィハーンを見学しよう

タイとカンボジアの国境上にある遺跡で、カンボジア名はプレアビヒア遺跡。カオ・プラ・ウィハーンは、10〜12世紀にかけてクメール帝国によって建造された寺院。長期間カンボジア内戦のために立ち入りが禁止されていたが、1998年から一時的に観光が許可された。

寺院はタイとカンボジアの国境にあり、境内はカンボジア領地。タイ側のシーサーケット県からしか入ることができない。ここの建造物はタイ東北部指折りのクメール遺跡、パノム・ルンに匹敵するものだ。さらに境内からの眺めも圧巻。標高650mを超える山頂にあり、カンボジア大平原が地平線まで一望のもとに見渡せる。山頂はタイ東北の南境とカンボジアを区切るドンラック山脈の主峰でもある。残念なのは内戦の影響で、かなりの建造物が崩壊していることと、境内の周囲には今でも地雷が埋められたままで、個人行動はかなり危険なことだ。

一時期、タイ側からカンボジア側の遺跡に入ることができたが、2019年10月現在、遺跡周辺への立ち入りは禁止されている。現在、入れるのはタイ側の国境、パーモー・イーデンまでとなっている。

図市内→🚗3時間 シサケート県

※カオ・プラ・ウィハーンの治安は不安定なため、この地域への出発を予定している人は必ずTAT(タイ国政府観光庁)や旅行会社などで最新情報を入手しよう。2019年10月現在国境閉鎖中。

ピマーイ遺跡探訪
アンコール帝国の栄華を見る
PHIMAI MAP p.277-C

クメール遺跡が残る町

国内で最大の規模を誇るピマーイのクメール遺跡は、1960年代に修復され、歴史公園として整備されている。この遺跡をいつ・誰が・何の目的で建設したのかについては諸説あるが、世界的に有名なアンコールワットのモデルになったという点では異論がない。

クメール遺跡と呼ばれるものには必ず、中央祠堂を囲むようにして三重構造の回廊壁があり、東西南北に4つの門がある。ピマーイ遺跡には二重の回廊壁しか残っていないが、外側の壁はその昔、現在の市街地を囲むようにして建てられていた。市街の南端にある南門「勝利の門（プラトゥー・チャイ）」などに、かすかにその面影が残されている。

未解明の謎も魅力のひとつ

クメール遺跡は朝日を浴びるため東向きに建つのが普通だが、この遺跡はなぜか南を向いている。南門の方向には、その昔アンコール王都へ通じていたという旧道が今も健在で、遺跡は王都の方角を向いているとする説が有力だが、真相は今も謎に包まれたままだ。

また、中央祠堂に刻まれた鮮やかなクメール彫刻にも目を向けたい。ヒンドゥーの神々が躍動し、時空を越えて、その息吹きが五感を揺るがす思いがするだろう。

なかば瓦礫と化した遺跡は小さな町の随所にひっそりとたたずみ、アンコール王朝の栄華を今に留めている。なお、歴史公園から徒歩10分の場所にピマーイ国立博物館があり、クメール遺跡の彫刻などを展示している。

■ピマーイ歴史公園交ナコン・ラーチャシーマー市内→
🚗約1時間30分 圏ピマーイ郡 開7:00〜18:00 料100B
休なし　MAP p.280-A, p.282

■ピマーイ国立博物館交ピマーイ歴史公園→🚶10分
住 8 The Songkran Rd. Nai Mueang, Phimai ☎044-471-
167 開8:00〜16:00 料100B 休なし　MAP p.280-A, p.282
＊1992年に新築され、内装・展示内容ともに国内では最上級の博物館。1階にはピマーイをはじめイサーン各地のクメール遺跡から集結した彫刻など、国宝級の美術品も陳列されている。2階はイサーン地方の民俗・風習などを中心に、テーマに沿った展示内容だ

UBON RATCHATHANI
ウボン・ラージャターニー

ラオス・カンボジアと接する国境の町

MAP p.277-D

街のしくみ 楽しみ方

ラオス、カンボジアと国境を接し、山がちな地にあるタイ最東のこの県は、修行僧が瞑想に耽る人里離れた土地だった。隣国が相次いで共産化されると、のどかな田舎町にも変化が起こり、ベトナム戦争中は基地の町として特需景気に沸いた。最近はインドシナ諸国への交易拠点として再び脚光を浴びている。

市内の見どころでは、仏陀生誕2500年を記念して1957年に建てられた大仏塔が有名なワット・ノーンブアWat Nong Bua（図市内→🚗10分）と、住職を務める高僧への信望が篤いワット・バーン・ナームアンWat Baan Na Muang（図市内→🚗20分）の2寺が代表格。一方、近郊の森林には昔ながらに修行寺がひっそりとたたずみ、高名な寺がいくつもあるので、TATや主要ホテルのツアーデスク、旅行会社などで観光について相談するとよい。

郊外への幹線道路も近年改善されて、メコン川沿いの壮大な自然の景観を気軽に楽しめるように様変わり。市内からラオス方面へ走ると、メコン川を見下ろす断崖絶壁にたどり着く。ここ

ワット・ノーンブア

パーテム国立公園Pha Taem National Park（図市内から北東へ約98km）には、約4000年前のものと推定される先史時代の壁画が残り、絶壁から見る対岸ラオスの山並みも美しい。パーテムからメコン川沿いに下ると、タイ最東の地The Eastern Most Point（図パーテムから南へ約30km）の碑が立つ町コンチアムに出る。少し先にはムーン川が大河メコンに合流する地点があり、ボートでの遊覧が人気だ。筏式レストランのアーラヤーAraya（☎045-351-015）などから出発し、雄大な景色を眺めつつ、新鮮な川の幸が楽しめる。

また、ウボン・ラージャターニーは高級先染め手織り絹「マットミー」の産地としても有名で、市内の繁華街には古風な反物屋がいくつかある。

ウボンから足を延ばせば、唯一地続きのラオス国境、チョン・メックChong Mekへも行ける。人とモノが集まる国境の市場は魅力的な見どころだ。ラオスに入国するなら、以前はビザが必要だったが、現在はパスポートの残存有効期間6ヵ月以上で15日以内の滞在ならビザは不要。

パーテム国立公園の壁画

ACCESS & INFORMATION

飛行機■バンコク→タイ・スマイル（約1時間5分）→ウボン・ラージャターニー空港〈1日2～3便、片道1250B～〉
バス■バンコク北バスターミナル→（東北へ約679km、約10～11時間）→ウボン・ラージャターニーバスターミナル〈約350～800B〉
＊ナコン・ラーチャシーマーからは東へ約370km、所要5～6時間
鉄道■バンコク中央駅→快速・急行・特急・寝台列車（東北へ575km、8時間15分～12時間15分）→ウボン駅〈2等寝台約631B～〉　＊ナコン・ラーチャシーマーからは東へ311km、所要4～6時間
観光案内所■TAT（タイ国政府観光庁）住264/1 Khuenthani Rd.☎045-243-770 開8:00～17:00 休土・日曜、祝日

歩き方のヒント ウボン・ラージャターニー

楽しみ	交通手段
くつろぎ ★★★	タクシー ★★
自然景観 ★★★	サムロー ★★★
国境 ★★★★	ソンテオ ★★

エリアの広さ＆交通ガイド
ウッパラート通り沿いに市街は広がり、クアンタニー通り沿いが繁華街。市内の見どころを回るのも徒歩では無理で、サムローの利用が便利（料金目安1乗車約30～50B）。郊外に出るならタクシーのチャーターが必要だ（1日約1500～2000B、ガソリンなどの経費別）。

NONG KHAI
ノンカーイ
ラオスへのゲートウェイ

MAP p.277-A

タイ・ラオス友情橋（右上）

街のしくみ 楽しみ方

ノンカーイはメコン川を挟んでラオスと国境を接し、東西に細長く延びる町。昔からタイとラオスの領土争いがあり、19世紀にようやく町の基礎ができた。20世紀中頃までは交易の門戸として栄えたが、1960年代のインドシナ紛争で国境閉鎖。しかし、インドシナ情勢が落ち着きを取り戻す1990年代に入って国境は再び開かれ、交易も再開される。1994年4月にはオーストラリアの援助で、全長約1.2kmの「友好橋」が完成し、タイ・ラオス両国は車での往来（約25km、所要約30分）が可能になった（ラオス入国、滞在15日以上の場合にはビザが必要。下欄参照）。

歩き方のヒント ノンカーイ

楽しみ	交通手段
見どころ ★★	サムロー ★★
国境 ★★★★	ソンテオ ★★
くつろぎ ★★★	徒歩 ★★★

エリアの広さ＆交通ガイド

船着き場のター・サデットを中心に東西約2kmが市街地で、中心街だけなら徒歩で回れる。友情橋など郊外へ出るならサムローに乗るとよい（料金目安片道40〜80B）。

ACCESS & INFORMATION

バス■バンコク北バスターミナル→エアコンバス（東北へ約614km、約10時間）→ノンカーイバスターミナル＜VIP約700B＞
*ウドンタニーからは北へ約56km、所要約1時間
鉄道■バンコク中央駅→快速・急行・寝台列車（東北へ621km、9時間10分〜11時間10分）→ノンカーイ駅＜1日4本、1等498B〜、寝台1357B〜、3等213B〜＞
観光案内所■TAT（タイ国政府観光庁）はウドンタニー→p.285にあるが、市内中心部の市役所内にも観光案内窓口がある

見る歩く
ワット・サーラー・ゲーオクー
Wat Sala Kaeo Ku

宗教や道徳を説く公園で、園内には仏教だけでなくヒンドゥー教やバラモン教の教えなどが、数々の奇怪な仏像群に刻まれている。
図船着き場→🚗10分 囲10/5 Mu 5 Bon Samakki, Nongkhai-Poonpisai Rd. 開7:00〜18:00 料50B 困なし

通称ワット・ケーク（インド寺院）

両岸からの参拝客が絶えない

見る歩く
タイ・ラオス友情橋
Thai-Laos Friendship Bridge

国境の風情には乏しいが、イミグレーションまでは自由に近づけるので、記念撮影の人でにぎわう。橋のたもとには観光客向けの露店も多い。ここからラオスへの入国は、パスポートチェックだけで簡単に入れるようになった。ラオス入国が15日以内なら観光ビザも不要。橋を渡ればラオスの首都、ビエンチャンもすぐ。
図船着き場→🚗10分 囲Nongkhai-Vientian Rd. 開6:00〜22:00 困なし

見る歩く
ワット・ポーチャイ
Wat Pho Chai

ラオス最盛期のランサーン王国時代の鋳造とされるルアンポー・プラサイ仏像には、ノンカーイの人々のみでなく、ラオスの人からも篤い信仰が寄せられている。
図船着き場→🚶5分 囲Frachak Rd. 開日8:00〜17:00 料無料 困なし

見る歩く
ター・サデット（船着き場）
Tha Sadet

両岸の地元住民だけは今も渡し船での往来が許されている。この船着き場周辺には、以前と変わらず多くの特産物店が立ち並ぶ。
図市内中心部🚶囲Rim Khong Rd. 開7:00〜18:00 困なし

インドシナ諸国の特産物が並ぶ

ノンカーイ宿泊・食事情報
どうせなら大河の流れを満喫したい

友情橋から西へ500m、川沿いに位置するホテル、ロイヤル・メコンRoyal Mekongは、市内最高級の設備を誇る。ター・サデット（船着場）周辺にレストランが点在。川面を眺めながら食事ができるフローティングレストランやバーがある。クルーズ船も出航。

UDON THANI
ウドンタニー

東北タイの開発商業都市

MAP p.277-A

街のしくみ 楽しみ方

フランスがインドシナ半島の植民地化を進めた19世紀、タイは領土の割譲を迫る同国と何度か戦火を交えた。その戦略上の必要性から造られたのがこの町。ベトナム戦争時には北爆へと出撃する米軍の基地の町として発展する運命に身を委ね、現在はイサーンの北部地方で随一の商業都市として活気に沸く。郊外に足を延ばせば、先史時代の遺跡や壁画など、古代人の足跡が埋もれている。

歩き方のヒント ウドンタニー

楽しみ
- 歴史浪漫 ★★★★
- 自然景観 ★★★
- くつろぎ ★★

交通手段
- 人力サムロー ★★★・・
- ソンテオ ★★★・・

エリアの広さ&交通ガイド
時計塔を中心に半径約1kmが市内の中心部。市内に見どころは少ないが、プラジャック公園まで足を運ぶなら、人力サムローがのどかでよい（料金目安1乗車30〜50B）。郊外の見どころへはツアーの利用が便利。

ACCESS & INFORMATION

飛行機■バンコク→タイ・スマイル（約1時間5分）→ウドンタニー空港＜1日4〜5便、片道1050B〜＞

バス■バンコク北バスターミナル→エアコンバス（東北へ約561km、9時間）→ウドンタニーバスターミナル＜VIP736B＞

鉄道■バンコク中央駅→急行・寝台列車（東北へ569km、1日4本、約8時間30分〜10時間）→ウドンタニー駅＜2等479B〜、3等205B〜＞

観光案内所■TAT（タイ国政府観光庁）住16/5Mukmontri Rd.☎042-325-406〜7 営8:00〜17:00 休土・日曜、祝日　＊ノンカーイ→p.284の資料もここにある

タイ東北部

285

ノンカーイ／ウドンタニー

ウドンタニーの町中

見る歩く
MAP p.277-A
バーン・チェーン国立博物館
Ban Chiang National Museum

世界遺産に登録された先史時代の遺跡がそばにあり、1960〜70年代の発掘当時に既存の人類史を覆す大発見と世界中で騒がれた、貴重な出土品が展示されている。控え目な推定で2世紀頃、大胆なものでは紀元前3600年頃といわれており、未だ定説はないが、少なくとも先史時代、優れた農耕文明がこのあたりに存在した事実には変わりない。

図市内→🚗1時間 住Moo 13 Suthiporn Rd. Ban Chiang, Nong Harn 営9:00〜16:00 料150B（発掘跡含む）休月曜

寺院の境内にある代表的な発掘跡

見る歩く
MAP p.277-A
プー・プラバート歴史公園
Phu Phra Baat Historical Park

大小の奇岩や壁画、古代モン族の仏像、仏陀の足跡などが発見され、洞窟には先史時代に人類が住んでいたともいわれる。

図市内→🚗1時間30分 住Baanphue District ☎042-251-350〜2 営8:00〜16:30 料100B 休なし

歴史的背景は謎に包まれている

ウドンタニー宿泊情報

1990年代の半ばに高級ホテルが相次ぎオープン

市内最高級のホテル、ナパライNapalai（住572 Moo 5, Pracha-Raksa Rd. ☎042-347-444）は、レストランの評価が高く、大きなプールも人気。市内随一のショッピングモールに隣接するセンターラ・ホテル＆コンベンションセンター Centara Hotel & Convention Centre（住277/1 Prajaksilla pakhom Rd. ☎042-343-555）はモダンなホテル。チャルーン Charoen（住549/559 Phosri Rd. ☎042-247-155）は、市内のランドマーク的な存在で、近郊へのミニツアーがここから頻繁に出ている。

センターラ・ホテル＆コンベンションセンター

タイ旅行への足がかり

日本でThaiを知る

本、映画など、自分の興味があるジャンルからタイの文化にアクセス！
タイという国がもっと身近に感じられそう。

Books
＊本はすべて、文庫本です

王国への道―山田長政―
実在した日本人・山田長政が、アユタヤーを舞台にタイの天下奪取を計画する壮大なストーリー。遠藤周作著/新潮社/1984年1月

アユタヤーは栄枯盛衰の歴史を伝える静かな古都

愉楽の園
バンコクの運河で出会った男女の恋愛模様を、繊細な心理描写で表現。実在するレストランなども登場。宮本輝著/文藝春秋/1992年3月

タイ語でタイ化
タイ語でよく使う単語の意味と、その単語にまつわる著者のタイ生活での逸話を紹介したエッセイ。下川裕治著/双葉社/2002年12月

深夜特急〈2〉マレー半島・シンガポール
瑞々しい感性が溢れる紀行小説。バックパッカーのバイブルとも。文庫2巻目にバンコクが登場。沢木耕太郎/新潮社/1994年3月

熱い絹
タイのシルク王、ジム・トンプソンの失踪事件を題材に描かれた推理小説。上下2巻。松本清張著/講談社/1988年7月

ジム・トンプソンの家は有名な観光スポット

Video/DVD

アタック・ナンバーハーフ
選手やコーチがLGBTのバレーボールチーム「サトリーレック」が、バレーボール全国大会で奮闘する。2001年/タイ/クロックワークス

ザ・ビーチ
伝説の楽園「ビーチ」で過ごす若者を描く。主なロケ地はピーピー島。2000年/アメリカ/20世紀フォックス・ホーム・エンターテインメント・ジャパン

タイにピーピー島以外にもすばらしいビーチが点在

戦場にかける橋
バンコクの北西、クウェー川畔を舞台にした戦争映画の名作。1957年/英国/米国/ソニー・ピクチャーズ・エンタテインメント

アンナと王様
タイ国王と教育係のイギリス人女性の恋物語。タイでは上映が不可。1999年/アメリカ/20世紀フォックス・ホーム・エンターテインメント・ジャパン

王宮は歴代の国王の住居

プール
タイ・チェンマイ郊外のゲストハウスを舞台に、日本人の母と娘の微妙な心理の流れを描く人間模様。2009年/日本/VAP

ドラゴン危機一発
ブルース・リー主演の大ヒット作品。ほとんどのシーンがタイ。1971年/香港/パラマウント ホーム エンタテインメント ジャパン

トラベルインフォメーション【日本編】

- ●出発日検討カレンダー　　p.288
- ●賢い旅の手配のために　　p.290
- ●タイのホテルの選び方　　p.292
- ●航空券選びの基礎知識　　p.294
- ●旅の必需品を用意する　　p.296
- ●お金の準備は重要項目　　p.298
- ●何を持っていけばいいの？　p.300
- ●日本で賢く簡単に情報収集　p.301
- ●携帯電話　p.302
- ●空港に行く　p.303

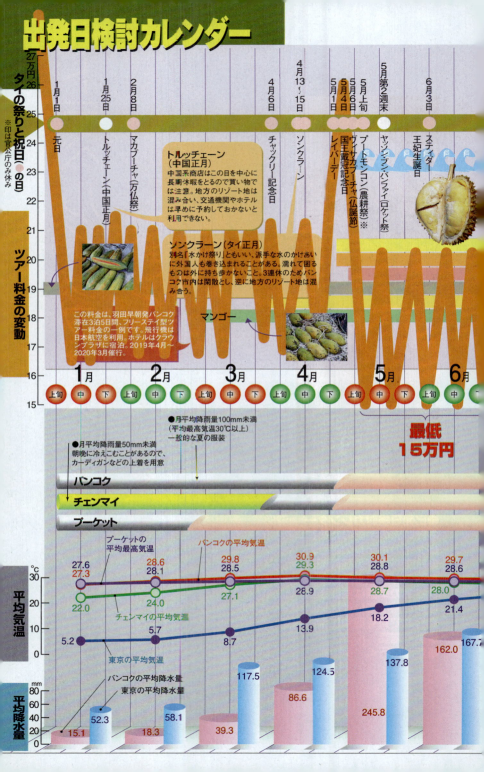

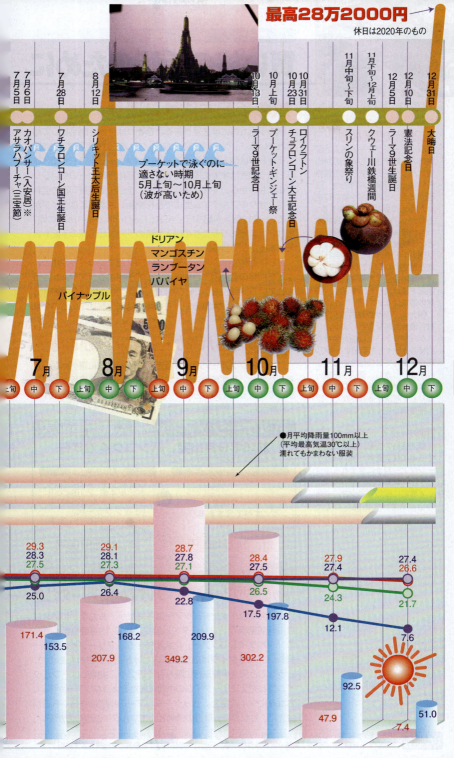

水上マーケットはタイらしい風景

パッケージツアーVS個人手配旅行
賢い旅の手配のために

パッケージツアーと個人手配旅行の重要な違い

パッケージツアーと個人手配旅行の比較で注意したいのが補償。パッケージツアー（主催旅行）は、旅行会社が目的地、日程、代金などの内容を事前に定めたうえで参加者を募集する。もし、ツアーが予定通り実施されない時は特別補償や旅程保証という制度で対応する。ところが個人手配旅行は、旅行会社で航空券や宿の予約を依頼しても、あくまでも個人の希望に応じて手配を請け負ったにすぎず、補償の義務はない。

例えば、何かの理由で予定の飛行機が欠航したとしよう。パッケージツアーでは旅行会社が代替のフライトを手配するなり、場合によっては補償金を払うなりする。しかし、個人手配旅行では自分が航空会社と交渉するなりして解決するしかなく、誰も補償はしてくれない。

燃油サーチャージをチェック

原油価格の変動によって発生する追加航空運賃だが、パッケージツアー料金に含まれる場合と別途に請求される場合がある。必ず事前に確認してツアー全体の予算を考えて計画をたてたい。

旅の手配方法は２通り

旅の手配方法には２通りある。ひとつは、旅行商品として組まれているパッケージツアー（パックツアー）を利用する方法。もうひとつは個人で手配する方法。パッケージツアー＝団体旅行という図式はすでに過去のもので、団体行動の一切ないシンプルなものから、すべての食事付き、全日程添乗員同行の至れり尽くせりのフルタイム型まで百花繚乱、さまざまなタイプがある。一方、個人手配旅行（＝FIT、Free Individual Travelの略）とは、言葉どおり航空券の購入や宿の予約など、旅の手配を自分ですることである。

さらに近年では、オンライン（WEB）上でフライトやホテルなどを所定の範囲内で自由に選定して予約するシステムが注目されている。手配旅行に似ているが、募集型企画旅行（主催旅行）とする旅行会社が大部分で、この場合は催行保証があるのが魅力だ。

短期間ならパッケージツアーがお得？

パッケージツアーVS個人手配旅行。何を基準に選べばいいか考えた場合、まず思い浮かぶのは価格だ。4泊5日程度のタイ旅行で、まったく同じ日取り・航空会社・ホテル・観光ポイント訪問ならば、まず個人手配旅行に軍配があがるだろう。

パッケージツアーvs個人旅行軍配表

2019年9月出発、バンコク4泊5日
タイ国際航空利用、食事なし、超高級クラスホテル宿泊、2名1室利用

パッケージツアー	VS	個人手配旅行
パック料金にすべて含まれる		格安航空券　4万4300円 ホテル4泊　2万9400円 空港～ホテル　約5400円 （往復タクシー代） バンコク市内観光・食事他約3万円
計　14万4800円		計　10万9100円

パッケージツアー料金はオフ期の一例で、添乗員なし、空港～ホテルの往復送迎付き。個人手配旅行のタクシー料金は往路をリムジンタクシー1000B、復路を通常のタクシーを350Bで利用したと想定（往復計1350B≒5400円）。ホテルの客室はいずれもスタンダードタイプ

パッケージツアーあれこれ　フルタイム型とフリータイム型

タイ向けのパッケージツアーは多彩だが、おおまかにいえば自由時間重視の「フリータイム型ツアー」、内容盛りだくさんの「フルタイム型ツアー」に大別できる。フリータイム型の一番シンプルなタイプは航空券、宿だけがパックされたもので、こうなると個人手配旅行に限りなく近づく。実際には、フルタイム型と完全フリータイムの中間にあたるようなツアーが多い。ちなみにタイの場合、パッケージツアーの期間は4日～6日が主流だ。ちなみに、最近の傾向としてフルタイム型の方が安い。

役立ちマメ知識　ツアー契約時に旅行会社が渡す必要書類（パンフレットに明記）●旅行業務取扱主任者の名前と依頼に応じて説明する旨●契約の変更、解除などの条件説明●旅行会社の責任及び免責●最終日程表を渡す時期

ここをチェック！ 格安航空券やホテル、パッケージツアーは、正月や夏休み、5月の連休の繁忙期に料金が高くなる。このように年間を通して料金変動が起こるのでしっかり検討したい。近年は、「ダイナミックパッケージ」というWEB上で旅を選定するツアーが登場。

バイヨーク・スカイ回転展望台（バンコク）からの眺め

ツアー選びのお得な知識&旅行会社選び

●大手と新興の差は希薄

今までは大手は高級感を添えて値頃感もあるツアーを得意とし、新興はローコストのホテルや不便な時間帯の航空便や不人気の航空会社を使い、提示価格がとにかく低くできる商品を中心に勝負してきた。現在は、円高や低価格航空運賃の航空会社（LCC）も多数登場し、区別するのが困難となってきた。選ぶときはツアー商品ごとに吟味する必要が今まで以上に重要になった。

象が登場するショーは人気

●出発日によって価格が変動する

出発の曜日によっても変動がある。同じ週でも1日違いで1～2万円の差がでることもある。さらに、出発日に近づくほど安くなる可能性が高い。旅行会社が売りたい人数に達しないときに値下げ攻勢をかけるからだ。また、年間を通してみたときのツアー価格の変動は知っておきたい→p.288。

フルタイム型 バンコク5日間の日程例

おもなパッケージツアーの例（ホテルは中級クラス）

日程	時間帯	スケジュール	食事
1	午後 夜	成田発 バンコク着	機内1回
2	午前 午後 夕方	バンコク市内観光 昼食はタイ料理とインターナショナル料理のブッフェ 夕食はタイ古典舞踊を観賞しながらタイ料理を賞味	朝食（ブッフェ） 昼食 夕食
3	午前 ↓ 午後 夕方	チャオプラヤー川のクルーズとアユタヤー観光、途中にバン・パイン夏離宮のある庭園も見学。夕食は有名店でタイスキ（タイ風しゃぶしゃぶ）を賞味	朝食（ブッフェ） 昼食（船上にてブッフェランチ） 夕食（左記参照）
4	終日	カンチャナブリー観光 夕食はタイスキを賞味	朝食（ブッフェ） 夕食
5	午前 夜	水上マーケット観光 バンコク発、翌日朝成田着	機内1回

オプショナルツアーの申し込み

フリータイム型のパッケージツアーや個人手配旅行では、多種多彩なオプショナルツアーを上手に活用したい。手配の仕方は、日本から参加するツアーのパンフレットに載っているものに申し込むのが最も簡単だが、現地発の日本語観光ツアーや、お得なクーポン券を利用する方法もある→p.78、p.96。

ツアーで変更が可能か

パックツアーは提示された旅程で旅をするわけだが、状況により変更が可能な場合もある。例えば、旅程の延長（延泊）、航空会社の指定、オプショナルツアーの追加などだ。延泊は、最終地のホテルなら可能な場合が多い。航空会社の指定は料金アップ、オプショナルツアーの追加も相当分の料金アップとなるが、これもツアー会社の判断による。注意したいのは、これらの変更が主催旅行の範囲かどうか、ということ。各種の保証（補償）は主催旅行のみが対象になるからだ。

ホテルの場所は必ずチェック！

ホテルのグレードや好みは別として、ホテルのチェックポイントで重要なのは立地だ。例えばバンコクの場合は、世界的な大渋滞都市だけに、安易に「タクシーを利用すればいい」とは考えないことだ。そのため、高架鉄道（BTS）や地下鉄（MRT）の駅の近くにホテルがあると移動に都合がよい。リゾート地でも夕方以降、食事やナイトライフを楽しむにも気軽に繁華街に歩いていけるホテルが便利だ。

フリータイム型
約7万9800円～
フリータイム型は表の青字を除いた日程。その部分は自由行動。自由度はかなり高い。

VS

フルタイム型
約6万9800円～
フルタイム型は表のとおり、密度の濃い日程。自由行動は少なく、団体行動が基本だが、値頃感はある。

トラベルインフォメーション [日本編] 賢い旅の手配のために

役立ちマメ知識 キャンセル待ちで申し込む場合●キャンセル待ちの返答を待つ目安は、キャンセル料が発生するツアー出発の41日前と31日前。とくにピーク時は、この時期を過ぎるとキャンセルのでる確率が低くなる。

ホテルを予約しよう
タイのホテルの選び方

「マンダリン・オリエンタル・バンコク」の歴史を感じさせる客室

おもな旅行会社
- JTB
https://www.jtb.co.jp/kaigai/
- Knt（近畿日本ツーリスト）
https://www.knt.co.jp/holiday/
- 日本旅行
www.nta.co.jp/kaigai/
- 阪急交通社
https://www.hankyu-travel.com/kaigai/
- エイチ・アイ・エス（H.I.S.）
https://www.his-j.com/kaigai/

ホテル選びのポイント

1．ホテルの場所は慎重に検討
　タイは公共都市交通が貧弱で、首都バンコクでさえ地下鉄が完成したのは2004年のこと。大渋滞都市バンコクで移動時間が予測可能な鉄道交通を利用できるエリアは一部しかない。移動の点からもホテルの立地は重要だ。バンコクならば鉄道駅まで徒歩数分で行けるホテルがおすすめ。その他の都市やリゾート地でも夕方以降に歩いて繁華街に行ける場所が便利だ。

2．高級クラスでも設備内容をチェック
　有名なリゾートや観光地だと、高級クラスのホテル数が多い。このクラスを考えている人は、高級というランクに安心せずに、自分が必要とする設備の有無や質をチェックしたい。

3．絶対必要なことは事前に確認や予約を
　例えば、客室でネット利用をしたい人は予約時に必ず確認したい。ネット利用可能をうたっているホテルでも、客室のカテゴリーによっては完備していない部屋もあるからだ。また、ホテルのスパを利用したい人は日本で予約をしておいた方が安心だ。

おもなホテルの予約＆問い合わせ先

略号	ホテルグループ（ホテルチェーン）	問い合わせ先サイト
AC.	アコーホテルズ	https://www.accorhotels.com/japan/index.ja.shtml
IC.	インターコンチネンタルホテルズ＆リゾーツ	https://www.ing.com/hotels/jp/ja/reservation
	ホリデイ・イン	
	クラウンプラザホテルズ＆リゾーツ	https://www.ihg.com/crowneplaza/hotels/jp/ja/reservation
WS.	ウェスティン・ホテルズ＆リゾーツ	https://www.westin.marriott.com/ja-JP/hotel-locations/
MD.	ル メリディアン	https://le-meridien.marriott.com/ja-JP/
ST.	シェラトンホテル	https://sheraton.marriott.com/ja-JP/
SL.	シャングリ・ラホテルズ＆リゾーツ	https://www.shangri-la.com/jp/
HY.	ハイアット	https://www.hyatt.com/home/
BT.	バンヤンツリー・ホテルズ＆リゾーツ	https://www.banyantree.com
HL.	ヒルトン	https://hiltonhotels.jp/
PL.	ザ・ペニンシュラ・ホテルズ	https://www.peninsula.com/ja/default
MR.	マリオット	https://www.marriott.co.jp
MN.	マンダリン オリエンタル	https://www.mandarinoriental.co.jp/
SS.	スイスホテル ホテルズ＆リゾーツ	https://www.swissotel.jp/
FS.	フォーシーズンズ ホテル アンド リゾーツ	https://www.fourseasons.com/jp/welcome.html
DU.	デュシットホテルズ＆リゾーツ	https://www.dusit.com/ja/
SR.	セントレジス	https://st-regis.marriott.com/ja-JP/
OP.	ホテルオークラ	www.okura.com/jp/

※略号は、ホテル紹介ページのデータ欄の固に示した略号と対応する。※略号は、本書で独自に定めたもの。

シングルルーム●安宿を除き、一般に海外では1人使用を前提とした部屋は少ない。つまり、この場合はツインルームの1人使用（シングルユース）となり、ツインルーム分の料金を請求される場合も多い。

ここをチェック！ クーポンシステム用のホテル一覧は料金相場を知るには最適。まず、それを入手して料金をチェックしてみよう。予約は第3希望くらいまで用意しておけばスムーズに進む。

日本からのホテルの予約方法

安宿を除けば日本からタイのホテルを予約することは可能だ。予約は大まかに分けて4つの方法がある。

1. 旅行会社を利用

パッケージツアー販売が主流だった大手の旅行会社でも最近は個人旅行の手配にも力を入れている。希望のホテルを告げれば、日本の宿を予約するような感覚で空室状況、料金等を回答してくれる。ただし、旅行会社が契約しているホテルに限られる。

2. ホテルのウェブサイトから直接ブッキング

旅行会社やレップ、ホテル予約サイトを通さず、直接ホテルのホームページにある予約サイトから予約する。実は、宿泊レートに関していえば、このアプローチが一番最安値。ホテルもしくはホテルグループの会員になるとさらに割安となる。タイではほとんどの宿でホームページからの予約が可能。レートは基本的に時価なので、日によって刻々変化する。じっくり旅程と照らし合わせ、検討するのが肝心。

笑顔を絶やさないホテルスタッフ

3. ホテル予約サイト利用

当初は旅行会社向け販売システムを個人客に開放した発券（クーポン）システム。扱う膨大なホテルから宿泊したいホテルを決め、クーポン（バウチャー＝予約確認書）を発券。部屋や利用できる日などに制約があるが、その分、割引価格で設定されている。旅行会社の窓口のような相談はできない。最終的に利用しなくとも料金表はホテルのレートを知るための情報源としても役に立つ。

タイのホテルにはプールがあるのがあたりまえ

4. 直接、メールもしくは電話、手紙で予約

旅行会社で取り扱っていないホテルや宿、レップとも契約していないホテル、ホームページにオンライン予約のサイトがないホテルは、当然自分で申し込む。多少の英語が話せるなら電話でもいいがコストがかかる。e-メールがあるなら、メールで希望日を連絡し返事をもらう。バンコクやチェンマイ、プーケットなどでは、それなりの規模がある一流ホテルクラスに限れば、そのようなホテルはまずない。

シティリゾート型ホテルでくつろぐ

タイ専門の旅行会社

1人旅や高齢者の旅など、さまざまな状況に合わせたオーダーメイドの旅を考えている人には、タイ情報に強い旅行会社も覚えておきたい。
- ロイヤルオーキッドホリデイズ
https://www.rohjapan.com/
- 旅工房 ハイライトツアーズ
https://www.tabikobo.com/area/thailand

ホテル料金の比較なら
- トリバゴ
https://www.trivago.jp/

航空券とホテルの予約なら
- agoda
https://www.agoda.com/ja-jp/
- H.I.S.
https://hotels.his-j.com
- エクスペディア
https://www.expedia.co.jp/
- じゃらん
https://www.jalan.net/kaigai/
- Booking.com
https://www.booking.com/
- 楽天トラベル
https://travel.rakuten.co.jp/kaigai/

ホテル予約サイト
- JHC
http://www2.jhc.jp/

ホテル選びの選択肢

ホテルを決めるにあたって、クレジットカード会社と提携しているホテルを選ぶのも手だ。クレジットカード会社は、旅のサポートを重要なサービスとして位置づけている。例えば、予約代行の無料サービスや優待割引などで安く宿泊できる特典もある。所持するカードのサービス内容を調べてみよう。

役立ちマメ知識 ツインルーム●ベッドが2つほしい場合は必ずツインベッドルームと指定すること。ツインルームにはワンダブルベッドルームも含まれているからだ。とくに単なる友だち同士で行く旅なら注意が必要。

買う方法で違いが歴然

航空券選びの基礎知識

航空券の種類と価格の傾向

航空券には、大きく分けて3種類あり、普通(正規)運賃航空券→正規割引航空券→格安航空券の順で安くなる。なお、燃油サーチャージ(p.290欄外参照)は航空券の種類にかかわらず別途請求される。

●普通(正規)運賃航空券
各社共通の基本運賃。1年間有効で、他社便への変更・キャンセルも自由。一定の条件に基づき、途中降機も可能だ。ただ、成田ーバンコク間の平日往復がエコノミークラスで30万円前後と高価なので、観光旅行で利用する人はまずいない。

●大手航空会社の正規割引航空券
各航空会社が設定している「特割」や「先得」などの割引運賃。早期購入・割高なキャンセル料などの制限があるかわりに、割安な価格を設定している。日本航空の「JAL海外ダイナミックパッケージ」など、各社独自の名前を付けて販売している。近年は、航空業界の競争も激しさを増し、場合によっては格安航空券よりも正規割引航空券のほうが安いときもある。

●LCCの航空券
大手航空会社のほぼ半額以下の料金で運行。時と場合によっては、旅行会社が発行する格安航空券よりも安い場合もある。機内サービスや受託手荷物の有料化、持込み荷物の制限、客席の狭さなどを考慮しても運賃の安さは魅力十分。成田、関西、中部、福岡、札幌、那覇からバンコクのドンムアン空港に、タイ・エアアジアX、タイ・ライオン・エア、ノックスクート、スクート、ピーチ・アビエーションの各社が就航している。

●格安航空券
各旅行会社が航空会社から一括して買い付けるなどして割り引いたもの。格安航空券は各旅行会社で扱っているが、価格は旅行会社や購入・搭乗時期、利用航空会社などによって異なる。正規運賃より4〜8割程度安く、海外旅行用航空券といえば格安航空券を指すほど一般的。一方で制限も多く、搭乗1週間前程度まで搭乗する便がわからないこともある。

●航空会社・時間帯による格安航空券の価格の違い
傾向としては、日系(JL、NH)→タイ国際航空(TG)→米国系(DL)→LCC系の順で格安になる。日系は日本人に対する安心感から人気があり、タイ国際航空は便数が多いのが利点。米国系は夜出発、午前帰着の便が多いのが難点。ただし、どの航空会社でも午前発、夜帰着の便は人気があり、割高となる。出発の曜日によっても価格は変わる。また、有効期間が30日程度の航空券は、7日程度の航空券より高い。最も安いのは日本を夜出発しバンコクを午前に出発する、有効期間8日間のチケットで、時期によっては4万円を切ることもある。

航空券はすべてeチケットに

現在、日本で販売される航空券は電子化され、原則としてすべてeチケット(Electronic Ticket)になっている。旅行会社からは旅程表のみを受け取り、紙のチケットは存在しない。搭乗時には、チェックインカウンターでパスポートと確認書(eチケット確認書、eチケットお客様控え、旅程表など各社呼び方が異なる)を提示する。もし確認書を紛失しても、パスポートがあれば手続きが可能だ。ただ、パスポートを紛失した時などに、確認書がないと帰国に手間取る場合もあるので、確認書は必ず持参し、パスポートとは別の場所にしまっておこう。

ホテル予約同様、航空券もオンライン予約が可能だ。(p.292の旅行会社の問い合わせ先参照。)

また、パソコンだけでなく、このエクスペディアの予約画面のように、スマホからアプリで予約ができる会社もある。

役立ちマメ知識　リコンファーム●主に国際線に搭乗する場合に、搭乗の72時間前までに航空会社へ座席予約の確認を行なうこと。電話でもよい。ただし日系、米国系航空会社とタイ国際航空などは原則不要。

日本↔バンコクのおもな発着便

※午前・午後は出発空港の現地時間をもとに算出。旅客数の増減により便数の変更があるので注意。　2019年8月現在

航空会社	BKK：バンコク 略号	羽田発着の週間便数 羽田→BKK 午前	羽田発着の週間便数 羽田→BKK 午後	羽田発着の週間便数 BKK→羽田 午前	羽田発着の週間便数 BKK→羽田 午後	成田発着の週間便数 成田→BKK 午前	成田発着の週間便数 成田→BKK 午後	成田発着の週間便数 BKK→成田 午前	成田発着の週間便数 BKK→成田 午後	関空発着の週間便数 関空→BKK 午前	関空発着の週間便数 関空→BKK 午後	関空発着の週間便数 BKK→関空 午前	関空発着の週間便数 BKK→関空 午後
日本航空	JL	14	—	7	7	7	7	—	7	—	7	—	7
全日空	NH	21	—	7	14	—	14	14	—	—	7	—	7
タイ国際航空	TG	14	—	—	14	14	7	7	14	7	7	7	7

出発時間

　成田発の路線に関しては、タイ国際航空、日系、米国系は毎日便があり選択の幅がかなりある。価格に関して重要なのは、同じ航空会社でも午前発便と午後発便では運賃は変わってくることだ。料金の高低はパッケージツアーの出発便の項目とまったく同じ→p.291。要は、午後発便より午前発便のほうが高い。

　なお、各航空会社とも便数や出発時間のスケジュールは1カ月ごとに変わるほか、昨今の経済状況により、減便や休便（運休）があるので情報は最新の時刻表で確認しよう。

サービス

　航空会社のサービスでもっとも関心が高いのがマイレージサービスだろう。ほとんどの航空会社が実施している。日系の航空会社もパッケージツアー、格安航空券でマイレージ加算が可能だが、加算率が米国系に比べて低い。全日空、タイ国際航空はマイレージ提携をしている。

ほとんどの航空会社はリコンファームは不要だが、ダブルブッキングを避けるため超混雑期はリコンファームしたほうがいい場合もある。→p.294
欄外マメ知識

タイ国際航空の機内

日本からできるその他の手配

　有名観光地の見学やタイ古典舞踊の鑑賞、ムエタイの観戦などのアクティビティは日本からでも予約ができる。その場合、日本の旅行会社で予約する方法と現地のウェブサイトから直接予約する2通りだが、後者の場合の方が思わぬ割引セールなどもあり断然お得だ。逆に旅行会社を通した場合は現地価格より割高となる。とくに注意したいのは、有名ホテルでのスパ＆エステ体験。日本で予約していかないと滞在期間中に空きがない場合もある。現地で計画的に過ごしたいなら日本で予約するのが安心だ。

　レンタカーは、タイでは交通環境の点からすすめられないが、交通事情に関するインフォメーションは本書の各エリアのガイドを参照。その他のアクティビティ、オプショナルツアーも同様に各エリアの情報を参照してほしい。

他国で乗り換えてバンコクへ乗り入れ可能な主な航空会社

●キャセイパシフィック航空CX（香港）●大韓航空KE（ソウル）●チャイナエアラインCI（台北）●アシアナ航空OZ（ソウル、釜山）●マレーシア航空MH（クアラルンプール）●フィリピン航空PR（マニラ）
＊（　）内が乗り換え空港

マイレージとは

　飛行機を利用する会員向けのサービス。正式にはフリークエント・フライヤーズ・プログラムという。仕組みは航空会社ごとに異なるが、基本は利用した距離をマイル数に換算して蓄積し、貯まったマイル数に応じて無料航空券がもらえるサービス。それ以外に搭乗クラスのグレードアップや旅行クーポンなどがもらえる特典もある。入会金は無料で手続きも簡単。各航空会社や旅行会社に入会申し込み書がある。マイレージは年々サービスを広げている。カード会社との提携でクレジットカードによるショッピング金額に応じてマイルが貯まるといったサービスも珍しくない。

成田空港第2ターミナル

役立ちマメ知識　FIXとオープン●格安航空券の発券条件を指す言葉。FIX（フィックス）は往復の便を予約時に決め、変更はできない。オープンも発券時に往路の予約は必要だが、予約後の変更が有効期限内なら可能。

海外旅行はここからスタートする
旅の必需品を用意する

パスポート(旅券) Passport

個人旅行、団体旅行、目的、身分を問わず、外国へ行くためにはパスポートが必要。パスポートは、それを所持する人物を国が証明する「公式の身分証明書」。有効期間が5年(紺色の表紙)と10年(赤色の表紙)の2種類があり、どちらでも選択可。ただし、20歳未満は5年のみ。また、年齢に関係なく大人も子どもも必ずひとりずつパスポートが必要。

すでにパスポートを持っている人でも注意したいのは、有効期間を確認しておくこと。タイでは入国時、国際規定の原則により6カ月以上の残存有効期間が必要なので、期間が足りない人は切り替え申請をしなければならない。

●**新規申請** 住民登録をしている都道府県や市町村の旅券窓口で申請する。発行までは、休日を除いて1週間ほどかかる。

●**有効期間内の切り替え申請** パスポートをすでに持っている場合、残存有効期間が1年未満になった時点で更新の申請ができる。氏名、本籍地に変更がなければ、戸籍抄(謄)本は不要。また、身元確認の書類は、現在もっているパスポートで可。それ以外は新規申請と同じ書類が必要。

その他の変更申請 姓や本籍地の変更による訂正申請、住民登録地以外での申請、代理人申請などは各都道府県旅券窓口へ問い合わせる。

ビザ(査証) Visa

ビザは訪問先の国が発行する入国滞在許可証。タイでは次の条件にすべて該当する場合ビザは不要。❶日本国籍を有する。❷入国後30日以内(入出国日も含む)の観光目的。❸空路出国便の予約済み航空券を持ち、空路で入国する者。陸路の場合は原則としてビザが必要。

なお、観光目的で31日以上滞在する予定の人は観光ビザ(60日間)を取得する必要があり、取得は、大使館または領事館で申請する。申請料4500円～、発給は翌開館日。旅行会社による代行申請も可能(有料)。観光ビザはタイ国内のイミグレーションオフィスで申請すればさらに30日まで延長できる。延長日数は系官が判断する。

延長手続きには申請料1900B、パスポートとパスポートのコピー、写真が必要。コピーと写真の枚数はイミグレーションにより異なり各1枚ないし2枚。ビザなし入国の場合は原則的には延長不可。

●タイ王国大使館(東京)ビザ・セクション☎03-5789-2449／タイ王国大阪総領事館(大阪)☎06-6262-9226～27
●タイ国内イミグレーションオフィス：バンコク☎02-141-9889／チェンマイ☎053-201-755／プーケットタウン☎076-221-905

パスポート取得新規申請に必要な書類

❶一般旅券発給申請書1通(申請書は説明書と共に各都道府県旅券窓口に備えられている。場所により旅行会社や市区町村の役場での入手も可)

❷戸籍抄(謄)本1通(本籍地の市区町村の役場で発行。6カ月以内に発行されたもの)

❸本人確認の書類(コピーは不可)として以前取得した有効期限内のパスポート、運転免許証、健康保険証、国民年金手帳、厚生年金手帳などを提示。写真のない証明書は2つ必要(詳細は申請書の説明書参照)

❹写真1枚(縦4.5cm×横3.5cm。規格が多いので、詳細は申請書の説明書参照)

❺住民票1通。6カ月以内に発行され、本籍地が入ったもの。現在住んでいる処に住民票を移していない場合や住民基本台帳ネットワークシステムを利用したくない場合を除き、原則として不要。

＊自分で署名できない人について法定代理人以外が申請する場合は印鑑が必要。

＊申請手数料(5年は1万1000円、12歳未満は6000円、10年は1万6000円)は受領時に支払う。受け取りは本人のみ。代理は不可。

●**パスポート申請の問合せ先**
自分の住民票がある各都道府県旅券課に問い合わせる。
各旅券課は「○○○県」「パスポート」「申請」などの単語でネット検索や電話案内104で確認を。

＊タイ入国時、パスポートに押印された滞在期間を確認すること。当該期間を超えて滞在した場合、1日につき500Bの罰金が課せられる。

役立ちマメ知識 パスポート取得の手続き●必要書類は上に記してあるが、取得の手続きをあらためて確認したいという人には外務省のホームページが役に立つ。https://www.mofa.go.jp/mofaj/toko/passport/

ここをチェック！ 海外旅行傷害保険は必ず加入しよう。自分だけは大丈夫と思わぬこと。海外で医者にかかったり、日本から家族を呼び寄せたりすると大変な金額がかかる。備えあれば憂いなし。

海外旅行傷害保険 Overseas Travel Accident Insurance

海外旅行者にとって、不測の事態に備えて入っておくべきなのが海外旅行傷害保険だ。事故、ケガ、病気、盗難など、さまざまなトラブルに対して出費や損害をカバーすることができる。

●**どこで加入するか** 海外旅行傷害保険は出国前に日本で手続きをしなければならない。保険会社や旅行会社の窓口のほか、国際空港出発ロビーにも申し込み窓口があるが、保険は自宅から空港までのカバーもあるので事前加入が望ましい。各保険会社とも加入額、補償内容に大差はない。また、セット化された保険が主流で、手続きも短時間ですむ。加入前にチェックしておきたいのは、すでに加入している生命保険やクレジットカードの契約内容。とくにクレジットカードは自動的に海外旅行傷害保険が付いているものも多い。それらの内容によって、「上乗せ」すべきか、不足の保険を追加すべきか、検討しよう。必要な分だけバラで掛けた方がセット化された保険より安く、無駄がない。

●**加入の注意点** 保険には、傷害、疾病の治療、賠償責任、携帯品など何種類もある。保険の仕組みや種類、支払い条件などをしっかり理解した上で加入したい。申し込む場所で、一般にすすめられるのはパック旅行や航空券を頼んだ旅行会社。一緒に申し込むのがいいだろう。これは万一のトラブル後、請求手続等でスムーズな対応を期待できるからだ。

どこの保険会社でもアシスタントサービス会社と提携しており、加入者は日本語で援助を求めることができる。24時間緊急サービスセンターや治療費の支払い代行など心強いサービスが整備されている。ハンドブックで確認をしておくこと。

●**請求手続き** 具体的な内容は加入時に渡されるハンドブックに説明されている。緊急連絡先も載っているので、必ず目を通しておきたい。事故や病気など重大なトラブルが発生したら、迷うことなく、すぐに保険会社に連絡して指示に従おう。

そのほかの証明書

●**国外運転免許証 International Driving Permit**
タイでの車の運転には国外運転免許証が必要。取得は、住民登録してある各都道府県の運転免許試験場などで、通常1時間程度で交付される（地域の警察署で確認を）。国外運転免許証の有効期間は1年間。渡航中に日本の運転免許証の有効期限が切れる場合は、日本の運転免許証の期限前更新ができる。

●**国際学生証（ISIC）International Student Identity Card**
施設や機関によるが、この学生証の提示で美術館や博物館などの観光施設、交通機関、宿泊施設などが割引料金になる。取得資格は中学、高校、短大、大学、大学院、専門学校、専修学校などの学生が対象。取得申請は各大学生協、ユースホステル協会もしくは下記のサイトへ。https://www.isicjapan.jp

保険の支払い対象にならないスポーツもあるので注意しよう

保険金が支払われる旅行中の主な事例

●**傷害**／旅行中の交通事故や転倒、転落などのケガ
●**疾病**／ケガ・下痢・盲腸などで治療・入院・手術など
●**救援者費用**／ケガや病気で入院、事故の遭遇で、日本から家族が現地に赴く場合など
●**賠償責任**／人にケガさせたり、宿の調度品を壊わしてしまったりで、賠償請求された場合など
●**携帯品**／持ち物の盗難、破損などをした場合（スマホ、携帯電話は除く）
●**手荷物遅延**／飛行機に預けた手荷物が到着後6時間以上経っても受け取りできない場合
●**航空機遅延**／悪天候、機体の異常などにより飛行機の遅延、欠航、運休になった場合
※詳細や保険請求に必要な書類は申し込み時にもらう冊子などで確認を。

主な海外旅行保険会社

●エイチ・エス損保
無料☎0120-937-836
https://www.hs-sonpo.co.jp
●三井住友海上保険
無料☎0120-632-277
https://www.ms-ins.com
●たびほ（ジェイアイ傷害火災保険）
https://tabiho.jp
●AIG損保
https://www-429.aig.co.jp

必要書類（国外運転免許証）
1．申請書 2．日本の運転免許証 3．パスポート（申請中の場合は受領証）4．写真（縦5cm×横4cm、6カ月以内撮影のもの）5．印鑑（不要な地域もあり）6．手数料2350円

必要書類（国際学生証）
1．学生証または在学および休学証明書（コピー可）2．写真（縦3.3cm×横2.8cm）3．申請書（窓口かホームページから入手）4．手数料1750円（バーチャルカードも同額、郵送の場合2300円）

役立ちマメ知識 近年、旅券事務の権限委譲（県から市町村など）により旅券申請のできる窓口が変更される例が多くある。各県のHPなどで確認しよう。

トラベルインフォメーション［日本編］ 旅の必需品を用意する

どんな方法で用意するか？
お金の準備は重要項目

信用の証明
　支払い能力をクレジットカードの所持によって判断されることは、海外では常識。ホテルやレンタカーを利用する時にカードの提示を求められることは普通のことだ。最近では写真付きのカードもあり、これは盗難されても不正使用の防止にもなるほかに自己証明の手段にもなる。

カード利用の注意
　クレジットカードを海外で利用するときは次の点に注意。
❶金額を必ず確認すること
書き換えられる場合がある。
❷チップ欄は必ず埋める
海外ではチップをクレジットカードで支払うことを想定し、利用控えにチップ額を書く欄が用意されている場合もある。チップをカードで払う時はそこに金額を、現金で払う場合は空欄のままにしないで×印をいれ、最終合計額を明記する。空欄のままにすると悪用される可能性がある。
❸店によっては利用しない
管理がズサンそうな店や怪しげな店は現金の方が安全だ。

クレジットカード利用のヒント
　盗難、紛失、限度額オーバー、磁気ストライプの不調。こんな時、1枚のクレジットカードしか持っていないと事態は深刻だ。2枚以上のカードがあれば再発行期間中も旅に支障はない。発行クレジット会社、ブランドを別にしておけば、サービスの内容も広がる。

タイ通貨の種類　Currency
　タイの通貨単位はバーツBaht。2019年8月現在1B＝約3.9円。補助単位はサタンSatang。1Bは100サタン。紙幣の額面は、10～1000Bの6種類ある。
　10B紙幣はバンコク都市圏ではほとんど見かけない。硬貨は、25、50の各サタンと1、2、5、10の各バーツの6種類。紙幣、硬貨ともに新旧のものがあるので注意したい。（タイ通貨の写真・詳細な説明→p.9）

両替　Exchange
　日本円からタイバーツへの両替はタイ国内の銀行、銀行直営の出張両替所、ホテルでできる。一般にホテルの両替レートは不利。銀行の営業時間は10:00～16:00、土・日曜、祝日休。バンコク、プーケット、チェンマイなど外国人旅行者が多い場所では、年中無休で21:00頃まで営業している出張両替所も数多くある。スワンナプーム空港→p.313両替所は原則的に24時間営業。なお、成田空港でも日本円からタイバーツへの両替可能。ただしバーツは紙幣のみで、レートはかなり悪い。

クレジットカード　International Credit Card
　日本では現金派でも、海外ではクレジットカードは必需品だ。クレジットカードを持っていることが信用の証明にもなる。VISAビザ、Master Cardマスターカード、JCBジェーシービー、Dinersダイナース、American Expressアメリカン・エキスプレスのどれかが付いたクレジットカードを持って行こう。
●**支払い**　宿泊代、食事代、航空券など高額な支払いをクレジットカードで済ませれば、大金を持つ必要がない。ただし通常は利用限度額がある。利用限度額の確認はしておきたい。世界的に加盟店が多い、VISAビザもしくはMasterマスターが付いたカードを最低1枚は持っていたい。
●**キャッシング**　クレジットカードによるが、タイ国内のATM（現金自動支払機）でタイ通貨を引き出すことも可能。
●**ショッピング**　クレジットカードによる購入品に対しての破損や盗難に保険が付いているカードも少なくない。
●**海外旅行傷害保険**　グレードの低いものを除き、ほとんどのカードには自動的に海外旅行傷害保険が付く→p.297。
●**カード取得**　取得には安定、継続した収入がある社会人が原則。親の所持しているカードの家族会員や親の承認によって作れる学生向けカードもある。審査があり、発行までには通常2～4週間かかる。カードによっては即日から数日で発行可能なカードもあるが、基本的には旅に出発する日から逆算して、余裕をもった申し込みをしたい。

お金は、使う金額や滞在日数、旅のスタイルに合わせて考えよう。注意したいのは何かあった場合のバックアップを考慮しておくこと。「現金のみ」は避けるべきだろう。

海外で利用できるさまざまなマネーカード

クレジットカード以外にも海外で現金の引き出しや支払いができる便利なマネーカードがあるので、検討してみたい。なお、ATMでの使用に際し、同じATMでも使えたり使えなかったりすることがまれにある。3回以上暗証番号を間違えると、安全のためカードが出てこなくなり、旅行中の再発行は困難になるので気をつけよう。

■デビットカード

クレジットカードと違い、買い物などをしたりすると代金が即座に自分の銀行口座から引き落とされるカードで、資金管理には最適なツール。またほとんどのカードがVISAやPLUS、CirrusマークがあるATMで現地通貨が引き出せるため、両替の煩わしさからも解放される。

海外で使えるデビットカードは、大手銀行などと組んだVISAデビットやJCBデビットが主流。デビットカードを選ぶ際には、年会費の有無、旅行先での使い勝手のよさ、手数料の違い、またさまざまな割引サービスや、各種ポイントサービスなど、カードの付加価値を考慮しじっくり選びたい。

■プリペイドカード

プリペイドタイプのトラベルマネーカードは、国際キャッシュカードとトラベラーズチェックの特徴を合わせ持つ。出発前に日本でチャージしておき、渡航先のATMで現地通貨を引き出し、ショッピング時にはデビットカードとしても使える。銀行口座を開設する必要がないため、盗難にあってもデビットカードに比べて損害は最悪チャージした分だけという、リスク面からも安全性が高いといえよう。また、ATMから引き出す際の為替手数料などが、クレジットカードや空港などの両替所なとと比べて安い点もメリットとしてあげられる。

■スマホ決済の場合

世界的に進むIT社会化の影響を受けて、タイでもキャッシュレス化が進行中で、タイ政府もかなり力を入れている。なかでも、カードを使わないスマホによる決済は、今後決済の主流となると思われる。今のところ、現地で使えるのにラインペイだけだが、スマホ決済を利用した人は渡航前に要確認を。

何を持っていけばいいか

引き出す金額や各ATMの手数料によって若干異なるが、手数料や金利を比較するとクレジットカードのキャッシングが最もお得という調査結果が出ている。条件のいいレートを望む人、持っていくプラスチックマネーをシンプルにしたい人はクレジットカードのみで充分だ。それ以外のカードのチョイスは上記で紹介している特性から自分に合ったカードがどれか判断しよう。

クレジットカード申し込み問い合わせ先

●VISAカード
https://www.visa.co.jp
●マスターカード
https://www.mastercard.co.jp
●アメリカン・エキスプレス
https://www.americanexpress.com/japan
●ダイナースクラブカード
https://www.diners.co.jp
●JCB
https://www.jcb.co.jp/

主なデビットカード発行先

VISA系デビットカード
●三菱UFJ-VISAデビット
https://www.bk.mufg.jp/tsukau/debit/visa/
●りそなデビットカード
https://www.resonabank.co.jp/kojin/visa_debit/
●ソニー・バンクWALLET(Visaデビット付キャッシュカード)
https://moneykit.net/lp/sbw/daily/
●三井住友銀行デビットカード(SMBCデビット)
https://www.smbc.co.jp/kojin/debit/

JCB系デビットカード
●セブン銀行デビット付キャッシュカード
https://www.sevenbank.co.jp/personal/account/jcb_debit/
●楽天銀行デビットカード(JCB)
https://www.rakuten-bank.co.jp/card/debit/jcb/

主なプリペイドカード問い合わせ先

●VISAトラベルプリペイドカード
https://www.visa.co.jp
●Mastercardプリペイドカード
https://www.mastercard.co.jp
●キャッシュパスポート
www.jpcashpassport.jp/
●海外プリペイドカードGAICA
https://www.shinseibank.com/powerflex/gaica/

トラベルインフォメーション[日本編]

お金の準備は重要項目

役立ちマメ知識　クレジットカード付帯の海外旅行傷害保険の補償は合算される（*傷害死亡、後遺障害、携行品は合算されない。高額の方が限度額になる）。新規保険料との比較で、カード年会費分のモトをとることも難しくない。

タイは北部を除いて常夏の国

何を持っていけばいいの？

飛行機搭乗の際の荷物制限

貴重品、壊れやすいものは機内（客室）持ち込みにしよう。荷物の制限は航空会社によって異なるが、JALとANAは次のとおり。
●機内への手荷物の持ち込み制限は、縦・横・厚みの合計が115cm、重さ10kg以内のものを1個＋ハンドバッグ類1個。
●飛行機の貨物室に預ける荷物（受託手荷物＝チェックトバゲージ）は、ファースト・ビジネスクラスは、32kg×3個、エコノミークラスが23kg×2個。サイズはANAが3辺合計158cm、JAL203cm以内。

服装、こんな場合は？

冷房中の屋内●タイでは一般に、屋内の冷房がかなり強い。季節を問わず、薄手の上着類を1枚は持っていこう。
寺院観光のとき●Tシャツやタンクトップの場合、寺院観光では拝観を拒否されることもあるので注意。長ズボンやスカート、襟付きシャツなど、肌の露出の少ない服を心がけよう。旅行者には観光地であってもタイの人には聖域であることを忘れずに。
高級レストラン●一般に服装にうるさくないタイでもホテルなどの高級レストランは別。スマートカジュアルが基本となる。短パンやサンダル、ジーンズ、Tシャツでは入店を拒否される。男性は長ズボン、襟付きシャツ、靴（スニーカーは不可）を、女性はワンピース程度の服を用意。

タイの電圧

タイの電圧は220V、周波数は50Hzで、日本（100V、東日本50Hz、西日本60Hz）とは異なる。日本の電気製品を利用するには変換プラグと変圧器が必要だ。購入は、主要な電気店や海外旅行用品専門店のほか、成田、関空のショップで。値段はプラグが500円くらい、変圧器は5000円くらい。タイでに、高級ホテルならこれらの器具を貸してくれるところもある。

持ち物アドバイス

日用品は現地で購入できるが、常備薬などは使い慣れたものを持っていきたい。海外対応の携帯電話も気軽に利用できるので検討してみよう→p.302。

なお、機内客室への持ち込み手荷物は持ち込みの制限ルールが厳しい。航空機へのテロ行為等を防ぐための処置で、誰にでも厳格に摘要されるので注意。とくに100mlを越えるあらゆる液体物の客室内への持ち込みは禁止だ。欄外参照。

持ち物チェックリスト
A：絶対必要　B：持って行くべき　C：あれば便利

機内持ち込み手荷物	A	□パスポート　□eチケット（航空券） □現金（円）　□海外旅行傷害保険契約証 □ホテル予約確認書　□クレジットカード
	B	□マネーカード　□筆記用具／メモ帳 □ガイドブック　□ハンカチ＆ティッシュ □常備薬　□携帯電話（充電器関係も） □顔写真2枚
	C	□カメラ（充電器、カード、バッテリー） □電卓
スーツケースに入れるもの	A	□衣類　□下着類　□帽子／サングラス □パスポートのコピー　□顔写真2枚 □折りたたみ傘（日傘兼用）
	B	□散策用バッグ　□寝巻　□スリッパ □日焼け止めクリーム　□化粧品 □生理用品　□変換プラグ＆変圧器 □洗面用具　□Wi-Fiルーター　□予備の電池
	C	□ヘアドライヤー　□防虫スプレー □目覚まし時計　□電子辞書 □便座除菌クリーナー

服装アドバイス

タイは熱帯に位置し、1年中暑く、湿気がある→p.8。基本的には日本の夏を想定した服装でよいが、おおまかに3つの季節があり、配慮が必要だ（気温、降水量→p.288～289）。

雨季（5月中旬～10月）　気候は不安定で、雨が多い。熱帯特有の短時間の激しい雨（スコール）も頻繁になる。折りたたみ傘が必携。乾きが早い服や、水に強い靴を用意したい。

乾季（10月～2月中旬）　雨が少なく、朝夕の気温は22～23度まで下がる。暑いなかでも比較的すごしやすい季節。ただし、タイ南部にくらべチェンマイなど北部の気温は一般に低く、朝晩の冷え込みに備えて長袖か上着を用意した方がいい。

暑季（2月中旬～5月中旬）　最高気温が40度を超えることもある。熱射病や日射病に注意したい。日焼け止めなど暑さ対策はほかの季節にも増して必要。

役立ちマメ知識　液体物持込制限については次のウェブサイト参照。
https://www.narita-airport.jp/jp/security/

日本語のウェブサイトもいっぱい
日本で賢く簡単に情報収集

日本でもタイの情報をかなり入手できる。とくにインターネットは強力なツールだ。また、タイ国政府観光庁（TAT）の日本オフィスにはパンフ類が充実しているほか、ウェブサイトも使い勝手がよい。そのほか、タイの日本語情報誌のサイトもリアルな旅行情報が入手できるのでのぞいて見る価値はある。

インターネット活用アドバイス

航空券やホテルの情報・予約状況を知るのに便利なインターネット。最近はオンライン予約も簡単にできる。また、日本の旅行会社や個人のタイ・フリークが運営するサイトが無数にあるので、タイ観光の有力な情報源として利用価値も大きい。現地から発信される情報も有益。文化、生活情報など、それぞれのテーマによって集められたリンク集もある。うまく利用すれば、目的のウェブサイトで欲しい情報がすぐに見つかるだろう。

TAT（タイ国政府観光庁）
https://www.thailandtravel.or.jp/
タイ国政府観光庁日本支局が運営する日本語版サイト。タイの基礎知識を網羅。

在タイ日本国大使館
https://www.th.emb-japan.go.jp/
タイの日本大使館のウェブサイト。「タイ滞在豆知識」などが役立つ。

ダコログ
https://www.daco.co.th/
バンコクで人気の現地日本語フリーペーパー「ダコ」が発信する生活総合サイト。

バンコクナビ
https://www.bangkoknavi.com/
総合観光サイトのバンコク版。バンコクを中心にタイの観光情報をカバー。

その他の方法で情報収集

●**内山書店内アジア文庫** 東京都千代田区神田神保町1-15内山ビル3F ☎03-3294-0671／無休。学術書から庶民的な本まであるアジア・中国関係専門書店。www.uchiyama-shoten.co.jp

●**アジア図書館** 大阪府大阪市東淀川区淡路5-2-17 ☎06-6321-1839／月曜・祝休。アジアに関する書籍など約5万冊が利用可。500円。www.asian-library-osaka.org/library/

●**外務省領事局領事サービスセンター（海外安全相談班）**
☎03-3580-3311／世界各国の治安情勢がわかるサービス。タイに焦点を絞ったページもある。http://www.anzen.mofa.go.jp/

タイ国政府観光庁オフィス

タイ国の日本での観光情報提供オフィス。タイの観光、宿泊、交通、祭事などの資料が揃うほか、可能な範囲でタイ観光の相談に応じる。

営9:00～12:00、13:00～17:00
休土・日曜、日本の祝日、8/12、12/5
●インターネット・ウェブサイトhttps://www.thailandtravel.or.jp/
東京 〒100-0006 東京都千代田区有楽町1-7-1有楽町電気ビル南館2F ☎03-3218-0355
交JR有楽町駅 1分
大阪 〒550-0013 大阪市西区新町1-4-26ニッケ四ツ橋ビル ☎06-6543-6654～5 交Osaka Metro四ツ橋駅 1分
福岡 〒812-0027 福岡市博多区下川端町2-1博多リバレインイーストサイド11F ☎092-260-9308 交福岡市地下鉄中洲川端駅 1分

現地ツアー会社のウェブサイト

タイの現地発のオプショナルツアーの内容もウェブサイトで確認できる。
●ウェンディーツアー
thailand.wendytour.com
●パンダバス
https://www.pandabus.com
●エイチ・アイ・エス（H.I.S.）
www.his-bkk.com
●Tour East（英語および主要外国語）
https://tour-east-thailand.rezdy.com
●SUN LEISURE WORLD（英語のみ）
http://www.sunleisureworld.com

海外携帯レンタル 比較ナビ
Overseas Cellular Phone Rental

タイで携帯電話を利用する基礎知識

携帯電話

比較サイト

レンタル会社は、携帯レンタルサービスを比較したウェブサイトが参考になる。
https://www.mobistar.jp

主要携帯各社
● ドコモ
https://www.nttdocomo.co.jp
● au
https://www.au.com
● ソフトバンク
https://www.softbank.jp/mobile/top-rd

バンコクで借りる場合

タイの空港に着いてから空港などのレンタルショップなどで借りる方法。借りるまで電話番号がわからないので、渡航前に家族などに番号を知らせることができない。また、プリペイド式のSIMカードも販売されており、自分の機種が海外のSIMカードに対応していれば利用できる。
● 借りられる場所　スワンナプーム国際空港の到着ロビーに携帯電話レンタル専用の各社カウンターが並んでいる　圏24時間　困なし
● 借り方　パスポートと航空券、および事前保証金と返却時精算にはクレジットカードが必要。
● 料金　レンタル料金や通話料は通信会社により異なるが、いずれにせよ日本のサービスよりはレンタル料が割安、通話料は格安になるはずだ。

スマホで使える海外安全アプリ

スマートフォンのGPS機能を活用して、今いる場所の安全情報を提供する外務省のアプリが無料で入手できる。App StoreやGoogle playでダウンロードできる。

充電器は必需品

充電器を忘れる人が多いので注意。充電器はタイの電圧220Vに対応したACアダプターを用意する。

タイで携帯電話を利用するための方法はいくつかに分けられる。まず、借りる場所で2つの方法、普段使っている携帯番号をそのまま利用したい場合は3つの方法に分けられる。

携帯電話を日本で借りる

1．日本で、携帯レンタル会社から借りる

主要なレンタル会社だけでも10社近くあり、空港での受け取りや宅配を利用して借りる方法。申し込み方法も窓口、ネット、電話などさまざま。返却もショップ、宅配、空港の返却ボックスなどがあり、帰国便の時間を考慮しなくてもいい。

2．現在使っている携帯電話会社を利用

日本で利用している携帯電話会社の主要3社ドコモ、au、ソフトバンクなどがユーザー向けに提供しているもので、どの会社も基本的なレンタルシステムは同じ。タイで利用できる機種を借りることになる。

単純に海外用機種を借りるだけなら、携帯レンタル会社から借りるのと同じだが、新しい機種の品揃えやレンタル料の安さなどで利点がある。精算は普段利用している携帯電話の請求書に含まれてくる。

普段使っている番号をそのまま利用

現在、携帯電話のモデルの主流は「SIM（シム）カード」と呼ばれるICカード（各社によって呼び方が異なる）に契約者の情報を記録する方式。携帯電話に内蔵のこのカードを海外で使える機種に差し替えると、海外でも同じ電話番号が使える。つまり携帯本体の種類（国内用、海外用、国内外兼用）とICカードの組み合わせによって対応状況が変わる。

これらを踏まえたうえで、使用の番号をそのままタイで利用する方法が以下のとおり。なお、海外では通信料金の体系が異なるので注意。

1．機種をレンタルしてカードを差し替え

海外で使える携帯電話をレンタルして、自分の携帯電話のICカード自体を差し替える。普段使っている機種がICカード内蔵であることが条件。

2．ICカードを発行してもらう

普段使っている携帯番号情報を含むICカードを携帯電話会社から発行してもらい、海外用機種に入れる。ICカード内蔵でない携帯の人もこの方法なら海外でも同じ番号を使える。

3．携帯電話をそのまま持っていく

機種自体が海外でも利用できるものなら、そのまま持っていけばOK。自分の機種が海外でも対応できるか確認をすること。
※メールやWEBサービスなどを含めた詳細は携帯各社へ問い合わせを。左欄参照。※Wi-Fi事情にはp.324を参照。

Airport Guide

空港に行く 東京国際空港（羽田空港）

東京国際空港ターミナル
インフォメーション
☎03-6428-0888
ウェブサイト…www.haneda-airport.jp/inter/

羽田空港へのアクセス

●電車

　京浜急行と東京モノレールを利用。京浜急行の場合は品川からエアポート快特・急行で11〜25分、300円。横浜駅から17〜33分、340円。新橋から都営浅草線直通のエアポート快特・急行で21〜36分、410円。

　モノレールの場合、山手線浜松町駅から13〜21分、500円。日中は3〜5分間隔で運行。
京急ご案内センター………☎03-5789-8686
東京モノレールお客さまセンター……☎03-3374-4303

●空港バス

　都内各方面、神奈川・埼玉県など各地からリムジンバスが運行している。新宿・渋谷・横浜などでは深夜・早朝便を割増料金で運行。
リムジンバス予約・案内センター…☎03-3665-7220
京浜急行バス京浜島営業所…☎03-3790-2631

東京国際空港位置図

クルマ

　首都高速湾岸線湾岸環八出口から国際線ターミナルまで約5分。国際線ターミナルの南側に国際駐車場（24時間2140円。以後24時間ごとに2140円、72時間超えた場合は1日の上限1530円）がある。ハイシーズンは満車の場合が多いので予約がベター。予約料1400円。
国際線駐車場………………☎03-6428-0121

2020年3月から「国際線旅客ターミナルビル」の名称が「第3ターミナルビル」に変更される。また「国際線駐車場」は「第5駐車場」となる。東京モノレール、京急電鉄の駅名も変更になる。

成田国際空港

空港に行く

成田国際空港インフォメーション
☎0475-34-8000
ウェブサイト…https://www.narita-airport.jp/

　日本最大の国際空港で、東京都心から60kmの千葉県成田市にある。第1～3の3つのターミナルからなり、鉄道もバスも下車駅が異なる。東京寄りが第2ターミナルの空港第2ビル駅、終点が第1ターミナルの成田空港駅。両ターミナル間は無料連絡バスが日中約7分おきに運行している。

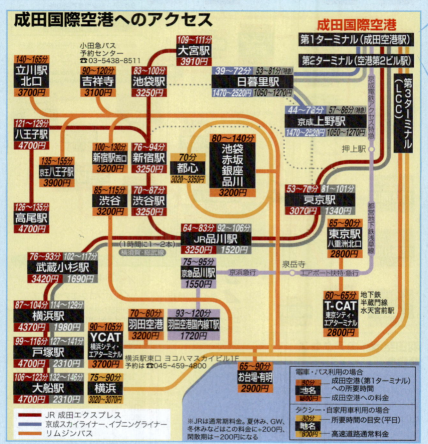

成田エクスプレス
時間に正確、大きな荷物も安心！

　東京、神奈川、埼玉の主要駅と成田空港を結ぶJRの特急で、荷物を置くスペースも完備。1日27本。八王子や大宮からは少なくとも1日2本のみ。夏期には横須賀、鎌倉からの臨時便も運行。「立席特急券」はないが、かわりに乗車日と乗車区間のみ指定の「座席未指定特急券」を導入。料金は指定特急券と同額。

横須賀線・総武線でも

　特急にくらべ時間はかかるが、JRの普通列車でも成田空港に行ける。横須賀線・総武線直通運転の快速エアポート成田は、日中ほぼ1時間に1～2本の運行。特急券は不要で、乗車券のみで利用できる。ただし車両は普通の通勤用なので、大きな荷物があると不便。
JR東日本お問い合わせセンター……………
　　　　　　　　　　　　　　☎050-2016-1600

 鉄道ダイヤの乱れや道路渋滞で遅れて飛行機に乗れなかったとしても、航空券の弁償はしてもらえない。ツアーの場合は旅行会社、個人旅行の場合も利用航空会社の緊急連絡先は控えておき、すぐに連絡をして善後策を相談。

Airport Guide

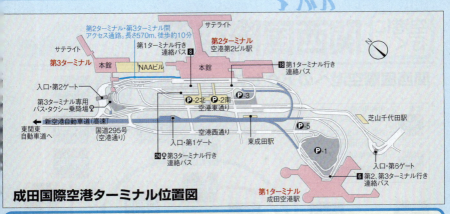

成田国際空港ターミナル位置図

第1ターミナルのエアライン

南ウィング

 タイ国際航空　　ユナイテッド航空

ANA（全日空）

IBEX	エチオピア航空	ターキッシュエアラインズ
アシアナ航空	エバー航空	中国国際航空
ヴァージン・オーストラリア	オーストリア航空	ニュージーランド航空
ウズベキスタン航空	山東航空	Peach
エア・カナダ	シンガポール航空	MIATモンゴル航空
エア・ジャパン	深圳航空	南アフリカ航空
エアソウル	スイス インターナショナル	ルフトハンザドイツ航空
エアプサン	エアラインズ	LOTポーランド航空
エジプト航空	スカンジナビア航空	

北ウィング

タイ ライオンエアー

アエロフロート	アリタリア-イタリア航空	エールフランス
アエロメヒコ	エアカラン	オーロラ航空
厦門航空	エティハド航空	ガルーダ・インドネシア

第2ターミナルのエアライン

JAL（日本航空）　　バンコク・エアウェイズ

アメリカン航空	スリランカ航空	フィジーエアウェイズ
イースター	セブパシフィック航空	フィリピン航空
イベリア航空	タイ・エアアジアX	フィンランド航空
エア・インディア	タイガーエア台湾	ブリティッシュエア
エア タヒチ ヌイ	チャイナエアライン	ベトジェットエア
S7航空	（中華航空）	香港エクスプレス
エミレーツ航空	中国東方航空	マカオ航空
海南航空	ティーウェイ航空	マレーシア航空
カタール航空	ニューギニア航空	マンダリン航空
カンタス航空	ノックスクート	ラタム航空（TAM）
キャセイ パシフィック	ハワイアン航空	ラタム航空（LAN）
スカット航空	パキスタン航空	
スクート	ファイアーフライ	

KLM　大韓航空　ベトナム航空
四川航空　中国南方航空　香港航空
ジンエアー　デルタ航空　ロイヤルブルネイ航空

第3ターミナルのエアライン

ジェットスター航空　Spring Japan　バニラエア
ジェットスター・ジャパン　チェジュ航空

トラベルインフォメーション［日本編］　305　成田国際空港

スカイライナー
世界標準のアクセスタイムを実現

　成田スカイアクセス線経由のスカイライナーは、日暮里と成田空港駅（第1ターミナル）間を最速39分で結ぶ。料金は2520円。18時以降は京成本線経由のイブニングライナーが1440円と安くて便利。特急料金不要のアクセス特急は青砥から所要約45～50分、1120円。上野からだと京成本線経由の特急が1時間2～3本運行、1030円。
京成電鉄上野案内所 ………… ☎03-3831-0131

京急線、都営地下鉄からでも

　京浜急行、都営浅草線からも直通のエアポート快特特急とエアポート急行などが成田スカイアクセス線及び京成本線経由で毎日23本運行。20分近く時間短縮となり便利。
京急ご案内センター ………… ☎03-5789-8686

リムジンバス
乗り換えなしでラクチン

　JRや京成電鉄の駅に出るのが面倒なら、自宅近くからリムジンバスや高速バスが出ていないか要チェック。都心や都下の主要ポイントを運行する東京空港交通（リムジンバス）のほかに、京王バス、小田急バス、神奈川中央バス、京成バスなどが関東や静岡などの主要都市から数多く運行している。
リムジンバス予約・案内センター… ☎03-3665-7220
　　… https://www.limousinebus.co.jp/
京王高速バス予約センター（聖蹟桜ヶ丘、多摩センター、調布など）……… ☎03-5376-2222
小田急バス予約センター（たまプラーザ、新百合ヶ丘など）………………… ☎03-5438-8511
神奈中高速バス予約センター（茅ヶ崎、藤沢、相模大野、町田など）……… ☎0463-21-1212

 東京駅八重洲口や銀座から成田空港まで900円～2000円（深夜早朝便）で格安の連絡バスが運行。詳細は京成バス「東京シャトル」www.keiseibus.co.jp、平和・あすか交通・JRバス「THEアクセス成田」www.accessnarita.jpへ。

空港に行く 関西国際空港

関西国際空港総合案内所
☎072-455-2500
ウェブサイト…https://www.kansai-airport.or.jp/

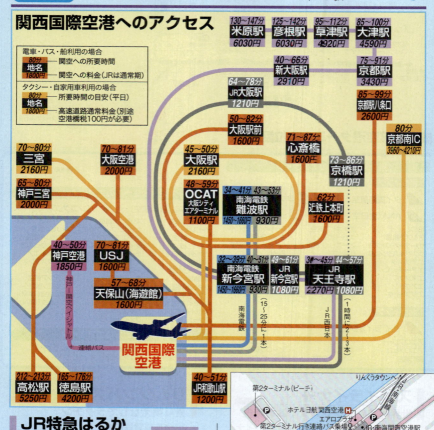

■ JR特急はるか

　京都、大阪と関空を結ぶJRの特急。一部、米原、草津始発の列車もあるが、ほとんどは京都駅が始発。日中ほぼ30分に1本の間隔で運行。急いでいなければ京橋または天王寺始発の関空快速もおすすめ。所要時間は特急より＋15分くらいだが、普通料金で利用できる。
JR西日本お客様センター……☎0570-00-2486

■ 南海電鉄ラピートα・β

　難波から新今宮、天下茶屋、泉佐野、りんくうタウン停車で関空に行くのがラピートα、平日早朝4本運行。ラピートβは堺、岸和田にも停車し、合わせて32本運行。
南海テレホンセンター………☎06-6643-1005

■ 空港バス

　関西から一部四国まで路線が充実しており、上図以外にも、JR・阪神尼崎駅、京阪守口市駅、JR・近鉄奈良駅などがある。2週間有効の往復乗車券が割引率がよくておすすめ。予約が必要な便もあるので、要問い合わせ。
関西空港交通 ………………☎072-461-1374
www.kate.co.jp/

! 京都・神戸・芦屋エリアから関空まで乗合タクシーが走っている。料金は京都から1人4300～4600円、神戸・芦屋2500～4000円など、予約は、MKスカイゲイトシャトル（京都☎075-778-5489／神戸・芦屋☎078-302-0489）、ヤサカ関空シャトル（京都☎075-803-4800）へ。

Airport Guide

空港に行く　中部国際空港（セントレア）

セントレアテレホンセンター
☎0569-38-1195
ウェブサイト…https://www.centrair.jp/

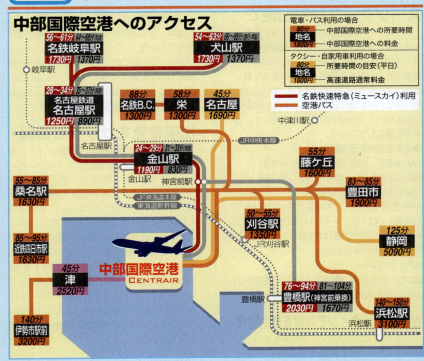

鉄道
　名古屋、岐阜、犬山などと中部国際空港間は名鉄を利用。快速特急（ミュースカイ）を使えば名古屋からだと最速で28分で空港に。料金は特急料金360円込みの1250円。
名鉄お客さまセンター…………☎052-582-5151
http://top.meitetsu.co.jp/

空港バス
　名古屋市内や近郊、愛知県各所、四日市、桑名、浜松、掛川ICなどから高速バスが運行している。乗り換えしなくてすむのが便利だ。

名鉄お客さまセンター…………☎052-582-5151
三重交通四日市営業所…………☎059-323-0808
　　　　桑名営業所…………☎059-422-0595
知多乗合お客様センター………☎0569-21-5234
遠州鉄道空港バス係……………☎053-451-1595
　三重県の津から、津エアポートラインの高速艇が1日15便（冬期は8便）就航。所要45分、2520円。伊勢市内から三重交通特急バスとの連絡便が1日2便運航。3200円。
津エアポートライン……☎059-213-4111（津）

空港に行く　福岡空港
福岡空港国際線案内……………☎092-621-0303
https://www.fukuoka-airport.jp/

空港に行く　仙台国際空港
仙台空港インフォメーション☎022-382-0080
https://www.sendai-airport.co.jp/

空港に行く　新千歳空港
新千歳空港案内所………………☎0123-23-0111
www.new-chitose-airport.jp/ja/

Airport Guide

空港利用の裏ワザ

スーツケースは宅配便で

スーツケースなど重い荷物を空港まで運ぶのは大変。宅配便利用なら、そんな苦労もしなくてすむし、帰りも空港から自宅に荷物を送ることができる。距離、重さによって異なるが、スーツケース（140サイズ20Kg以内）で、JAL ABCが2590円 〜、ANAとGPAが2462円〜。2〜8日前までに予約して、自宅等で集荷してもらう。

●主要空港宅配便連絡先
JAL ABC（成田・羽田・関西・中部）
☎0120-919-120　☎03-3545-1131（携帯から）
www.jalabc.com/airport/（ネット予約可）
ANA空港宅配サービス（問い合わせ先はヤマト運輸）　☎043-331-1111（成田空港）☎03-4335-2211（羽田空港）☎06-6733-4196（関西空港）　www.ana.co.jp
GPA（成田のみ）
☎0120-728-029　☎0476-32-4755（携帯から）
www.gpa-net.co.jp（ネット予約なし）

Webチェックインで時間を有効活用

自宅のパソコンやスマートホンを利用してチェックインが手軽にできるサービスがWebチェックイン。eチケットがあれば誰でも可能。出発の72時間前からでき、座席指定も可能。パソコンで搭乗券を印刷するかモバイル搭乗券をスマートホンで受け取れば完了。その代表例がANAの「オンラインチェックイン」や日本航空の「QuiC」など。当日預ける手荷物がなければそのまま保安検査場へ。ある場合は手荷物専用カウンターで預けてから。空港には搭乗60分前までに着けばいいので楽だ。詳細は各航空会社のHPで。

手ぶらサービスを利用して、らくらく海外へ

日本航空と全日空は、成田・羽田・関空・中部（中部は日本航空のみ）発の国際線（グアムやハワイを含む米国路線、米国経由便、共同運航便を除く）の利用者に対して、自宅で宅配便に預けたスーツケースを渡航先の空港で受けとれる手荷物チェックイン代行サービスを行なっている。前述のWebチェックインと併用すれば、空港での手続きがなく楽。料金は、日本航空がプラス210円、全日空がプラス324円。

申し込みは日本航空がhttps://www.jalabc.com/checkin/、または☎0120-981-250、919-120。全日空はhttps://www.ana.co.jp/int/ground/baggage.html。

出国審査をサッサと通過

2017年から出国審査に顔認証システムが導入された。これは顔認証ゲートでパスポートをかざすだけで、瞬時にパスポートのICチップ内の顔の画像を読み取り、本人確認をやってしまうという優れもの。GWや夏休みなどは保安検査や出国審査に長蛇の列。このシステムを使えば大幅に時短が可能だ。いっさいの事前登録も必要なく、ICチップを埋め込んであるパスポートならすぐに利用できる。ちなみに2006年以降に取得したパスポートはすべてこれに該当する。なおパスポートにスタンプ（証印）が欲しいという人は、通過後、ゲート周辺に待機する職員に申請すれば、押してもらえる。

成田空港までマイカーで行くなら

成田空港までのアクセスに車を使う場合、問題になるのが駐車場。空港周辺の民間駐車場をネット予約すれば、空港までの送迎付きで4日間3000円、7日間で5000円くらい。高速代を加味しても、複数なら成田エクスプレス利用よりは安くなるが、時間がかかる。

成田空港の駐車場を利用すると利便性は高まるが、民間より料金は高くなる。第1ターミナルならP1かP5駐車場、第2・第3ターミナル利用ならP2かP3駐車場が近くて便利。このうち予約ができるのはP2とP5のみ。料金はP1、P2駐車場の場合、5日駐車で1万300円。それ以降は1日につき520円加算となる。GWや夏休みは混むので、予約は早めに。
成田空港駐車場ガイド（民間）
www.narita-park.jp/
成田国際空港駐車場案内
https://www.narita-airport.jp/jp/access/parking

- ●タイの入国手続き　p.310
- ●帰国の手順と注意事項　p.311
- ●スワンナプーム国際空港　p.313
- ●国内交通　p.316
  - 飛行機
  - 鉄道
  - 長距離バス
- ●実用情報　p.322
  - 通貨・両替・チップ・
  - インターネット・郵便・宅配・
  - 生活全般・習慣とマナー
- ●安全に旅をする基礎知識　p.327
- ●健康に旅をする基礎知識　p.328
- ●タイの近年の歩み　p.329
- ●タイの祭りと行事　p.330
- ●インデックス　p.332

トラベルインフォメーション［タイ編］

入国ガイド 最近は入国審査に時間がかかる

タイの入国手続き

飛行機から降りたら入国審査へ

税関での申告について

最近、タバコ（→p.7）やアルコール類は厳しくチェックされるので、安易な気持ちで無税範囲を装い持ち込まないこと。カメラなどに明らかに大量に持ち込む以外は原則的に問題ない。外貨は出入国とも1万5000米ドル相当以下なら申告不要。

入国審査で必要な英会話

旅の目的は何ですか？
（ワッツ ダ パーパス オヴ ユア ヴィズィット）
What's the purpose of your visit?
●観光です。
（サイトシーイング）
Sightseeing
滞在期間はどれくらいですか？
（ハウロング アーユー ゴーイング トゥ ステイ）
How long are you going to stay?
●4日間です。
（フォーデイズ）
Four days.
どこに泊まりますか？
（ウェア アーユー ステイング）
Where are you staying?
●××ホテルに泊まります。
（アイル ステイ アット ××ホテル）
I'll stay at ××Hotel.

タイ入国の際の免税範囲

※以下の範囲を超える場合は申告が必要となる。
紙巻きタバコ ………… 200本
またはパイプタバコ…… 250g
アルコール類
……………… 1本（1ℓ以内）
カメラ・ビデオカメラ…各1台
通貨　種類にかかわらず
1万5000USドル相当以内
その他……2万バーツ以内の価値であれば原則申告不要

入出国カードと税関申告書

タイ入国時には入出国カード（→p.7）の提出が義務づけられている。税関申告書は申告するものがある場合のみ、提出すること。用紙は、空路の場合は機内で配布される。機内常備の枚数が少なくて用紙をもらえないときがあるが、この場合は到着後、入国審査を受けるロビーに用紙がおいてあるのでそこで記入する。空路以外の入国は、国境のイミグレーションでカードを入手する。タイを専門としている旅行会社に各種の手配を依頼すると事前に用紙がもらえる場合がある。記入自体に難しい内容はない。ただし、サイン以外はすべてローマ字で記入する。

到着から税関を通過するまで

1.飛行機を降りて入国審査カウンターへ

飛行機を降り、空港ビルに入ったらPASSPORT CONTROL（入国審査）を示す案内ボードに従って入国審査のロビーへ進む。外国人用のカウンター（FOREIGN PASSPORT）に並び入国審査を受ける。

2.入国審査

ここでパスポートと入出国カードを提示、提出する。観光目的であれば、ほとんど質問されることはない。入出国カードのうち出国カード（DEPARTURE CARD）がパスポートに留められる。出国時にこのカードが回収されるので外さないこと。パスポートに入国スタンプが押されて審査終了。テロ対策の一環として外国人入国者は原則、顔写真を撮影されることになっているため、入国審査には時間がかかることを覚悟しておこう。

3.受託手荷物の受け取り

入国審査後、荷物を預けた人は手荷物受け取りエリアBaggage Handling Areaのターンテーブルで荷物を受け取る。ターンテーブルは何台もあるので、自分の乗った飛行機のフライトナンバーを示していることを確認をする。ターンテーブル脇で待ち、順次出てくる荷物から自分の荷物を取り上げればいい。もし荷物が出てこないときは、航空券に添付されたクレーム・タグClaim Tag（荷物預かり証）をバゲージ・クレームBaggage Claimの窓口で示し、その旨を伝える（左欄参照）。

4.税関審査

受け取りエリアのすぐ目の前に税関のカウンターがある。非関税申告Nothing to Declareの人は緑色のカウンターへ、税関申告Goods to Declareするものがある人は赤色へ進む。緑色のカウンターでは、たまに抜き打ち的に荷物を検査される場合もある。赤色のカウンターでは検査を受け、税額の査定をされる。税関を通過すれば、タイ入国のための手続きはすべて終わり。通路を抜ければ空港到着ロビーに出る。

役立ちマメ知識 職業欄の英語表記●会社員 OFFICE WORKER●学生 STUDENT●主婦 HOUSEWIFE●公務員 GOVERNMENT OFFICIAL●個人経営者 PROPRIETOR●農業 FARMER●漁業 FISHERMAN●無職 NONE

帰国ガイド 家のドアを開けるまで気をゆるめずに

帰国の手順と注意事項

スワンナプーム国際空港

タイを出国する手続き

1. リコンファームとは
帰国便の出発72時間前までに、航空会社に対して予約の再確認（リコンファーム）をすること。日系、米国系、タイ国際航空など日本に就航しているほとんどの航空会社各社は原則不要だが、それでも混雑期だとオーバー・ブッキングの危険がまったくないとはいえないので、確認しておいた方が安心だ。方法は、航空会社に電話するか、直接オフィスに出向き、自分の氏名や帰国便の便名、フライトの日時、行き先などを告げて確認してもらう。タイ入国のときに、空港にある航空会社のカウンターで手続きを済ませておくという方法もある。

2. 荷造り
受託手荷物（チェックトバゲージ）と機内持ち込み手荷物（ハンドキャリー）に分けてパッキングする。カメラやビデオ、ノートPCなどの精密機器、リチウム電池やライター、免税手続きの際に提示が必要な商品（→p.111）は機内持ち込み手荷物に、果物ナイフやハサミなどの刃物類や、液体物（→左欄）などは受託手荷物に入れておく。空港渡しの免税品は、出国審査の後に受け取ることになるので、引換証は必ず手持ちの荷物に入れておく。

3. 出国手続き
空港へは余裕をもって、遅くても2時間前には到着しよう。バンコク市内の渋滞のことも考え、早めに出かけること。空港に着いたら、まずチェックイン。航空会社のカウンターで受託手荷物を渡して、搭乗券と荷物の預かり証（クレームタグ）をもらう。出国カウンターではパスポートと搭乗券を出してスタンプをもらう。出国審査が終了し、出発ロビーに入るとおみやげ店がある。ここがバーツを使いきる最後のチャンス。なお、付加価値税（VAT）の免税手続きを行なう人は出国手続きの前に税関の窓口へ行くこと。

4. 搭乗
出発ロビーでの待ち時間で買い物を楽しむのもいいが、搭乗案内のアナウンスを聞き逃さないように。

受託手荷物の制限
航空会社、路線、チケットの種類により制限に違いがあるが、タイ国際航空のタイ〜日本線エコノミークラスの場合、個数制限はなく総合計重量が30kg以内。超過分は高額な超過料金を請求される。サイズ制限もあるので重量、個数を含めあらかじめホテルから別送品として国際宅配便→p.324で送る方法も検討しよう。

タイのお金を残しておく
旅の終わりが近づくと、残っているバーツをなるべく使ってしまおうという心理が生まれる。しかし、お金はぎりぎりまで必要なので、空港までの交通費なども考慮して、ある程度の余裕をみて残しておいた方がいい。なお、出国税750Bは通常、航空券の代金に含まれている。

液体物持ち込み制限
日本国内の空港と同様、国内線を含むタイ国内の空港から出発するすべての航空機内への液体物の持ち込みが制限されるので注意。タイ国際空港の場合、「化粧品・医薬品は1品100mℓ以下で、合計2ℓ以下の透明のプラスチック袋」に入れてあれば機内持ち込みが可能だが、詳細は以下タイ国際航空のウェブサイトなどを参照。
http://www.thaiairways.com/ja_JP/plan/travel_information/Baggage.page

免税手続き
タイでは観光客が2000B以上の買い物をした場合、申告すれば条件付きだが7％の付加価値税（VAT）が返還される。免税資格などについては→p.111。

還付金を受け取る手順
① 店で購入時に作成したVAT還付申請用紙（VAT Refund Application For Tourist Form）と品物を持って空港へ。
② 空港で出国審査前に空港税関事務所（Customs Office）で品物とVAT還付申請用紙を提示し、書類に認証印をもらう。
③ 出国審査後、出発ロビーに2ヵ所あるVAT払い戻しカウンター（VAT Refund Office）で払い戻しの申請をする。受け取り方法には、現金、小切手、クレジットカード口座への振り込みがあり、それぞれ手数料がかかる。

役立ちマメ知識 麻薬や拳銃などはもちろんのこと、タイからの持ち出しが許されない禁制品は、仏像や菩薩像などが代表格なので注意→p.11。原則的に5万以上のバーツ貨幣を持ち出すには、財務当局の認可も必要だ。

トラベルインフォメーション[タイ編] タイの入国手続き／帰国の手順と注意事項

ここをチェック！ 何の気なしに買ったみやげ品が、タイからの持ち出しや日本への持ち込みに際して法的な規制を受けてしまうことがある。免税の範囲も含め、規制には注意しよう。税の払い戻しもチェック→p.111。

持ち込める数も確認しておこう

別送品がある場合

　機内では、日本の税関に提出する「携帯品・別送品申告書」が配られる。免税範囲を超えた人と別送品がある人は必ず記入しておく。税関で別送品の申告書2通を提出して申告書にスタンプをもらい、税関を出たら別送品受付カウンターへ進む。ここで別送品申告書のスタンプのある方を渡す。あとは、自宅で荷物を受け取れば完了だ。

日本への持ち込み規制品

　医薬品・化粧品（数量規制）のほか、ワシントン条約で保護指定されているおもな動植物とその製品は下記の通り。
漢方薬●じゃこう鹿エキス、クマの胆などを含有する薬など
毛皮・敷物●トラ、ヒョウなど
皮製品●ワニ、ウミガメ、ヘビ（の一部）、トカゲ（同）など
象牙・象牙製品●アジア象・アフリカ象
はく製●ワシ、タカ、ワニなど
※生ハム、ベーコンなどは政府機関発行の検査証明書が添付されているものに限り持ち込める。
※薬と化粧品の持ち込みは一品目24個以内。ビタミン剤などを含む薬類は本人使用を目的としたもので最大2ヵ月分以内。

日本への持ち込み禁止品

　偽ブランドなど知的財産権を侵害する物品。わいせつ雑誌、ビデオなど風俗を害する物品。

免税枠を超えた場合の課税額

●酒類1ℓにつき	
ウイスキー、ブランデー	600円
ラム、ジン、ウォッカ	400円
リキュール、焼酎など	300円
その他（ワイン、ビールなど）	200円
●紙巻たばこ　1本につき12.5円	
●その他の品物　15%	

機内での帰国準備

書類の記入など●日本到着が近づくと、機内では検疫質問表が配られる。検疫質問表はタイ滞在中の体調などについて記入するもので、到着後に検疫カウンターへ提出する。また、みやげなどで買ったものが免税の範囲（下表参照）を超える場合は、機内で携帯品・別送品申告書を2通、そうでない人も1通もらって記入しておく。提出は全員に義務づけられている。

日本に到着してからの手続き

1．検疫
　到着後、機内で受け取って記入済みのタイ滞在中の体調について書いた検疫質問表を検疫カウンターに提出する。機内で配付されない場合はカウンターに用紙がある。とくに異常がなければ提出するだけ。異常がある（あった）場合は空港内で健康相談を受ける。

2．入国審査
　入国審査のカウンターは日本人用と外国人用に分けられているので、日本人は「日本人」または「居住者」の表示があるカウンターに進みパスポートを提示して入国審査を受ける。

3．荷物の受け取り
　審査を終えたら、乗ってきた飛行機の便名の表示があるターンテーブルで受託手荷物を受け取る。

4．税関
　購入品が免税範囲なら緑、免税範囲を超えるなら赤の検査台へ進む。記入しておいた携帯品・別送品申請書を渡す。花、野菜、生果物、肉製品、香辛料を持ち帰った場合（タイ出国時の空港でも検疫が必要）、税関手前の検疫カウンターへ進む。

日本に持ち込める免税範囲

品　名	数量／価格
酒類	3本（1本760mℓのもの）
たばこ（それぞれ単一の場合）	紙巻400本、葉巻100本、その他500g
香水※	2オンス（約56mℓ）
その他	20万円以内のもの＊

＊ただし、同一品目毎の合計が1万円以下の場合はこれに含めなくてよい
　（例：1枚2500円のスカーフ4枚は含めなくてよい）
＊合計額が20万円を超える場合には、20万円以内に収まる品物が免税になり、その残りの品物に課税
＊1個で20万円を超える品物、例えば、25万円のバッグは25万円全額について課税
※オーデコロン、オードトワレは含まれない

役立ちマメ知識　動植物免疫が必要なのは、切り花、切り枝、種子、球根、生果実、野菜、穀物、豆製品、肉製品、嗜好香辛料、ドライフラワーなど。これらを持っている人はタイと日本両方の空港で免疫を受け、許可をもらう。

大都市バンコクの表玄関

スワンナプーム国際空港

スワンナプーム国際空港は，バンコクの東方，約25Kmに位置する東南アジアのハブ空港。以前の国際空港・ドンムアン空港は，LCCや国内線専用空港となっている。日本からのLCCを利用した場合，多くがドンムアン空港着となる。

国際線ターミナルの施設概要

旅客ターミナルビルは7階建てで，国際線と国内線の共用。コンコースはA～Gの7本，うちC～Gの5本が国際線専用。

7階………展望デッキ

6階………スカイラウンジ，スカイロットの2つのレストランがある。24時間営業

5階………各航空会社のオフィス

4階………**出発ロビー**（国際線・国内線），各航空会社チケットカウンター，郵便局，両替，手荷物一時預かり所，VAT払い戻しカウンター，免税店

3階………レストラン街，ショップ，ツーリスト・ポリス，両替所，スパ，マッサージ

2階………**到着ロビー**（国際線・国内線），案内所，TAT，タイホテル協会・タイ旅行業者協会カウンター，手荷物一時預かり所，タクシー，シャトルバス乗り場

1階………エアポート・エクスプレス，長距離バス乗り場，フードコート，メディカルセンター

地下階……ARL（エアポート・レール・リンク）の空港駅。（→p.315）

トラブルが起きたら

飛行機が遅れた●到着が遅れても24時間，空港内でバンコク市内の宿を確保できるし，タクシーも常時待機している。夜遅くに市内へ行くのが不安なら，広大な空港の敷地内にはノボテル・スワンナプーム・エアポートホテルもあり，専用車で送迎される。

荷物が破損・紛失した●荷物の破損・紛失は手荷物受取フロアにあるバゲージ・クレームに申告し，航空券に添付の荷物預り証を提出する。タイ国際航空が空港業務を代行する航空会社の場合は，直ちに事務手続きが行なわれる。その他の場合には，各航空会社の空港オフィスに自分で連絡を入れるのが基本だ。運び忘れとわかれば，別便で到着，宿泊先まで届けられる。破損・紛失の場合は，保険の損害補償を受けるために，破損・紛失の証明書を発行してもらうことを忘れずに。

病気になった●1階の外側には本格的な医務室（☎02-132-2777圏8:00～17:C0困なし）が用意されている。医師，看護婦ともに英語が通じる。これとは別に，24時間営業の簡易医務室も空港内各所にあるので，緊急の場合には空港スタッフや最寄りの案内窓口などで相談しよう。

スワンナプーム空港について

- ●開港日：2006年9月28日
- ●旅客ターミナル：56万3000㎡（単一ターミナルとしては世界最大）
- ●滑走路：2本（3700m，4000m），将来は4本を予定
- ●年間旅客輸送許容量：4500万人
- ●発着処理能力：76便/1時間
- ●発着時間：24時間
- ●所在地：
Bangphli, Samutprakan
- ●コールセンター（種々の案内）
Bangphli, Samutprakan
☎02-132-1888

国内線への乗り継ぎ

チェンマイやプーケットなどへ国内線を乗り継ぐ場合は，基本的には空港内専用のトランスファーカウンターで手続きをするだけで，そのまま乗り継ぐことができる。この場合，荷物も自動的に目的地まで運ばれることになるが，出発時のチェックインであらかじめ確認しておくこと。

また，利用する航空便や目的地などによっては，一度荷物を受け取り，あらためてチェックインし直さなければならないケースや，場合によっては空港を移動しなければならないこともあるので，チケットの手配時にも，あらかじめ慎重に確認しておきたい。

ニセの案内者に注意！

荷物の札などを見て「○○さんですね，××ホテル（ツアー）の者です。お迎えに来ました」と言い寄り，自分の車に乗せて強盗やゆすりを働くという事件が発生している。出迎えのプラカードの特徴などは前もって確認しておこう。

トラベルインフォメーション［タイ編］

313

帰国の手順と注意事項／スワンナプーム国際空港

役立ちマメ知識 バンコク市内へ行くタクシー●2階の到着ロビーにはAOTリムジンのカウンターがある。メータータクシー乗り場は2階にある。詳細は→p.315

スワナプーム国際空港　Suvarnabhumi International Airport

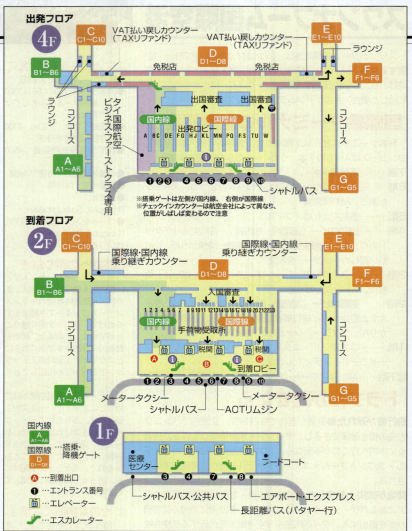

ドンムアン空港

　国際線から国内線への接続には注意が必要。とくにタイ国際航空（TG）はスワンナプーム空港に移転をしたが、同系列の格安航空であるノックエアはドンムアン空港を拠点としている。チケットの購入時は、到着・発着の空港を確認したい。また、成田・関空から出発するエアアジアもドンムアン空港が到着空港であることを忘れずに。
　ドンムアン空港への乗り継ぎはタクシーでの移動が便利。所要時間の目安は渋滞がない場合で約1時間、入国直後に移動するには相応の時間的な余裕をみておく必要がある。

●ドンムアン空港　☎02-535-1253

ドンムアン空港

ARL（エアポート・レール・リンク）・バス・タクシー
スワンナプーム空港から市内へ

パヤタイ駅のBTS連絡通路

スワンナプーム国際空港からバンコク市内へのアクセスは、鉄道がARL（エアポート・レール・リンク）。公共の車が、エアポート・シャトル、AOTリムジン、パブリック・バス、それにメータータクシーがある。バンコク市内の渋滞など道路状況を考慮すると、ARLが料金、確実性共におすすめ。

ARL（エアポート・レール・リンク）

スワンナプーム国際空港とバンコク中心部を結ぶタイ国鉄のアクセスラインとして2010年に開業。マッカサン駅でMRTペッブリー駅に、パヤタイ駅でBTSに乗換えることができるため、利便性は高い。空港駅は空港ターミナル地下1階にあり、エレベーターやエスカレーターで直行できる。現在運行しているのは各駅停車するシティラインCity Lineのみで、運賃は15～45B。以前あったエクスプレスは廃止された。

バスとタクシー利用の場合

●AOTリムジン
タイ空港公団（AOT）が提供するリムジン・サービス。カウンターは到着ロビーに多数あるのですぐわかる。市内中心部までの乗車賃は距離と車種によって微妙に違うが、大体1200B～が目安。

●メータータクシー（パブリックタクシー）
いわゆる普通のタクシー。ターミナル2階の3番、9番出口の前から乗車。申し込む際に係員に行先を告げ、乗車券をもらう。乗車賃はメーターの金額に空港利用料50Bを加算して支払う。これを忘れると運転手ともめるので注意。なお、高速代は別途料金で、リクエスト次第。乗車券の半券をトラブルになった場合のために保管しておくこと。

●エアポート・エクスプレス
空港のバスターミナルからバンコク市内のシーロム、スクンビット行きなど4路線が運行。運賃は均一150B

●エアポート・エクスプレス
バスターミナルからバンコク市内や郊外へ向け10路線が運行。運賃は一番安いが、初めての旅行者にはハードルが高い。

運行・所要時間
運行路線は全長約28km。
シティラインは、マッカサン駅まで所要約20分、終着のパヤタイ駅までは約25分、運転間隔12～20分で運行。運行時間は平日が5:30～24:00、土・日曜、祝日が6:10～24:05。

BTSとMRTへの乗換
マッカサン駅は、MRT→p.48のペッブリー駅、都心部にもほど近いパヤタイ駅はBTS→p.46のパヤタイ駅にそれぞれ隣接しており、徒歩数分。とくにパヤタイ駅では接続通路も整備されている。
荷物が少ないなら、渋滞の激しい都心部をタクシーで移動するよりは、そのまま市内鉄道に乗り継ぐのもいいだろう。

一般公共路線バス
一般の公共路線バスやエアポート・シャトル、パブリック・バンの発着所は、空港敷地内にある公共輸送センターPublic Transportation Centerにある。
バンコクの郊外へ運行する路線バスや、パタヤーなど近隣の町へ向かう長距離バスも、ここを経由する。空港敷地内にあるが、ターミナルビルからは歩ける距離ではなく、無料のシャトルバスを利用する。シャトルバスは急行と普通があり、急行で約15分。乗り場はターミナル2階5番6番出口の間と4階9番出口の前。

ドンムアン空港へのシャトルバス
2階到着フロア外から出発、おおよそ1時間に1便程度の運行で、国内線への乗継に利用できる。無料。

パブリックタクシー乗り場は1階　パブリックタクシー　リムジンタクシー

空港からパタヤーへ直行●スワンナプーム国際空港はバンコク市内とパタヤーを結ぶハイウエイの途中に立地しており、空港からはリムジンや一般のタクシーでパタヤーへ直行することも可能。

国内線ターミナル

スワンナプーム
国際空港連絡先
→p.313

国際線からの乗り継ぎ
チェンマイ、ハジャイ、プーケットに乗り継ぐ場合は→p.313。その他の地方都市へ乗り継ぐ場合は、あらかじめ日本で乗り継ぎ手順を確認しておくこと。事情に疎い旅行会社であわてて予約をした場合などは、乗り継ぎ時間を考慮してないことがあるので要注意。

空港使用料
空港使用料については原則、チケット購入時の代金に含まれるようになっているが、とくに国内線で利用する地方空港の場合、航空会社によってはチケット代金とは別に、現地で空港使用料を徴収されることもある。

国内交通
飛行機

主要エアーのタイ国際航空以外にバンコク・エアウェイズが運航し、近年はLCC（格安航空会社）も参入している。バンコク起点の主要路線はタイ国際航空が圧倒的なシェアを占め、サムイ、プーケット、チェンマイなど旅行者に人気のエリアや地方都市の発着路線には他の航空会社も就航している。

バンコクには2つの空港があり、スワンナプーム国際空港はタイ国際航空（グループのタイ・スマイルも含む）とバンコク・エアウェイズ、ドンムアン空港はLCCが利用している。

チケット購入時に発着空港、利用空港到着までのアクセスと所要時間は必ずチェックしておきたい。

チケットの予約と購入

国内線のチケットの予約・購入は、タイ各地の空港や各航空会社のオフィス、主要ホテルのツアーデスクや旅行会社、オンラインなどで行なうことができる。

手数料は通常不要だが、発券業務ができないような小さな業者を利用する場合は手数料が徴収されることもある。予約は電話でも可能で、英語が通じる。電話で予約する際には、予約コードを控えておくとトラブルの防止になる。

タイ国際航空を利用する場合、スワンナプーム国際空港4階の出発ロビーに支店があり、予約・購入も可能だ。市内の主要オフィスは次頁欄外を参照のこと。

乗り方

チェックインの開始時間は航空会社次第だが、通常は出発時刻の2時間前後、チェックイン締め切りは30分前が目安となる。締め切り時間を過ぎると予約した便に乗れなくなるので、混雑期には注意が必要だ。4階出発ロビーの国内線チェックインカウンターで荷物を預け、搭乗券を受け取る。

ドンムアン空港では近年、国内線専用のターミナルが設置され、ターミナル2として再築されている。

国内線ターミナル

主な航空会社のウェブサイト
飛行機を利用する際には航空会社のホームページが参考になる。フライトスケジュールの確認やオンラインでの予約が可能。各社の情報のほか、タイの観光ガイド的な情報もあり、利用価値は大きい。
- ●タイ国際航空　https://www.thaiairways.com/ja_JP/index.page
- ●タイ・スマイル　https://www.thaismileair.com/
- ●バンコク・エアウェイズ　https://www.bangkokair.com/
- ●エアーアジア　https://www.airasia.com/ja/jp
- ●ノックエア　https://www.nokair.com
- ●オリエントタイ航空　http://www.flyorientthai.com
＊各航空会社の住所及び電話番号はp.317欄外。

タイ国際航空

バンコク・エアウェイズ

役立ちマメ知識　タイ国際航空の支店●p.317に挙げたほかに、チェンマイ支店（TEL240 Prapokkloa Rd.☎053-920-999）やプーケット支店（TEL78 Ranong Rd.☎076-360-400、444）などがある。

バンコクには空港が2つある。日本からはスワンナプーム国際空港に発着する路線が多いが、LCCは以前の国際空港だったドンムアン空港に発着するので注意したい。

■おもな航空路線の便数、所要時間、運賃（片道）

路線	1日の便数	所要時間	額(エコノミー)
バンコク−プーケット	20〜26便	1時間20〜30分	1380B〜
バンコク−サムイ	26便	1時間5〜30分	2880B〜
バンコク−ハジャイ	6便	1時間20〜30分	1500B〜
バンコク−スラーターニー	2便	1時間15分	1500B〜
バンコク−チェンマイ	20〜24便	1時間10分〜20分	1230B〜
バンコク−チェンラーイ	5〜7便	1時間20〜30分	1560B〜
バンコク−ウドンタニー	4〜5便	1時間5〜10分	1050B〜
チェンマイ−プーケット	3〜5便	1時間55分〜2時間5分	1041B〜
プーケット−サムイ	5便	55分	1200B〜

※運賃は運航日、航空会社によって異なるので表記は目安です
※便数は時期によって変更するので目安です
※バンコクはスワンナプーム国際空港発

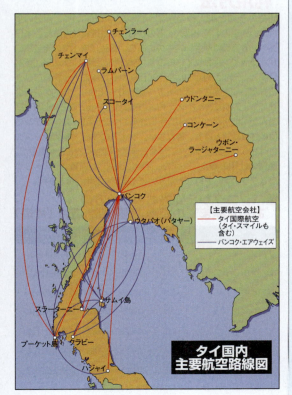

タイ国内主要航空路線図

タイ国際航空連絡先
日本国内
コールセンター
☎0570-064-015
タイ国内
コンタクトセンター（24時間）●
☎02-356-1111
本社●住89 Vibhavadi Rangsit Rd.☎02-545-3691
シーロム支店●住485 Silom Rd.
☎02-288-7000

バンコク・エアウェイズ連絡先
日本国内
☎03-6450-1802
タイ国内
住99 Mu 14 Vibhavadirangsit Rd.☎02-270-6699

その他の航空会社
●タイ・スマイル
☎1181、02-118-888
●エアアジア
☎02-515-9999
●ノックエア
☎1318
●オリエント・タイ航空
☎02-015-2355

国内線チケット扱い代理店（バンコク）
●パンダバス チットロム本店
住President Tower Arcade, 973 Ploenchit Rd.☎02-656-0026
●ウェンディツアー 住Siam@Siam Design Hotel & Spa 9階,865 Rama 1 Rd.☎02-216-2201
●エイチ・アイ・エス アソーク本店（H.I.S.）住Times Square Bldg.12階, 246 Sukhumvit Rd.
☎02-264-6888

旅の起点となるフアラムポーン駅

国内交通
鉄道

地元の人々とのふれあいは鉄道ならではの楽しみ。タイの鉄道は国が管理し、主要都市をほとんどカバーしている。近代化が遅れ、たいていバスよりも時間がかかるが、普通列車や寝台特急、全席指定のスプリンターなど、列車の種類も多彩だ。各路線はフアラムポーン駅（バンコク中央駅）を起点に各地へのびている。また、チャオプラヤー川の対岸のバンコクノーイ駅（トンブリー駅）発も若干ある。

主要ルート
北本線●バンコク～チェンマイ
東北本線北線●バンコク～ノンカーイ
東北本線南線●バンコク～ウボン・ラーチャターニー
東本線●バンコク～アランヤプラテート
南本線●バンコク～パダンベザール
南本線東線●ハジャイ～スンガイコーロク
ナーム・トック線●バンコクノーイ（トンブリー）～ナーム・トック

駅に着いてから目的の列車に乗り込むまで

出発時刻の30分前（当日切符を購入するなら1時間前）には駅に行く。確実に乗るにはそれだけの余裕が必要だ。当日券はフアラムポーン駅コンコースの発券窓口で購入できる。中央に電光掲示板の出発・到着案内があるので、乗りたい列車の発車時刻やプラットホームを確認する。乗る際は自分の乗るべき車両かどうかよく確認すること。また、発車の合図は日本と違い、駅員が笛を吹く程度。前触れもなく静かに発車するので、乗り遅れないように注意したい。改札窓口はなく車掌が改札に来る。

発券窓口

種別による加算料金
快速：20～110B
急行：150B
特急：170～350B
エアコン車両：60～170B
寝台料金：100～1000B

利用方法
切符の予約と購入●発券窓口がある駅に出向いて、自分の乗りたい列車の切符を購入するのがもっとも確実な方法だ。当日券の発券窓口は駅舎構内中央にあり、最近はすべての発券窓口がオンライン化されているので、空席状況は瞬時にわかる（圏24時間）。予約は長距離の場合90日前から可能で、予約窓口は当日券窓口の正面右手奥にある（圏8:30～16:00）。市内の旅行会社でも、タイ国鉄とオンラインで結ばれているところでは予約・購入が可能だが、手数料が若干加算されるうえに、オンラインの信頼性は絶対とは言いきれない。タイ人の休日・帰省シーズンにはかなり込み合うので、早めに座席を確保することが重要だ。

運賃の仕組み●全国一律の、距離に比例した運賃で、1～3等の3クラス制。急行など優等列車に乗車する場合は左参照。

フアラムポーン駅
フアラムポーン駅（バンコク中央駅）は、チャイナタウン近くのラーマ4世通りにある。シンガポールなどに向かう国際特急をはじめ、主要な長距離列車はほとんどがこの駅から発車する。案内窓口☎1690、→p.67。

バンコクノーイ駅
フアラムポーン駅に対し、チャオプラヤー川の対岸にあたる位置にバンコクノーイ（トンブリー）駅があり、一部の列車はここを起点に運行する。

■バンコクから郊外および地方のおもな駅までの距離、所要時間、運賃（片道）

駅名	距離(km)	所要時間（約）	料金
アユタヤー	71	1時間15～30分	3等普通15B～
ロッブリー	133	2時間15分～3時間15分	3等普通28B～
フアヒン	229	3時間20分～4時間20分	3等普通44B～
チェンマイ	751	11時間～14時間30分	3等快速231B～
ピサヌローク	389	4時間30分～8時間30分	3等快速179B～
ナコン・ラーチャシーマー	264	4時間15分～6時間15分	3等快速100B～
ウボン・ラーチャターニー	575	8時間15分～12時間15分	3等快速205B～

※所要時間は乗り継ぎがない場合のおおよその時間

役立ちマメ知識 時刻表の入手方法●フアラムポーン駅の案内窓口に英語の時刻表がある（無料）。これには主要な駅や列車しか載っていないが、一般の旅行者には充分な内容だ。

タイ鉄道路線図

フアラムポーン駅のインターネットカフェ（日本語可）

3等エアコンなし客車

日本製2等エアコン付き車両

3等車の車内

2等エアコン付き寝台車

2等寝台車の車内

列車の種類と車両のクラス

列車の種類● 普通（ORD）・快速（RAP）・急行（EXP）・特急（SP）の主要4種類に加え、比較的新しいディーゼル列車にも、普通（DRC）・急行（EXP.DRC）・特急（SPC.DRC）の3種類がある。チェンマイ方面など北本線を走るディーゼル急行は「スプリンター Sprinter」と呼ばれ、新しい快適な車両が人気。

車両のクラス● 1～3等の3クラス制。1等はすべて個室寝台の車両でダブルキャビンの豪華な造り。2等は種類が多く、寝台とリクライニング座席の車両があり、それぞれエアコンとノンエアコンが用意されている。3等は普通列車に多いが、すべてノンリクライニング座席の車両。列車によっては古風な木の座席の車両も健在だ。

1等寝台車の車内

フアラムポーン駅の施設

待合ロビーが大改装されて、空調設備が整い快適になった。ロビーの両側にはキオスク、食堂、書店、ファストフード店などが並び、インターネットカフェ（日本語可）や旅行会社のほか、キャッシング可能なATMや、マッサージ店などもある。手荷物一時預かり所は正面入口の左手、トイレは3B、シャワーは10Bで4:30～20:30オープン。案内窓口は正面切符売場の右側にあり、英語での案内も可能だ。

タイ国鉄のウェブサイト

鉄道での移動を考えているなら、タイ国鉄のホームページをチェックしておこう。路線図や時刻表、運賃などが掲載されているほか、1等車、2等車の設備なども写真入りで紹介されている（英語）。

www.railway.co.th

役立ちマメ知識 車中での食事●バンコク～チェンマイ等の長距離列車に連結されていた旧型の食堂車が、赤字が原因で2019年6月から廃止された。食堂車があるのは2016年以降導入された新型車両のみとなった。圍100Bぐらいから。

国内交通

長距離バス

バンコクを起点とする長距離バスの路線は、全国の主要都市はもとより地方の田舎町にまで、網の目のように張り巡らされている。運行本数が多いので利便性は高い。一般に鉄道よりも短時間、料金は安く、タイの一般市民には人気が高い。バンコクのバスターミナルは方面ごとにターミナルが別々になっているので注意したい。各路線それぞれに相当数の民間会社が入り乱れており、同じ路線なら基本的には同一料金だが、車両のグレードやサービスの質はそれぞれ微妙に異なる。

バンコクのバスターミナル

新北バスターミナル（モーチット） ●タイ北部・東北部および中央部・東部パタヤー方面へ行くバスのターミナルで、全国随一の施設内容を誇る。場所はドンムアン空港方面、チャトゥチャック公園の南側で、高速道路のランプがすぐそばにあるので、市内からタクシーで高速を利用すれば早く着く。BTSやMRTの最寄り駅からは徒歩では遠く、タクシーに乗り継ぐことになる。4階建ての広い構内に各方面ごとに分かれて切符売場がある。1階と3階が出発フロアで、2階はオフィス。切符売場はおおよそ原則的には、北部・中央部方面が1階で、東北方面が3階と分類されるが、数多くの民間業者が入り乱れ、行き先毎ではなく運行路線やクラス毎に売場が分かれるため複雑だ。

南バスターミナル（サーイターイ） ●タイ南部および西部方面へ行くバスのターミナルで、エアコンバスと普通バスの2つのカウンターに分かれている。場所はチャオプラヤー川西岸部、王宮から比較的近いトンブリー方面にあり、高速道路の入口は付近にはない。ここへ行くには市内を横断することになるので、渋滞しそうな時には余裕を持って出かけたい。

東バスターミナル（エカマイ） ●東部方面へ行くバスのターミナルで、規模はバンコクのバスターミナルではいちばん小さい。場所はスクンビット通りのソイ42で、エカマイ駅の近く。

各ターミナルの場所と問い合わせ先

●コールセンター（全路線）
☎1490
●新北バスターミナル（モーチット）AKamphaeng Phet 2 Rd. MAP p.34-C ☎02-537-8055（北部）、272-5242（東北部）、936-2841～8（中央・東部）
●南バスターミナル（サーイターイ）住Pinklao-NakhonChaisi Rd. MAP p.34-C
☎02-422-4400～1
●東バスターミナル（エカマイ）住Soi42 Sukhumvit Rd. MAP p.34-F ☎02-391-6846

モーチット・新北バスターミナル

東バスターミナル（エカマイ）

ローカルバス

ローカルバスは地方の田舎町を結ぶ近距離バス。小型で空調設備もなく、座席も快適とはいえないが地元民にとっては大事な足だ。トランクがあっても鍵がかからず、荷物をばらまいて走るバスもある。少ない荷物で、日帰りの小旅行の足として使えば異国情緒を味わえるだろう。

ソンテオ

地方都市の市街地では、ソンテオと呼ばれる、軽トラックの荷台を改造した車が庶民の足となっている。いわば乗合タクシーで、運行ルートは臨機応変、利用するには慣れが必要だ。地方によっては「シーロー」と呼ぶこともある。

■バンコクからおもな都市までの距離、所要時間、運賃（エアコンバス）

都市名	距離(km)	所要時間	料金(目安)
カンチャナブリー	119	約3時間	122B～
アユタヤー	75	約1時間30分	50B～
プーケット島	867	約12時間	626B～
スコータイ	440	約6～8時間	248B～
チェンマイ	713	約9～10時間	403B～
ナコン・ラーチャシーマー	256	約4時間	150B～
ウボン・ラージャターニー	649	約10～11時間	423B～

役立ちマメ知識 サムロー●地方都市にはサムローと呼ばれる三輪タクシーがある。スタイルは地域ごとに異なり、トゥクトゥクと呼ぶこともある。本書では地方都市の三輪車は一律でサムローと表記している。

ここをチェック！ バスがカバーする地域は広くて便利だが、一般庶民の足でもあるだけにルートや仕組みは複雑。乗り慣れない旅行者には難物でもある。下調べは欠かせない。

普通バス（3等）（エアコンなし）

バスの種類

普通（3等）バス●車両はオレンジ系の色調。最近エアコン装備のバスが増えた。主要なバス停には停車し、車掌が大声で行き先を告げて客を集めながら運行する。乗車券には、便宜上座席番号が明記されている場合もあるが、基本的には全席自由。

エアコンバス●車両は青系の色調で統一され、1等、2等、4等（ダブルデッカー＝2階建て）、VIPのクラスがある。1等は全席指定の直行便。2等は全席自由の各停鈍行で、オレンジのストライプが車体に入る。リクライニングシート、テレビなどは共通する装備だが、それ以外は運行する会社によりサービスが微妙に異なる。

VIPバス●エアコンバスの最高クラスで、ゆったりと全身を伸ばせるリクライニングシートが特徴。運行会社によっては、1列3座席の広々としたバスや2階建てのバスもある。時期や路線にもよるが、いちばん最初に予約が満席となることが多い。

昼間運行バス●一般的には近～中距離を走る。長距離便でも朝出発する昼間運行のバスがあり、目的地には夕方から夜に到着する。交通量が多い日中に走るので所要時間は夜行より多め。

夜間運行バス●夕方から深夜の時間帯に出発する長距離便で、目的地には早朝から朝方に到着する。1泊分の宿泊費用が浮くことと、目的地で朝から行動できることが最大のメリットだ。

エアコンバス（2等）

エアコンバス（1等）

VIPバス

VIPバスの車内

利用方法

チケットの買い方●バスターミナルで目的地、希望する乗車時間、運行会社などに応じてカウンターを探して購入する。運行本数の少ないカウンターは窓口を閉める時間帯もあるが、運行時間の前後にはたいてい開いている。

予約に対する考え方●バスターミナルのカウンターで予約購入をする方法が確実。ただしチケットがあっても、ダブルブッキングの不安があるので、座席を確保するまでは油断は禁物。電話予約も可能だが、慣れない旅行者にはおすすめできない。

自分の乗るバスの見つけ方●チケットに記されている車体番号が、バスの横にも記されているはず。出発ホームの場所は目的地・運行会社ごとにおおよそ決められてはいるが、状況次第で変化する。購入時だけでなく乗る直前にも確認が必要だ。

乗り方、すわり方●チケットを車掌に渡し、半券をもらう。大きな荷物は車体のトランクに入れるが、途中下車する場合は目的地を確実に伝えておく。盗難防止のため荷物には鍵をかける。座席は自由席なら早い者勝ち、指定席の場合には車掌が席まで案内する。車掌がいない場合は座席番号を確認して座る。夜行バスはエアコンが強すぎることが多く、枕と毛布が座席数に足りない場合もあるので乗車後すぐに確保するとよい。

チケット販売カウンターの目印

車内での盗難に注意

長距離夜行バスの睡眠中の盗難がしばしば報告されている。車内に持ち込む手荷物も、棚に載せる場合には注意が必要。足下に置くなどの用心をしよう。とにかく貴重品は肌身はなさずというのが鉄則だ。長距離のエアコンバスだと車内で飲物やスナックのサービスがあることが多いが、飲物に睡眠薬を入れ、金品を奪う事件もかつては頻繁に起こっていて、油断は禁物だ。

役立ちマメ知識 バスのトイレ●長距離のエアコン、VIPバスはトイレ付きだが、中古車両だと快適なトイレ設備とはいいがたい。運転手の交代や食事、時間調整などでドライブインに停まる際、施設のトイレを利用しよう。

「EXCHANGE」は銀行の両替窓口

ホテルフロントでの両替
ホテルでの両替は手軽だが、交換レートは銀行よりも確実に悪い。一度に相当額の両替をするならやはり銀行へ行こう。

クレジットカードのレート
大金を持ち歩く必要がないので、行動が制約されない利点のあるクレジットカードだ。近年は交換レートも悪くなく、現金の交換と同程度だ。

おもな日系銀行とクレジット会社
●三菱UFJ銀行（クルンシィ・プルンチットタワー）
☎1572〜3
●三井住友銀行バンコク支店
☎02-353-8000
●みずほ銀行バンコック支店
☎02-163-2999、002-0222
●アメリカン・エキスプレス（グローバル・ホットライン）
☎65-6535-2209
●ダイナース・クラブ
☎81-3-6770-2796（コレクトコール）
●VISAカード
☎00531-440-022（日本）
●マスターカード（緊急連絡先）
☎00531-11-3886（日本）
●JCBプラザ ラウンジ・バンコク
☎02-652-0341

＊銀行は営10:00〜16:00、カード会社は営10:00〜18:00

クレジットカードを紛失した場合
まずカード会社に連絡してカードを無効にしてもらう。再発行には通常2〜3週間かかる。

実用情報
通貨・両替

タイの主要通貨単位はバーツで、本書ではバーツを「B」と表記する。現金のほかにトラベラーズチェック（T/C）やクレジットカードなども使えるので、場合に応じて使い分けよう。

タイの通貨
通貨単位はバーツ（Baht、略称B）とサタン（Satang、1B=100サタン）。通貨の種類としては、1000B・500B・100B・50B・20B・10Bの6種類の紙幣と、10B・5B・2B・1B・50サタン・25サタンの6種類の硬貨がある。旧貨幣や記念硬貨も流通しており、複数の種類を目にする。（→p.9）

両替
両替所で● バンコクの繁華街で目にする「EXCHANGE」の看板は銀行の出張所。ATMがあることも多く、便利だ。地方都市では銀行の両替窓口で両替する。繁華街の道路に面した場所が多いので、周囲に充分に目を配りたい。営業時間の目安は10:00〜20:00 休なし

銀行で● 相当額をまとめて両替するなら、銀行内の方が安心。5万円または500米ドル以上になると、パスポートの提示を求められることもあるので注意。営9:00〜15:00、土・日曜、祝祭日休業。

クレジットカードの利用
クレジットカードは以前に比べてホテルやデパートだけでなく、レストランやショップなどでも使用可能な確率は急上昇中だ。同時に、クレジットカード関連の悪質な犯罪も急増しており、利用時には充分に注意したい（→p.298「カード利用の注意」参照）。庶民的な雰囲気が残る食堂や雑貨店などでは、今でも使用不可な場合もある。所持金が不足の際には、クレジットカードのキャッシング機能を活用しよう。

ATMで現金を引き出す
タイでもATM（現金自動預払機）は普及しており、国際キャッシュカードやクレジットカード、デビットカード（→p.298）などで、タイ通貨を引き出せる。ATMの設置場所は銀行や両替所の内外はもちろん、都市部や観光地だけでなく、人出の多い場所なら容易に見つかる。最近では24時間稼働のATMも急増中だ。実際に利用するとなると英語表記にしたがうことになるが、都市部や観光地の日本人旅行者の利用が多い繁華街などでは近年、日本語表示による利用が可能な最新のATMも出現しており、利用法には不安は少ない。

ATMでは英語表示を選択しよう

役立ちマメ知識 観光地や繁華街などでは、みやげ店などで両替を兼務している店を見かける。交換比率は一般に銀行より悪いが、雰囲気も多少怪しげだが、中には銀行よりも良い店もあるので、探索してみる価値はあるかも。

チップの相場を知っておこう

チップの基礎知識

　古来伝統的なタイの風習にはチップはない。とはいえ、昨今の観光地化に伴い、とくにサービス業ではチップの習慣が定着していて、従業員たちがチップに期待をかけているのも現実だ。

ニューハーフ・ショーの記念撮影にも慣例としてチップは必要

本書が考えるチップの目安・指標

チップの大原則

　まず最初に、サービス業全般におけるチップの原則的な目安として、1回につき、従業員1名あたり20B程度と定義しておく。仮に通常業務の範疇であっても、快適なサービスに対してはチップを渡すのが現地での慣習だ。チップは半分は気持ち、半分は報酬とも考えられる。客を客とも思わないような振舞いにわざわざ渡す必要もなければ、特別な配慮に対して杓子定規の額を渡すのも奇妙だといえるだろう。チップの扱い方で、実は相手も客の質を推し量っている。例えば、直接手渡すのに硬貨というのも、一般的には失礼なので避けるべきだ。

カードで●カードで支払う場合には、チップ分を上乗せして合計金額を書き換えることも可能だが、それではチップが店の売上げになってしまう。チップ本来の趣旨からは外れてしまい、快適なサービスをしてくれた従業員も落胆するに違いない。チップはやはり現金で、本人に手渡すというのが大原則。

サービスに不満なら●一般にチップを渡す場面でも、サービスに不満があるなら必ずしもチップを渡すことはない。日本人旅行者はとくにむやみやたらとチップを渡しがちで、従業員からも軽視されがちな傾向があるが、チップの習慣に慣れている欧米人たちは、不満の理由を明確にすることで無用な行き違いを切り抜けているようだ。国際社会におけるサービス業のスタンダードを教える意気込みで、チップに対処したい。

釣り銭からチップを残す●食事の勘定で釣り銭がある場合には通常、チップを渡しやすいように、わざわざ店側が釣り銭を少額に分けてくることが多い。例えば、お釣りがちょうど100Bであっても、20B紙幣と10B硬貨で用意されるという具合だ。妥当と思われる額をチップとして残し、釣り銭分を受け取ればよい。ただし、そのチップ分は従業員全員で分けられることになる。卓ごとの担当者が定められているような店で、そのひと個人から格別のサービスを受けたという場合ならば、担当者を呼んで直接手渡す方がもちろん喜ばれるので、チップを渡す側としてもいい気分になる。

20B紙幣を多めに用意する●上記の大原則に従うと、20B紙幣は不足しがちになる。実際、空港やホテルでの両替時に、1人10枚までと制限されたりする場合が多い。チップに限らず、タクシー利用や屋台での利用に重宝するので、買い物のつり銭などで、多めにもらえるよう依頼するなど留意したい。

ホテル・レストランなどのチップの目安

ホテル

　基本的にチップは不要だが、あったほうが有効だと思えるのは、ドアマン、ベルマン、ハウスキーピングなど。ハウスキーピングの場合は枕の下に置くこと。レストラン、ランドリー、コンシェルジュ、ルームサービスなどは原則的に不要でよいが、特別な何かを頼んだり、してもらった場合は、チップは渡したほうがよい。

レストラン

　サービス料が自動的に加算されるような高級店は、基本的に不要だが、応対がいいと思えば渡せばいい。ただし、欧米並みに一律10%というのは現実的ではない。また、タイスキ店のように、店員がかかりきりで給仕してくれるタイプの店では、1卓あたり100Bが目安になる。庶民的な食堂や屋台などはチップの習慣はないが、気持ちがよければそれなりに、でいいだろう。

マッサージ

　外国人旅行者の利用が多い町中の店では、マッサージ師がチップ目当てに手加減するというのが実情だ。あらかじめ先にチップを渡すのも、手抜き防止の有効な方法だろう。この手の店では100B程度が目安となるが、一般的にこの額は、300B前後の料金に比べてかなり高額といえる。この種のサービス業は労働の割に報酬が少なく、そのためチップに頼らざるを得ないといういびつな構造が原因ともいえる。

タクシー

　原則として不要だが、硬貨単位の端数のつり銭がチップ変わりとなるというのも、タイ社会の慣習のひとつ。

役立ちマメ知識 バンコクのナイトスポットでは、店内のトイレ内に清掃・管理担当係が控えていて、小用中に肩を揉んでくれたりする場合も。これはチップ目当てのサービスなので、不必要に警戒しすぎることはない。

実用情報

インターネット、郵便

ネットで交通情報を入手

主なレンタルWi-Fi（日本）
● Wi-Ho（ワイホー）
☎03-3239-3287
https://www.wi-ho.net
● フォートラベルGLOVAL WIFI
☎0120-460-214
https://wifi.4travel.jp/
● グローバルWiFi
☎0120-510-670
https://townwifi.com/

客室での
ネット接続、注意点
　本書掲載のホテルのマーク記号には「全室完備」と「一部客室」と区分けをしたが、事情により現在は利用不可というケースもあるので、どうしても利用が不可欠という人は、あらかじめ事前確認をしておこう。
　また、料金プランによっては、ネット回線の利用料が宿泊代金に含まれることもあるので、これもホテル選択のポイントになるだろう。有料で別料金の場合、経済的クラスのホテルだと、宿泊料金並みになることもあるので要注意だ。
　アクセスポイントに接続して、事前に取得したパスワードを入力するケースと、ブラウザを立ち上げて、客室番号、利用日数、などの所要項目に入力して利用可能になるケースがある。

おもな国際宅配便
● DHL　圓BTSチットロム駅構内　☎02-345-5000（コールセンター）
● Fedex　圓Nana SQ 1階 Soi 3 Sukhumvit Rd. ☎1782
＊営業時間・休日は、集配ポイントによりことなるので、事前にコールセンターで確認したい。

Wi-Fi事情
　タイでは、2011年から全土で「Free Public Wi-Fi」のサービスが始まり、国内の有名観光地や公共施設などで利用が可能。ただし、利用の際には登録が必要。また、多くのホテルやショッピングモール、レストランでもフリーのWi-Fiサービスを実施中。これらのウェブ環境を楽しむときは、日本から持ち込んだレンタルWi-Fiとの併用がおすすめ。

郵便・宅配便の利用方法

宛名の書き方● 日本への国際郵便の宛名や住所は日本語でもよい。読み方のわからない住所を間違ったローマ字にすると、かえって誤配の原因になる。ただし必ずJAPAN、航空便ならAIR MAILと、ここだけは英語でハッキリと書くこと。

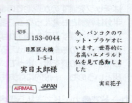

郵送方法● 切手代込みのハガキや封書は、ホテル内のビジネスセンターなどでも購入可能で、投函も代行してくれる。そのほかは、やはり最寄りの郵便局に出向くか、最近ではオフィスビル内やスーパーなどにも、郵便の窓口業務を代行する民間業者がある。いずれの窓口でも、船便SEA MAILや国際エクスプレスメールEMSなど、何便で郵送するのかを明確に伝えること。

料金と所要日数の目安● 航空便の一例として定型のハガキならば12～20Bで、通常は1週間以内に到着する。速達性と安全性が特徴のEMSの場合、例えば1kgの小包なら1330B～。所要日数はどちらも通常に週末を除き3営業日程度で到着する。

宅配便● 民間宅配業者のサービスを利用すれば、日本での通関業務も代行してくれるので、面倒なことになる可能性も少ない。日本でもおなじみの宅配業者がバンコクでも営業している。

別送品を送る手順● 別送品（海外からの国際郵便や国際宅配便を利用して送る荷物）の受取人は必ず帰国者にし、品物の外装に「別送品（Unaccompanied Baggage）」と明記を。購入した店などから送る場合には、店員に別送品と必ず明記してもらうのを忘れずに。帰国時に「携帯品・別送品申告書」2通を税関に提出する→p.31。このうちの1通は確認印を捺して返されるが、これは受け取り時に必要なので、大切に保管しておくこと。別送品が日本に届くと、税関や航空貨物代理店などから受取方法が記された到着通知書が届く。外装に「別送品」の指示がない場合や、別送品の申告忘れ、申告書を紛失した場合などは、一般の貿易貨物扱いとなり、別途輸入手続きが必要になるので注意したい。

役立ちマメ知識　スマホとノートパソコンの利用●どちらからもインターネットに接続したいという場合、ホテルによっては2つのID・パスワードが必要となるケースや2つ目は別個に有料になることもあるので注意。

実用情報

生活全般

トイレや水の問題は、旅行者も避けては通れない、生活には欠かせない問題だ。それだけにまた、深く観察をしてみると、その土地の文化がよく見えてくる。

トイレ

トイレ事情●手桶などを使い自分で水を流し、紙ではなく水で拭きとるやり方が、タイ式トイレの鉄則だ。ホテルは洋式トイレが一般的で、トイレットペーパーもあるので安心できる。

デパートやレストランなどにも洋式便器はあるが、外国人利用者が多い高級店以外は紙はなく水洗器具（手動シャワー）が付属するスタイルが主流なので、利用時にはティッシュを用意しておくとよい。

バンコクでも郊外では、圧倒的にタイ式トイレが多くなる。市街地でも市場や公園、駅やバスターミナルなどの公衆トイレ（囲3〜5B程度、紙含む）はタイ式だ。どうしてもなじめない人は、なるべくホテルですませよう。

タイ式トイレの利用方法●基本的には和式と同じでしゃがみ込めばよい。この際、穴のある方にお尻を向けること。和式とは異なり、通常は扉と向き合う形になる。手の届く範囲には必ず水桶と手桶があるので、これで便器を洗い流す。

飲料水

水道水事情●水道の水はそのままでも飲める水質になったと当局は自慢するが、一般家庭でも古くからの習慣にならい、煮沸してから利用しているのが現状なので旅行者は避けること。
市販飲料水●一般家庭でも飲料水を購入しており、市販の飲料水は種類が豊富。水質管理も徹底しているといえそう。蒸留水やミネラルウォーターもともに、値段には大差がなく国産品なら格安だ。ホテル客室内の無料ボトルやレストランで無料提供される水なども、通常は市販の飲料水なので心配無用。

電源・電圧

タイの電圧・周波数●電圧は220V、周波数は50Hz。日本とは異なるので注意が必要。
コンセントの形状●1990年代以降に新築、あるいは全面改装されたホテル客室なら、日本式のプラグを差し込めるはずだが、旧式のコンセントなら変換プラグが必要だ。
変圧器の購入●日本国内で利用中の電気製品を使う場合には一般的に、電圧を100Vに減圧する変圧器が必要だ。バンコク市内でもデパートや家電製品店などで購入できる。器具の電流容量よりもひと回り大きい容量の変圧器を選ぶことが重要で、下回ると正常に動作せず、最悪は発火の原因にもなるので注意しよう。→p.302も参照のこと。

ゴミ箱があるかないか確認するのも観光スポットで見かけるトイレの案内板。マークは万国共通だ（上）

紙は便器に流さない

便器の脇にゴミ箱があるトイレでは必ず、紙はゴミ箱へ捨てること。英語や図柄入りの注意書きもあるはずだ。これは下水処理が未発達なための処置。トイレの流れが悪いと文句を言う前に、利用上の約束事は厳守しよう。

便座の左右に足をのせてしゃがむ。穴のある方にお尻を向ける

水道水や氷に注意

飲料水と同様に市販の氷は問題ないが、やはり水道水から作られる氷には、旅行者は避けておくのが無難。見分け方として一般的には、中心部分が空洞状態のアイスキューブが市販の氷。かち割り状態の氷でも、その原型形状が認められれば安心できる。水道水の氷でも、一般家庭のように煮沸後に冷凍されたものであれば、慣れた人や丈夫な人には問題ない。また、下痢状態になると、前日に飲んだ水や氷を疑いがちだが、原因の大半は短期間に大量の水分を採りすぎたことにある場合が多いので、暑いからとむやみにガブ飲みをしないことも肝心だ。

飲み水は必ず、市販の水を利用すること

トラベルインフォメーション［タイ編］

325

インターネット、郵便／生活全般

役立ちマメ知識 酒類禁制●仏教の日および選挙の前日〜当日は、法律でアルコール類の販売が禁止されているほか、通常も原則、11:00〜14:00、17:00〜24:00の時間帯以外は販売が禁止されている。

僧侶は深い尊敬の対象

実用情報

習慣とマナー

海外では「郷に入りては、郷に従え」という言葉を忘れてはいけない。「微笑みの国」といわれるタイにももちろん、外国人といえどもうっかり侵害してはいけないタブーがある。

タイの宗教

国教は仏教だが、日本や中国とは異なり、セイロン（現スリランカ）から渡来したティラワーダ（上座部）仏教だ。圧倒的大多数の国民が仏教を信仰しており、全国各地、人の住むところには必ず仏教寺院がある。都心でも寺院の界隈では、黄衣の僧侶がまだ夜も明けきらない早朝から托鉢に歩き、家々の戸口で庶民がひざまずいて寄進（タンブン）をする光景が今も広く見かけられる。古くから伝わる精霊（ピー）信仰もタイ社会の隅々に生きていて、土地神様や家神様を祭る風習などは旅行者でも目にすることがあるはずだ。これら仏教と精霊信仰が混合し、タイ社会の道徳や価値観の根底をなしている。

王室への敬意

タイの王室は国民から絶大な尊敬の念を集めている。日本はもとより世界中でも匹敵する王室は少ないだろう。中世や戦前の混乱期ならまだしも、この傾向は近年以降にますます強まっている感がある。巧みに操作されたイメージがあるのも事実だが、現王室には確かに尊敬を得られる素地もある。王室内のゴシップや噂話が露見するようになった最近でも、一般庶民の信頼感は揺るがない。旅行者とはいえ外国人も、王室に対しては敬意を払うことを忘れずに。ワット・プラケオなど、王室守護寺院ではとくに服装にも注意が必要となる。映画を上映する際には必ず王室礼賛の歌が流れ、全員が自然に起立する。この際は旅行者も起立するのが望ましい。最悪の場合には不敬罪という重罪が適用されることも念頭に入れておくべきだ。

タイ人気質

タイ人気質を象徴するキーワードが2つある。「サバーイ」は心身ともに快適な状態を表現し、「マイペンライ」はちょうど日本語の「大丈夫」に相当する。この2つの言葉が象徴するように、タイ人には堅苦しいことや面倒なことを嫌う性向がある。同様に管理を嫌う傾向もあり、管理を「する」ことも「される」ことも望まず、自由きままな好き勝手を好む。とはいえ単純に怠け者と切り捨てることはできない。逆説的になるが、心身の状態を快適に保つためにはどんな困難をも厭わない。旅行者も、タイ人はいい加減だ、無責任だと憤慨する場面に遭遇するかもしれないが、根本的な生き方が違うのだということを念頭に入れておきたい。基本的には心根のやさしい、争いごとを嫌う、実に温厚な人たちだ。

とくに注意すべきタブー

タイ人の頭には不必要に触れてはいけない。人間の頭には精霊が宿ると信じられているからだ。日本人には、可愛い子供の頭をなでる習慣があるので注意しよう。子供の頭をなでる程度なら、タイ人もとりうる動作だが、目上、年上の人の頭に触れたり、女性が男性の頭に触れるというのも忌み嫌われる行動だ。頭とは正反対に足の裏は仏教上、不浄とされている。足ツボマッサージなどで、間違っても足で頭部に触れることのないように。僧侶と接する時にも、女性はとくに注意が必要だ。僧侶がひとたび女性に触れてしまうと、それまでの修行がすべて水泡と帰すと定められているからだ。

寺院観光に際しての拝観料と「お布施」

修行のため、信仰心を深めるための施設が寺院である。だから、入場料に相当する参拝料・拝観料などを徴収しなくても、参拝者がお布施を納めるのは当然ともいえる。本書では、入場時の料金的な規定のない寺院は「無料」としたが、厳密にいえば「お布施」となる。もちろん「お布施」は各個人の判断で、強制されるものではない。もっとも、どんなに観光客が多くても、寺院とは本来、観光のための施設ではないという厳正な事実にも留意しておきたい。

今の気分はサバーイ！？

役立ちマメ知識 喫煙規制●原則として室内・館内での喫煙は、隔離された喫煙所以外では厳禁であるほか、路上でのポイ捨ても厳格に取り締まるようになっている上、なにより市民の目が厳しくなっている。

予想される危険を知って備える

安全に旅をする基礎知識

金目のものを人目につく場所で出すのは危険。両替所でも注意

安全に過ごすため注意すること

タイはアジアの中でも比較的安全な国といわれている。たしかに、強盗や殺人といった凶悪事件は少ないのだが、しかし、ここは世界各地から旅行者がやってくるアジア有数の観光国。それだけに、傾向を知り、対策をしっかり考えておきたい。

●向こうから近づいてくる人間には気をつける

声をかけてくる見知らぬ相手は要注意、これが鉄則。一人旅の場合はとくに狙われやすいので気を引き締めたほうがいい。多くの被害例に共通するのは、「不自然なほどにフレンドリーな態度で接してくる」「英語が上手(一般の大人は日本人と同程度)」「自分の地位や身分を強調する」などがある。

●荷物から目を離さないなど、常識的な注意を守る。

スリや置き引き、強盗などの対策としては、周囲に注意を払っている態度を見せておくこと。荷物から目を離さない、大金を人前で出さない、といった常識的な態度が重要だ。

●日本でしないことは旅先でもしない。

最後に、旅先だからといって変に羽目を外さないこと。旅の恥はかき捨てで、思わぬ落とし穴が待っていることも。

盗難や紛失にどう対処するか

盗難にあったら●とにかく最寄りの警察かツーリストポリスに届け出ること。よほどのことがないと捜査はしてもらえないが、大事なのは紛失・盗難証明書をもらうことだ。この証明書はパスポートの新規発給などに必要になる。

パスポートの紛失●ツーリストポリスなどで紛失・盗難証明書をもらい、その他の必要書類をそろえて日本大使館領事部へ(下記参照)。万一に備えて、パスポート番号と発給年月日をひかえておくと手続きがスムーズになる。

クレジットカードの紛失→p.322
機内預け荷物の紛失→p.318

タイでのパスポート発給の手順

❶必要書類をそろえる。必要なものは次のとおり。
縦4.5cm×横3.5cmの写真2枚、紛失一般旅券等届出書、紛失・盗難証明書(ポリスレポート)、戸籍抄本又は謄本

❷日本大使館領事部で新規発給の申請をする。窓口に備え付けの一般旅券発給申請書、紛失一般旅券等届出書に必要事項を記入し、必要書類とともに提出する。手数料は3220B(5年用)/4680B(10年用)。申請及び受領とも本人のみ。

❸新規発給を待つ。通常は3日後。

❹新規発給を待つ余裕がない場合は、帰国のための渡航書を発給してもらい(手数料730B)、タイ入国管理局(イミグレーション、平日のみ)で入国証明書をもらう(新規発給も同様)。

こんなコトには気をつけよう

●空港でニセ案内者がお出迎え
●ニセ宝石売り
●睡眠薬強盗
●美人局
●ホテルの従業員に盗まれる
●法外な料金を請求する暴力バー
●法外な献花代金

犯行手口の詳細は外務省の海外安全HP(下記参照)で確認を。

トラブル時の相談先

●ツーリストポリス ☎1155

何かあったらまずここへ。外国人観光客保護を専門としたポリス。英語での対応可。ラーチャダムヌーン・ノーク通りのTAT→p.35にもあるほか、夜はパッポン通りにも移動交番が出る。

●日本大使館

住 177 Witthayu Rd.
☎02-207-8501、696-3000(領事部)
営 8:30～12:00、13:30～16:00
休 土・日曜、祝日
タイ国日本大使館ホームページ
https://www.th.emb-japan.go.jp/
MAP p.37-L

●イミグレーション・オフィス
☎02-141-9889

ビザの延長など、滞在許可関連の相談。パスポートまたは渡航書の発給を受けたら、ここで入国証明書をもらうことを忘れずに。

緊急時の連絡先

●バンコク警察 ☎191
●救急車 ＊各病院に直接電話する。→p.328。

役立ちマメ知識 外務省が収集した治安や安全情報をホームページで提供している。出発前などに確認したい。 https://www.anzen.mofa.go.jp

旅の初日はとくに食べ物に注意

まずは体力の維持を心がける
健康に旅をする基礎知識

健康に過ごすため注意すること

感染症や伝染病、環境の変化による体調不良などの最大の予防は体力である。逆の言い方をすれば、体力の充実している普段の状態なら、食あたりや熱中症、風邪くらいならだいたいは体内の防御機能によって発病を防ぐことができるだろう。

したがって、短期の旅行については、それほど神経質になることはない。海外旅行中に下痢や吐き気などを訴える人は少なくないが、そのほとんどは病気ではなく、慣れない食事内容や暑さなどが原因となっているため、現地に慣れてくる2～3日後にはたいてい快方に向かう。

しかし、完全に無視してしまうのは危険。体力的に無理をするバックパッカーや格安旅行ねらいの人などをはじめ、長期旅行者はそれなりの注意が必要だし、またツアーなどの短期旅行でも、伝染病の感染者がまったくいないわけでもない。その症状や治療法を熟知した現地の医者ならいいが、帰国してから発病した場合は問題だ。日本の病院ではその病名も特定できず手遅れ…などということもありえる。そうならないためにも、伝染病に対する知識や予防法は頭に入れておいたほうがいい。

食べものに注意することが第一

次旅行中に気をつけたい伝染病や病気には次のようなものがある。いずれも下手をすると命にかかわるものだ。
●マラリア ●狂犬病 ●デング熱 ●ウイルス性肝炎 ●細菌性下痢 ●赤痢 ●チフス ●コレラ ●鳥インフルエンザ ●エイズ

これらの症状についてある程度の知識を頭に入れておき、具合が悪くなったときにあわてずに対処できるようにしておこう。マラリアや狂犬病、デング熱を別にすれば、ほとんどの場合は経口感染、つまり食べものによるもの。したがって、生ものや生水、生水で作った氷などを口にしないだけで、かなりの予防になる。また、熱を通した料理でも、時間の経ったもの、あるいは、食器類を洗う水があまり清潔とはいえない屋台などの料理は、現地に慣れるまで手をつけない、といった用心をしよう。または、体調に自信がない人は街の庶民的な屋台は避けた方が無難かもしれない。

予防および病気のために用意したいもの

上着●暑い国では逆に、エアコンの効きすぎで寒さにふるえ、体調を崩すことがある。
蚊取線香、防虫スプレー●マラリアやデング熱の予防鉄則は、蚊に刺されないようにすること。防虫スプレーなどを利用するほか、たくさんいそうな場所へ行くなら、長袖、長ズボンも有効。
医薬品●総合感冒薬、解熱鎮痛剤、下痢止め、便秘薬、整腸剤、傷口用の消毒液など、日頃使用しているメーカーのものを。
その他●絆創膏、脱脂綿など。

病気になってしまったら

ホテルのスタッフに助けを求める●注意しても病気になってしまうことはある。一人旅ならまずは周囲に助けを求めること。その際、ホテルのスタッフなら安心して助けを求めることができる。規模の大きな病院や日本語の通じる病院を紹介してもらうか、連絡をとってもらう。重症なら救急車を呼んでもらう。また、日本大使館領事部でも病院を紹介してくれる。
保険会社へ連絡する●病気やケガを対象とする海外旅行傷害保険に加入している場合は、保険会社に連絡したほうが処理が早いことがある。保険会社の多くは、現地にアシスタント・サービスを置き、病院への連絡から救急車の手配、費用の精算に至るまで、すべての面倒をみてくれるからである。

■バンコクの日本語が通じる病院　相手が出たら「ジャパニーズ・プリーズ」と言おう

バンコク病院	住2 Soi Soonvichai 7, New Petchaburi Rd. ☎02-310-3257
サミティヴェート病院 スクンビット	住133 Soi 49 Sukhumvit Rd. ☎02-711-8122～4
バムルンラード病院	住33 Soi 3 Sukhumvit Rd. ☎02-667-1501
プララーム9世病院	住99 Rama 9 Rd. ☎02-202-9999、248-8020（内線2293日本語）
富士JDC歯科医院 スクンビット33/1店	住Soi 33/1 Sukhumvit Rd. ☎02-662-3532

役立ちマメ知識 新型インフルエンザに関しては以下の在タイ日本国大使館ウェブサイトが詳しい。http://www.th.emb-japan.go.jp/jp/birdflu/

タイの近年の歩み

●タイ版バブル崩壊で経済が打撃
現在の日本を語るときバブル崩壊の影響を挙げる必要があるのと同じで、タイの場合も1997年7月に起こったタイバーツ危機の話を避けることはできない。危機はタイ版バブル崩壊であった。高度成長に誘われて海外からの過剰な投資が起こるが、実際の経済活動には向かわず、不動産や金融商品への投機に流れ込んだ。結果的にそれらが不良債権としてタイの経済に大きな打撃をもたらしたのだ。

当時、タイの通貨バーツは主要通貨に対して大幅に下落し、経済はインフレからデフレに急反転する。98年後半に3.5円程度までもちなおしたが、バーツ危機直後は1B約5円が2.5円にもなり輸入品は高騰する。さらに、海外からの投資は途絶え、主要商業銀行13行がすべて赤字となり、為替差損から力のない事業会社は次々と閉鎖に追い込まれた。その後タイ政府は国際通貨基金(IMF)の援助をてこに、大型の財政出動、付加価値税や所得税の減税などで経済再建に力を注ぎ、現在はバブル崩壊の傷も癒えた。

以上がちょっと堅めのタイの経済状況であるが、もう少し庶民レベルでみた場合のタイは、実は思ったほどの悲壮感はなかった。

●副産物のバンコクの交通渋滞緩和
十数年前のバブル崩壊後、旅行者が感じた最大の変化は、バンコクの悪名高き交通渋滞の緩和だった。かなりの人々が経済悪化にともなってリースで求めた車を手放した。タイは中流層グループが厚く形成された先進国型社会ではなく、車を持つ事は即それなりの階層であることを示している。

つまり、一種のステータスというか見栄で車を購入した層が放出したわけである。必要性というよりシンボルで買ったに過ぎない車であるから、彼らにしてみれば「仕方ない」くらいの感覚である。確かに収入は減ったが、食べものが豊かなタイは歴史的に常に自給自足が可能な国だった。それは今でも変わりなく、極論すれば食べものに困るということはないのだ。多少経済が悪化しても庶民から悲壮感を感じさせないのはそんな理由からかもしれない。

●国王の『お言葉』が社会に影響を与える
ラーマ9世国王は、毎年12月5日の誕生日に国民の祝辞に対して恒例の『お言葉』を述べていた。歴史的には経済がかつてないほどの不調を極めた1998年の71歳の誕生日には「ほどほどの自給自足型経済」という表現を使った。贅沢・華美を戒め、為政者は持てる者と持たざる者の差をなくし、人々はお互いに協力、調和すべきと説いた。当時のタイの経済状況によっては起こりかねない社会的亀裂を察知した言葉であろうと推測できる。いつの時代も『お言葉』は国の政策にも影響を与えるほど重みがある。

●2006年以降は政治的混乱が続く
2006年にタクシン首相の不正蓄財疑惑を契機に、都市部のテクノクラートやブルジョア保守層が主体となる反タクシン派との抗争が激しくなる。同年9月に軍部による軍事クーデターが起こり、タクシン首相はイギリスに逃亡。これ以降、タイは政治的な混乱が続くことになる。2011年にはタクシン不在のまま総選挙が行なわれ、その結果、タイ史上初の女性のインラック首相が誕生する。彼女はタクシンの妹である。またもや反タクシン派の反政府デモが頻発し、2014年に彼女が失脚すると同時に、軍によるクーデターが起き、軍政が続く。この間、2016年にラーマ9世が死去し、ラーマ10世が新国王に即位した。2019年3月に総選挙が実施され民政復帰したが、タクシン派が第一党になり、軍部主導の政府の基盤は脆弱な状態。今後も政治的な混乱は続くと思われ、予断を許さない。

町のいたるところにある屋台は、いわばタイの「今」の風景

バンコクのエラワンの一角にある有名な祠にお参りする人々

タイの祭りと行事

タイの庶民のエネルギーを感じる

祭りや行事の期間は町も人も違う顔を見せる。それは、歴史の中で培ってきた文化のエネルギーが大きなうねりを見せる一瞬かもしれない。交通機関や宿泊施設が混雑するので、その点の注意も必要だ。p.9参照

1月

1月1日／元日
国民に向けての首相のあいさつなどが行なわれるが、全体としては地味な1日で、日本の元日とは異なる。

1月下旬～2月／トルッチェーン（中国正月）
中国系タイ人にとっての正月。年によって日が異なり、通常は1月下旬～2月。休みをとる商店や銀行なども多く、タイ人の休暇旅行も輻輳するので、この時期に訪れる場合は注意が必要。→p.288

2月

2月～3月頃満月／マカブーチャ（万仏祭）
釈迦の弟子たちが期せずして一堂に会したことを祝う日。酒類販売禁止日。

4月

4月6日／チャックリー記念日
現王朝の初代チャックリー王が即位した日。

4月13～15日／ソンクラーン
タイの正月。水かけ祭りとも呼ばれ、水のかけあいで有名だが、元来は僧侶に聖水をかけてもらう宗教的な儀式だったという。この時期のタイの強烈な暑さを思えば、"水合戦"として定着したのも無理はないというべきか。旅行者でもかまわず水をかけられるので要注意。また、交通機関も混雑する。

5月

5月5日／戴冠記念日
1950年のラーマ9世の即位日を記念し、バンコクのワット・プラケオで式典が行なわれる。

5月上旬／プートモンコン（農耕祭）
田植えが始まる際に、豊作を祈って行なわれる農耕儀式。種まきの儀式や、牛が7種類の餌からどれを選ぶかでその年の収穫を占う儀式などがある。

5月第2週末／ヤッソン・ブン・バンファイ（ロケット祭）
タイ東北部の各地で行なわれる、雨乞いの意味をもつ祭り。村々が自作のロケットを持ち寄って派手に打ち上げる。

5月頃満月／ヴィサカブーチャ（仏誕節）
釈迦の生誕を祝う、仏教上もっとも聖なる1日。2月の万仏節と同様の儀式が行なわれる。酒類販売禁止日。

6月

6月3日／スティダー王妃生誕日
現国王の妃、スティダー王妃の誕生日を祝う。バンコクのサナーム・ルアンで式典が行なわれる。

国の近代化を進めたチュラロンコーン大王（ラーマ5世）

7月

7月頃満月／アサラハブーチャ（三宝節）
釈迦が5人の弟子に悟りを説き、仏・法・僧の「三宝」を完成した日という。2月の万仏節、5月の仏誕節と同様の儀式が行なわれる。

7月中旬／カオパンサー（入安居）
三宝節の翌日にあたるこの日から、10月の出安居の日まで約3ヵ月、僧侶は寺にこもって修行に励む。一般人が短期の出家をする場合も多くはこの期間。季節はまさに雨季で修行にふさわしい。初日のこの日は店での飲酒が禁止となるので注意。

7月28日／ワチラロンコーン国王陛下生誕日
現国王ラーマ10世の誕生日を祝う。式典はサナーム・ルアンで一般参加可能の大祝典が開催されるほか、夜には国王参加の合唱や、花火が打ち上げられる。

8月

8月12日／シリキット王太后生誕日
現国王の母、シリキット王太后の誕生日を祝う。

10月

10月上旬／プーケット・ギンジェー祭
中国系タイ人の仏教徒の祭り。この期間は殺生をせず、にわか菜食主義者となる。中国料理レストランでは肉を出さない店もあるので注意。またプーケットでは、恍惚状態となった仏教徒が鉄などを自分の体に突き刺す儀式が行なわれる。

10月13日／ラーマ9世記念日
現国王の父、ラーマ9世の功績を記念する祝日。

10月23日／チュラロンコーン大王記念日
タイの近代化を推し進めたチュラロンコーン大王（ラーマ5世）が逝去した日。旧国会議事堂前の王の騎馬像にはたくさんの花輪が捧げられる。

10月下旬／ウマデビ祭
インド人のお正月。最終日はシーロム通りに苦行修行の行列が出る。

11月
11月（陰暦12月）満月／ロイカートン
タイでもっとも有名なこの祭りは、日本式にいえば灯籠流し。満月の夜、全国の川や池、運河などが、カートン（灯籠）で埋め尽くされる光景は幻想的だ。バナナの葉や紙で作った灯籠にコインを入れ、ロウソクや線香を立てて水面に流す。スコータイ朝時代からの歴史があるという。

11月下旬～12月上旬／クウェー川鉄橋週間
バンコク郊外のカンチャナブリー、映画『戦場にかける橋』で知られるクウェー川鉄橋のたもとで催されるイベント。盛大な花火が見ものだ。

12月
12月5日／ラーマ9世生誕日
現国王の父、ラーマ9世の誕生日を祝う日。

12月10日／憲法記念日
1932年、無血革命によって絶対君主制は終わりを告げ、タイ最初の憲法がこの日に公布された。

12月31日／大晦日
タイ正月は4月なので1月1日に日本のような意味合いがなく、大晦日にも特別あらたまった感じはない。夜8時になると国王のお言葉がテレビやラジオで放送される。このお言葉によってタイ国民は1年の終わりを実感する。

※＝祝祭日は年によって月日が変わるものもある

現国王・妃の誕生日の式典が行なわれるサナーム・ルアン

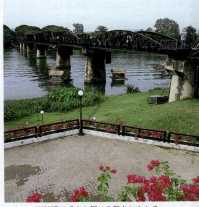
クウェー川鉄橋は盛大な祭りの舞台にもなる

11月中旬～下旬
スリンの象祭り
MAP p.6-D

「象の国」タイならではの豪快な祭り

タイの東北部に象祭りで有名な町・スリンがある。象は町のシンボルで、スリンの駅前にはモニュメントも建てられている。もともと貧しい農業地帯の活性化を図るために行なわれるようになった象祭りが、マスコミに広く報道されて人気を呼び、いまではタイ観光の目玉として国際的にも有名になった。

スリンの象祭りは、毎年11月下旬に開催される町をあげての大規模な祭り。スリン周辺はもちろん、タイ全土から数百頭の象が集められ、バンコクからの臨時列車やツアーバスが到着し、いつもは静かなこの町が、このときばかりは象と観光客であふれかえる。

午前中はスタジアムで民族舞踊、象の障害物競走や曲芸などが披露され、象のサッカーゲームやタイで古くから行なわれていた騎象戦の再現など、ダイナミックな出し物が繰り広げられる。何十頭もの象によるショーはまさに壮観。スリン近郊に住むクイ族の見事な象さばきと、それに従う象たちの賢さが見どころだ。町なかでは象に餌をやったり、象の背中に乗ったりすることもできる。

期間中はたいへんな人出で、予約なしで市内に宿を取るのはまず不可能。1カ月以上前には予約を入れておきたい。

毎日どこかで象のショーが行なわれているが、象祭りはその数十倍の規模だ

INDEX

見どころインデックス

使い方

本書で紹介されているおもな地名、観光ポイントを「あいうえお順」で掲載しています。
＜＞内は別名・通称名、（　）内は都市またはエリア名です。

あ

アオナン・ビーチ（クラビー）…204
アジアティーク・ザ・リバーフロント（バンコク）…110
アナンタ・サマーコム宮殿＜旧国会議事堂＞（バンコク）…66
アユタヤー…90
アユタヤー歴史研究センター（アユタヤー）…93
アントーン諸島国立海洋公園（サムイ島）…211
ウィチャーイェン・ハウス（ロッブリー）…139
ヴィハーン・プラ・モンコン・ボピット（アユタヤー）…91
ウィマンメーク宮殿（バンコク）…65
ウドンタニー…285
ウボン・ラーチャターニー…283
英雄姉妹像（プーケット島）…176
エラワン梵天堂（バンコク）…68
王宮（バンコク）…58
王宮跡（アユタヤー）…91
王宮跡（スコータイ）…270
王室御座船博物館（バンコク）…62

か

カオサン・ロード（バンコク）…64
カオ・タキアップ（フアヒン／チャアーム近郊）…154
カオ・プラ・ウィハーン（ナコン・ラーチャシーマー）…281
カオラック…205
カオ・ルアン洞窟（フアヒン／チャアーム郊外）…155
カタノイ・ビーチ（プーケット島）…171
カタ・ビーチ（プーケット島）…171
カマラ・ビーチ（プーケット島）…171
カムティエン夫人の家（バンコク）…69
カレン族の村（メーホンソーン）…265
カロン・ビーチ（プーケット島）…171
カンチャナブリー…86
カンチャナブリー連合軍墓地（カンチャナブリー）…88
ガンペーン・ペット…274
ガンペーン・ペット国立博物館（ガンペーン・ペット）…274
ガンペーン・ペット歴史公園（ガンペーン・ペット）…274
クウェー川鉄橋（カンチャナブリー）…87
クライ・ガンウォン夏離宮
　（フアヒン／チャアーム近郊）…154
クラビー…204
クロントム市場（バンコク）…21
クン・ペーン・ハウス（アユタヤー）…92
コーラル島（プーケット島）…180
ゴールデン・トライアングル…261
国立美術館（バンコク）…62
古代都市公園＜ムアン・ボーラン＞（バンコク郊外）…82
古美術＆戦争博物館（カンチャナブリー）…89

さ

サーンジャオポーソア（バンコク）…18
サーン・ラック・ムアン＜市の柱＞（バンコク）…18・62

た

サイアム博物館（バンコク）…59
サオ・チン・チャー＜大ブランコ＞（バンコク）…63
サナーム・ルアン＜王宮前広場＞（バンコク）…62
サパーンレック市場（バンコク）…21・67
サムイ島…206
サムイ・スネーク・ファーム（サムイ島）…213
サムットプラカーン・ワニ園（バンコク郊外）…82
サメット島（ラヨーン）…151
山岳民族博物館（チェンラーイ）…259
サンカンペーン（チェンマイ郊外）…248
サンカンペーン天然温泉（チェンマイ郊外）…238
サンブラーン象園（バンコク郊外）…84
サン・プラカーン（ロッブリー）…139
サンペーン市場（バンコク）…21・67
JEATH戦争博物館（カンチャナブリー）…87
ジム・トンプソンの家（バンコク）…22・68
ジョムティエン・ビーチ（パタヤー）…143
シリラート博物館（バンコク）…63
スアン・サンプラーン（バンコク近郊）…83
スアン・パッカード宮殿（バンコク）…69
スィー・サッチャナライ…272
スィー・サッチャナライ歴史公園
　（スィー・サッチャナライ）…272
スコータイ…263
スコータイ歴史公園（スコータイ）…269
スネーク・ファーム＜毒蛇研究所＞（バンコク）…69
スラターニー…224
スリヨータイ妃のチェディ（アユタヤー）…92
スリン・ビーチ（プーケット島）…170
セラドン窯跡兼研究保存センター
　（スィー・サッチャナライ）…273
戦没者慰霊塔（カンチャナブリー）…88
ソンクラー…224
ソンワート通り（バンコク）…21

た

ターキーレック市場（メーサイ）…260
ター・サデット＜船着き場＞（ノンカーイ）…284
ダーン・クウィアン（ナコン・ラーチャシーマー）…279
タイ最東の地（ウボン・ラーチャターニー）…283
泰緬鉄道博物館（カンチャナブリー）…88
タイ・ラオス友好橋（ノンカーイ）…284
タオ島（サムイ島）…211
タクシン王廟（ラヨーン）…150
ダムヌン・サドアク水上マーケット（バンコク近郊）…84
タリンガム・ビーチ（サムイ島）…209
チェンセーン…263
チェンセーン国立博物館（チェンセーン）…263
チェンダオ象調教センター（チェンマイ郊外）…240
チェンダオ洞窟（チェンマイ郊外）…240
チェンダオ、ファーン（チェンマイ郊外）…240
チェンマイ…228
チェンマイ国立博物館（チェンマイ）…237
チェンラーイ…258
チットラダー宮殿（バンコク）…66
チャアーム…152
チャアーム・ビーチ（チャアーム）…153
チャータウィー民俗博物館（ピサヌローク）…267
チャウエン・ビーチ（サムイ島）…208
チャウエン・ビュー・ポイント（サムイ島）…212
チャオ・サン・プラヤー国立博物館（アユタヤー）…93
チャトゥチャック＜ウィークエンドマーケット＞
　（バンコク）…70
チャンタラカセーム国立博物館（アユタヤー）…92
チョンカイ連合軍墓地（カンチャナブリー）…88
チョーンモン・ビーチ（サムイ島）…209
チョンクラム・ビーチ（サムイ島）…209

ドイ・インタノン国立公園（チェンマイ郊外）…240
ドルフィンズベイ・ニモ・プーケット（プーケット島）…176
トン・サイ滝（プーケット島）…176
トンロー屋台街（バンコク）…23

な

ナイトバザール（ナコン・ラーチャシーマー）…279
ナイトン・ビーチ（プーケット島）…170
ナイハーン・ビーチ（プーケット島）…171
ナイヤン・ビーチ（プーケット島）…170
ナコーン・スィー・タマラート…224
ナコン・パトム（チェンマイ近郊）…85
ナコン・ラーチャシーマー…278
ナトン・タウン（サムイ島）…213
ナパラット・タラ・ビーチ（クラビー）…205
ナムアン・サファリパーク（サムイ島）…212
ナムアンの滝（サムイ島）…213
ナライ・ラーチャニウェート宮殿（ロップリー）…139
ナレースワン大王堂（ピサヌローク）…267
日本人村、日本人町（アユタヤー）…93
ノンカーイ…284
ノンヌット・ガーデン・パタヤー（パタヤー）…142

は

パーク・トン・チャイ（ナコン・ラーチャシーマー）…279
パーサック歴史公園（チェンセーン）…263
パーテム国立公園（ウボン・ラージャターニー）…283
バーン・サオナック（ランパーン）…241
バーン・チェーン国立博物館（ウドンタニー）…285
バーン・プラサート古代遺跡発掘跡
　（ナコン・ラーチャシーマー）…280
バイヨーク・スカイ展望台（バンコク）…69
ハジャイ…224
パタヤー…140
パタヤー・パークタワー（パタヤー）…142
パタヤー・ビーチ（パタヤー）…143
パッポン（バンコク）…69
パトン・ビーチ（プーケット島）…171
パノム・ルン歴史公園（ナコン・ラーチャシーマー）…281
パノム・ワン遺跡（ナコン・ラーチャシーマー）…280
パフラット市場（バンコク）…67
パラダイス・パーク・ファーム…213
パンガー湾（プーケット島）…180
パンガン島（サムイ島）…211
バンコク・アート&カルチャーセンター（バンコク）…23
バンコク国立博物館…59
バンタオ・ビーチ（プーケット島）…170
バン・パイン夏離宮（バンコク近郊）…94
バンペー（ラヨーン）…150
バンランプー市場（バンコク）…63
ピーピー島（プーケット島）…180
ピサヌローク…266
ビッグ・ブッダ寺院（サムイ島）…212
ビッグ・ブッダ・ビーチ（サムイ島）…209
ピマーイ…282
ピマーイ国立博物館（ピマーイ）…282
ピマーイ歴史公園（ピマーイ）…282
ビュー・ポイント（プーケット島）…177
ヒンター・ヒンヤイ（サムイ島）…213
フアヒン…152
フアヒン駅（フアヒン）…153
フアラムポーン駅<バンコク中央駅>（バンコク）…20・67
プーケット・オールド・タウン（プーケット島）…176
プーケット島…162
プーケット水族館（プーケット島）…177
プーケット動物園（プーケット島）…177

プーピン宮殿（チェンマイ近郊）…238
プー・プラバート歴史公園（ウドンタニー）…285
仏像鋳造工房（ピサヌローク）…267
プラトゥーナーム市場（バンコク）…23・69
プラ・ナコーンキリ歴史公園
　（フアヒン／チャアーム郊外）…155
プラナン・ビーチ（クラビー）…205
プラ・プラーン・サームヨード（ロップリー）…138
プラ・メー・トラニー像（バンコク）…62
プロンテープ岬（プーケット島）…177
ペッブリー…155
ボーサン（チェンマイ郊外）…248
ボーベー市場（バンコク）…22
ボプット・ビーチ（サムイ島）…208

マイカオ・ビーチ（プーケット島）…170
マハナーク市場（バンコク）…22
マルカッタイヤワン夏離宮（フアヒン／チャアーム近郊）…154
民主記念塔（バンコク）…63
ムアン・シン歴史公園（カンチャナブリー郊外）…89
ムアン・タム遺跡（ナコン・ラーチャシーマー）…281
ムアン・ボーラン<古代都市公園>（バンコク郊外）…82
メーサーエレファント・キャンプ（チェンマイ郊外）…238
メーサー渓谷（チェンマイ郊外）…238
メーサイ…260
メーホンソーン…264
メーレームラン園（チェンマイ郊外）…238
メナム・バー（サムイ島）…208
メンライ大王記念像（チェンラーイ）…258
モンキー・スクール（プーケット島）…177
モン族の村（チェンマイ郊外）…238
ヤワラート通り（バンコク）…20・21
ラーマ5世騎馬像（バンコク）…66
ラーマ3世記念像（バンコク）…63
ラームカムヘン国立博物館（スコータイ）…269
ラームカムヘン大王記念碑（スコータイ）…270
ラーン島（パタヤー）…143
ライレイ・ビーチ（クラビー）…205
ラチャニウェー夏離宮（フアヒン／
　チャアーム郊外）…155
ラマイ・ビーチ（サムイ島）…208
ラヨーン…150
ラワイ・ビーチ（プーケット島）…171
ランパーン…241
ラン・ヒル・パーク（プーケット島）…176
ランプーン…24
レムシン・ビーチ（プーケット島）…171
ロウ人形博物館（バンコク郊外）…83
ロップリー…138

わ

ワット・アルン（バンコク）…19・59
ワット・アワーヘヤイ（ガンペーン・ペット）…274
ワット・インタラウィハーン（バンコク）…66
ワット・カーオ　スワンキリー
　（スィー・サッチャナライ）…273
ワット・カーオ・パノムプルーン
　（スィー・サッチャナライ）…273
ワット・カオ・プラバート（パタヤー）…142
ワット・カンラヤーナミット（バンコク）…19
ワット・クータオ（チェンマイ）…237
ワット・クーナラム（サムイ島）…212
ワット・サーラー・ゲーオク（ノンカーイ）…284
ワット・サケート<黄金の山>（バンコク）…22・62
ワット・サバーンヒン（スコータイ）…271

ワット・ジェットヨート（チェンマイ）…237
ワット・スアシー（スコータイ）…270
ワット・スアンドーク（チェンマイ）…237
ワット・スィーサワイ（スコータイ）…270
ワット・スィーチュム（スコータイ）…271
ワット・スタット（バンコク）…18・63
ワット・スワンダーラム（アユタヤー）…92
ワット・チェディー・ジェットテー
　（スィー・サッチャナライ）…272
ワット・チェディールアン（チェンマイ）…236
ワット・チェディ・ルアン（チェンセーン）…263
ワット・チェンマン（チェンマイ）…236
ワット・チャーンローブ（ガンペーン・ペット）…274
ワット・チャーン・ローム（スィー・サッチャナライ）…272
ワット・チャイ・ワタナラーム（アユタヤー）…92
ワット・チャナソンクラーム（バンコク）…18
ワット・チャロン（プーケット島）…177
ワット・チュラマニー（ピサヌローク）…267
ワット・チョーン・カム（メーホンソーン）…264
ワット・チョーン・クラン（メーホンソーン）…264
ワット・ドイ・ワオ（メーサイ）…260
ワット・トライミット＜黄金仏寺院＞（バンコク）…20・67
ワット・トラパン・グーン（スコータイ）…270
ワット・トラパン・トーン（スコータイ）…270
ワット・ナー・プラメン（アユタヤー）…93
ワット・ナーンパヤー（スィー・サッチャナライ）…273
ワット・ノーンブア（ウボン・ラーチャターニー）…283
ワット・パーシー（バンコク）…23
ワット・バーン・ナームアン
　（ウボン・ラーチャターニー）…283
ワット・バナン・チューン（アユタヤー）…93
ワット・ブーカオ・トーン（アユタヤー）…93
ワット・プラー・トン（プーケット島）…176
ワット・プラケオ（ガンペーン・ペット）…274
ワット・プラケオ（チェンラーイ）…258
ワット・プラケオ（バンコク）…15・58・60
ワット・プラケオ・ドーンタオ（ランパーン）…241
ワット・プラシン（チェンマイ）…236
ワット・プラシン（チェンラーイ）…258
ワット・プラシー・イリヤーボット（ガンペーン・ペット）…274
ワット・プラ・スィー・サンペット（アユタヤー）…91
ワット・プラ・スィーラタナ・マハータート
　（スィー・サッチャナライ）…273
ワット・プラ・スィーラタナ・マハータート
　（ロッブリー）…139
ワット・プラ・スィーラタナ・マハータート
　＜ワット・ヤイ＞（ピサヌローク）…266
ワット・プラタート・チョームキティ（チェンセーン）…263
ワット・プラタート・ドイ・ステープ（チェンマイ近郊）…238
ワット・プラタート・ドイコンムー（メーホンソーン）…264
ワット・プラタート・ハリプンチャイ（ランプーン）…241
ワット・プラタート・ブーカオ
　（ゴールデン・トライアングル）…261
ワット・プラノーン（ガンペーン・ペット）…274
ワット・プラノーン（メーホンソーン）…264
ワット・プラ・パーイ・ルアン（スコータイ）…271
ワット・プララーム（アユタヤー）…92
ワット・ベンチャマボピット（バンコク）…65
ワット・ボウォンニウェート（バンコク）…63
ワット・ポー（バンコク）…19・63
ワット・ポーチャイ（ノンカーイ）…284
ワット・マハータート（アユタヤー）…92
ワット・マハータート（スコータイ）…270
ワット・マハータート（バンコク）…62
ワット・ヤイ・チャイ・モンコン（アユタヤー）…93
ワット・ラーチャブラナ（バンコク）…63
ワット・ラーチャボピット（バンコク）…62
ワット・ラカン（バンコク）…19・62

ワット・ラチャナダー（バンコク）…63
ワット・ラーチャプラチャ（アユタヤー）…92
ワット・ローカヤスタ（アユタヤー）…92
ワット・ローン・クン（チェンラーイ）…259

INDEX

実用インデックス

日本での取得、購入、手配

パスポートを取得する…296
ビザを取得する…296
国外運転免許証を取得する…297
海外旅行傷害保険に加入する…297
パッケージツアーを知る…290
パッケージツアーでホテルを指定する…291
パッケージツアーでフライトの航空会社を
　変更する…291
パッケージツアーで宿泊を延長する…291
オプショナルツアーを申し込む…291
格安航空券を買う…294
タイのホテルを日本で予約する…292
携帯電話を利用する…302
荷物を空港に送る…308
東京国際空港（羽田空港）へのアクセス…303
成田国際空港へのアクセス…304
関西国際空港へのアクセス…306
中部国際空港へのアクセス…307

タイでの購入、利用

両替をする…298・322
クレジットカードを利用する…298・322
デビットカードを利用する…299
日本製の電気製品を現地で使う…300・325
飛行機のチケットを予約・購入する…316
鉄道のチケットを予約・購入する…318
長距離バスのチケットを購入する…320
タイから日本へ国際電話をかける…10
携帯電話を利用する…302
インターネットを利用する…324
郵便や宅配便を利用する…324

トラブル

緊急時の連絡先…327
トラブルについて相談先を探す…327
クレジットカードの紛失・盗難…322
現金や貴重品の紛失・盗難…327
航空券やパスポートの紛失・盗難…327
病気になったら…328
日本語が通じる病院を探す…328

旅行ガイドブックのノウハウで、旅のプランを作成！

ブルーガイド トラベルコンシェルジュ

旅行書の編集部から、あなたの旅にアドバイス！

ちょっと近場へ、日本の各地へ、はるばる世界へ。
トラベルコンシェルジュおすすめのプランで、
気ままに、自由に、安心な旅へ―。

ココが嬉しい！　サービスいろいろ

◎旅行情報を扱うプロが旅をサポート！
◎総合出版社が多彩なテーマの旅に対応！
◎旅に役立つ「この一冊」をセレクト！

徒歩と電車で日本を旅する「てくてく歩き」、詳細な地図でエリアを歩ける「おさんぽマップ」、海外自由旅行のツール「わがまま歩き」など、旅行ガイドブック各シリーズを手掛けるブルーガイド編集部。そのコンテンツやノウハウを活用した旅の相談窓口が、ブルーガイド トラベルコンシェルジュです。

約400名のブルーガイド トラベルコンシェルジュが、旅行者の希望に合わせた旅のプランを提案。その土地に詳しく、多彩なジャンルに精通したコンシェルジュならではの、実用的かつ深い情報を提供します。旅行ガイドブックと一緒に、ぜひご活用ください。

■ブルーガイド トラベルコンシェルジュへの相談方法

1．下のお問い合わせ先から、メールでご相談下さい。
2．ご相談内容に合ったコンシェルジュが親切・丁寧にお返事します。
3．コンシェルジュと一緒に自分だけの旅行プランを作っていきます。お申し込み後に旅を手配いたします。

■ブルーガイド トラベルコンシェルジュとは？

それぞれが得意分野を持つ旅の専門家で、お客様の旅のニーズに柔軟に対応して専用プランを作成、一歩深い旅をご用意いたします。

ブルーガイド トラベルコンシェルジュのお問い合わせ先

Mail: blueguide@webtravel.jp
https://www.webtravel.jp/blueguide/

Staff

Producer	メディアエナジー Media Energy	Illustrators	坂本勝美 Katsuyoshi SAKAMOTO
	菊地信行 Nobuyuki KIKUCHI		オゾングラフィックス OzoneGraphics
Editors & Writers	メディアエナジー Media Energy		根津修一 Shuichi NEZU
	菊地信行 Nobuyuki KIKUCHII	Map Design, Graphic Guide	
	高橋行雄 Yukio TAKAHASHI		㈱チューブグラフィックス TUBE
	伏見友文 Tomofumi FUSHIMI		木村博之 Hiroyuki KIMURA
	種村ひかり Hikari TANEMURA		萩原佐知子 Sachiko HAGIWARA
	山下あつこ Atsuko YAMASHITA	Desktop Publishing	㈱千秋社 Sensyu-sya
	大澤朋子 Tomoko OSAWA		竹入寛章 Hiroaki TAKEIRI
	小宮朱代 Akiyo KOMIYA	Editorial Cooperation	㈱千秋社 Sensyu-sya
	平原千波 Chinami HIRAHARA		田川文子 Ayako TAGAWA
	勝賀瀬雅章 Masaaki SYOUGASE		舟橋新作 Shinsaku FUNAHASHI
	ＤＡＣＯ編集部 DACO		高砂雄吾 Yugo TAKASAGO
Designers	窪田雅企 Masaki KUBOTA		㈲ハイフォン HYFONG
	沼田一郎 Ichiro NUMATA		藤谷美由子 Miyuko FUJIYA
	山上剛 Go YAMAKAMI		林弥太郎 Yataro HAYASHI
	一條美代子 Miyoko ICHIJO		Michael NENDICK
	菊竹直子 Naoko KIKUTAKE		川崎英子 Hideko KAWASAKI
	スタジオブロンクス Studio Bronx		石井ポンティップ Porntip ISHII
	嶋小百合 Sayuri SHIMA		窪田菜穂子 Naoko KUBOTA
	アトムスタジオ Atom Studio	Special Thanks to	
	オムデザイン OMU		タイ国政府観光庁 Tourism Authority of Thailand
	道信勝彦 Katsuhiko MICHINOBU		タイ国際航空 Thai Airways International
	岡本倫幸 Tomoyuki OKAMOTO		エスピー・インターコンチネンタル SP INTERCONTINENTAL
Photographers	長谷川勝一 Masakazu HASEGAWA		エス・エム・アイ・トラベル S.M.I. Travel
	日野道生 Michio HINO		パンダバス Panda Travel Agency
	村上昭浩 Akihiro MURAKAMI		ハロー・プーケット・ツアーズ Hallo Phuket Tours
	㈲アジアランド ASIA LAND		サムイ・ダイビング・サービス Samui Diving Service
Cover Designer	鳥居満智栄 Machie TORII		グリッツ・トラベル Grits Travel
Map Production	㈱千秋社 Sensyu-sya		リライアンス・トラベル Reliance Travel
	小島三奈 Mina KOJIMA		エーペックス・カンボジア Apex Cambodia
			ワチャラポーン・タカハシ Watcharaporn Takahashi

わがまま歩き…⑳『タイ』　ブルーガイド
2019年12月15日　第11版第1刷発行

編　集………ブルーガイド編集部
発行者………岩野裕一
ＤＴＰ………㈱千秋社
印刷・製本……大日本印刷㈱
発行所……株式会社実業之日本社　www.j-n.co.jp
〒107-0062　東京都港区南青山5-4-30　CoSTUME NATIONAL Aoyama Complex 2F
電話【編集・広告】☎03-6809-0452　【販売】☎03-6809-0495

●本書の一部あるいは全部を無断で複写・複製（コピー、スキャン、デジタル化等）・転載することは、法律で定められた場合を除き、禁じられています。また、購入者以外の第三者による本書のいかなる電子複製も一切認められておりません。
●落丁・乱丁（ページ順序の間違いや抜け落ち）の場合は、ご面倒でも購入された書店名を明記して、小社販売部あてにお送りください。送料小社負担でお取り替えいたします。ただし、古書店等で購入したものについてはお取り替えできません。
●定価はカバーに表示してあります。　●実業之日本社のプライバシー・ポリシー（個人情報の取扱い）は、上記サイトをご覧ください。
©Jitsugyo no Nihon Sha, Ltd. 2019　ISBN978-4-408-06047-7（第一BG）　Printed in Japan